Estudios de evaluación de competencia de la OCDE: México

OCDE
MEJORES POLÍTICAS PARA UNA VIDA MEJOR

El presente trabajo se publica bajo la responsabilidad del Secretario General de la OCDE. Las opiniones expresadas y los argumentos utilizados en el mismo no reflejan necesariamente el punto de vista oficial de los países miembros de la OCDE.

Tanto este documento, así como cualquier dato y cualquier mapa que se incluya en él, se entenderán sin perjuicio respecto al estatus o la soberanía de cualquier territorio, a la delimitación de fronteras y límites internacionales, ni al nombre de cualquier territorio, ciudad o área.

Por favor, cite esta publicación de la siguiente manera:
OCDE (2018), *Estudios de evaluación de competencia de la OCDE: México*, Éditions OCDE, París.
http://dx.doi.org/10.1787/9789264287921-es

ISBN 978-92-64-28791-4 (impresa)
ISBN 978-92-64-28792-1 (PDF)

Fotografías: © gorbachlena/iStock/Thinkstock.com.

Las erratas de las publicaciones de la OCDE se encuentran en línea en: *www.oecd.org/about/publishing/corrigenda.htm.*

Prólogo

México ha enfrentado retos económicos significativos, tales como la caída de los precios del petróleo, una política monetaria más restrictiva en los Estados Unidos y una pronunciada depreciación del peso. Diversas reformas estructurales y sólidas políticas macroeconómicas han provisto el soporte para que la economía mexicana sea resiliente de cara a las desafiantes condiciones globales. En México el crecimiento de la productividad ha repuntado en los sectores que se beneficiaron de las reformas estructurales, tales como los sectores energético, financiero y de telecomunicaciones. No obstante, persisten importantes retos en cuanto a eliminar la brecha entre México y otras economías de la OCDE.

En el marco de este esfuerzo, es esencial afrontar la débil competencia. Varios de los mercados de productos en México se encuentran entre los más regulados de la OCDE. Esto afecta la habilidad de las empresas para entrar a estos mercados y obstaculiza la innovación, la eficiencia y la productividad. Un ambiente de débil competencia y las barreras a la entrada se traducen en menor variedad y mayores precios para los consumidores mexicanos, en una menor inversión en la economía mexicana y en menor empleo. Por tanto, fortalecer la competencia es crucial para la prosperidad de México.

La OCDE ha colaborado de forma estrecha con México para analizar los niveles de competencia en numerosos sectores y ha provisto apoyo y capacitación a jueces especializados en competencia. A solicitud del gobierno mexicano, la OCDE llevó a cabo esta evaluación de obstáculos regulatorios para dos sectores clave de la economía mexicana: medicamentos (producción y comercio al por mayor y al por menor) y productos cárnicos (alimentación y cría de animales, rastros y comercio al por mayor y al por menor).

Al analizar 228 regulaciones en el ámbito federal, el Proyecto de Evaluación de la Competencia de la OCDE encontró 176 regulaciones problemáticas y 107 disposiciones que podrían ser modificadas para promover la competencia. En caso de implementarse, estas recomendaciones generarían importantes beneficios para los mexicanos y la economía mexicana, y a su vez se preservarían los principales objetivos de los legisladores en estos sectores, a saber, proteger a la población mexicana contra riesgos sanitarios en el sector de medicamentos, y prevenir la entrada de animales, sus productos y subproductos que podrían constituir un riesgo sanitario para los ciudadanos, en el sector de la carne.

Es imposible cuantificar en su totalidad los beneficios derivados de una mayor competencia. Sin embargo, los cálculos de la OCDE estiman que el efecto anual de un número selecto de recomendaciones cuantificables en este informe, en caso de implementarse, sería de un orden de entre 10 mil millones de MXN y 44 mil millones de MXN (equivalente a un 0.06%-0.24% del PIB), dependiendo de los escenarios y de las metodologías empleadas. En este informe no se cuantificaron varias recomendaciones tales como el rediseño del sistema de precios máximos para los medicamentos de patente o el evitar los controles dobles en el sector de la carne. No obstante, es muy probable que estas recomendaciones traigan consigo beneficios significativos, a través de precios más bajos para los consumidores y mayores ingresos y competitividad para la economía mexicana.

Esta evaluación provee al gobierno mexicano con soluciones detalladas de políticas para afrontar las persistentes deficiencias estructurales en estos sectores, así como para promover un terreno de juego parejo. En ese sentido, la evaluación realiza una valiosa contribución a los esfuerzos de reforma cuyo objetivo es colocar a México en una senda de crecimiento sostenible al fortalecer su competitividad, promover la inversión, estimular la productividad, así como fomentar un crecimiento económico incluyente y la creación de empleos.

Angel Gurría

Secretario General, OCDE

Agradecimientos

Este informe es el resultado de un esfuerzo colectivo que se remonta a hace varios meses atrás y que se concretó al iniciarse formalmente el Proyecto de Evaluación de la Competencia de Leyes y Regulaciones en México en julio de 2016 en la Ciudad de México, con el auspicio del Secretario de Economía, Ildefonso Guajardo Villarreal; la Subsecretaria de Competitividad y Normatividad, Rocío Ruíz Chávez, y José Eduardo Mendoza Contreras, Jefe de la Unidad de Competencia y Políticas Públicas para la Eficiencia de los Mercados.

Extendemos nuestro particular agradecimiento a la Secretaría de Economía, la cual apoyó el desarrollo del proyecto desde su concepción, contribuyó con personal para colaborar a tiempo parcial con el equipo de trabajo y nos brindó espacios de oficina durante la realización del proyecto. Quisiéramos agradecer especialmente a José Eduardo Mendoza Contreras, Jefe de la Unidad de Competencia y Políticas Públicas para la Eficiencia de los Mercados; David López Victoriano, Director General Adjunto en la Unidad de Competencia y Políticas Públicas para la Eficiencia de los Mercados; Gustavo Rodrigo Pérez Valdespín, Director General en la Unidad de Competencia y Políticas Públicas para la Eficiencia de los Mercados, y Alín Martínez Morales, Directora de Área en la Unidad de Competencia y Políticas Públicas para la Eficiencia de los Mercados.

También quisiéramos agradecer a los siguientes expertos ministeriales, quienes participaron activamente en el proyecto al asistir a los talleres y brindarnos información, consejo y retroalimentación durante el desarrollo del proyecto: María de los Ángeles Cárdenas Padilla, Analista Económico en la Secretaría de Economía; Ana Ruth Solano Fragoso, Directora General Adjunta de Comercio Exterior en la Secretaría de Economía; Pamela Pinto Rangel, Directora de Regulaciones y Restricciones No Arancelarias en la Secretaría de Economía; Juan Díaz Mazadiego, Director General de Comercio Exterior en la Secretaría de Economía; Héctor Rodrigo Hernández Rodríguez, Director General de Industrias Ligeras; Ana Lilia González Hidalgo, Directora de Industrias Químicas en la Secretaría de Economía; Daniel González Sesmas, Director de Asuntos Jurídicos y de la Comisión Nacional de Inversión Extranjera en la Secretaría de Economía; Alberto Ulises Esteban Marina, Director General de Normas en la Secretaría de Economía; José Antonio Gallegos Salcedo, Subdirector de Industrias Químicas en la Secretaría de Economía; Lázaro Eduardo Ávila Berumen, Coordinador de Asesores del Comisionado Federal en la COFEPRIS; Oscar Efrén García Reyes, Asesor del Comisionado Federal en la COFEPRIS; Iván Valentín Cruz Barrera, Gerente de Fármacos y Medicamentos en la COFEPRIS; María de la Luz Lara Méndez, Directora Ejecutiva de Autorización de Productos y Establecimientos en la COFEPRIS; Adriana Hernández Trejo, Directora Ejecutiva de Fármacos y Medicamentos de la COFEPRIS; Lamberto Osorio Nolasco, Subdirector Ejecutivo de Importaciones y Exportaciones de la COFEPRIS; Juan Manuel Espino Bravo, Director General de Estudios Económicos de la COFECE; David Lamb de Valdés, Director General de Promoción de la Competencia de la COFECE; Carlos Alejandro Ponzio de León, Director General Adjunto de Estudios Económicos de la

COFECE; María de Lourdes Guerrero López, Subdirectora de Evaluación Zoosanitaria de Mercancías de SENASICA; María Consuelo Dueñas Sansón, Subdirectora de Negociaciones y Organismos Internacionales en Materia Zoosanitaria de SENASICA; Aurelio Hernández Lozada, Subdirector de Mantenimiento de la Certificación de Instalaciones, Animales, Procesos y Productos de Establecimientos TIF de SENASICA; Mauricio Gerardo López Curiel, Jefe del Departamento de Evaluación de Riesgos del Comercio Nacional e Internacional de SENASICA; Haley Reyes Pérez, Director de Normalización y Verificación de SENASICA; Francisco Jaime Sandoval, Director de Establecimientos TIF de SENASICA; Enrique Rebollar Rivera, Director de Supervisión y Desarrollo de Programas de Inspección Fitozoosanitaria de SENASICA; Estela Flores Velázquez, Subdirectora de Campañas Zoosanitarias de SENASICA; Hugo Levyr Nacar López, Subdirector de Importaciones de SENASICA; Nancy Hernández Carmona, Jefa del Departamento de Autorizaciones y Certificaciones de SENASICA; Adriana Sandra Ortiz Rubio, Subdirectora de Normas en el SENASICA; Gerardo Cruz Galán, Jefe del Departamento de Regulación y Registro de Productos Veterinarios en el SENASICA; Marisol Garrido Anaya, Enlace de Alta Responsabilidad en el SENASICA; Paula Adriana Ruiz Monroy, Directora General de Asuntos Internacionales en la PROFECO; Alejandro Aguirre Ferreyra, Investigador Financiero en el Banco de México (Banxico); José Carlos Andrade Rodríguez, Director General Adjunto en la COFECE; Carlos Rubén Altamirano Márquez, Asesor del Secretario de Economía; Jorge Capetillo Bustamante, Investigador Financiero en Banxico; Ana Margarita Carvallo Fourzán, Jefe del Departamento de Evaluación de la Capacitación en la Secretaría de Economía; María Teresa Cervantes Ramírez, Subdirectora de Exportaciones en el SENASICA; Víctor Fabián Coca Reyes, Subdirector de Área en la Unidad de Competencia y Políticas Públicas para la Eficiencia de los Mercados de la Secretaría de Economía; Karina Alejandra Flores Martínez, Directora de Área en la COFECE; Saulo Dan Galaviz Espinoza, Director de Área en la Unidad de Competencia y Políticas Públicas para la Eficiencia de los Mercados de la Secretaría de Economía; César Omar Gálvez González, Coordinador de Proyectos Analíticos en la COFEPRIS; Abyd Joseph García Penagos, Enlace de Alta Responsabilidad en la Secretaría de Economía; Francisca García Rodríguez, Directora General Adjunta en la Secretaría de Economía; Patricia Gil Altamirano, Subdirectora de Análisis Regulatorio en la COFECE; Giovanni Paul González Castro, Enlace de Alta Responsabilidad en el SENASICA; Javier Arturo Hernández Inzunza, Líder de la Comisión Coordinadora para la Negociación de Precios de Medicamentos y otros Insumos para la Salud en la Secretaría de Salud; Gricelda Lazcano Sánchez, Enlace de Alta Responsabilidad en el SENASICA, Gilberto Lepe Saenz, Director de Manifestaciones de Análisis Regulatorio en la Comisión Federal de Mejora Regulatoria; Aurelio Limón Cruz, Director de Área en la Unidad de Competencia y Políticas Públicas para la Eficiencia de los Mercados de la Secretaría de Economía; Brenda Daniela López Rincón, Directora de Análisis Cuantitativo en el Instituto Federal de Telecomunicaciones; Jorge Eduardo López Valdez, Director de Análisis Económico y Sectorial en la Secretaría de Economía; Ana Lilia Martínez Valdés, Directora de Área en la Unidad de Competencia y Políticas Públicas para la Eficiencia de los Mercados de la Secretaría de Economía; Ernesto Daniel Martínez González, Investigador Financiero en Banxico, Ana María Méndez de Jesús, Directora de Área en la Secretaría de Economía; Laura Alicia Méndez Rodríguez, Directora General de Investigaciones de Mercado en la COFECE; Sergio Merino González, Coordinador de Asesores de la Subsecretaria de Competitividad y Normatividad en la Secretaría de Economía; Elías Mizrahi Alvo, Director de Área en la Unidad de Competencia y Políticas Públicas para la Eficiencia de los Mercados de la Secretaría de Economía; Arturo Mora Ruiz, Secretario en el Segundo

Tribunal Colegiado de Circuito en Materia Administrativa Especializado en Competencia Económica, Radiodifusión y Telecomunicaciones; Margarita Pastrana Jiménez, Subdirectora en la Secretaría de Economía; María Fernanda Porras Jacobo, Investigador Financiero en Banxico; Jorge Alberto Ramírez Hernández, Secretario en el Segundo Tribunal Colegiado de Circuito en Materia Administrativa Especializado en Competencia Económica, Radiodifusión y Telecomunicaciones; Denisse Adriana Requena Stringel, Subdirectora en el Instituto Federal de Telecomunicaciones; Jazmín Robles Cortés, Secretaria en el Segundo Tribunal Colegiado de Circuito en Materia Administrativa Especializado en Competencia Económica, Radiodifusión y Telecomunicaciones; María Guadalupe Robles Sámano, Coordinadora de Sistematización Administrativa en la Secretaría de Economía; Esperanza de las Mercedes Salazar de la Cruz, Jefe del Departamento de Regulación de Operación Fitozoosanitaria en el SENASICA; Mariana de la Luz Sánchez Vargas, Asesora en la Secretaría de Economía; Beatriz Cecilia Téllez Lara, Asesora del Secretario de Economía; Juan Antonio Tregear Maldonado, Director de Análisis Económico en el Instituto Federal de Telecomunicaciones; Emmanuel Vargas Salas, Enlace de Alto Nivel de Responsabilidad en la COFEPRIS; Ángel Velasco Sánchez, Enlace de Alto Nivel de Responsabilidad en el SENASICA; Raúl Zavala Morales, Gerente de Análisis y Desarrollo de Pruebas Fisicoquímicas en la COFEPRIS; y Rodrigo Alfredo Zendejas Villanueva, Director de Área en la Secretaría de Economía.

Asimismo, deseamos expresar nuestro agradecimiento a:

Medicamentos: la Cámara Nacional de la Industria Farmacéutica (CANIFARMA), la Asociación Nacional de Fabricantes de Medicamentos (ANAFAM), la Asociación Mexicana de Industrias de Investigación Farmacéutica (AMIIF), la Asociación Nacional de Farmacias de México (ANAFARMEX) y empresas del sector privado.

Carne: el Consejo Mexicano de la Carne (COMECARNE), la Confederación de Porcicultores Mexicanos (Porcimex), la Unión Nacional de Avicultores (UNA), la Asociación Mexicana de Engordadores de Ganado Bovino (AMEG) y empresas del sector privado.

Las opiniones expresadas en el informe no reflejan necesariamente los puntos de vista de las organizaciones o las personas señalados anteriormente.

Las *Herramientas para la Evaluación de la Competencia de la OCDE* fueron desarrolladas por el Grupo de Trabajo núm. 2 del Comité de Competencia, con las aportaciones de los miembros de diversas delegaciones de la OCDE, tanto de países miembros como de no miembros. Los materiales fueron elaborados por el Secretariado de la OCDE bajo el liderazgo de Sean F. Ennis, Economista Senior de la División de Competencia.

El informe fue editado por Michael Saller, Líder del Proyecto y Experto Senior en Competencia de la División de Competencia de la Dirección de Asuntos Financieros y Empresariales de la OCDE.

El equipo para el proyecto en México estuvo integrado por Michael Saller, Líder del Proyecto; Sonia Rocha Esquivel, Economista; Herminio José Chanona Tevera, Economista; Omar Patricio Vásquez Duque, Experto en Competencia; y Rosana Aragón Plaza, Experta en Competencia, todos pertenecientes a la División de Competencia de la OCDE. El equipo fue asistido por Christos Genakos (Análisis Cuantitativo). Valérie Paris, Analista Senior de Política Sanitaria de la División de Salud de la OCDE, también contribuyó a la realización de este informe.

Brindaron asesoría especializada para la evaluación de la competencia: Antonio Gomes, Jefe de la División de Competencia; Sean Ennis, Economista Senior de la División de Competencia; Federica Maiorano, Economista Senior; y Despina Pachnou, Analista Principal de Políticas.

El informe fue editado para su publicación por Tom Ridgway y preparado para su publicación por Erica Agostinho, Asistente de Comunicación de la División de Competencia de la OCDE.

Índice

Cuadros

Gráficas

Recuadros

Abreviaturas y acrónimos

AMEG	Asociación Mexicana de Engordadores de Ganado Bovino
AMEGI	Asociación Mexicana de Fabricantes de Medicamentos Genéricos Intercambiables
AMIIF	Asociación Mexicana de Industrias de Investigación Farmacéutica
AMIS	Asociación Mexicana de Instituciones de Seguros
ANADIM	Asociación Nacional de Distribuidores de Medicinas
ANAFAM	Asociación Nacional de Fabricantes de Medicamentos
ANAFARMEX	Asociación Nacional de Farmacias de México
ANETIF	Asociación Nacional de Establecimientos Tipo Inspección Federal
BPF	Buenas Prácticas de Fabricación
CAF	Consultorios Adyacentes a Farmacias
CANIFARMA	Cámara Nacional de la Industria Farmacéutica
CCE	Consejo Coordinador Empresarial
CDTMAEOGC	Comisión para Definir Tratamientos y Medicamentos Asociados a Enfermedades que Ocasionan Gastos Catastróficos
CEDRSSA	Centro de Estudios para el Desarrollo Rural Sustentable y la Soberanía Alimentaria
CEFPP	Comités Estatales de Fomento y Protección Pecuaria
CETIFARMA	Consejo de Ética y Transparencia de la Industria Farmacéutica
CIDRS	Comisión Intersecretarial para el Desarrollo Rural Sustentable
CMDRS	Consejo Mexicano para el Desarrollo Rural Sustentable
CMN	Comité de Moléculas Nuevas
CNA	Consejo Nacional Agropecuario
CNOG	Confederación Nacional de Organizaciones Ganaderas
COFECE	Comisión Federal de Competencia Económica
COFEPRIS	Comisión Federal para la Protección contra Riesgos Sanitarios
COMECARNE	Consejo Mexicano de la Carne
CONEVAL	Consejo Nacional de Evaluación de la Política de Desarrollo Social
CPFEUM	Comisión Permanente de la Farmacopea de los Estados Unidos Mexicanos
CSG	Consejo de Salubridad General
CZE	Certificado Zoosanitario de Exportación
CZI	Certificado Zoosanitario para Importación

CZM	Certificado Zoosanitario de Movilización
DCI	Denominación Común Internacional
DENUE	Directorio Estadístico Nacional de Unidades Económicas
DGN	Dirección General de Normas
DOF	Diario Oficial de la Federación
DTP	Directo-A-Farmacia (*Direct-To-Pharmacy*)
ENIGH	Encuesta Nacional de Ingresos y Gastos de los Hogares
FAAR	Fondos de Aseguramiento Agropecuario y Rural
FDA	Administración de Alimentos y Medicamentos de los Estados Unidos (*Food and Drug Administration*)
FIRA	Fideicomisos Instituidos en Relación a la Agricultura
HRZ	Hoja de Requistos Zoosanitarios
ICHA-HC	Sistema Internacional de Cuentas de Salud de las Funciones de Cuidado de la Salud (*International Classification of Health Accounts of Health Care Functions*)
IHH	Índice Herfindahl-Hirschman
IMPI	Instituto Mexicano de la Propiedad Industrial
IMSS	Instituto Mexicano del Seguro Social
INEGI	Instituto Nacional de Estadística y Geografía
ISSSTE	Instituto de Seguridad y Servicios Sociales de los Trabajadores del Estado
MIPYME	Micro, Pequeñas y Medianas Empresas
MVO	Médico Veterinario Oficial
MVRA	Médico Veterinario Responsable Autorizado
NMX	Normas Mexicanas
NOM	Normas Oficiales Mexicanas
OASA	Organismos Auxiliares en Sanidad Animal
OEIDRUS	Oficinas Estatales de Información para el Desarrollo Rural Sustentable
OGM	Organismo Genéticamente Modificado
OMS	Organización Mundial de la Salud
OTC	Medicamentos libres de prescripción (*Over-the-counter*)
PECDRS	Programa Especial Concurrente para el Desarrollo Rural Sustentable
PEMEX	Petróleos Mexicanos
PIB	Producto Interno Bruto
PMPRB	Junta de Revisión de Precios de Medicamentos Patentados de Canadá (*Patented Medicine Prices Review Board*)
Porcimex	Confederación de Porcicultores Mexicanos
PPC	Paridad de Poder de Compra
PROFECO	Procuraduría Federal del Consumidor
PROFEPA	Procuraduría Federal de Protección al Ambiente
SAGARPA	Secretaría de Agricultura, Ganadería, Desarrollo Rural, Pesca y Alimentación

SCIAN	Sistema de Clasificación Industrial de América del Norte
SCT	Secretaría de Comunicaciones y Transportes
SE	Secretaría de Economía
SEDATU	Secretaría de Desarrollo Agrario, Territorial y Urbano
SEDENA	Secretaría de la Defensa Nacional
SEDESOL	Secretaría de Desarrollo Social
SEMAR	Secretaría de Marina
SEMARNAT	Secretaría de Medio Ambiente y Recursos Naturales
SENASICA	Servicio Nacional de Sanidad, Inocuidad y Calidad Agroalimentaria
SENER	Secretaría de Energía
SEPB	Subcomité de Evaluación de Productos Biotecnológicos
SHCP	Secretaría de Hacienda y Crédito Público
SIAP	Servicio de Información Agroalimentaria y Pesquera
SIAVI	Sistema de Información Arancelaria vía Internet
SNAM	Servicio Nacional de Avisos de Movilización
SNIDRUS	Sistema Nacional de Información para el Desarrollo Rural Sustentable
SNIIM	Sistema Nacional de Información e Integración de Mercados
SP	Seguro Popular
SSA	Secretaría de Salud
TIF	Tipo Inspección Federal
TLCAN	Tratado de Libre Comercio de América del Norte
TSS	Tipo Secretaría de Salud
UNA	Unión Nacional de Avicultores
UNEFARM	Unión Nacional de Empresarios de Farmacias
USDA	Departamento de Agricultura de los Estados Unidos (*United States Department of Agriculture*)
VAB	Valor Agregado Bruto
VUCEM	Ventanilla Única de Comercio Exterior Mexicana

Prefacio

por
Ildefonso Guajardo Villarreal
Secretario de Economía

Durante las dos décadas pasadas, los gobiernos de México intentaron hacer frente al reto de aumentar la competitividad del país, asignatura que había quedado pendiente desde la entrada en vigor del Tratado de Libre Comercio de América del Norte (TLCAN). No fue sino hasta la presente administración, que se logró un consenso para emprender las reformas estructurales necesarias para impulsar la productividad, la competitividad y el desarrollo del país.

En materia económica, se aprobaron las reformas estructurales en los sectores financiero, energético y de la radiodifusión, telecomunicaciones y competencia.

La Reforma Constitucional en radiodifusión, telecomunicaciones y competencia de 2013, y la nueva Ley Federal de Competencia Económica (LFCE) de 2014, hicieron de la competencia un instrumento importante para lograr el crecimiento económico incluyente que tanto requería el país.

En particular, la nueva LFCE otorgó al Ejecutivo Federal por sí mismo o a través de la Secretaría de Economía (SE), la facultad de presentar denuncias por la realización de prácticas monopólicas o concentraciones ilícitas y de solicitar procedimientos especiales para determinar la existencia de barreras a la competencia o insumos esenciales o la no existencia de condiciones de competencia efectiva. La SE con estas nuevas facultades, generó un programa de acción para contribuir a la eficiencia de los mercados en beneficio de las empresas y los consumidores.

Como parte de dicho programa y sobre la base de un acuerdo de cooperación con la OCDE para incrementar la competitividad del país a través de la competencia económica, la SE solicitó a dicho organismo la aplicación, por primera vez en México, del "Competition Assessment Toolkit (CAT)" en los sectores de medicamentos y productos cárnicos.

La OCDE estudió más de 228 legislaciones en los dos sectores, de las cuales encontró que 176 podrían representar restricciones a la competencia. Después de analizarlas a detalle, en colaboración con los reguladores sectoriales, emitió recomendaciones sobre 107 (50 en medicamentos y 57 en productos cárnicos). La OCDE estimó que, si México implementa las recomendaciones realizadas, los consumidores podrían ahorrar hasta 43.8 mil millones de pesos en el sector de medicamentos y hasta 348 millones en productos cárnicos.

Es difícil encontrar mercados en donde no se presente algún tipo de regulación con el enfoque de proteger diversos efectos que se producen como resultado de las propias transacciones de mercado, tales como daños a los consumidores, al medio ambiente o incluso temas de seguridad nacional; no obstante, con base en las mejores prácticas internacionales, los gobiernos en los diferentes niveles, federal, estatal y local deben diseñar y aplicar regulaciones que cumplan con los objetivos legítimos y que no eliminen la posibilidad de competencia y libre concurrencia.

La regulación y la competencia son dos caras de una misma moneda, ambas deben contribuir al funcionamiento eficiente de los mercados. Los mercados eficientes a su vez son la base sobren la cual el país podrá impulsar el crecimiento económico incluyente que México necesita.

Ildefonso Guajardo Villarreal

Secretario de Economía, México

Resumen ejecutivo

El gobierno mexicano solicitó a la OCDE llevar a cabo una evaluación independiente de políticas para identificar las reglas y regulaciones que podrían obstaculizar el funcionamiento competitivo y eficiente de los mercados en dos sectores de la economía mexicana a lo largo de la cadena vertical de suministro. Se trata de los sectores de medicamentos (producción y comercio al por mayor y al por menor) y de la carne (cría y alimentación de animales, rastros y comercio al por mayor y al por menor).

El proyecto se desarrolló en cinco etapas. La etapa 1 definió el alcance exacto de los dos sectores. Se recolectó una lista de 228 leyes y regulaciones federales relevantes para los sectores. En la etapa 2 se examinó dicha legislación por medio de las *Herramientas para la Evaluación de la Competencia de la OCDE* con el objeto de identificar posibles obstáculos para la competencia: se identificaron 176 restricciones *prima facie* para la competencia (100 en el sector de medicamentos y 76 en el sector de la carne). Además, se elaboró una descripción económica general para cada sector, la cual contiene importantes indicadores económicos por sector, como producción, empleo y tendencias de precios. En la etapa 3 se investigó el objetivo del legislador para cada disposición. Se realizó un análisis profundo desde el punto de vista cualitativo y, siempre que lo permitieron los datos disponibles, también en forma cuantitativa. Se sostuvieron reuniones con funcionarios de las autoridades competentes, así como con representantes de asociaciones privadas, para lograr una mejor comprensión de las motivaciones y los objetivos del legislador. En la etapa 4 se elaboró un anteproyecto de las recomendaciones para las disposiciones que, según se consideró, restringían la competencia, teniendo en cuenta disposiciones similares en países comparables, en particular la Unión Europea y Estados Unidos. En la etapa final se concluyeron las recomendaciones. Además, durante el proyecto el equipo de la OCDE organizó dos talleres con funcionarios de las autoridades competentes para desarrollar habilidades de evaluación de la competencia en la administración mexicana y para analizar las recomendaciones preliminares.

Como resultado de este trabajo, el informe formula 107 recomendaciones sobre disposiciones legales específicas que deberían abolirse o modificarse.

Las recomendaciones detalladas en este informe, de ser puestas en marcha, beneficiarían a los consumidores en México y a la economía mexicana en ambos sectores. Más específicamente, si se aplican las recomendaciones, la OCDE calcula un efecto positivo para la economía mexicana de al menos 10 228.7 millones de MXN, lo que podría elevarse a 44 161.9 millones de MXN. Dado que este importe estimado se basa en un pequeño número de cuestiones cuantificables, los beneficios finales derivados de la plena aplicación de las recomendaciones podrían ser mayores.

A continuación se resumen las principales recomendaciones por sector.

Sector de medicamentos

- Emitir una regulación vinculante que determine las condiciones exactas en que se pueden conceder ventajas pecuniarias o beneficios de valor significativo a los médicos.
- Con respecto a la venta actual de medicamentos de marca y a la prohibición al empleado de farmacia de realizar una sustitución cuando la prescripción médica indique una marca específica, la OCDE ofrece dos recomendaciones opcionales. Opción 1) Obligar a los empleados de farmacia a informar a los pacientes sobre el genérico disponible más barato y permitir que los medicamentos prescritos se sustituyan con un genérico más barato cuando el paciente esté de acuerdo, a menos que el médico haya especificado que "la sustitución no está permitida". Opción 2) Establecer una disposición legal que obligue a los médicos a prescribir únicamente la denominación común internacional (DCI) de los medicamentos.
- Reconstruir la canasta utilizada para calcular los precios máximos de los medicamentos patentados en México, teniendo en cuenta no solo los precios en los seis países con los mayores volúmenes de ventas (como ocurre actualmente) sino también otros factores, como el nivel de ingreso de los países de referencia y los gastos de bolsillo de los consumidores.
- Dar a conocer la modificación al convenio de concertación de precios entre la CANIFARMA y la Secretaría de Economía.
- Exigir que las inscripciones en el registro sanitario, necesarias para comercializar medicamentos, se renueven una sola vez, después de cinco años, y que posteriormente se vuelvan permanentes. Esta recomendación requerirá en primer lugar, aumentar la calidad y la frecuencia de los controles in situ; la fijación de multas considerables en caso de que las empresas farmacéuticas no informen a tiempo a la COFEPRIS sobre los cambios en un medicamento; y el otorgamiento de recursos suficientes a la COFEPRIS para que pueda realizar esta tarea.
- Abolir el requisito de contar con el permiso de un titular de registro (generalmente el importador oficial) para importar medicamentos a México.
- Continuar con el proyecto en curso para que la Farmacopea de los Estados Unidos Mexicanos esté disponible en línea tan pronto como sea posible.
- Armonizar las NOM que señalan que no están en concordancia con los estándares internacionales actuales.

Sector de la carne

- Emitir NOM para la clasificación nacional de canales de carne de res, cerdo y pollo, con la finalidad de fomentar el comercio interestatal y las exportaciones.
- Abolir el requisito de los documentos para la movilización (guías de tránsito) vigente en varios estados mexicanos que imponen controles zoosanitarios adicionales a los establecidos por la autoridad nacional, el SENASICA.
- Abolir el requisito de obtener la certificación de una asociación ganadera local para movilizar ganado a lo largo del territorio mexicano.

- Eliminar el requisito de que el SENASICA autorice establecimientos en países cuyas autoridades sanitarias hayan sido previamente autorizadas para exportar a México animales y sus productos y subproductos. Esto debería condicionarse al establecimiento de acuerdos bilaterales que eliminen cualquier requisito adicional para las empresas exportadoras mexicanas con países que tengan al menos los mismos estándares sanitarios que México.
- Reemplazar el requisito de inspeccionar 100% de los lotes de carne, canales, vísceras y despojos importados con un sistema en el que tanto el momento como el número inspecciones, así como la cantidad de muestras para ser inspeccionadas sean elegidos con base en un análisis de riesgos.
- Garantizar que la VUCEM, una plataforma de Internet creada por el gobierno mexicano para centralizar la comunicación y el cumplimiento de trámites de las dependencias federales mexicanas con responsabilidades relativas a la administración aduanal, sea totalmente funcional en todo momento. Además, aclarar las responsabilidades de administración.
- Actualizar las NOM que indican que no están en concordancia con estándares internacionales.

Capítulo 1

Evaluación y recomendaciones

Esta evaluación identifica distorsiones a la competencia en la legislación federal mexicana y propone recomendaciones para eliminar las barreras regulatorias a la competencia en dos sectores de la economía mexicana: la cadena vertical de producción de medicamentos (producción y comercio al por mayor y al por menor) y productos cárnicos (cría y alimentación de animales, rastros y comercio al por mayor y al por menor). En este estudio se identifican y analizan 176 restricciones regulatorias potenciales y se hacen 107 recomendaciones específicas para eliminar posibles barreras e incrementar así la competencia. Los beneficios del aumento de la competencia incluirán precios más bajos, más opciones y mayor variedad para los consumidores. En este informe se identifican las fuentes de esos beneficios y, cuando es posible, se proporcionan estimaciones cuantitativas. Si se eliminan las restricciones cuantificadas y se logran los efectos esperados, la OCDE calcula un efecto positivo para la economía mexicana de al menos 10 228.7 millones de MXN, lo que podría elevarse a 44 161.9 millones de MXN.

Las leyes y regulaciones son instrumentos clave para alcanzar objetivos de política pública, como la protección del consumidor y la salud pública. Cuando dichas leyes o regulaciones restringen las fuerzas del mercado más de lo necesario para lograr sus objetivos o cuando imponen costos innecesarios a la luz de sus objetivos de política, una revisión exhaustiva puede ayudar a identificar restricciones y desarrollar políticas alternativas menos restrictivas que, aun así, logren los objetivos gubernamentales.

El proyecto mexicano de evaluación de la competencia de leyes y regulaciones ha identificado y evaluado las regulaciones del mercado a lo largo de las cadenas verticales de producción de medicamentos (producción y comercio al por mayor y al por menor) y de productos cárnicos (cría y alimentación de animales, rastros y comercio al por mayor y al por menor). Este trabajo tiene como objetivo identificar los obstáculos regulatorios que, entre otros, restringen la entrada a un mercado; limitan la capacidad de las empresas para competir (mediante la regulación de precios y la limitación de la publicidad, entre otras medidas); tratan a los competidores de manera diferente (por ejemplo, favoreciendo a las empresas ya establecidas); facilitan la coordinación entre competidores; o restringen la capacidad de los consumidores para cambiar de proveedor. La metodología seguida en este ejercicio se resume en el Anexo A, que también proporciona referencias completas sobre la metodología de evaluación de la competencia de la OCDE.

1.1. Regulación del mercado y competencia

Las industrias donde hay mayor competencia experimentan un crecimiento más rápido de su productividad. Esto se ha confirmado en una amplia variedad de estudios empíricos, como se resume en OECD (2014c). Otros beneficios de la competencia también pueden ser importantes, como la reducción de los precios al consumidor, una mayor posibilidad de elección de los consumidores y una mejor calidad de los productos y servicios, mayor empleo, mayor inversión en investigación y desarrollo, y una adopción más rápida de la innovación.

Además de esta evidencia de que la competencia promueve el crecimiento, se han realizado estudios directamente sobre los efectos de la desregulación de mercados de productos, que es el área más relevante para este proyecto. Arnold *et al.* (2011) estudiaron información a nivel de empresas en 10 países entre 1998 y 2004, y realizaron el análisis utilizando el indicador de regulación de mercados de productos (Product Market Regulation, PMR) de la OCDE a nivel de industrias.[1] Los autores encontraron que una regulación más estricta del mercado de productos reduce la productividad multifactorial de las empresas (Multifactor Productivity of Firms, MPF). En un estudio de 15 países y 20 sectores, de 1985 a 2007, Bourlès *et al.* (2013) estimaron el efecto de la regulación de los sectores de servicios aguas arriba sobre el crecimiento de la productividad aguas abajo. Encontraron que las regulaciones anticompetitivas tienen un impacto que va más allá del sector en el que se aplican y que este efecto es más importante para los sectores más cercanos a la frontera de productividad.

Según Andrews y Criscuolo (2013), la innovación y la inversión en capital basado en el conocimiento (*knowledge-based capital*, KBC), como la información computarizada, los derechos de propiedad intelectual y las competencias económicas, también se ven afectados negativamente ante un PMR más estricto. Los autores establecen los canales a través de los cuales se produce este efecto. Por ejemplo, el PMR afecta los esfuerzos innovadores, ya que las tasas más altas de entrada de empresas pueden aumentar las nuevas ideas y presionar en el rubro de la innovación a las empresas ya establecidas. Además, el PMR influye en la innovación porque permite a las empresas innovadoras combinar los recursos necesarios para comercializar nuevas ideas y productos de manera más eficiente. El documento señala que "una reforma de políticas que aligere las barreras regulatorias en los servicios empresariales del promedio de la OCDE (es decir, Francia) hasta el nivel bajo en Suecia está asociado con un aumento de 30% en la inversión en empresas innovadoras" (Andrews y Criscuolo, 2013).

Recuadro 1.1. **Regulación del mercado de productos (PMR) en México**

México ha avanzado en la eliminación de regulaciones restrictivas. Durante el periodo de 2008 a 2013, mostró una mejora en el indicador PMR de la OCDE, pasando de 2.05 en 2008 a 1.91 en 2013 (la medición más reciente).

Sin embargo, esa cifra se mantuvo por encima del promedio de la OCDE (1.48), lo que sugiere que existe un amplio margen de mejora. "Si bien se han llevado a cabo amplias reformas estructurales en determinados sectores, la exigencia normativa del mercado de productos en la economía sigue siendo relativamente alta, muy por encima del promedio general de la OCDE. Esto limita la facilidad con que las nuevas empresas pueden entrar en estos mercados y contratar trabajadores" (OECD, 2015a).

Un análisis de los subcomponentes del indicador PMR en 2013 mostró diferencias significativas entre las diversas áreas de regulación. Las áreas en las que México aplicó regulaciones más restrictivas que el promedio de la OCDE fueron en su mayoría barreras al comercio y la inversión y controles de precios.

Gráfica 1.1. **PMR en toda la economía**

(Escala del indicador de 0-6, del menos al más restrictivo)

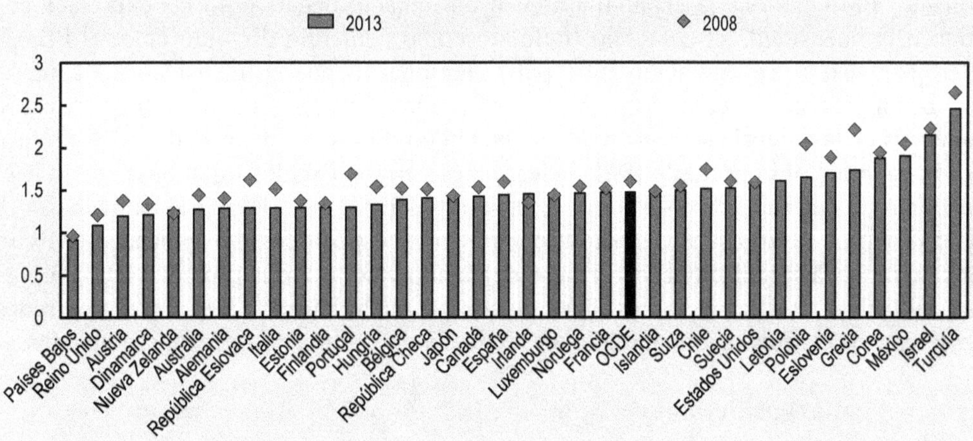

Notas: 1) Los datos estadísticos para Israel fueron proporcionados por las autoridades israelíes competentes bajo su responsabilidad. El uso de estos datos por parte de la OCDE se hace sin prejuzgar la situación de los Altos del Golán, Jerusalén Oriental y los asentamientos israelíes en Cisjordania bajo los términos del derecho internacional. 2) El año 2008 se refiere a la situación en 2007 para todos los países con excepción de Chile, Estonia, Israel y Eslovenia (2008).

Fuente: OECD, Base de datos de Product Market Regulation (PMR)

Otro beneficio de mayor flexibilidad regulatoria en PMR es el incremento en el empleo. Un reciente estudio de la OCDE (Criscuolo *et al*., 2014) revela que en 18 países, en un periodo de 10 años, las pequeñas empresas que tenían cinco años o menos contribuyeron en promedio a alrededor de 42% de la creación de empleo. Como se señaló en OECD (2015b), "un papel tan desproporcionadamente grande de las empresas jóvenes en la creación de empleo sugiere que la reducción de las barreras al emprendimiento puede contribuir de manera significativa a la igualdad de ingresos con los efectos del empleo".

El impacto de eliminar regulaciones anticompetitivas sobre la desigualdad de ingresos es, *a priori*, incierto. Por un lado, una mayor flexibilidad conduce a un mayor empleo; por otro lado, la desregulación también está asociada a una mayor dispersión salarial. Por medio del indicador resumen de regulación de mercados de productos de la OCDE en siete industrias no manufactureras, que abarcan los sectores de energía, telecomunicaciones y transporte, Causa *et al.* (2015) encuentran un impacto negativo de la regulación estricta del mercado de productos sobre el ingreso disponible de los hogares. Este resultado se mantiene tanto en promedio como mediante la distribución del ingreso y conduce a una mayor desigualdad. La interpretación que hacen los autores sobre el hallazgo es que las barreras regulatorias más bajas a la competencia "aumentarían los ingresos de los hogares y reducirían la desigualdad de los ingresos, señalando posibles sinergias entre los objetivos de eficiencia y de equidad".

Otro estudio reciente de la OCDE (Ennis y Kim, 2017) aborda la relación entre competencia y desigualdad. Los autores calibraron un modelo para evaluar los efectos redistributivos del poder de mercado en ocho países.[2] Encontraron que el poder de mercado beneficia a los hogares más ricos y que, de acuerdo con su modelo, la proporción de la riqueza del 10% superior de los hogares derivada del poder de mercado puede situarse entre 10% y 24%.

El PMR también tiene un impacto en el comercio y en la Inversión Extranjera Directa (IED). Fournier *et al.* (2015) observan que las regulaciones nacionales, medidas por el indicador PMR de toda la economía, tienen un impacto negativo en las exportaciones y reducen la intensidad del comercio (definido como comercio dividido entre el PIB). La heterogeneidad en la regulación entre países también reduce la intensidad del comercio. Los beneficios de la convergencia de PMR entre los Estados miembros de la UE aumentarían la intensidad comercial en la Unión Europea en más de 10%. Fournier (2015) examinó el impacto de PMR heterogéneos en los Estados miembros de la OCDE, y encontró que la reducción de la divergencia regulatoria en 20% podría aumentar la IED en 15%. En el estudio se investigaron componentes específicos del indicador PMR y se consideró que las regulaciones y medidas de mando y control que protegen a las empresas ya establecidas (exenciones a las leyes de competencia, barreras a la entrada en redes y servicios) son especialmente perjudiciales reduciendo las inversiones transfronterizas.

1.2. Principales hallazgos del Proyecto de Evaluación de Competencia en México

El objetivo principal de la Evaluación de Competencia de Leyes y Regulaciones en el proyecto mexicano es mejorar la competencia en dos sectores de la economía mexicana, medicamentos y productos cárnicos, mediante la eliminación de barreras regulatorias. Estos dos sectores tuvieron un valor agregado bruto (VAB) combinado de 1.43% (medicamentos:[3] 0.48% y cárnicos[4] 0.95%) del PIB en 2015. Estas cifras no incluyen en su totalidad la cadena de producción y comercialización, por lo que son límites inferiores.

En 2013, según el Censo del INEGI, estos dos sectores representaban 711 905 empleos. Esta cifra se componía de medicamentos[5] con 367 056 empleos, que se distribuían entre: producción, 83 336; comercio al por mayor, 38 198; y comercio al por menor, 245 552 empleos. Respecto de la carne,[6] sus 344 849 puestos de trabajo se repartían entre: producción, 104 396; comercio al por mayor, 27 309; y comercio al por menor, 213 144 empleos. Esto representó 3.3% del empleo total en México en 2013 (el número total de empleados reportados en el Censo 2014 en México fue de 21 576 358). Por tanto, es probable que la eliminación de las restricciones a la competencia en estos sectores tenga un impacto económico significativo y positivo tanto en el corto como en el largo plazo.

Los resultados indicados en esta sección se alcanzaron mediante la identificación de los obstáculos regulatorios a la competencia, la evaluación de su impacto en términos del daño a la competencia y la sugerencia de recomendaciones específicas para eliminar las restricciones. Este estudio no constituye una evaluación del impacto económico; se trata de un análisis metódico de los textos legislativos relacionados con los sectores analizados.

El trabajo ha conducido a la identificación de 176 restricciones regulatorias encontradas en las 228 leyes seleccionadas para la evaluación. En total, el informe plantea 107 recomendaciones específicas para mitigar el daño a la competencia. Todas ellas están disponibles en el Anexo B.

Cuadro 1.1. **Disposiciones legales analizadas por sector**

	Medicamentos	Productos cárnicos	Total
Legislación analizada	107	121	228
Restricciones *prima facie*	100	76	176
Recomendaciones formuladas	50	57	107

Fuente: Análisis de la OCDE

1.3. Principales restricciones identificadas y recomendaciones

A continuación se mencionan y resumen brevemente las restricciones, al igual que las principales recomendaciones en los sectores de medicamentos y de la carne; se analizarán con detalle en sus respectivos capítulos.

1.3.1. Medicamentos

Las principales recomendaciones en el sector de medicamentos son las siguientes:

- **Falta de regulación sobre la entrega de beneficios pecuniarios para incentivar a los médicos.** En la actualidad México no tiene ley alguna que regule cuáles son los beneficios, como la asistencia a congresos o la impartición de conferencias, que las compañías farmacéuticas pueden proporcionar a los médicos. La falta de regulación gubernamental vinculante en este campo puede dificultar la competencia entre productos similares y potencialmente brindar a los médicos un incentivo para prescribir productos más caros que a su vez les proporcionen más beneficios. La OCDE recomienda emitir una regulación vinculante que determine las condiciones exactas en las que pueden concederse ventajas pecuniarias o beneficios de valor significativo a los médicos. Si se aplica en su totalidad esta recomendación de la OCDE, se estima que el beneficio para los consumidores será de 7 743.1 millones de MXN al año.
- **Venta obligatoria del medicamento de marca, a menos que la sustitución esté expresamente permitida.** Al prescribir un medicamento los médicos en México pueden prescribir la denominación genérica o bien la denominación genérica y la distintiva (el nombre de la marca) en forma conjunta. Cuando los médicos prescriben la denominación distintiva, los empleados de farmacia están obligados a dispensar (al menos de acuerdo con la regulación) con esa marca y el

medicamento solo puede sustituirse si el médico autoriza expresamente el reemplazo, incluso si este es un genérico con el mismo ingrediente activo. Como consecuencia, los consumidores están obligados a comprar medicamentos de marca si su médico los prescribe. La OCDE recomienda al gobierno mexicano las siguientes opciones.

Opción 1) Modificar la disposición para obligar a los empleados de farmacia a informar a los clientes sobre el genérico disponible más barato y permitir que los empleados de farmacia sustituyan los medicamentos prescritos con este genérico cuando el paciente esté de acuerdo, a menos que el médico especifique que la sustitución no está permitida. La sustitución debe ser opcional, no obligatoria, debido a que la mayoría de las compras en México son financiadas directamente por los consumidores y estos tienen por tanto la capacidad para comprar el medicamento que perciban como el mejor.

Opción 2) Establecer una disposición que obligue a los médicos a prescribir únicamente la denominación común internacional (DCI), que contiene la sustancia activa, sin hacer referencia a marca alguna.

Si se implementa en su totalidad cualquiera de estas recomendaciones de la OCDE, el beneficio potencial para los consumidores se estima entre 6 177.4 millones de MXN y 34 544.8 millones de MXN al año.

- **Consultorios Adyacentes a Farmacias (CAF).** En 2015 en México, según la COFEPRIS, 53.5% de todas las farmacias tenía un CAF, donde se proporcionan consultas a los pacientes a precios extremadamente asequibles o incluso gratis. Aunque los modelos de negocio de los CAF pueden variar, la mayoría de los médicos que trabajan en ellos reciben alguna forma de compensación por parte de las farmacias, ya sea por medio de un salario fijo, un bono o alguna otra forma de remuneración. Como prácticamente todos los CAF pertenecen a las farmacias, los médicos no son completamente independientes de estas en su práctica de prescripción, lo que podría distorsionar la competencia entre los medicamentos. La OCDE recomienda al gobierno mexicano tres opciones. Las opciones 1 y 2 son posibles como soluciones independientes, pero también podrían combinarse; la opción 3 significaría mantener el *statu quo* al dejar sin cambios el actual modelo de negocios de los CAF.

  Opción 1) Emitir una disposición que prohíba a los médicos de los CAF prescribir productos de marca y obligarlos a prescribir únicamente la DCI o el nombre genérico.

  Opción 2) Emitir un código de conducta o una regulación que prohíba a las farmacias ejercer presión sobre los médicos o incentivarlos para que prescriban ciertos productos, con una recompensa acorde al volumen o el número de medicamentos prescritos.

  Opción 3) Ninguna recomendación. El objetivo del legislador de otorgar acceso médico rápido y fácil a la población mexicana podría prevalecer sobre cualquier posible conflicto de intereses. Esta recomendación dejaría sin cambios el actual modelo de negocio de los CAF.

- **Ventas directas de compañías farmacéuticas a farmacias (especialmente cadenas de farmacias).** Muchas de las compañías farmacéuticas en México, si no es que la mayoría, se niegan a vender directamente a las farmacias, incluso a grandes cadenas de farmacias, y prefieren recurrir a distribuidores. Este problema solo afecta el mercado privado, ya que el sector público generalmente compra medicamentos por medio de licitaciones públicas. Para los grandes minoristas (es decir, las cadenas de farmacias), la compra a un distribuidor impone un costo innecesario, ya que tienen que pagar un margen extra a los distribuidores en lugar de adquirir los productos directamente de los fabricantes. Además, los participantes del mercado a nivel minorista se quejan de que muchos medicamentos son distribuidos por un solo mayorista y que no existe o es muy limitada la competencia intra-marca La promoción de la competencia intra-marca es particularmente relevante cuando dicha competencia es insuficiente. La OCDE recomienda a México considerar el establecimiento de la obligación, para los productores de medicamentos, de abastecer a todos los distribuidores de línea completa en el mercado privado. Sin embargo, antes de proseguir con tal medida se recomienda llevar a cabo un estudio coordinado con las autoridades competentes que evalúe el impacto en el mercado del establecimiento de tal obligación, cuyo objetivo sería permitir que nuevos distribuidores compitan en el concentrado mercado mayorista mexicano, y aumentar la competencia intra-marca. Existe una obligación comparable en la mayoría de los países miembros de la UE, donde la distribución de medicamentos se considera una función de servicio público. Sin embargo, como esta propuesta de recomendación interferiría con la libertad de contratación, solo se aplicaría si tal estudio demostrara que con otras medidas para fortalecer la competencia intra-marca no habría resultados. Si esta recomendación de la OCDE se implementara en su totalidad, se calcula que el beneficio para los consumidores oscilaría entre 128.1 millones de MXN y 3 074.6 millones de MXN al año.

- **Precios máximos de los medicamentos patentados.** Un convenio de 1996 entre la Secretaría de Economía y CANIFARMA (modificado en 2004) establece una fórmula de precios máximos para la venta al por menor de los medicamentos patentados. El precio máximo de un medicamento patentado en México se determina con base en el promedio del precio ex-fábrica de ese medicamento en los seis países con las mayores ventas en el mundo. El actual mecanismo de fijación de precios parece dar como resultado altos precios finales para el mercado mexicano, especialmente en comparación con otros países latinoamericanos. Esto podría deberse a la tendencia actual del sistema de regulación de precios a considerar a los países de altos ingresos como puntos de referencia. La OCDE recomienda reconstruir la canasta a fin de calcular precios máximos para México. En primer lugar, deben tenerse en cuenta no solo los volúmenes de venta (como ocurre actualmente) sino también otros factores, como el nivel de ingresos de los países de referencia y los gastos de bolsillo de los consumidores. Además, la OCDE recomienda revisar periódicamente la canasta – por ejemplo cada cinco años– para asegurar que siga satisfaciendo las necesidades de la población mexicana.

- **Confidencialidad de la modificación al convenio entre CANIFARMA y la Secretaría de Economía.** La modificación al convenio entre la Secretaría de Economía y CANIFARMA que determina cómo se fijan los precios máximos es confidencial; su contenido no está disponible para el público. La OCDE recomienda poner a disposición de este tanto el convenio como la modificación al mismo.

- **Renovación de registros sanitarios.** Según la ley mexicana, los registros sanitarios deben renovarse cada cinco años. Exigir que el registro sanitario se renueve cada cinco años impone un costo adicional a las empresas. Los costos pueden ser bastante significativos para los productores que a menudo comercializan varios cientos de productos. La OCDE recomienda que el registro sanitario se renueve una sola vez después de cinco años y luego sea permanente. Esto demandaría aumentar la frecuencia de los controles *in situ*; la fijación de multas considerables si las empresas farmacéuticas no informan a tiempo a la COFEPRIS sobre los cambios en un medicamento; y el otorgamiento de recursos suficientes a la COFEPRIS para llevar a cabo esta tarea. Si se aplica en su totalidad esta recomendación de la OCDE, se estima que el beneficio para los consumidores ascendería a 4.8 millones de MXN. Sin embargo, es necesario hacer dos advertencias. En primer lugar, esta estimación no tiene en cuenta el ahorro interno (en elaboración de documentos, por ejemplo) de los que las empresas farmacéuticas se beneficiarían si no tuvieran que realizar todas las pruebas cuando el registro sanitario se otorga cada cinco años. En segundo lugar, los costos relacionados con las revisiones anuales podrían estar subestimados. Una mejora significativa del sistema mexicano de control y supervisión agregará costos adicionales que probablemente tendrán que ser solventados por las compañías farmacéuticas.
- **Necesidad de contar con el permiso del titular del registro para importar medicamentos en México.** Los importadores de productos farmacéuticos con fines comerciales necesitan un registro sanitario de la Secretaría de Salud para importar medicamentos a México. Si un importador potencial no es el titular del registro, debe obtener el consentimiento del propietario del registro. Así pues, el importador en ejercicio puede impedir la entrada al mercado de otros importadores. La OCDE recomienda eliminar esta restricción. Todo importador debe tener la oportunidad de hacerse de una autorización de la Secretaría de Salud, sin importar si se cuenta con el consentimiento del titular de un registro. Los importadores adicionales no deberán cumplir los mismos requisitos de documentación que el primer importador para la adquisición de un registro, ya que la seguridad del medicamento a importar ya habría sido demostrada en la primera solicitud.
- **Requisitos geográficos y de población para las pruebas de intercambiabilidad.** Cuando se introduce un nuevo genérico en el mercado mexicano, las pruebas realizadas para determinar si el medicamento genérico produce un efecto similar al del producto de referencia, conocidas como pruebas de intercambiabilidad, deben ser realizadas por terceros autorizados en territorio mexicano con una muestra de población mexicana, incluso si antes ya se han realizado estudios similares en el extranjero. Este requisito puede imponer costos adicionales innecesarios a las compañías farmacéuticas que operan en el extranjero, desalentándolas de vender medicamentos genéricos en México. La OCDE recomienda eliminar el requisito de que las empresas farmacéuticas lleven a cabo pruebas en el territorio y la población mexicanos y acepten estudios de intercambiabilidad aceptados por autoridades extranjeras siempre y cuando sus sistemas de control se consideren al menos como equivalentes a los mexicanos. La COFEPRIS debe reconocer a esas autoridades (tal como la COFEPRIS reconoce a ocho autoridades extranjeras en lo tocante a la emisión de certificados de Buenas Prácticas de Fabricación). Solo en casos excepcionales, para los cuales

debe haber lineamientos, la Secretaría de Salud debería ordenar pruebas adicionales con población mexicana.

- **La Farmacopea de los Estados Unidos Mexicanos solo está disponible como documento impreso.** Actualmente, la Farmacopea de los Estados Unidos Mexicanos, que es la guía exclusiva para los productos farmacéuticos disponibles en México, no puede consultarse en línea y solo se actualiza cada tres años. Por tanto, las empresas tienen que adquirir una copia impresa, lo que podría retrasar la entrada al mercado. La OCDE recomienda continuar con el proyecto en curso para hacer disponible la Farmacopea en línea tan pronto como sea posible.
- **Estándares no armonizados.** En México existen dos tipos de estándares: las Normas Oficiales Mexicanas (NOM), que son emitidas por el gobierno federal y tienen cumplimiento obligatorio; y las Normas Mexicanas (NMX), que son voluntarias y emitidas por los organismos nacionales de normalización. El equipo de la OCDE encontró 10 Normas Oficiales Mexicanas que indican que no están en concordancia con los estándares internacionales. La no armonización parcial o total con los estándares internacionales puede dificultar el acceso de los competidores extranjeros al mercado mexicano, así como el acceso de los productores mexicanos a los mercados extranjeros. En particular, los productores podrían tener que aplicar en México conjuntos de normas diferentes de los aplicados en el extranjero, lo que podría dar lugar a costos adicionales. Incluso si se hubiesen adaptado (parcialmente) las normas oficiales mexicanas a las internacionales, podría haber confusión entre los actores del mercado si el texto legal no se actualiza. La OCDE recomienda actualizar todas las normas para que, en la medida de lo posible, se ajusten a las normas internacionales.

Las principales recomendaciones para el sector de medicamentos se describen en el Capítulo 2 y se enumeran analíticamente en el Anexo B.

1.3.2. Productos cárnicos

Los principales problemas y recomendaciones del sector de la carne son los siguientes:

- **Ausencia de NOM relacionadas con la clasificación de las canales de carne, cerdo y pollo; discriminación contra los productores de carne no locales.** En la actualidad no existen normas oficiales obligatorias (es decir, NOM) en México relacionadas con la clasificación de las canales de carne de res, cerdo o pollo a nivel federal. La ausencia de un sistema obligatorio de clasificación de carne tiene efectos negativos tanto en el mercado interno como en el de exportación. Para el mercado interno, la ausencia de un sistema obligatorio de clasificación de carne se ve agravada por la existencia de varias leyes ganaderas estatales que discriminan a los productores de carne no locales y obstaculizan el comercio interestatal. Para el mercado de exportación, los exportadores tienen que vender su carne a precios más bajos, ya que los países importadores solo otorgan a la carne mexicana la clasificación más baja sin importar su calidad real. La OCDE recomienda establecer NOM para la clasificación de carne de res, cerdo y pollo en canal. Lo ideal sería que estas NOM no solo se ajustaran a las necesidades de los productores de carne que exportan, sino también a las de los productores que abastecen el mercado mexicano.

- **Documentos estatales para la movilización.** Varios gobiernos estatales exigen un documento de movilización para transportar animales vivos y sus productos y subproductos dentro de los estados. Varias leyes ganaderas estatales se refieren a los documentos de transporte como *guías de tránsito*. Además, en varios estados los documentos de movilización no son expedidos por las autoridades públicas, sino por las asociaciones ganaderas locales. Los productores interesados en comercializar sus productos en diferentes estados deben pagar la expedición de varios documentos de movilización para trasladar sus productos desde el punto de producción hasta los puntos de venta. Esto encarece sus productos y los coloca en una desventaja competitiva frente a los productores que elaboran y comercializan sus productos en el mismo estado. La OCDE recomienda la abolición de los documentos estatales para la movilización. Si se aplica en su totalidad esta recomendación de la OCDE, se calcula que los beneficios anuales oscilarán entre 13.3 millones de MXN y 39.8 millones de MXN.

- **Certificación de la asociación ganadera local.** Para transportar el ganado a través del territorio mexicano, es necesario obtener una certificación de la asociación ganadera local que opera en el municipio de origen. Este tipo de certificaciones solo parece existir para el ganado. Para obtener estas certificaciones, es obligatorio proporcionar a la asociación ganadera local la prueba de propiedad de los animales por transportar. Estas certificaciones para el ganado representan un doble control puesto que ya existe un sistema federal de identificación, el Sistema Nacional de Identificación Individual de Ganado (SINIIGA). Además, las asociaciones ganaderas locales podrían tener incentivos para discriminar a los competidores, en particular a los ganaderos de otras áreas geográficas o a quienes no pertenecen a la asociación. La OCDE recomienda suprimir estas certificaciones.

- **Doble autorización para importar.** Los animales, sus productos y subproductos deben provenir de establecimientos autorizados dentro de países autorizados. Para que un país extranjero sea autorizado, sus servicios veterinarios deben ser reconocidos por la SAGARPA siempre y cuando sus estándares sean al menos equivalentes a los aplicados en México. Además, la SAGARPA debe autorizar e inspeccionar establecimientos en países extranjeros, lo que podría considerarse como una barrera adicional innecesaria para la entrada de los productores extranjeros. La OCDE recomienda eliminar esa autorización adicional de establecimientos. Sin embargo, esto debería basarse en acuerdos bilaterales con países que eliminen los requisitos adicionales para la autorización de los exportadores mexicanos por parte de sus autoridades sanitarias. En estos acuerdos bilaterales, las autoridades sanitarias de cada país garantizarán la calidad de todos los establecimientos exportadores y sus productos dentro de su jurisdicción.

- **Inspeccionar la totalidad de los lotes de carne, canales, vísceras y despojos de importación.** En la actualidad 100% de los lotes de carne, canales, vísceras y despojos importados debe inspeccionarse de conformidad con las especificaciones establecidas en la Hoja de Requisitos Zoosanitarios. Este requisito es excesivo e innecesariamente costoso y podría incluso no ser factible en la práctica. La OCDE sugiere desarrollar un sistema en el que tanto el momento como el número de inspecciones, así como la cantidad de muestras para ser inspeccionadas sean elegidos con base en un análisis de riesgos que tome en cuenta el cumplimiento pasado del exportador en lo relativo a los requisitos zoosanitarios. Si se aplica en su totalidad esta recomendación de la OCDE, se calcula que los beneficios anuales oscilarían entre 32.9 millones de MXN y 253.9 millones de MXN. Esta estimación parte del supuesto de que actualmente se inspecciona 100% de los lotes tal como señala la NOM-030-ZOO-1995. No obstante, si en la práctica el porcentaje de lotes inspeccionados fuera menor, los beneficios podrían ser menores.

- **Mal funcionamiento de la VUCEM.** La Ventanilla Única de Comercio Exterior Mexicana (VUCEM) es una plataforma de Internet creada por el gobierno mexicano para centralizar la comunicación y el cumplimiento de trámites ante las dependencias federales mexicanas con responsabilidades de administración aduanal. En la actualidad la VUCEM no es totalmente funcional, ya que experimenta frecuentes suspensiones de servicio. Los tiempos de inactividad son particularmente problemáticos para la carne y los productos cárnicos, ya que pueden provocar que las importaciones de carne y productos cárnicos, que son perecederos, esperen largos periodos en la frontera. La OCDE recomienda que las autoridades garanticen que la VUCEM sea plenamente funcional en todo momento. El equipo de la OCDE también recomienda aclarar qué autoridad (es decir, el SAT) es plenamente responsable del funcionamiento de la VUCEM en términos de los procedimientos del SENASICA y que las otras dependencias apoyen plenamente a esta autoridad. Para aplicar correctamente esta recomendación, deberían proporcionarse fondos suficientes.
- **Toma de decisiones de las organizaciones ganaderas.** Las organizaciones ganaderas pueden tener como uno de sus objetivos "orientar la producción de acuerdo a las condiciones del mercado, ya sea intensificándola o limitándola". La interpretación de la OCDE de esta disposición es que permite a las organizaciones ganaderas controlar la producción y, de manera indirecta, los niveles de precios. La OCDE recomienda abolir la disposición que permite a las asociaciones ganaderas perseguir este objetivo.
- **Recolección de información y participación de las organizaciones ganaderas.** Las organizaciones ganaderas deben generar estadísticas, así como alentar a los miembros a mantener una contabilidad interna adecuada para que conozcan sus propios costos de producción y estudios de precios de los productos que comercializan. Las entradas exactas y el nivel de agregación de las estadísticas generadas por las organizaciones ganaderas son desconocidos, y no está claro si esta información se comparte posteriormente con los miembros de otras organizaciones. La información contable de las organizaciones ganaderas puede incluir datos sensibles que, de ser compartidos entre miembros de la organización ganadera, podrían facilitar la colusión. La OCDE recomienda que se modifiquen las disposiciones que promueven la recolección y el intercambio de información, de modo que quede claro que está prohibido el intercambio de información sensible entre los miembros de las organizaciones ganaderas, así como entre las organizaciones ganaderas.
- **Estándares no armonizados.** En la revisión de la OCDE de la legislación sobre carne se encontraron 32 normas (29 NOM obligatorias y 3 NMX voluntarias) que no se ajustaban a las normas internacionales. La no armonización, tanto parcial como total, con las normas internacionales puede dificultar el acceso de los competidores extranjeros al mercado mexicano, así como el acceso a los mercados extranjeros por parte de los productores mexicanos. En particular, los

productores podrían tener que aplicar diferentes conjuntos de normas en México y en el extranjero, lo que daría lugar a costos adicionales. Con excepción de cuatro normas (dos NOM y dos NMX), vinculadas a otras restricciones y tratadas por separado, recomendamos que estas normas se ajusten a las normas internacionales, y que cuando no existan normas o prácticas internacionales, así lo indiquen.

- **Servicios veterinarios TIF.** Los rastros Tipo Inspección Federal (TIF) están regulados por la SAGARPA. Los rastros y plantas procesadoras con certificación TIF deben tener, durante todas las horas de trabajo, por lo menos un Médico Veterinario Responsable Autorizado (MVRA), que es un empleado del establecimiento TIF y se encuentra aprobado por SENASICA. Los MVRA de los establecimientos TIF están a cargo de asegurar el cumplimiento de la Ley Federal de Sanidad Animal y regulaciones asociadas. Además de los MVRA, los establecimientos TIF pueden contar con un Médico Veterinario Oficial (MVO); se trata de empleados de SENASICA que trabajan como inspectores en los establecimientos con certificación TIF. La presencia de un MVRA se requiere incluso si un MVO ya está presente en el rastro o planta procesadora. Esto podría implicar una duplicación de algunas funciones veterinarias e impone una carga adicional a las empresas, en especial a los pequeños establecimientos TIF. La OCDE recomienda reducir progresivamente la dependencia de los establecimientos TIF en los MVRA, con el objetivo de largo plazo de que los establecimientos TIF paguen a SENASICA por los servicios veterinarios, y esta a su vez remunere a los veterinarios. Estos veterinarios verificarían el cumplimiento de las regulaciones de SENASICA. Si esta recomendación de la OCDE se aplica en su totalidad, se estima que los beneficios oscilarían entre 5.4 millones de MXN y 54.4 millones de MXN.

Las principales recomendaciones para el sector de los productos cárnicos se describen en el Capítulo 3 y se enumeran analíticamente en el Anexo B.

1.4. Cuantificación de las recomendaciones

No fue posible cuantificar los efectos de todas las restricciones identificadas, ya sea por falta de información o por la naturaleza del cambio regulatorio. Sin embargo, de lo anterior se desprende que las consecuencias para la economía mexicana en términos de efectos económicos positivos de largo plazo sobre la productividad y el crecimiento serán significativas, siempre que todas las recomendaciones se apliquen en su totalidad.

Dicho de manera más concreta, si se eliminan las restricciones específicas identificadas y cuantificadas durante el proyecto, la OCDE calcula un efecto positivo para la economía mexicana de entre 10 228.7 millones de MXN y 44 161.9 millones de MXN. Esta cantidad se basa en las pocas recomendaciones que el equipo de la OCDE pudo cuantificar; en otras palabras, es probable que el efecto total en la economía mexicana sea aún mayor. El total es el efecto estimado resultante positivo sobre el excedente del consumidor en los sectores analizados como resultado de la eliminación de los actuales obstáculos regulatorios a la competencia.

Aunque solo se puede cuantificar un número pequeño de restricciones, el equipo de la OCDE considera que el impacto acumulativo de largo plazo en la economía mexicana de eliminar todas las restricciones identificadas como dañinas, incluidas aquellas de naturaleza más técnica (por ejemplo, las regulaciones sobre los productos alimenticios), no debe subestimarse. La racionalización de la legislación en estos sectores también afectará positivamente la capacidad de las empresas para competir en el largo plazo, siempre que las recomendaciones se apliquen en su totalidad. Por último, al desaparecer la legislación obsoleta o redundante, los inversionistas se enfrentarán a un entorno empresarial más transparente y con mayor certidumbre.

En el Cuadro 1.2 se resumen los efectos cuantificables de eliminar los obstáculos regulatorios a la competencia para los obstáculos seleccionados.

Cuadro 1.2. **Síntesis de los efectos positivos cuantificados por ítem**

Sector	Número de disposiciones afectadas	Beneficios/año (millones de MXN)
Medicamentos	4	
Regulación de los incentivos a los médicos	1	7 743.1
Sustitución en la farmacia/médicos solo prescriben la DCI*	1	6 177.4 - 34 544.8
Obligación de los productores de abastecer a todos los distribuidores de línea completa en el mercado privado	1	128.1 - 3 074.6
Establecimiento de una renovación única de registros sanitarios, con controles aleatorios subsecuentes	1	4.8
Total medicamentos (incluyendo descuento por posible traslape)		10 177.1- 43 813.8
Productos cárnicos	3	
Eliminación de la duplicación de servicios veterinarios de establecimientos TIF	1	13.3 - 39.8
Eliminación de documentos para la movilización	1	5.4 - 54.4
Adopción de un sistema de inspección basado en análisis de riesgo	1	32.9 - 253.9
Total cárnicos		51.6 - 348.1
Total	7	10 228.7 - 44 161.9

Notas: La OCDE recomienda que México considere establecer una obligación para los productores de medicamentos de abastecer a todos los distribuidores de línea completa en el mercado privado solo después de llevar a cabo un estudio en coordinación con las autoridades competentes para evaluar el impacto en el mercado de la puesta en vigor de dicha obligación. Además, como esta propuesta de recomendación interferiría con la libertad contractual, solo debería aplicarse si tal estudio demostrara que la aplicación de otras medidas para fortalecer la competencia intra-marca no da resultados.

La recomendación "**Establecimiento de una renovación única del registro sanitario, con controles aleatorios subsecuentes**" no se tuvo en cuenta en la estimación del beneficio total del consumidor. No sería metodológicamente apropiado sumar los beneficios para el consumidor que resultaran de la aplicación de las recomendaciones "**Regulación de los incentivos a los médicos"** y "**Sustitución en la farmacia/médicos solo prescriben la DCI** porque habría un doble conteo. Por tanto, hemos formulado casos para permitir la superposición de los beneficios al consumidor derivados de la aplicación de ambas recomendaciones.

* En Agosto de 2017, la COFECE publicó su "Estudio en materia de libre concurrencia y competencia sobre los mercados de medicamentos con patentes vencidas en México", véase https://www.cofece.mx/cofece/index.php/prensa/presentaciones-2017?download=1075:estudio-de-medicamentos-con-patente-vencida-en-mexico. Este estudio fue desarrollado de manera independiente al proyecto de evaluación de competencia de la OCDE y publicado después de que la versión preliminar del reporte de la OCDE fue proporcionada a la Secretaría de Economía. En este estudio, la COFECE estimó que los beneficios de sus recomendaciones serían alrededor de 2 552 millones de MXN.

1.5. Conclusión

En el presente capítulo se resumen las principales conclusiones y recomendaciones resultantes del análisis de 228 leyes. Si se aplican en su totalidad las recomendaciones de la OCDE, los efectos dinámicos deberían traer beneficios tanto a los consumidores de

México como a la economía mexicana en ambos sectores y en sus múltiples subsectores, así como a la economía en su conjunto.

A lo largo de este informe, el equipo de la OCDE ha tratado de identificar las fuentes de esos beneficios y, de ser posible, brindar estimaciones cuantitativas. Debido a que los beneficios de la competencia surgen de las acciones innovadoras de muchos agentes del sector privado –quienes quizás ni siquiera operen actualmente en el mercado–, tales estimaciones son altamente inciertas y debe considerarse que proporcionan, en el mejor de los casos, órdenes de magnitud de efectos probables. El objetivo del informe es evaluar el daño a la competencia y los beneficios que la eliminación de barreras acarrearía para los consumidores; sin embargo, resultó imposible cuantificar los efectos de la eliminación de todas las restricciones porque en muchos casos no eran mensurables. De la modesta cantidad de temas cuantificables, la OCDE encuentra efectos totales en el rango de **10 228.7 millones de MXN a 44 161.9 millones de MXN**, derivados de ganancias de eficiencia y menores precios de bienes y servicios para los consumidores. Sin embargo, es probable que los efectos positivos sobre la economía mexicana a lo largo del tiempo sean mucho mayores.

Los beneficios generalmente toman la forma de precios más bajos, más opciones y mayor variedad para los consumidores. Dichos beneficios a menudo serán resultado de la entrada de nuevas empresas más eficientes o de proveedores existentes que encuentren formas de producción más eficientes debido a la presión competitiva. Como se señaló antes, los mercados más competitivos generan un crecimiento más rápido de la productividad en el largo plazo, pero no se intenta estimar este efecto.

En el resto de este informe se describen los resultados de la evaluación de los dos sectores. Para cada una de las disposiciones o grupos de disposiciones identificadas como potencialmente dañinas, el informe describe la naturaleza de la restricción, el daño que causa a la competencia, los objetivos de los legisladores y las recomendaciones y beneficios asociados identificados por la OCDE.

En el **Anexo A** del informe se explica con detalle la metodología seguida en el proceso, tanto para revisar las leyes y reglamentos como para evaluar el daño de las restricciones a la competencia, así como los beneficios para la economía mexicana y para los consumidores, resultantes de eliminar la barreras a la competencia.

En el **Anexo B** del informe se presenta, línea por línea, un resumen de todos los reglamentos identificados, para ayudar al lector a identificar la ley o artículo analizado, así como una descripción resumida de todos los análisis realizados.

Notas

1. La metodología empleada en este proyecto es consistente con el indicador de regulación de mercados de productos (product market regulations, PMR) desarrollado por la OCDE: véase OECD (2014b), Recuadro 2.1. En 1998 la OCDE desarrolló el PMR, un indicador resumen del conjunto de la economía, para medir la posición de un país en términos regulatorios y observar el progreso de las reformas a lo largo del tiempo. Este indicador se actualizó en 2003, 2008 y 2013.
2. Estos son Australia, Canadá, Alemania, Francia, Reino Unido, Japón, Corea y Estados Unidos.
3. Solo se incluye el código SCIAN 3254 (Fabricación de productos farmacéuticos). El VAB relativo al comercio al por mayor y al por menor de medicamentos no estuvo disponible y, por tanto, el VAB de la totalidad del sector de medicamentos debería ser mayor.
4. Solo se incluye el código SCIAN 3116 (Matanza, empacado y procesamiento de carne). El VAB relativo a la cría de ganado y al comercio al por mayor y al por menor no estuvo disponible y, por tanto, el VAB de la totalidad del sector de la carne debería ser mayor.
5. Se utilizaron los siguientes códigos SCIAN: 325411 (Fabricación de materias primas para la industria farmacéutica) y 325412 (Fabricación de preparaciones farmacéuticas) para la producción; 433110 (Comercio al por mayor de productos farmacéuticos) y 4611 (Comercio al por menor de productos farmacéuticos y naturistas).
6. Se utilizaron los siguientes códigos SCIAN: 3111 (Elaboración de alimentos para animales), 3116 (Matanza, empacado y procesamiento de carne) para la producción: 431121 (Comercio al por mayor de carnes rojas) y 431122 (Comercio al por mayor de carne de aves) para el comercio al por mayor; y 461121 (Comercio al por menor de carnes rojas) y 461122 (Comercio al por menor de carne de aves) para el comercio al por menor.

Referencias

Andrews, D. y C. Criscuolo (2013), "Knowledge-Based Capital, Innovation and Resource Allocation", *OECD Economics Department Working Papers*, núm. 1046, OECD Publishing, París, http://dx.doi.org/10.1787/5k46bj546kzs-en.

Arnold, J.M., G. Nicoletti y S. Scarpetta (2011), "Does Anti-Competitive Regulation Matter for Productivity? Evidence from European Firms", *IZA Discussion Paper*, núm. 5511, http://repec.iza.org/dp5511.pdf.

Bourlès, R., G. Cette, J. Lopez, J. Mairesse y G. Nicoletti (2013), "Do Product Market Regulations in Upstream Sectors Curb Productivity Growth: Panel Data Evidence for OECD Countries", *The Review of Economics and Statistics*, diciembre de 2013, 95:5, pp.1750-1768.

Causa, O., A. de Serres y N. Ruiz (2015), "Structural Reforms and Income Distribution", *OECD Economic Policy Paper Series*, abril de 2015, núm. 13.

Criscuolo, C., P.N. Gal y C. Menon (2014), "The Dynamics of Employment Growth: New Evidence from 18 Countries", *OECD Science, Technology and Industry Policy Papers*, núm. 14, OECD Publishing, París, http://dx.doi.org/10.1787/5jz417hj6hg6-en.

Ennis, S. y Y. Kim (2017, en preparación), *Market Power and Wealth Distribution,* en M. Licetti, et al, A Setup Ahead: Competition Policy for Shared Prosperity and Inclusive Growth, World Bank Group y OECD.

Fournier, J-M. (2015), "The Negative Effect of Regulatory Divergence on Foreign Direct Investment", *OECD Economics Department Working Papers*, núm 1268, OECD Publishing, París, http://dx.doi.org/10.1787/5jrqgvg0dw27-en.

Fournier, J.M., A. Domps, Y. Gorin, X. Guillet y D. Morchoisne (2015), "Implicit Regulatory Barriers in the EU Single Market: New Empirical Evidence from Gravity Models", *OECD Economics Department Working Papers*, núm. 1181, OECD Publishing, París. http://dx.doi.org/10.1787/5js7xj0xckf6-en.

OECD (2016a), *OECD Economic Surveys: Greece 2016*, OECD Publishing, París. http://dx.doi.org/10.1787/eco_surveys-grc-2016-en.

OECD (2016b), *Economic Policy Reforms 2016: Going for Growth Interim Report*, OECD Publishing, París, http://dx.doi.org/10.1787/growth-2016-en.

OECD (2015a), *OECD Economic Surveys: Mexico*, OECD Publishing, París, http//dx.doi.org/10.787/eco_surveys-mex-2015-en.

OECD (2015b), *Economic Policy Reforms 2015: Going for Growth*, OECD Publishing, París, http://dx.doi.org/10.1787/growth-2015-en.

OECD (2015c), *Business and Finance Outlook 2015*, OECD Publishing, París, http://dx.doi.org/10.1787/9789264234291-en.

OECD (2015d), *OECD Regulatory Policy Outlook 2015*, OECD Publishing, París, http://dx.doi.org/10.1787/9789264238770-en.

OECD (2014a), *The Governance of Regulators*, *OECD Best Practice Principles for Regulatory Policy*, OECD Publishing, París, http://dx.doi.org/10.1787/9789264209015-en.

OECD (2014b), *Measurement and Reduction of Administrative Burdens in Greece: An Overview of 13 Sectors*, OECD Publishing, París, http://dx.doi.org/10.1787/9789264213524-en.

OECD (2014c), *Economic Policy Reform 2014: Going for Growth Interim Report*, OECD Publishing, París, http://dx.doi.org/10.1787/growth-2014-en.

OECD (2014d), *Factsheet on how competition policy affects macro-economic outcomes*, www.oecd.org/daf/competition/factsheet-macroeconomics-competition.htm.

Schivardi, F. y E. Viviano (2010), "Entry barriers in retail trade", *The Economic Journal*, 121:551, pp.145-170, http://onlinelibrary.wiley.com/doi/10.1111/j.1468-0297.2009.02348.x/full.

Capítulo 2

Medicamentos

El sector de medicamentos es de gran relevancia económica y social para México. Es un sector importante tanto por ser una fuente de empleos (367 056 personas en 2013) como por su contribución al PIB (entre 2005 y 2015, el PIB aportado por la fabricación de medicamentos fue, en promedio, 0.67% del PIB total). Entre las principales restricciones del sector se encuentran la falta de regulación de las ventajas pecuniarias que las compañías farmacéuticas pueden otorgar a los médicos; las limitadas posibilidades que tienen los pacientes para sustituir medicamentos de marca con genéricos; un modelo regulatorio de precios máximos para medicamentos patentados que se traduce en altos precios para los consumidores mexicanos; la confidencialidad de la adenda al convenio de concertación de precios de medicamentos; y la existencia de disposiciones que permiten a los reguladores del sector comportarse de manera discrecional. Además, diversas disposiciones discriminan a los extranjeros, tanto en el sector privado como en el público. El informe también encontró varias normas oficiales mexicanas que expresamente establecen su discrepancia con normas internacionales.

2.1. Panorama económico del sector medicamentos

2.1.1. Definición de los subsectores y principales conceptos

En este informe se analiza el sector de medicamentos y se cubre desde la fabricación hasta el comercio al por mayor y al por menor, de los mismos. La investigación no contempla alcoholes de uso industrial, material desechable de uso médico, equipo para uso médico y dental y para laboratorio, ni artículos oftálmicos, ópticos u ortopédicos.[1]

De acuerdo con la Ley General de Salud,[2] un medicamento es "*toda substancia o mezcla de substancias de origen natural o sintético que tenga efecto terapéutico, preventivo o rehabilitatorio, que se presente en forma farmacéutica y se identifique como tal por su actividad farmacológica, características físicas, químicas y biológicas. Cuando un producto contenga nutrimentos, será considerado como medicamento, siempre que se trate de un preparado que contenga de manera individual o asociada: vitaminas, minerales, electrólitos, aminoácidos o ácidos grasos, en concentraciones superiores a las de los alimentos naturales y además se presente en alguna forma farmacéutica definida y la indicación de uso contemple efectos terapéuticos, preventivos o rehabilitatorios*".[3]

La Ley General de Salud clasifica los medicamentos de acuerdo con su método de preparación y su naturaleza.[4] De conformidad con la legislación mexicana, los "genéricos" son medicamentos que pueden usarse en lugar del medicamento de patente original una vez que se haya comprobado que sus características (por ejemplo forma farmacéutica, sustancia activa, vía de administración) son idénticas a las del medicamento de referencia.[5] Desde 2011, la Comisión Federal para la Protección contra Riesgos Sanitarios (COFEPRIS) ha impulsado la adopción de genéricos. Como resultado, la participación de mercado de genéricos ha crecido, tanto en valor como en volumen. En 2010 los genéricos representaron cerca de 30% del mercado medido en valor; y para 2013 este porcentaje había crecido a 54%. De manera similar, en 2010 los genéricos representaron 54% del volumen del mercado, mientras que en 2013 representaron 84% (COFEPRIS, 2016).

En México los consumidores pueden comprar medicamentos con o sin receta médica. Cuando los medicamentos son vendidos sin receta médica, se les conoce como medicamentos libres de prescripción u "OTC" (OTC son las siglas en inglés de "over the counter", que se refiere a los medicamentos que no requieren receta médica para su dispensación).

2.1.1.1. Regulación de precios

México ha establecido un mecanismo de regulación de precios que busca proteger a los consumidores y prevenir que se establezcan precios excesivos para los medicamentos de patente.[6] La Secretaría de Economía, con el apoyo de la Secretaría de Salud, aprueba los precios máximos de venta de los medicamentos. En la práctica, solo los medicamentos de patente están sujetos a la regulación de precios; para establecer los precios de los genéricos, las compañías farmacéuticas no están sujetas a regulación alguna.

Para determinar el precio de los medicamentos de patente, las empresas farmacéuticas presentan sus precios de venta de referencia a la Secretaría de Economía. Este precio de referencia se obtiene como resultado de la suma del precio internacional de referencia, el cual resulta de obtener la media ponderada de los precios ex-fábrica del medicamento en los seis países en los que cuenta con mayor participación de mercado, más un margen de distribución estimado, que no se encuentra regulado, y un margen de venta minorista

(OECD, 2008). La Secretaría de Economía publica regularmente una lista de los medicamentos patentados con sus precios máximos.

2.1.1.2. Cuadro Básico de Insumos y Catálogo de Insumos

El Consejo de Salubridad General, un órgano colegiado del gobierno mexicano que reporta directamente al Presidente de México, tiene como mandato elaborar el Cuadro Básico de Insumos para el primer nivel de atención médica.[7] Además, el Consejo de Salubridad General emite un Catálogo de Insumos para los niveles segundo y tercero.[8]

Las instituciones del sector público, principalmente el Instituto Mexicano del Seguro Social (IMSS) para el caso de trabajadores formales, y el Instituto de Seguridad y Servicios Sociales de los Trabajadores del Estado (ISSSTE) para el caso de empleados al servicio del gobierno federal o de las entidades federativas,[9] únicamente pueden comprar los medicamentos e insumos para la salud incluidos en el Cuadro Básico de Insumos o en el Catálogo de Insumos.[10] Además, los profesionales de la salud que pertenecen a instituciones públicas por lo general se encuentran obligados a prescribir solo medicamentos que se encuentren listados en esos documentos.[11]

2.1.1.3. Farmacopea de los Estados Unidos Mexicanos (FEUM)

La FEUM determina la composición que un producto debe poseer para ser considerado como un medicamento o como un ingrediente para un medicamento. Este documento proporciona todos los requisitos para la identidad, pureza y calidad de los medicamentos, así como los métodos generales para su análisis, de acuerdo con el Reglamento de Insumos para la Salud. Asimismo, la FEUM y sus suplementos proporcionan reglas para todos los establecimientos[12] activos en lo que respecta a la obtención, procesamiento, fabricación, preparación, conservación, mezcla, acondicionamiento, empaquetamiento y manipulación de medicamentos.[13] Finalmente, la FEUM cuenta también con suplementos que proporcionan reglas generales para el funcionamiento de las farmacias.

La Secretaría de Salud, por medio de la Comisión Permanente de la Farmacopea de los Estados Unidos Mexicanos (CPFEUM), realiza constantes actualizaciones de la FEUM. Ediciones completamente nuevas aparecen cada tres a 10 años, aunque anualmente se realizan actualizaciones que se publican como suplementos. La edición más reciente de la FEUM es la onceava y se publicó en 2014.[14] De acuerdo con el Reglamento de Insumos para la Salud, podrá recurrirse a farmacopeas de otros países cuando en la FEUM no se brinde la información que requieran los medicamentos, ya sea que se trate de alopáticos, homeopáticos o herbolarios.

2.1.1.4. Esquema regulatorio: autorizaciones sanitarias y otros certificados

En México, las autorizaciones sanitarias a lo largo de la cadena de valor son necesarias para garantizar que los medicamentos se encuentren libres de riesgo para los consumidores finales. Todo medicamento comercializado por las compañías farmacéuticas debe contar con un registro sanitario, el cual debe renovarse cada cinco años. La exportación de estupefacientes y psicotrópicos requiere contar con un permiso sanitario. Los establecimientos que desarrollan, fabrican o preparan medicamentos deben contar con una licencia para operar.

De acuerdo con la Ley General de Salud, la Secretaría de Salud, mediante la COFEPRIS, otorga autorizaciones sanitarias que permiten a las compañías comercializar medicamentos. Estas autorizaciones incluyen licencias, permisos y registros sanitarios.

- **Licencias sanitarias.** Las compañías deben contar con una licencia sanitaria para manufacturar medicamentos. Requieren contar con este tipo de autorización:
  - los establecimientos dedicados al desarrollo, fabricación o preparación de medicamentos.
  - los establecimientos dedicados a la fabricación de productos biotecnológicos o sus ingredientes.

De acuerdo con la Ley General de Salud, para llevar a cabo la exportación de insumos para la salud no se requiere una licencia sanitaria, sino un certificado de exportación emitido por la Secretaría de Salud. Si el exportador demuestra que el comprador ha aceptado su medicamento, no es necesario que, además del certificado de exportación, obtenga un registro sanitario para su medicamento.

- **Permisos sanitarios.** Las actividades siguientes requieren un permiso sanitario:
  - los libros de control de estupefacientes o sustancias psicotrópicas.
  - la prescripción de estupefacientes realizada por alguno de los siguientes profesionales: médicos cirujanos; médicos veterinarios, cuando los prescriban para la aplicación en animales; cirujanos dentistas, en casos odontológicos, y pasantes de medicina, estos con las limitaciones establecidas por la Secretaría de Salud.
  - la publicidad relacionada con medicamentos.
  - la importación de medicamentos, así como la importación y exportación de estupefacientes y sustancias psicotrópicas, o de productos que los contengan.
- **Registros sanitarios.** Para ser comercializados en México, los medicamentos, estupefacientes y sustancias psicotrópicas deben contar con un registro sanitario, el cual es administrado por la Secretaría de Salud. Para obtener un registro sanitario, la Secretaría de Salud o un Tercero Autorizado[15] verifican que los productos cumplan con las mejores prácticas y proporcionan certificados de buenas prácticas de fabricación (BPF) de insumos para la salud. La COFEPRIS emite los certificados de BPF con una vigencia de 30 meses, pero también reconoce como válidos los certificados provenientes de ocho autoridades extranjeras. La COFEPRIS también revisa que el solicitante posea certificados de BPF para todas las sustancias activas que componen un medicamento, incluso cuando estas sustancias hayan sido fabricadas en el extranjero. Las autoridades de salud mexicanas reconocerán la certificación que se dé en el extranjero a las sustancias activas siempre y cuando exista un tratado internacional entre México y el país de origen.[16] En los casos en que un fabricante de medicamentos extranjero quiera comprar sustancias de un proveedor establecido en un país que no cuente con tratados internacionales, la COFEPRIS enviará inspectores al país extranjero para que verifiquen la planta del proveedor extranjero. El productor mexicano es quien deberá cubrir todos los costos, incluyendo el pago de derechos (84 080.88 MXN por cada visita) y los gastos de viaje (las visitas duran al menos cinco días y podrán prolongarse si se va a evaluar más de un ingrediente).[17] Los registros sanitarios deben renovarse cada cinco años.

2.1.2. Valor agregado bruto en la fabricación de medicamentos

De 2005 a 2015, el valor agregado bruto (VAB) de la fabricación de medicamentos representó, en promedio, 0.67% del producto interno bruto (PIB), alcanzando su punto más alto en 2005, con 0.84%, antes de caer a 0.48% en 2015. En términos absolutos, el VAB en 2015, medido en términos reales, fue de 87 192 millones de MXN.

Gráfica 2.1. **Fabricación de medicamentos: VAB (millones de MXN de 2015) y porcentaje del PIB, 2005-2015**

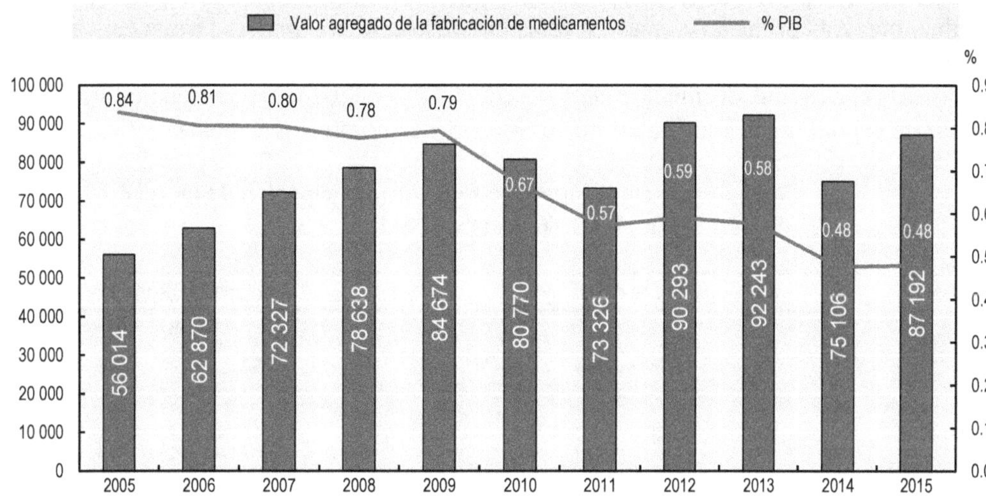

Fuente: INEGI, Banco de Información Económica, Sistema de Cuentas Nacionales de México

La participación del VAB de la fabricación de medicamentos como parte del VAB de todo el sector manufacturero declinó de manera constante, con excepción de 2009, de 5.1% en 2005 a 2.7% en 2015, con promedio de 4% durante ese periodo.

Gráfica 2.2. **Participación del VAB (%) de medicamentos en el VAB del sector manufacturero, 2005-2015**

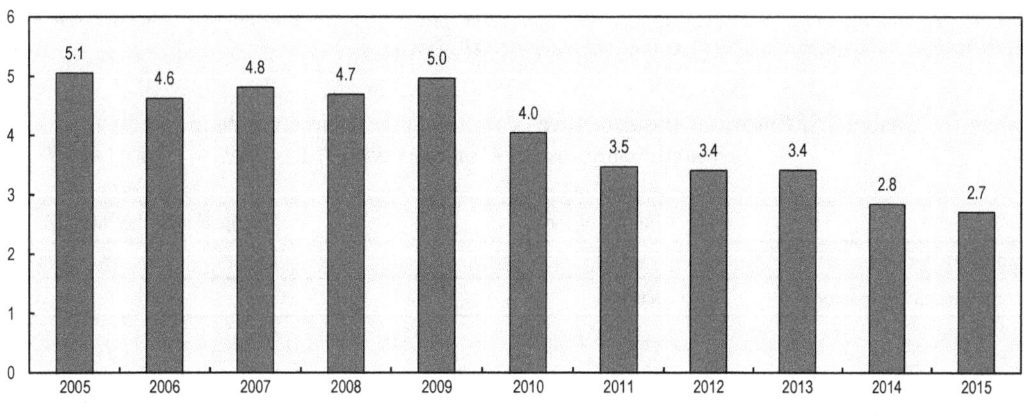

Fuente: INEGI, Banco de Información Económica, Sistema de Cuentas Nacionales de México

2.1.3. Estructura de mercado y principales indicadores

2.1.3.1. Fabricación

Participantes en el mercado

De acuerdo con información de la COFEPRIS, al 17 de marzo de 2017, 241 diferentes compañías farmacéuticas poseían licencias sanitarias vigentes para fabricar medicamentos (alopáticos y homeopáticos) en México, incluyendo nueve que también fabricaban materias primas. Además de estas empresas, 36 compañías farmacéuticas solo fabricaban materias primas. Las 10 empresas líderes sumaron 42% de participación en el mercado de fabricación de medicamentos (en valor) en 2014, de las cuales dos eran empresas de capital mexicano (Laboratorios Sanfer y Laboratorios Senosiain).

Cuadro 2.1. **Compañías farmacéuticas con mayor participación de mercado en México (agosto de 2014)**

Compañía	País de origen	Participación de mercado (%)
Pfizer	Estados Unidos	6.4
Sanofi	Francia	5.7
Bayer	Alemania	5.4
Novartis	Suiza	4.6
Schering-Plough*	Estados Unidos	4.4
Boehringer Ingelheim	Alemania	3.8
Sanfer	**México**	**3.2**
Merck-Serono	Alemania	3.1
Johnson & Johnson	Estados Unidos	3.0
Laboratorios Senosiain	**México**	**3.0**

* En noviembre de 2009, Merck & Co., Inc. y Schering-Plough se fusionaron. (véase www.sec.gov/Archives/edgar/data/310158/000089882209000096/pressrelease.htm). Las estadísticas mostradas en este cuadro, obtenidas de *Healthcare Life Sciences & Review*, aún usan el nombre de Schering-Plough.

Fuente: *Healthcare Life Sciences & Review*, publicada por PharmaBoardroom en colaboración con CANIFARMA (noviembre de 2015), con información de IMS Health

Cuadro 2.2. **Empresas farmacéuticas con mayor participación de mercado en medicamentos OTC en México, 2012**

Compañía	País de origen	Participación de mercado (%)
Bayer	Alemania	8.7
Genomma Lab Internacional	**México**	**8.7**
Merck & Co.	Estados Unidos	5.8
Johnson & Johnson	Estados Unidos	5
Procter & Gamble	Estados Unidos	4.7
Boehringer Ingelheim	Alemania	4.7
Laboratorios Pisa	**México**	**4.7**
Bristol-Myers Squibb	Estados Unidos	4.6
Sanofi	Francia	4.2
Novartis	Suiza	3.7

Fuente: PROMÉXICO, Unidad de Inteligencia de Negocios (2013), *Industria Farmacéutica*

Respecto a la fabricación de productos OTC en México, de acuerdo con información de PROMÉXICO (organismo del gobierno mexicano que promueve la inversión extranjera) dos empresas mexicanas se ubicaron entre las principales 10 empresas en 2012, cabe señalar que no fue fácil acceder a datos recientes.[18]

Valor de la fabricación de medicamentos

La fabricación de medicamentos en México ha declinado de manera constante. Entre 2005 y 2015, de acuerdo con el INEGI, el valor de la fabricación de medicamentos, medido en términos reales, disminuyó a una tasa anual promedio de 1.9%. En 2015, el valor de la fabricación de medicamentos en México era de 160 588 millones de MXN.

Gráfica 2.3. **Fabricación de medicamentos (millones de MXN de 2015), 2005-2015**

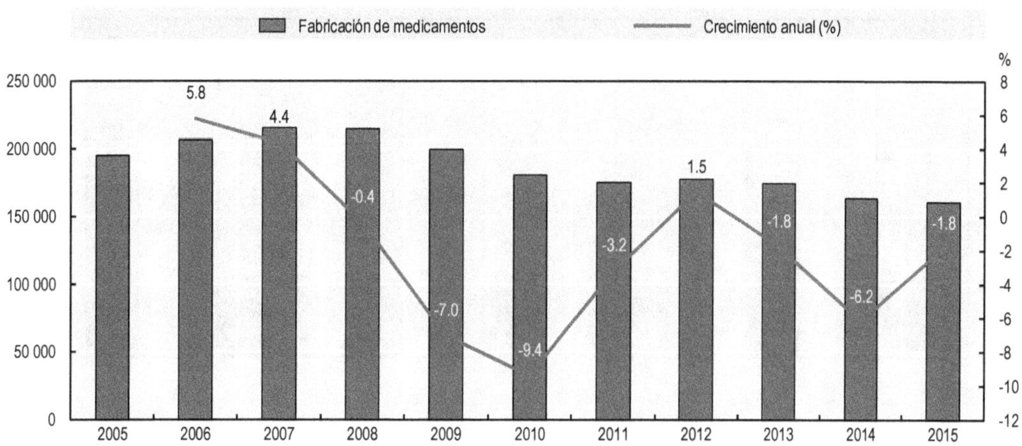

Fuente: INEGI, Banco de Información Económica, Sistema de Cuentas Nacionales de México

Gráfica 2.4. **Ventas ex fábrica de medicamentos para uso humano y veterinario (millones de MXN de 2015), 2007-2013**

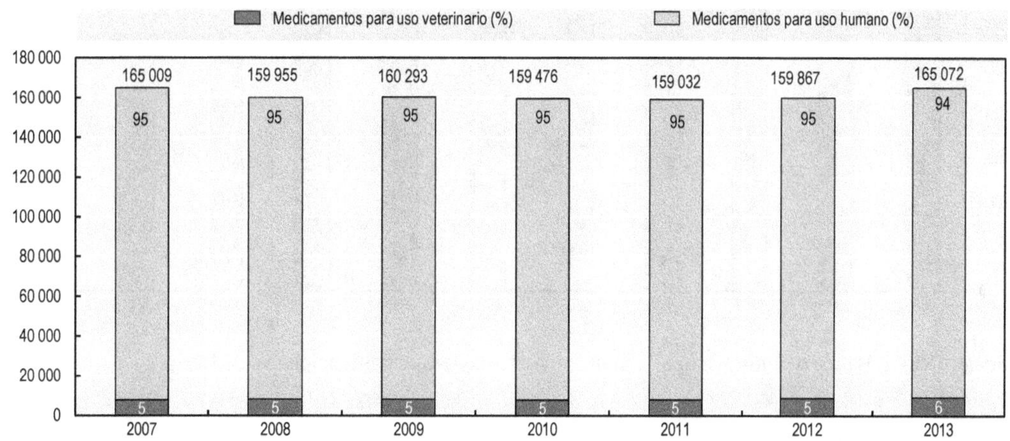

Fuente: CANIFARMA (2015), *Compendio Estadístico de la Industria Farmacéutica en México (2007-2013)*

Según CANIFARMA, la entidad que representa a la industria farmacéutica en México, en 2013 las ventas ex fábrica de sus miembros sumaron 165 072 millones de

MXN en términos reales, lo cual incluye la fabricación de medicamentos tanto para uso humano como veterinario. De acuerdo con esta información, las ventas ex fábrica de los miembros de CANIFARMA mostraron apenas un ligero aumento entre 2007 y 2013, a una tasa anual promedio de 0.006%, al pasar de 165 009 millones de MXN en 2007 a 165 072 millones de MXN en 2013 (CANIFARMA, 2015).Durante el periodo 2007-2013, entre 62% y 71% de las ventas de medicamentos para uso humano de los miembros de CANIFARMA se destinaron al sector privado, entre 24% y 30% al sector público y menos de 10% a la exportación.

Gráfica 2.5. **Ventas ex fábrica de medicamentos para uso humano (millones de MXN de 2015), destino (%) y crecimiento anual (%), 2007-2013**

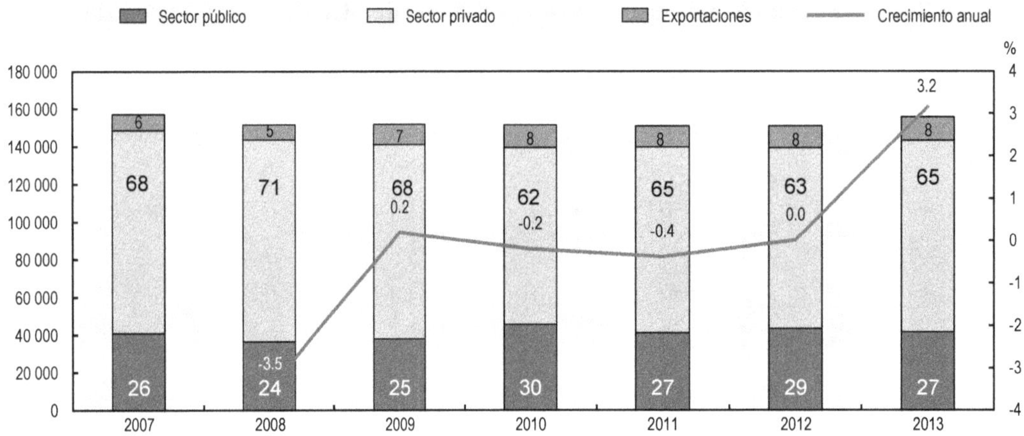

Fuente: CANIFARMA (2015), *Compendio Estadístico de la Industria Farmacéutica en México (2007-2013)*

Gráfica 2.6. **Número de empleados en la fabricación de medicamentos**

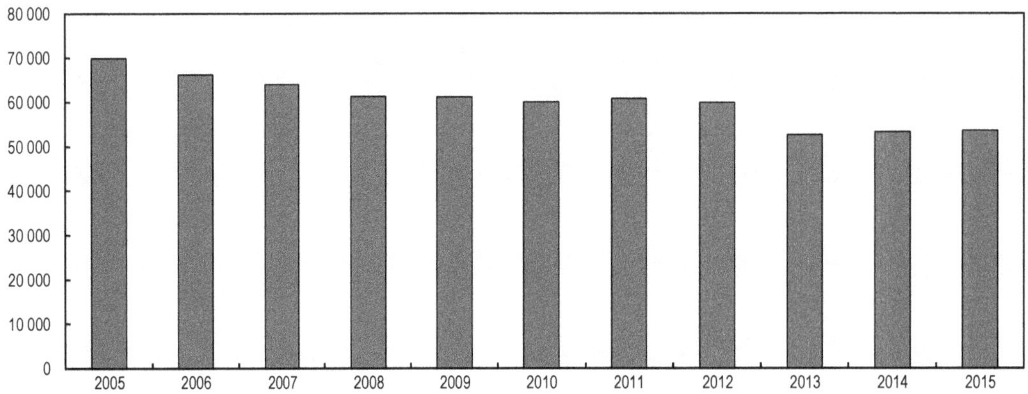

Fuente: INEGI, Banco de Información Económica, Sistema de Cuentas Nacionales de México

Número de empleados

Entre 2005 y 2015, el número de empleados activos en la fabricación de medicamentos disminuyó de manera continua a una tasa anual promedio de 2.6%. Mientras que en 2005 el número de empleados era de 69 846, en 2015 esta cifra se redujo a 53 535.

2.1.3.2. *Comercio al por mayor*

La mayoría de los laboratorios no distribuyen ni comercializan sus productos directamente al sector minorista (ni siquiera a las farmacias de cadena); lo hacen por medio de distribuidores mayoristas. Estos distribuidores administran, almacenan, transportan y entregan productos finales a farmacias y hospitales. En ocasiones también proporcionan servicios adicionales, como el otorgamiento de créditos y el manejo de pagos a la industria.

Participantes en el mercado

En 2012, cuatro empresas concentraban 58% de la distribución de medicamentos al sector privado: Casa Saba,[19] Nacional de Drogas (NADRO), Casa Marzam y Fármacos Nacionales. El resto del mercado lo compartían dos participantes de tamaño mediano, Proveedoras de Medicamentos y Almacenes de Drogas, y 33 empresas más pequeñas especializadas en la distribución regional (Fundación Mexicana para la Salud, 2013).

En 2013, según la *Mexican Health Review* (2015), los tres principales competidores (Casa Saba, NADRO y Casa Marzam) controlaban 65% del mercado total de la distribución (Casa Saba: 32%; NADRO: 23%; Casa Marzam: 10%).

Gráfica 2.7. **Participaciones de mercado de los distribuidores, 2013 (%)**

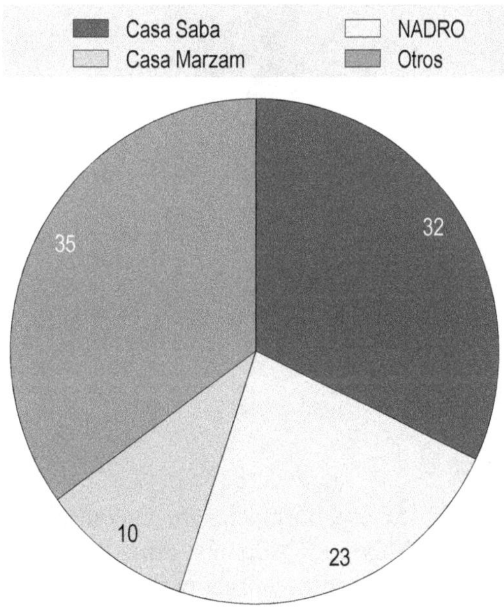

Fuente: Mexico Health Review (2015).

Ingreso y número de empleados

De acuerdo con información de censos del INEGI, el ingreso agregado de los distribuidores disminuyó de manera constante entre 2003 y 2013. Mientras que el ingreso disminuyó en 14.5% en términos reales, sorprende que el número de empleados haya aumentado en 29% durante el mismo periodo. Para 2013 la cifra ascendía a 38 198.[20]

Gráfica 2.8. **Ingresos, comercio al por mayor de medicamentos (millones de MXN de 2015)**

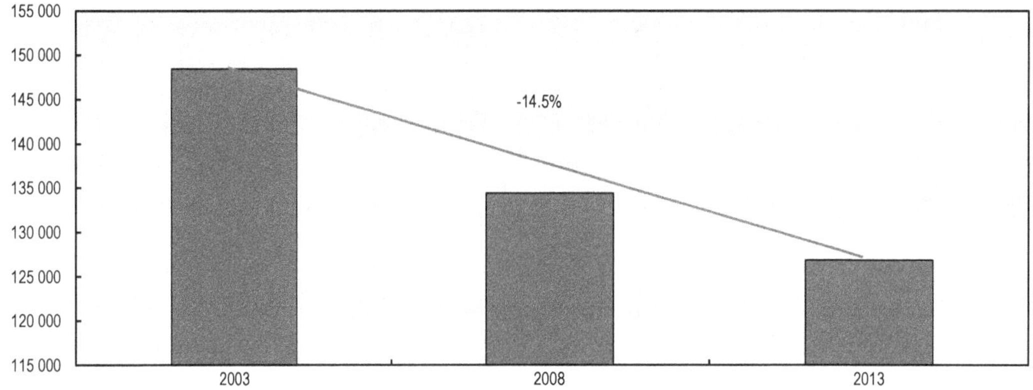

Fuente: Censos 2004, 2009 y 2014 del INEGI, Sistema Automatizado de Información Censal

Gráfica 2.9. **Número de empleados, comercio al por mayor de medicamentos**

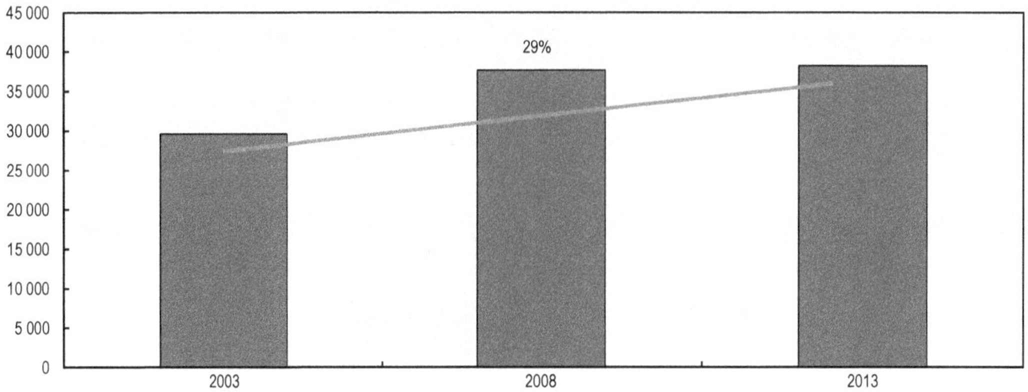

Fuente: Censos 2004, 2009 y 2014 del INEGI, Sistema Automatizado de Información Censal

2.1.3.3. Comercio al por menor

Participantes en el mercado

Al 22 de marzo de 2017, 56 699 farmacias se encontraban activas en el mercado minorista de medicamentos en México.[21] Además, otros 20 131 establecimientos estaban activos en el comercio de medicamentos homeopáticos, herbolarios y/o complementos alimenticios.

Las farmacias pueden ser independientes o pertenecer a una cadena, a supermercados o al gobierno. La participación de las farmacias de cadena en el total de farmacias aumentó continuamente entre 2012 y 2014: de 53.2% a 57.4%.

Según fuentes periodísticas,[22] en 2015 las farmacias de cadena más grandes eran: Farmacias del Ahorro, Farmacias Guadalajara y Farmacias Benavides.

De acuerdo con la COFEPRIS, en febrero de 2015 poco más de la mitad de las farmacias en México (53.5%) contaba con un consultorio adyacente (este tipo de consultorio se conoce como Consultorio Adyacente a Farmacia o CAF).[23] Los CAF desempeñan un papel muy importante en el sistema de salud mexicano, pues aseguran un acceso médico rápido y módico a una parte importante de la población. De hecho, en 2013, por medio de este sistema se proporcionó un promedio de 250 000 consultas diarias, mientras que el IMSS proporcionó cerca de 290 000.[24] No obstante, como prácticamente todos los CAF pertenecen a las farmacias, los médicos no disponen de total libertad en la prescripción dado que pueden recibir incentivos económicos por parte de las farmacias de acuerdo a cómo prescriben (por ejemplo, se les otorgan bonos si prescriben altos volúmenes de medicamentos).

Gráfica 2.10. **Ventas en el sector minorista (millones de MXN) y participación de los distintos formatos de farmacia (%)**

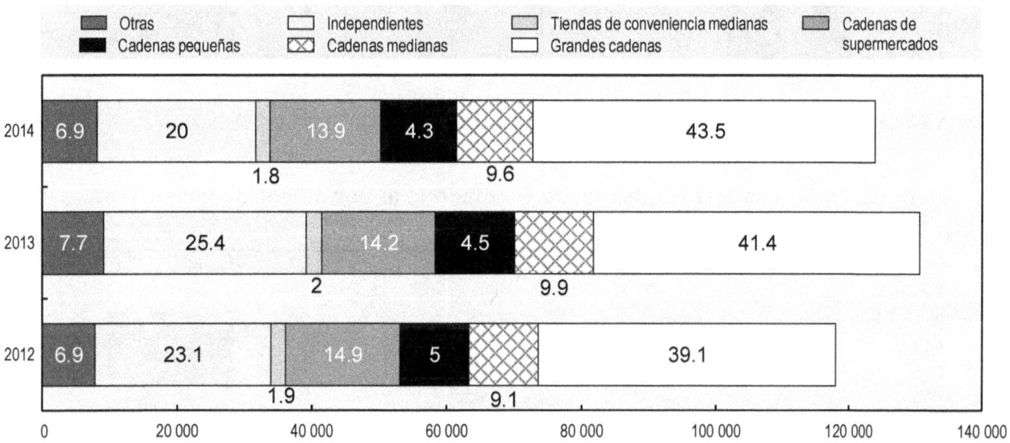

Fuente: Mexico Health Review (2015)

Ingresos, número de establecimientos y número de empleados

Durante la década pasada, en contraste con el ingreso recibido por el comercio al por mayor, el comercio al por menor de farmacéuticos creció de manera significativa. De acuerdo con datos de los censos del INEGI, el ingreso agregado, medido en términos reales, aumentó en 26.8% entre 2003 y 2013, lo que implica una tasa de crecimiento anual de 2.4%. Además, entre 2003 y 2013 el número de establecimientos y empleados aumentó en 64.2% y 44.1%, respectivamente (alcanzaron 68 395 establecimientos y 245 522 empleados en 2013).[25]

Gráfica 2.11. **Ingresos en el comercio al por menor de farmacéuticos (millones de MXN de 2015)**

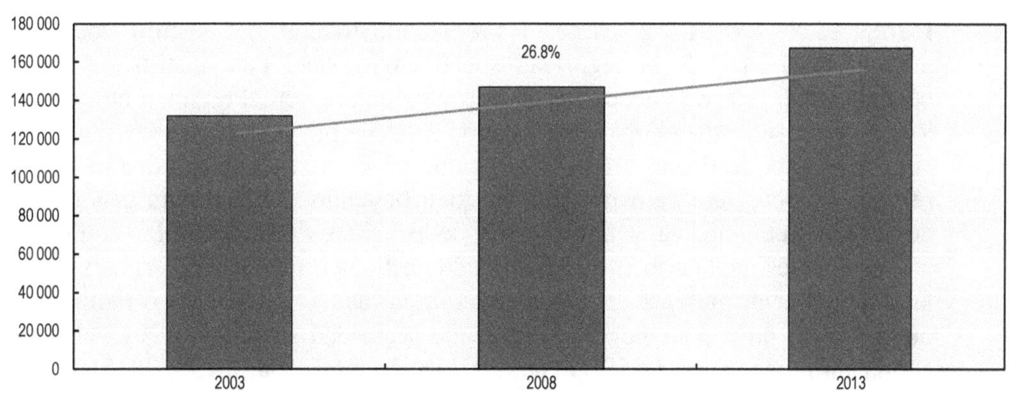

Fuente: Censos 2004, 2009 y 2014 del INEGI, Sistema Automatizado de Información Censal

Gráfica 2.12. **Número de establecimientos en el comercio al por menor de farmacéuticos**

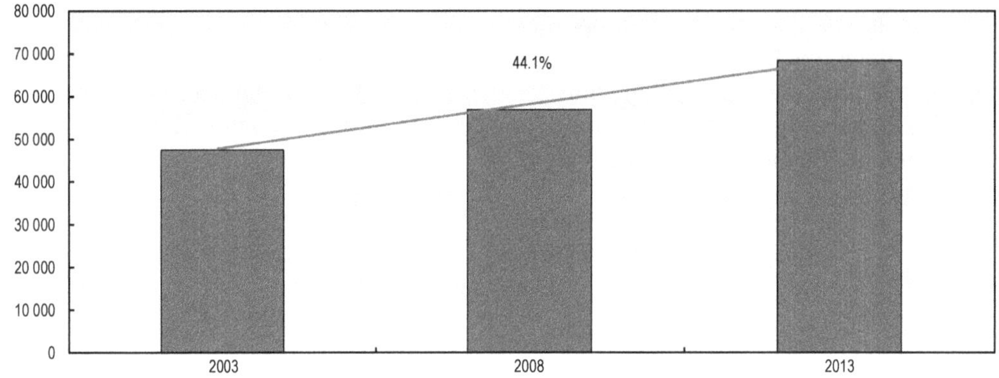

Fuente: Censos 2004, 2009 y 2014 del INEGI, Sistema Automatizado de Información Censal

Gráfica 2.13. **Número de empleados en el comercio al por menor de farmacéuticos**

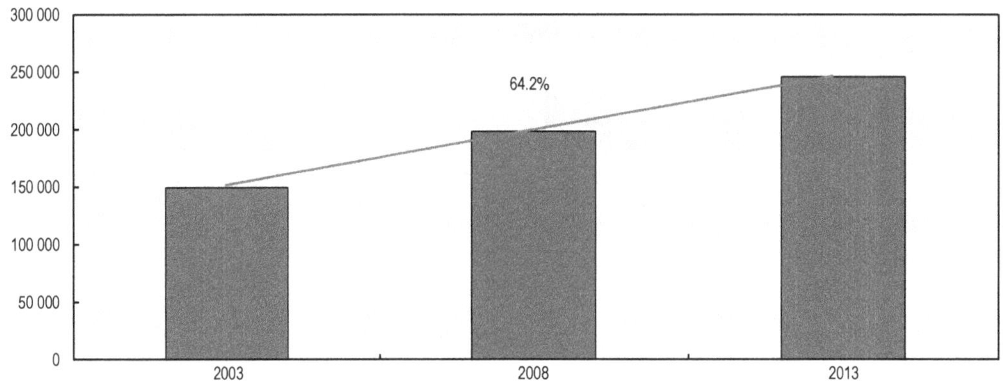

Fuente: Censos 2004, 2009 y 2014 del INEGI, Sistema Automatizado de Información Censal

2.1.3.4. Perspectiva desde la demanda

Principales instituciones de salud

Las principales instituciones que brindan seguro de salud en México y, por tanto, compran productos farmacéuticos, son las siguientes:[26]

- **IMSS.** El IMSS está a cargo de la administración del seguro social, el instrumento básico de la seguridad social en México. Esta institución brinda beneficios bajo sus regímenes obligatorio y voluntario: en el régimen obligatorio, los empleadores están obligados a registrar a sus empleados. A su vez, el régimen voluntario está destinado a trabajadores que ya no se encuentran dentro de una relación laboral, pero desean continuar contribuyendo al IMSS para beneficiarse de la cobertura médica y del sistema de pensiones (por ejemplo, empleados independientes, ejidatarios, trabajadores domésticos o trabajadores al servicio de la administración pública de la Federación, entidades federativas o municipios, que no estén protegidos por un régimen de seguridad social). En 2015 el IMSS cubría aproximadamente a 59.1% de la población mexicana (IMSS, 2015).

- **ISSSTE.** El ISSSTE brinda protección médica y social a funcionarios/empleados del gobierno federal y de los estados, cubre aproximadamente a 10.6% de la población mexicana.
- **Otros esquemas de seguridad públicos.** Petróleos Mexicanos (PEMEX), la Secretaría de Marina (SEMAR) y la Secretaría de la Defensa Nacional (SEDENA) tienen su propio sistema público especializado que provee cobertura médica a sus empleados. Las tres instituciones cubren en conjunto a 1.6% de la población mexicana.
- **Seguro Popular (SP).** Creado en 2004, el SP es un sistema de seguro público voluntario establecido por el gobierno mexicano en un esfuerzo por expandir la cobertura médica. Para 2014, el SP se había extendido gradualmente hasta cubrir a más de 57 millones de personas, lo que representaba 47.6% de la población mexicana.

Seguros privados

Aproximadamente 8% de la población mexicana contrata los servicios de un seguro médico privado.[27]

De acuerdo con el Consejo Nacional de Evaluación de la Política de Desarrollo Social (CONEVAL), 18.2% de la población mexicana no tenía acceso a protección médica alguna en 2014, lo que significa que todas sus compras de medicamentos se efectuaron mediante gasto de bolsillo (CONEVAL, 2015).

Las instituciones públicas que brindan protección médica en México cuentan con su propia red de hospitales y unidades médicas, que incluye médicos y otros profesionales de la salud para garantizar cobertura médica a sus afiliados.

La mayoría de estas instituciones de salud públicas han establecido procesos de licitación para comprar los insumos para la salud que necesitan. Desde 2012, el IMSS ha realizado compras en conjunto con el ISSSTE y gradualmente se han ido sumando otras instituciones públicas.[28] En diciembre de 2016, por ejemplo, el IMSS y el ISSSTE realizaron una compra consolidada junto con PEMEX, SEMAR, SEDENA y otras 18 dependencias pertenecientes a los gobiernos de los estados, así como 17 dependencias de la Secretaría de Salud, por un total de 41 861 millones de MXN, que representa la compra pública más grande en la historia de México.[29]

Gasto médico en México

En 2014 el gasto per cápita en farmacéuticos en México fue de 279 USD,[30] uno de los más bajos entre un grupo de 28 países de la OCDE.

No obstante, como se muestra en la Gráfica 2.15, en 2015 el gasto médico de bolsillo como parte del consumo de los hogares en México se ubicó entre los más altos de un grupo de 28 países de la OCDE. Mientras que para el grupo de 28 países de la OCDE la participación promedio del gasto de bolsillo en el consumo de los hogares fue de 17.7%, en México esta participación fue de 30%. En México, la OCDE ha encontrado que el gasto de bolsillo "no ha disminuido significativamente en la década pasada, a pesar de los esfuerzos por alcanzar la cobertura universal en salud mediante la reforma del SP. Las razones del alto y sostenido nivel de este gasto no son claras. En parte, puede ser que los afiliados a las instituciones no estén satisfechos con la calidad o el acceso a los servicios prestados por las mismas, lo que los hace acudir a proveedores privados de servicios médicos" (OECD, 2016d).

Gráfica 2.14. **Gasto farmacéutico per cápita (en USD) en diversos países de la OCDE, 2014***

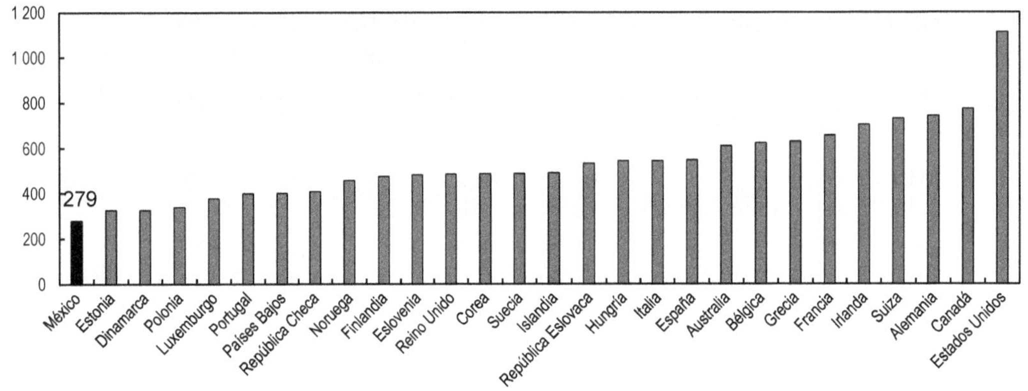

* El valor para los Países Bajos se encuentra subestimado pues no se reportan los costos obligatorios en seguro de gastos médicos; si estos se tuvieran en cuenta, la proporción aumentaría.

Fuente: OECD (2017), "Pharmaceutical spending (US dollars/per capita)"

Gráfica 2.15. **Participación del gasto médico de bolsillo en el consumo de los hogares (%) en diversos países de la OCDE, 2015***

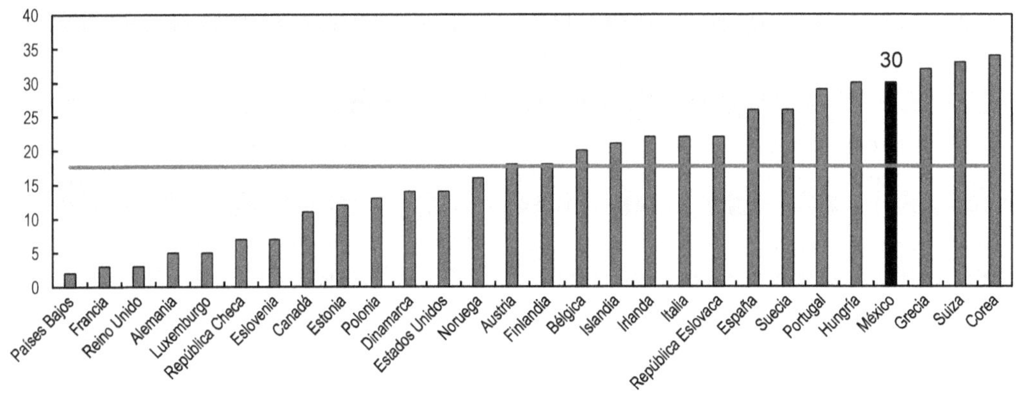

* La clasificación de los Países Bajos está sobrevalorada ya que excluye copagos obligatorios a las aseguradoras de la salud.

Fuente: OECD (2015), *Health at a Glance 2015*

La participación del gasto farmacéutico como parte del gasto en salud disminuyó de manera constante entre 2005 y 2014, al pasar de 35.6% a 26.5%. Lo anterior, probablemente debido a que el uso de genéricos se ha incrementado.

Gráfica 2.16. **Gasto farmacéutico como porcentaje del gasto en salud (%), 2005-2014**

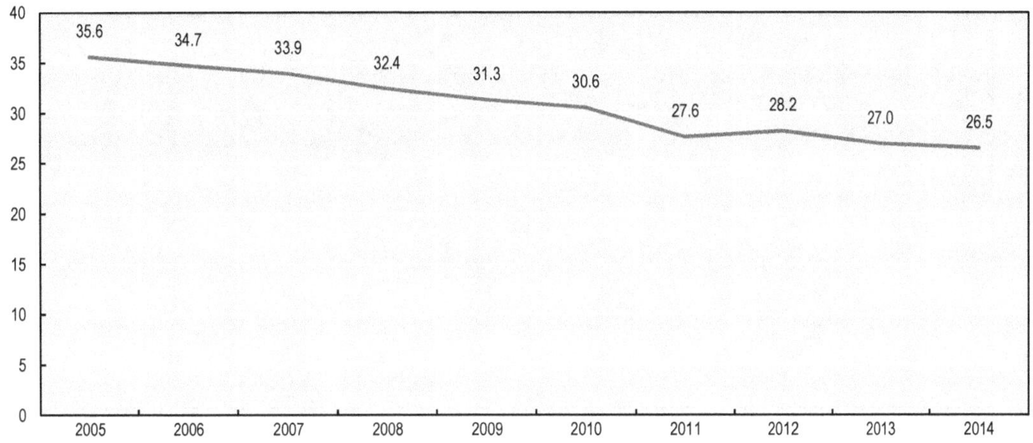

Fuente: OECD (2017), "Pharmaceutical spending (% of health spending)"

A pesar de esta tendencia a la baja, el gasto farmacéutico como parte del gasto en salud en México es relativamente alto cuando se compara con otros países. En 2014, entre los 28 países de la OCDE, México ocupó el lugar 25 con una participación de 26.5% por encima del promedio, que se ubicó en 15.9%.

Gráfica 2.17. **Gasto farmacéutico como porcentaje del gasto en salud (%) en diversos países de la OCDE, 2014**

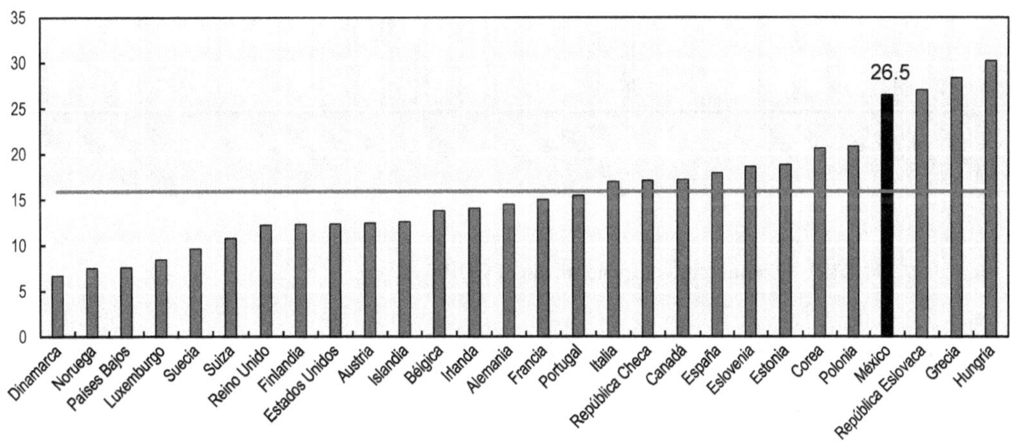

Fuente: OECD (2017), "Pharmaceutical spending (% of health spending)"

Como se muestra en la Gráfica 2.18, la participación de México en el gasto farmacéutico como porcentaje del PIB cayó de 2.1% en 2005 a 1.5% en 2014. Este porcentaje fue cercano al promedio presentado por los 28 países de la OCDE (1.4%).

Gráfica 2.18. **Gasto farmacéutico como porcentaje del PIB (%), 2005-2014**

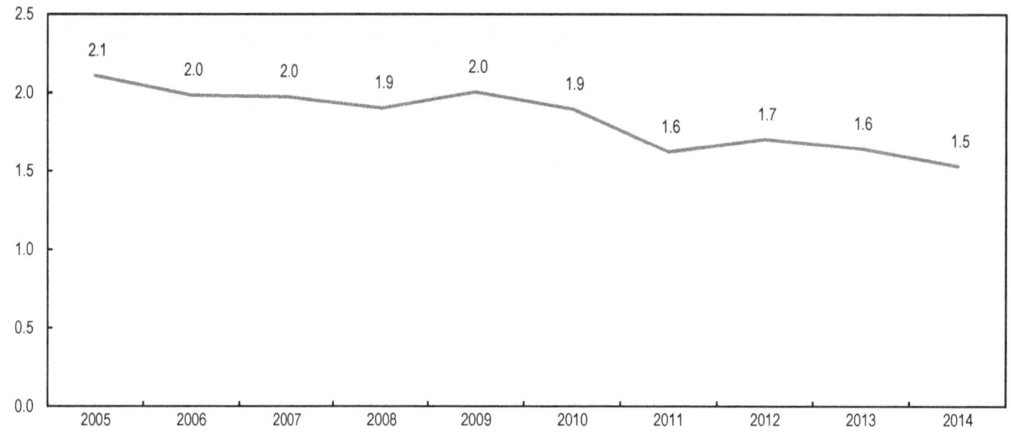

Fuente: OECD (2017), "Pharmaceutical spending (% of GDP)"

Gráfica 2.19. **Gasto farmacéutico como porcentaje del PIB (%) en diversos países de la OCDE, 2014**

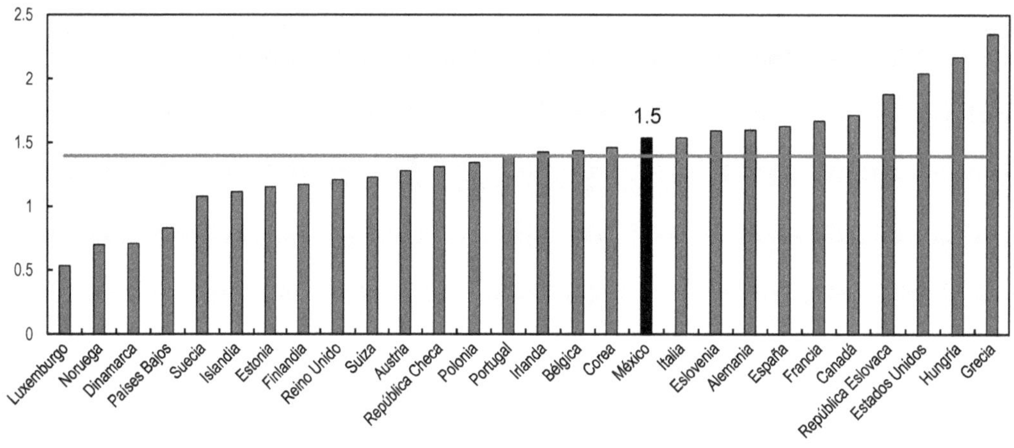

Fuente: OECD (2017), "Pharmaceutical spending (% of GDP)"

2.1.4. Venta de medicamentos genéricos y de patente por valor y por volumen

Las gráficas 2.20 y 2.21 muestran la composición del mercado mexicano por tipo de medicamento, en valor y volumen respectivamente. En 2013 los genéricos representaron la mayor parte del mercado medido por número de unidades (84%), mientras que los medicamentos de patente representaron la mayor parte del mercado medido en valor (54%).[31]

Gráfica 2.20. **Mercado de medicamentos (millones de MXN), dividido por tipos, 2009-2013**

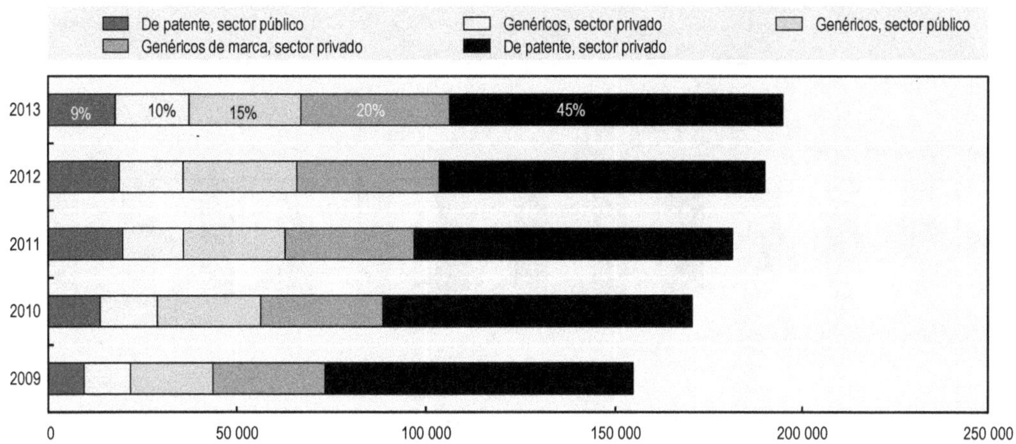

Fuente: PharmaBoardroom en colaboración con CANIFARMA (junio de 2015), *Healthcare Life Sciences & Review*, con información de IMS Health

Gráfica 2.21. **Mercado de medicamentos (millones de unidades), dividido por tipos, 2009-2013**

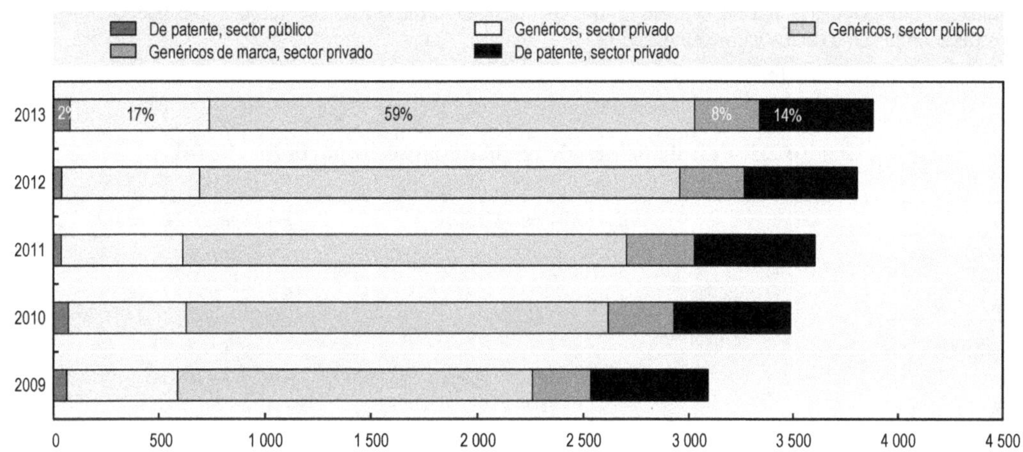

Fuente: PharmaBoardroom en colaboración con CANIFARMA (junio de 2015), *Healthcare Life Sciences & Review*, con información de IMS Health

2.1.5. Comercio internacional

Entre 2006 y 2016, el valor de las importaciones de todos los medicamentos (con y sin patente) creció, en términos reales, a una tasa promedio anual de 4.2%, mientras que el valor de las exportaciones creció en 3.7%. No obstante, durante el mismo periodo, observando los valores mensuales, en promedio el nivel de las importaciones representó 2.8 veces el nivel de las exportaciones. Lo anterior resultó en una balanza comercial de medicamentos constantemente negativa para México.

De acuerdo con PROMÉXICO, los medicamentos que se importaron en México en 2014 provinieron principalmente de Estados Unidos (21%), Alemania (18%) y Francia (11%);[32] mientras que los principales destinos de exportación para los medicamentos en 2015 fueron Suiza (23.1%), Estados Unidos (22.4%) y Panamá (7.8%).[33]

Gráfica 2.22. **Importaciones y exportaciones de medicamentos (millones de MXN de 2015), 2006-2016***

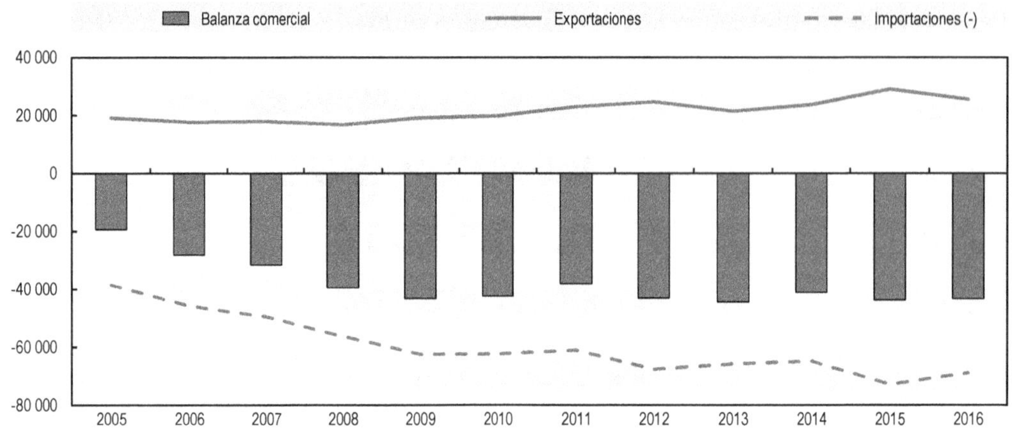

* Los valores para la importación y exportación se obtuvieron de las estadísticas del Sector Externo del INEGI, incluyendo los valores que aparecen en el capítulo "Productos farmacéuticos" (que es parte de la sección VI, "Productos de las industrias farmacéuticas químicas o de las industrias conexas"), exceptuando el valor del subcapítulo "Guatas, gasas y vendas". Los valores se obtuvieron en miles de USD mensuales, de enero de 2006 a diciembre de 2016. Se utilizó el tipo de cambio FIX publicado por Banxico para convertir de MXN a USD. Una vez obtenidos los valores en miles de MXN, cada valor fue deflactado usando el índice de Precios al Productor del INEGI, y convertido en millones. Finalmente, se realizó una estimación anual considerando la suma de los valores mensuales.

Fuente: INEGI, Banco de Información Económica, Sector Externo

Cuadro 2.3. **País de origen de medicamentos importados (2014)**

País	Valor (millones de USD)	Participación de mercado
Estados Unidos	1 045	21%
Alemania	901	18%
Francia	559	11%
Puerto Rico	423	9%
Suiza	303	6%
Italia	215	4%
Canadá	189	4%
Irlanda	118	2%
Bélgica	115	2%
España	112	2%
Otros	958	19%

Fuente: PROMÉXICO, Unidad de Inteligencia de Negocios (2015), *Industria Farmacéutica y Oportunidades de Negocio en México*

Hasta antes del 5 de agosto de 2008, las compañías que desearan importar medicamentos en México tenían que contar con su propia infraestructura en el país. Sin embargo, a partir de entonces los fabricantes extranjeros de medicamentos pueden traer sus productos a México sin necesidad de contar con infraestructura alguna, siempre y cuando posean una licencia que les permita fabricar los medicamentos en el país de origen.

Cuadro 2.4. **País de destino de medicamentos exportados (2015)**

País	Valor (millones de USD)	Participación de mercado
Suiza	452	23%
Estados Unidos	438	22%
Panamá	153	8%
Venezuela	128	7%
Colombia	109	6%
Ecuador	75	4%
Guatemala	75	4%
Brasil	72	4%
Canadá	64	3%
Francia	53	3%
Otros	339	17%

Fuente: PROMÉXICO, Unidad de Inteligencia de Negocios (s.f.), *Diagnóstico Sectorial Farmacéutico*

2.1.6. Comparaciones de precios internacionales

No existen estudios recientes sobre comparaciones de precios entre México y otros países. No obstante, hay algunos estudios representativos, incluyendo uno de 2015 que usa una muestra de precios de medicamentos de patente en países de la OCDE, la cual después se compara con precios canadienses.

2.1.6.1. Precios en países de la OCDE en 2015

En su *Informe Anual 2015*, la Junta de Revisión de Precios de Medicamentos Patentados (PMPRB por sus siglas en inglés) de Canadá comparó los precios de los medicamentos en Canadá con respecto a otros países de la OCDE. En 2015, de acuerdo con la comparación de precios mostrada en la Gráfica 2.23, los precios para los medicamentos de patente en México fueron más altos que en los otros países de la OCDE, con la excepción de Estados Unidos.

Gráfica 2.23. **Precios de medicamentos en otros países con respecto a los precios en Canadá, medicamentos de patente, países de la OCDE, 2015***

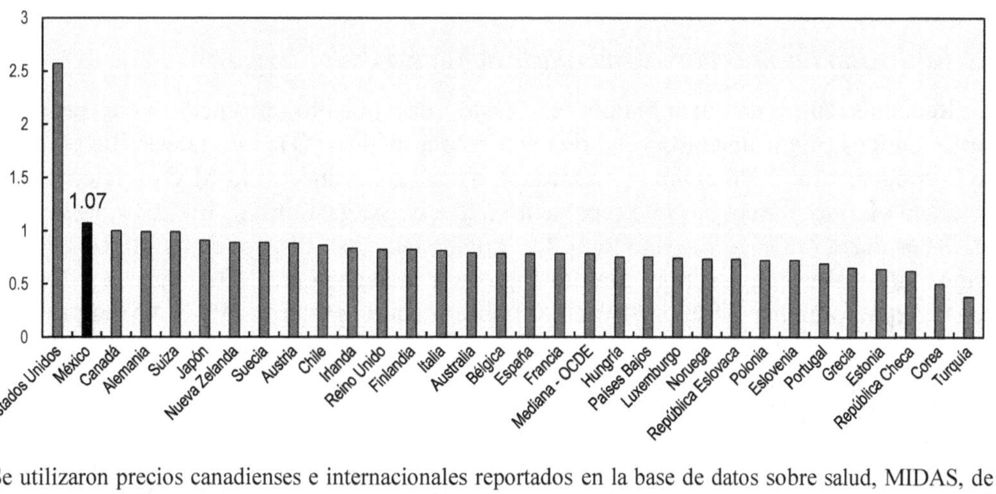

* Se utilizaron precios canadienses e internacionales reportados en la base de datos sobre salud, MIDAS, de IMS. MIDAS resumió la información obtenida de auditorías realizadas por IMS respecto a compras de farmacéuticos. El índice de los cocientes promedio de los precios en otros países con respecto a Canadá se calculó utilizando los promedios aritméticos ponderados por ventas en Canadá de los correspondientes índices de precios de medicamentos individuales.

Fuente: Patented Medicine Prices Review Board (2015), *Annual Report 2015*

2.1.6.2. Precios de medicamentos comparados con otros precios al consumidor

Desde 2006, los precios de los medicamentos en México han crecido más rápido que los precios en el sector salud y que los precios en general, medidos por el Índice de Precios al Consumidor.[34] Durante los últimos seis años (diciembre de 2011 a diciembre de 2016), los precios de los medicamentos han crecido a una tasa promedio anual de 5.4%. Durante el mismo periodo, los precios generales solo crecieron 18%, con un incremento anual promedio de 3.4%.

Como se muestra en la Gráfica 2.24, los niveles de precios del sector salud y los generales se movieron a la par entre diciembre de 2006 y diciembre de 2016 (en promedio, los niveles de precios en salud fueron 1.3% más altos que los precios generales). Los precios de los medicamentos, sin embargo, han crecido más que los precios generales, presentando una brecha mayor y creciente: 8.7% en promedio durante el mismo periodo y 11.7% si solo consideramos los últimos cinco años.

Gráfica 2.24. **Índices de Precios al Consumidor, 2006-2016**

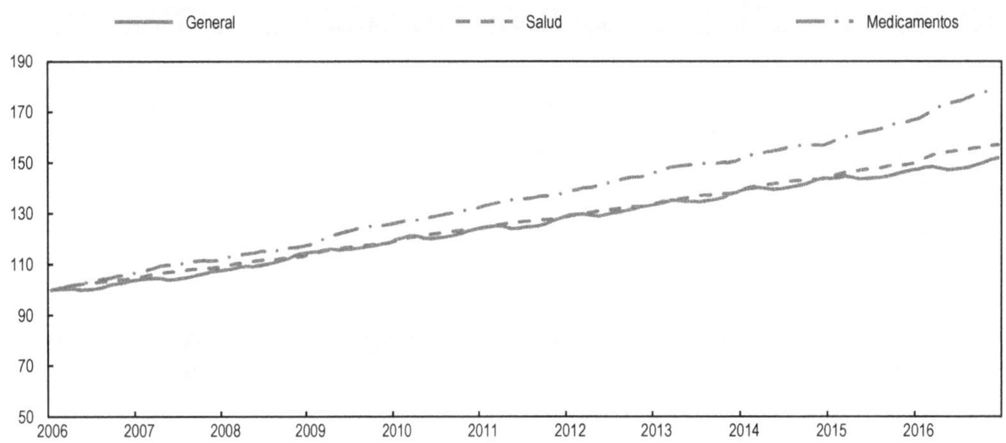

Fuente: INEGI, Índices de Precios al Consumidor

2.1.6.3. Gasto farmacéutico como parte del gasto de los hogares

Recientemente ha disminuido el gasto de bolsillo promedio en productos farmacéuticos (medicamentos vendidos con receta médica, OTC y material de curación) de los hogares. En 2008 el hogar mexicano promedio destinó 1 143 MXN a la compra de productos farmacéuticos, lo que representó 5.2% de su gasto total. En 2014 gastó 1 193 MXN, es decir, 4.5% de su gasto total. Los hogares más pobres, sin embargo, continuaron asignando una proporción más alta de su gasto a medicamentos. De hecho, en 2008 los hogares que formaban parte del 10% más pobre (decil I) gastaron 592 MXN en promedio (9.1 % de su gasto total) y 759 MXN (9.7%) en 2014, mientras que los hogares más ricos (decil X) gastaron en promedio 2 271 MXN (3.8% de su gasto total) en 2008 y 2 286 MXN (2.8%) en 2014.[35]

Exceptuando 2013, el consumo doméstico de medicamentos ha crecido de manera constante como porcentaje del consumo nacional aparente entre 2005 y 2015:[36] en 2005 representó 18% del consumo nacional aparente, mientras que en 2015 este valor fue de 36% (OECD, 2015).[37]

Gráfica 2.25. **Gasto de los hogares en productos farmacéuticos (%) por decil de ingreso, 2008 y 2014**

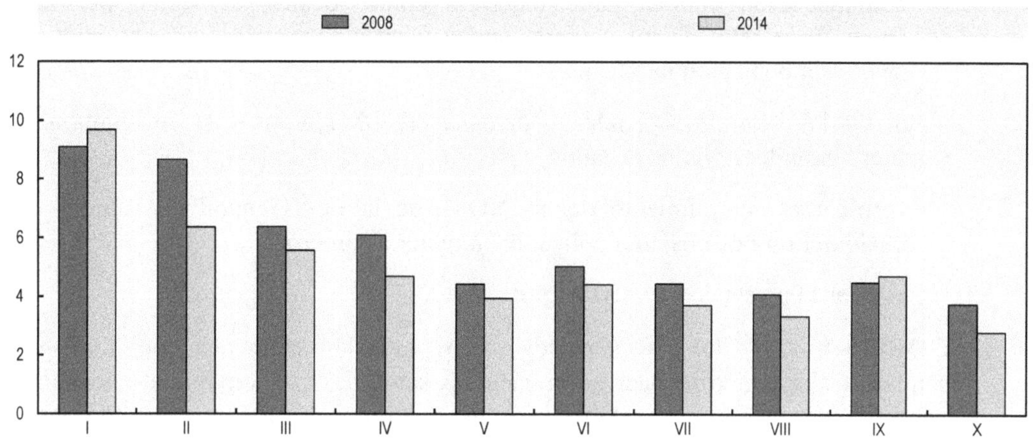

Fuente: INEGI, Encuesta Nacional de Ingresos y Gastos de los Hogares

Gráfica 2.26. **Consumo nacional aparente de medicamentos (millones de MXN de 2015), 2005-2015**

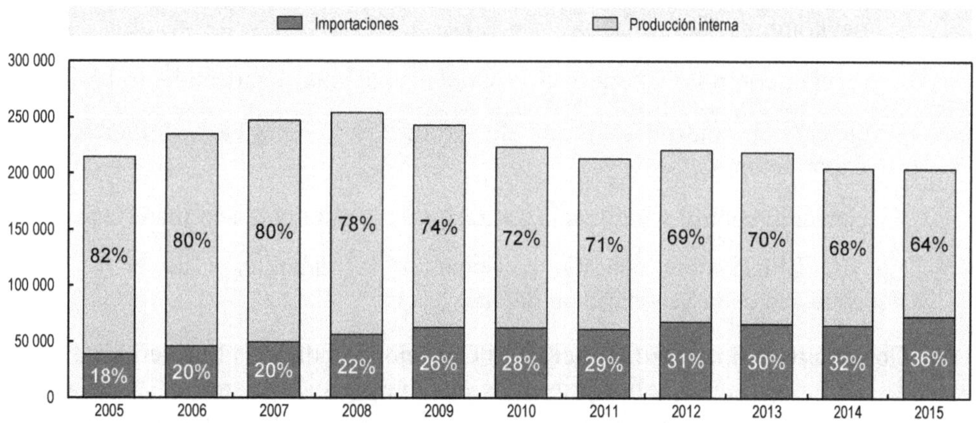

Fuente: INEGI, Sistema de Cuentas Nacionales de México e INEGI, Sector Externo

2.1.7. Autoridades relevantes y asociaciones

2.1.7.1. Autoridades

En México las principales autoridades sanitarias en materia de medicamentos son el Presidente de la República, la Secretaría de Salud por medio de la COFEPRIS, los gobiernos de las entidades federativas y el Consejo de Salubridad General.

- **Presidente de la República.** El Presidente de la República designa al Secretario de Salud, así como a los miembros del Consejo de Salubridad General, y aprueba la regulación sobre la organización y funcionamiento del Consejo de Salubridad General. También es responsable de designar al Comisionado Federal a cargo de la COFEPRIS.

- **Secretaría de Salud.** La Secretaría de Salud implementa la política de salud del Presidente de la República, llevando a cabo las siguientes tareas:

- coordinar el Sistema Nacional de Salud, el cual comprende entidades de la administración pública tanto federales como locales, así como personas físicas y morales de los sectores social y privado que brindan servicios de salud a la población mexicana.
- dictar las Normas Oficiales Mexicanas (NOM) a las que se sujetará la prestación de servicios de salud.
- verificar el cumplimiento de las NOM, de la Ley General de Salud y de cualquier otra disposición aplicable en materia sanitaria.
- evaluar la prestación de servicios de salud.

- **COFEPRIS.** La COFEPRIS protege a la población mexicana contra riesgos sanitarios al emitir o revocar autorizaciones sanitarias (principalmente licencias, permisos y registros) para establecimientos que proveen servicios de salud o que manufacturan o procesan medicamentos, insumos para la salud y suplementos alimenticios. Otras tareas de la COFEPRIS incluyen:
  - ejercer el control y vigilancia sanitarios de instalaciones.
  - prevenir y controlar los efectos nocivos de los factores ambientales en la salud del hombre.
  - regular, controlar y promover la salud ocupacional y saneamiento básico.
  - ejercer el control sanitario de productos y servicios, importaciones y exportaciones.
  - ejercer el control y vigilancia sanitarios de la publicidad en materia sanitaria.

  La COFEPRIS, que también participa en la elaboración de NOM, es una dependencia de la Secretaría de Salud.

- **Consejo de Salubridad General.** El Consejo de Salubridad General está a cargo de emitir opiniones sobre proyectos de investigación científica y estudios, así como aquellos relacionados con dar capacitación a recursos humanos en el sector salud. Se encuentra integrado por un presidente (el Secretario de Salud), un secretario y otros 13 miembros.[38] El Consejo elabora, actualiza y distribuye el Cuadro Básico de Insumos para la Salud para el primer nivel de atención médica, así como el Catálogo de Insumos para los niveles segundo y tercero.

- **Procuraduría Federal del Consumidor (PROFECO).** La PROFECO, una dependencia de la Secretaría de Economía, se encuentra a cargo de la política de protección al consumidor. Sus facultades se encuentran reguladas por la Ley Federal de Protección al Consumidor. En particular, la PROFECO administra una base de datos que compara los precios para un listado específico de medicamentos en diversas ciudades y tiendas de México como parte del programa "Quién es Quién en los Precios".[39] La PROFECO publica ocasionalmente informes para productos específicos, entre los cuales se incluyen los medicamentos. La PROFECO también resuelve quejas relacionadas con la contratación de servicios y la compra de productos; asimismo, produce y publica reportes relacionados con la calidad y características de diferentes productos y servicios con el fin de guiar y proteger a los consumidores. En estos informes, aunque se mencionan marcas específicas, no se permite a las empresas citar las opiniones emitidas por la PROFECO sobre ellas.

- **Comité de Moléculas Nuevas (CMN).** El Comité de Moléculas Nuevas es un órgano auxiliar de consulta que emite opiniones respecto a la seguridad, calidad y efectividad de los medicamentos que requieren ser evaluados. La Secretaría de Salud solicita la opinión del CMN cuando sale al mercado un nuevo medicamento cuyo registro sanitario incluye nuevas moléculas. Este comité está compuesto por un presidente (el comisionado de Autorización Sanitaria de la COFEPRIS), un vicepresidente (el director ejecutivo de Autorización de Productos y Establecimientos de la COFEPRIS), un secretario técnico (el director del Centro Nacional de Farmacovigilancia) y representantes de asociaciones académicas mexicanas.

2.1.7.2. Asociaciones comerciales

- **CANIFARMA** es la principal representante de la industria farmacéutica mexicana. Fue creada en 1946 y actualmente cuenta con 186 miembros, incluyendo compañías que fabrican medicamentos (de patente y genéricos) tanto para uso humano como veterinario, así como compañías que producen dispositivos médicos.[40]
- **Asociación Nacional de Fabricantes de Medicamentos (ANAFAM)** es una asociación que reúne a 26 compañías farmacéuticas. De acuerdo con su sitio de Internet, los miembros de la ANAFAM producen 60% de todos los medicamentos vendidos al sector público y 17% de todos los medicamentos vendidos al sector privado en México.[41] Uno de los objetivos de la ANAFAM es dar promoción a los genéricos.
- **Asociación Mexicana de Industrias de Investigación Farmacéutica (AMIIF)** representa a más de 40 compañías farmacéuticas y biotecnológicas que operan en México. Su misión incluye promover la investigación farmacéutica.
- **Asociación Nacional de Distribuidores de Medicinas (ANADIM)** es una asociación de la industria que representa a 19 compañías mexicanas presentes en la distribución regional y la venta al por menor de farmacéuticos, perfumes y productos de cuidado personal. De acuerdo con su sitio de Internet, en 2015 la ANADIM sumaba 54.7% del mercado de venta al menudeo de farmacéuticos (medido en valor).[42] Sus miembros operan 7 550 puntos de venta.[43]
- **Asociación Mexicana de Fabricantes de Medicamentos Genéricos Intercambiables (AMEGI)** es un organismo que representa a los productores de genéricos y está compuesto por seis miembros. De acuerdo con su sitio de Internet, los miembros de la AMEGI producen 80% de las unidades consumidas por el sector salud.[44]
- **Unión Nacional de Empresarios de Farmacias (UNEFARM)** es una asociación mexicana que reúne a 25 grupos de farmacias independientes. De acuerdo con su sitio de Internet, la UNEFARM organiza compras consolidadas para sus miembros.[45]
- **Asociación Nacional de Farmacias de México (ANAFARMEX)** es una asociación nacional de farmacias. De acuerdo con su sitio de Internet, la ANAFARMEX representa a más farmacias que cualquier otra asociación. Proporciona capacitación a los operadores de farmacia en lo tocante a la dispensación de medicamentos.[46]

2.2. Panorama de la legislación

El sector farmacéutico se encuentra muy regulado. "Todos los aspectos del ciclo de vida de los nuevos medicamentos están regulados, desde la solicitud de patentes hasta la aprobación de la comercialización, la explotación comercial, la expiración de las patentes y la competencia con los genéricos" (OECD, 2000: 7). Todos los actores relevantes del sector farmacéutico (esto es, mayoristas, minoristas y médicos que prescriben) también están sujetos a control legal.

Los principales objetivos de la regulación son preservar los incentivos para investigación y desarrollo y para el flujo de nuevos medicamentos innovadores, asegurando al mismo tiempo la eficacia de los productos farmacéuticos, así como su calidad y su seguridad (OECD, 2000: 7).

Desde una perspectiva ética y económica, los productos farmacéuticos tienen características especiales. Se les considera "bienes de mérito", lo que significa que los pacientes deben ser capaces de adquirirlos sin importar su capacidad para pagarlos. Esta característica suele llevar a los gobiernos a proporcionar servicios de salud pública que por lo general incluyen el suministro de medicamentos y, a menudo, la regulación de los precios.

Además, los productos farmacéuticos se conocen como "bienes de confianza" (OECD, 2014: 4). Esto implica que su consumo está sujeto a un conocimiento específico sobre cuándo y cómo deben usarse. Los pacientes suelen carecer de los conocimientos médicos necesarios para evaluar el asesoramiento médico que reciben, debido a lo cual se basan totalmente en el buen juicio del médico sobre qué medicamentos específicos deben formar parte de su tratamiento. Las asimetrías de información entre el médico y el paciente suelen requerir algún tipo de protección para garantizar que las prácticas de prescripción de los médicos respondan al mejor interés de los pacientes y no a los arreglos que los primeros pudieran tener con las compañías farmacéuticas.[47] En México esto está regulado actualmente por un código de ética de una de las principales asociaciones farmacéuticas. Este código contiene una laguna legal que la OCDE recomienda solucionar.

El mapeo de la legislación mexicana concerniente al sector de medicamentos incluyó 117 disposiciones legales, entre ellas leyes, reglamentos, decretos ministeriales, así como directrices y acuerdos de las autoridades oficiales. Casi 40% de los reglamentos se refiere a la producción de medicamentos. El 60% restante alude casi por completo a la venta al por mayor de productos farmacéuticos, a la venta al por menor y a la legislación horizontal. En síntesis, encontramos 100 restricciones, para las cuales hemos formulado 50 recomendaciones.

La legislación farmacéutica en México es extensa. Dos normas principales actúan como marcos generales: la Ley General de Salud y el Reglamento de Insumos para la Salud.

La Ley General de Salud se promulgó por primera vez en febrero de 1984 y se ha modificado constantemente desde entonces.[48] Esta norma regula el derecho a la protección de la salud otorgado por la Constitución Política de los Estados Unidos Mexicanos y brinda una guía general sobre la mayoría de los temas de salud, incluidos las autorizaciones de comercialización, la importación de medicamentos, la publicidad de productos farmacéuticos, el transporte de medicamentos, las calificaciones necesarias para actuar como profesional de la salud, la educación para la salud, el acceso a la salud y la promoción de la salud.

El Reglamento de Insumos para la Salud entró en vigor el 4 de febrero de 1998 y se modificó por última vez en 2014. Este reglamento regula el control sanitario de los insumos para la salud, los medicamentos herbolarios, así como el control de todos los establecimientos médicos y las actividades y servicios relacionados con ellos. Es asimismo un complemento importante de la Ley General de Salud y precisa muchos de los temas tratados en este informe, como la prescripción de medicamentos, las autorizaciones de comercialización, la importación y exportación de medicamentos, la publicidad de productos farmacéuticos y el etiquetado de medicamentos.

Las principales restricciones identificadas se presentan con detalle en las siguientes secciones. La OCDE cree que la implementación de sus recomendaciones tendría un efecto significativo en la economía mexicana. Las mejores estimaciones de la OCDE indican beneficios por un monto de al menos 10 177.1 millones de MXN y podrían ascender a 43 813.8 millones de MXN, que derivan de recomendaciones que afectarían los incentivos a los médicos, de la capacidad de los consumidores para cambiar a genéricos cuando los médicos prescriban medicamentos de marca, y de las ventas directas de los productores farmacéuticos a los minoristas.

2.3. Restricciones a la competencia en el sector farmacéutico

2.3.1. Incentivación de los médicos

Los pacientes buscan la asistencia de los médicos porque asumen que estos se encuentran en la mejor posición para proporcionar un diagnóstico de su salud y sugerir un tratamiento correcto. El tratamiento médico por lo general implica la prescripción de medicamentos. La práctica de la prescripción requiere conocimientos específicos para determinar cuándo y cómo se debe usar un medicamento. Dada la asimetría de la información entre el médico que prescribe y el paciente, los medicamentos se conocen como "bienes de confianza", esto es, como bienes cuya utilidad es difícil o imposible de evaluar para el consumidor, por lo cual el paciente debe necesariamente confiar en el médico (OECD, 2014: 4).

Esta asimetría puede dar lugar a problemas cuando los médicos se benefician de la venta de medicamentos específicos. Los conflictos de interés pueden surgir especialmente cuando los médicos tienen la posibilidad de dispensar productos farmacéuticos directamente a los pacientes (OECD, 2014: 7) o cuando reciben ventajas pecuniarias de las compañías farmacéuticas, como invitaciones a congresos fuera de la ciudad, la entrega de equipo médico que los médicos tendrían que comprar si no se les otorgara gratuitamente, honorarios por conferencias, etc. Estos conflictos de interés pueden conducir a la prescripción excesiva de medicamentos. Si los médicos se beneficiaran de alguna manera del número de unidades vendidas, podrían tener incentivos para recetar más medicamentos que los necesarios.

Además, los médicos prescribirían no el medicamento más asequible sino el que les proporcionara un beneficio pecuniario, por ejemplo indicando un medicamento patentado cuando hay genéricos en el mercado. Si solo hay un medicamento de patente en el mercado para tratar una determinada enfermedad, entonces los médicos no tienen más alternativa que prescribir el medicamento de patente y los pacientes deben comprar dicho medicamento. Sin embargo, después de la expiración de las patentes, los pacientes pueden beneficiarse de la disponibilidad de medicamentos genéricos que entran al mercado con un precio menor que el del producto innovador. Existen estudios que demuestran que los genéricos generalmente funcionan tan bien como los medicamentos innovadores.[49] Sin embargo, a pesar de ser similarmente efectivos, los médicos pueden prescribir la alternativa más costosa si obtienen un beneficio adicional al prescribir el producto innovador.

En el presente informe, esta práctica de las compañías farmacéuticas de otorgar cualquier clase de "ventaja pecuniaria" a los médicos, lo que podría motivarlos a prescribir un determinado medicamento, recibe el nombre de "incentivación de los médicos". En esta área, la OCDE hace dos recomendaciones en relación con la falta de regulación de la concesión de ventajas pecuniarias y el monitoreo de las prácticas de prescripción de los médicos.

2.3.1.1. Falta de regulación sobre la entrega de beneficios pecuniarios para incentivar a los médicos

Descripción del obstáculo relevante. Actualmente, México no cuenta con disposiciones legales que regulen los beneficios que las compañías farmacéuticas pueden otorgar a los médicos, como la participación en congresos o la impartición de conferencias. Existe, sin embargo, un código de ética emitido por el CETIFARMA, órgano de la CANIFARMA, una asociación gremial de compañías farmacéuticas. El CETIFARMA regula y monitorea el código de ética sobre beneficios pecuniarios. Este código de ética, sin embargo, solo se aplica a los miembros de la CANIFARMA. De acuerdo con el CETIFARMA, la entrega de beneficios pecuniarios de valor significativo está prohibida. La infracción de este código redunda en amonestaciones, multas (aunque no se señalan montos en el código), así como la suspensión temporal o definitiva de la calidad de miembro de la CANIFARMA.

Daño a la competencia. A pesar de la existencia del código de ética del CETIFARMA, de acuerdo con participantes de la industria, la entrega de incentivos económicos a los médicos no es una práctica inusual entre las empresas farmacéuticas. No todas las compañías farmacéuticas son miembros de la CANIFARMA (87%, de acuerdo con información de la misma asociación) y, por tanto, no se encuentran obligadas a respetar este código de conducta. La falta de regulación de fuente gubernamental puede dañar la competencia entre productos similares. Algunas compañías farmacéuticas pueden otorgar incentivos económicos a los médicos, llevándolos a preferir un producto sobre otro que consideraran más adecuado o más económico para el paciente. Las compañías farmacéuticas que cumplen con el código de ética del CETIFARMA o que no ofrecen algún tipo de beneficio a los médicos por alguna otra razón, pueden ser discriminadas. El problema se agrava por el hecho de que las compañías farmacéuticas, al menos teóricamente, pueden obtener datos sobre las prácticas de prescripción de los médicos en forma individual, lo que les permitiría enfocarse en ellos y monitorearlos.

Objetivo del legislador - Comparación internacional. El riesgo descrito antes ha generado diversas respuestas regulatorias. De esta manera, han surgido dos modelos principales:

1. El modelo europeo, como regla general, prohíbe los incentivos económicos.[50] De acuerdo con el Derecho de la Unión Europea, está prohibido otorgar, ofrecer o prometer a las personas facultadas para prescribir o dispensar medicamentos cualquier tipo de regalos, ventajas pecuniarias o ventajas en especie, con excepción de aquellas que tengan un valor insignificante y que sean relevantes para la práctica de la medicina o la farmacia. Asimismo, la hospitalidad ofrecida en el

marco de eventos relacionados con la promoción de medicamentos deberá ser siempre moderada en su nivel y subordinada al objetivo principal de la reunión, y no podrá extenderse a personas que no sean profesionales de la salud.[51]

2. El modelo estadounidense se basa principalmente en la autorregulación y estipula que las compañías farmacéuticas divulguen los acuerdos financieros que llegaran a tener con médicos. No obstante, este modelo también prohíbe, como regla general, la entrega de regalos de valor significativo.[52]

Recuadro 2.1. **Patrones de prescripción y ventajas pecuniarias***

En el 2016 ProPublica, una compañía independiente y sin fines de lucro que realiza periodismo de investigación, llevó a cabo un análisis para examinar si había relación entre los pagos otorgados por la industria y la prescripción de medicamentos de marca por parte de médicos en Estados Unidos. En el estudio se observó que los médicos de cinco especialidades comunes que aceptaban al menos un pago de la industria eran más propensos a prescribir un mayor número de medicamentos de marca que aquellos que no recibían ningún pago. ProPublica también comparó las tasas de prescripción promedio de los médicos dependiendo de si recibían pagos o no, diferenciando entre los que recibían considerables sumas de dinero y los que recibían sumas inferiores, los que recibían cierto tipo de contraprestación (como comidas o invitaciones a dar conferencias) y aquellos que no recibían pago alguno.

En todos los casos, el grupo que recibía mayores pagos tuvo, en promedio, una tasa más alta de prescripción de medicamentos de marca. Asimismo, el tipo de pago hizo una diferencia: quienes solo recibían comidas de parte de la industria tuvieron una tasa de prescripción más alta comparada con la de quienes no recibieron ningún tipo de pago, y quienes recibieron pagos por dar conferencias presentaron mayores tasas de prescripción de medicamentos de marca que quienes recibieron otros tipos de gratificación.

En el mismo sentido, Toshiaki e Izuka, en un estudio llevado a cabo en Japón en 2007, encontraron que los patrones de prescripción de los médicos se veían afectados por el margen de ganancias que podían obtener, y descubrieron prescripción excesiva y prescripción subóptima. No obstante, hubo diferencias entre los pacientes que tenían seguro de salud y aquellos que carecían de él. Los médicos prescribían en exceso más al primer grupo que al segundo.

* Jones, Ryan Grochowski y Charles Ornstein (2016), "Matching Industry Payments to Medicare Prescribing Patterns: An Analysis", https://static.propublica.org/projects/d4d/20160317-matching-industry-payments.pdf?22; Iizuka, Toshiaki (2007), "Experts' Agency Problems: Evidence from the Prescription Drug Market in Japan", *RAND Journal of Economics* 38:3, pp. 844-862, www.jstor.org/stable/25046339.

Recomendación. La OCDE recomienda regular las condiciones exactas en las cuales se pueden otorgar incentivos económicos o beneficios de valor significativo a los médicos. Esta regulación debería indicar sanciones para caso de incumplimiento. Como puntos de referencia pueden considerarse la directiva 2001/83/EC del Parlamento Europeo y del Consejo de 6 de noviembre de 1983, así como el código de ética del CETIFARMA.

Si esta recomendación de la OCDE se implementa en su totalidad, se estima que los beneficios para los consumidores serán de 7 743.1 millones de MXN. Este cálculo se explica en detalle en el Anexo 2.A2.

2.3.1.2. Registro de datos relativo a las prescripciones retenidas

Para ayudar a dirigir sus esfuerzos de comercialización, las compañías farmacéuticas están interesadas en vigilar las prácticas de prescripción de los médicos. Con dicho fin, por lo general les resulta útil adquirir información sobre dichas prácticas en la forma más detallada posible.

Descripción del obstáculo relevante. De acuerdo con el artículo 117 del Reglamento de Insumos para la Salud, el empleado de farmacia encargado de dispensar medicamentos debe registrar en un libro de control o en un sistema automatizado el nombre, dirección y número de cédula profesional del médico que prescribe el medicamento al momento de la venta del mismo, cuando se trate de medicamentos cuya prescripción deba ser retenida por la farmacia luego de la dispensación del producto. No está claro qué ocurre con esta información y si podría ser vendida a las compañías farmacéuticas, ya sea en forma directa o por medio de compañías especializadas.

Daño a la competencia. Si una compañía farmacéutica comprara información sobre las prácticas de prescripción de los médicos, podría monitorearlos y comprobar si en efecto prescriben sus productos y los favorecen por sobre otros. Esto sería dañino toda vez que no hay reglas que den claridad sobre las condiciones en las cuales las compañías farmacéuticas pueden brindar incentivos a los médicos. En teoría, las compañías farmacéuticas pueden monitorear las prácticas de prescripción de todos los médicos activos y solo incentivar a aquellos que prescriban principalmente sus productos (por ejemplo invitándolos a congresos).

Objetivo del legislador. El objetivo de la disposición consiste en asegurar la autenticidad de una prescripción y controlar el inventario de productos de prescripción de una farmacia (por ejemplo antibióticos, psicotrópicos y estupefacientes). Esto permite a las autoridades sanitarias controlar el inventario de medicamentos controlados y garantizar que solo se vendan cuando un médico los haya prescrito.

Recomendación. La OCDE recomienda prohibir que las farmacias transfieran datos personales de médicos o pacientes a empresas farmacéuticas o de cualquier otra índole (como las que recopilan y comercializan información). Sin embargo, se debe permitir la venta de información agregada (que no permite rastrear las prácticas de prescripción individuales de los médicos o los medicamentos utilizados por un paciente en particular) ya que brinda a las compañías farmacéuticas la oportunidad de evaluar, planificar y calcular con eficiencia sus esfuerzos de comercialización y producción.

2.3.2. Genéricos

De acuerdo con una definición de la Administración de Alimentos y Medicamentos (Food and Drug Administration) de Estados Unidos, los genéricos "son copias de medicamentos de marca y son similares a estos medicamentos de marca en cuanto a dosificación, seguridad, potencia, vía de administración, calidad, características de rendimiento y uso previsto".[53] Los competidores potenciales pueden copiar un medicamento de marca —también conocido como innovador— y entregar una serie de pruebas a la autoridad competente en materia de salud para demostrar la intercambiabilidad del medicamento copiado con el de referencia, una vez que expira la patente o incluso antes de su expiración, con el fin de comercializar el producto inmediatamente después de que la patente del producto innovador expire. Para ser considerados intercambiables, los genéricos deben probar su identidad, fuerza, calidad, pureza y potencia, las cuales no deben variar en forma significativa de los parámetros del medicamento de referencia.[54]

Varios estudios han demostrado que los genéricos suelen ser tan eficaces como los medicamentos innovadores.[55] De hecho, uno de los fines de las pruebas de intercambiabilidad es demostrar que existe una efectividad terapéutica intercambiable entre el medicamento genérico y el innovador, dentro de un margen permisible de variabilidad.

La entrada de los genéricos al mercado por lo general conduce a una disminución de los precios y a un mayor acceso a los medicamentos. De acuerdo con la OCDE, los genéricos suelen venderse 30-50% por debajo del precio del medicamento de marca equivalente. En Estados Unidos no es inusual que los genéricos alcancen un 50% de participación de mercado (por volumen) después de un año de haber expirado la patente (OECD, 2002: 37).

En teoría, una vez que los genéricos ingresan al mercado, los precios de los medicamentos innovadores deberían disminuir hasta alcanzar el nivel de los genéricos (OECD, 2014: 10).[56] Sin embargo, esto no siempre ocurre. Existen estudios económicos que han demostrado incluso alzas considerables en los precios de los medicamentos innovadores luego de la entrada de genéricos.[57] Otros estudios han revelado que los precios de los medicamentos innovadores no disminuyen como consecuencia de la entrada de los genéricos (Frank, Richard G., and David S. Salkever, 1997: 75-90). Algunos autores han denominado a este fenómeno "la paradoja de los genéricos", la cual se origina en una percepción generalizada de que los medicamentos de marca y aquellos sin marca tienen una eficacia terapéutica diferente. Además, lo anterior puede complementarse en algunas jurisdicciones con la existencia de contratos de seguros, lo cual significa que algunos consumidores no son sensibles a los precios.[58]

En el área de genéricos, la OCDE hace tres recomendaciones: lo relacionado con la prescripción, la tasa de valoración con la cual deben cumplir los productores de genéricos, y el denominado "problema de *linkage*".

2.3.2.1. Venta obligatoria del medicamento de marca a menos que se apruebe expresamente su sustitución

Descripción del obstáculo relevante. De acuerdo con el artículo 31 del Reglamento de Insumos para la Salud, los médicos pueden recetar la denominación común internacional (DCI, definida por la Organización Mundial de la Salud como un nombre único, globalmente reconocido, que es propiedad pública) o, en forma conjunta, la denominación genérica y el nombre de marca, lo cual significa una mezcla de denominaciones genérica y distintiva (por ejemplo salbutamol y "Vantolin"; ibuprofeno y "Advil"; o paracetamol y "Tylenol"). Cuando los médicos prescriben una denominación de marca, los empleados de farmacia deben cumplir con dicha designación en el sentido de que el medicamento solo se puede sustituir cuando el médico expresamente lo autorice.

Daño a la competencia. Los consumidores se ven obligados a comprar el medicamento de marca si este es el único prescrito por el médico. Los genéricos pueden sufrir una desventaja competitiva si los médicos prescriben ciertos medicamentos de marca y no incluyen medicamentos genéricos en sus prescripciones o no autorizan la sustitución. El daño al consumidor se puede agravar si los médicos no son objetivos en sus prácticas de prescripción, por ejemplo debido a la incentivación de las compañías farmacéuticas (véase la sección sobre incentivación).

Objetivo del legislador. El objetivo de esta disposición consiste en proteger a la población mexicana contra riesgos sanitarios.

Existe en la población mexicana la creencia generalizada de que los genéricos no son tan efectivos como los medicamentos originales (esto es, un medicamento protegido por una patente o cuya patente ha expirado). Sin embargo, la preocupación respecto a la seguridad y eficacia de los genéricos parece ser infundada. Los genéricos son terapéuticamente equivalentes al medicamento original y ofrecen ahorros de costos significativos sin efectos adversos en la salud.

En diversos Estados miembros de la OCDE (Dinamarca, Estonia, Finlandia, Alemania, Italia, República Eslovaca, España y Suecia), los farmacéuticos deben sustituir un medicamento con su alternativa más asequible. Por ejemplo, en Italia desde 2012 los farmacéuticos deben reemplazar el medicamento innovador con el genérico de menor precio, mientras que en Suecia están obligados a sustituirlo con el producto sustituto de menor costo, a menos que el médico exprese explícitamente en la receta que la sustitución no está permitida. En la mayoría de los países miembros de la OCDE, los farmacéuticos pueden informar a los pacientes sobre la posibilidad de sustitución y deben sustituir los medicamentos de marca con genéricos si el paciente consiente y el médico que prescribió el medicamento no prohibió la sustitución en la receta (por ejemplo en la República Checa) (OECD, 2016c: 30).

Asimismo, diversos Estados miembros de la OCDE exigen que los médicos prescriban la denominación genérica entre ellos Estonia, Portugal, España y Francia (OECD, 2016b: 182).[59]

Brindar a los pacientes la posibilidad de elegir entre medicamentos innovadores y genéricos asegura que se beneficien del efecto placebo: "La investigación ha demostrado que el tratamiento con un placebo puede tener un efecto terapéutico positivo en un paciente, incluso si la píldora o el tratamiento no está activo (siempre y cuando el paciente crea que el tratamiento está en proceso). Esto se conoce como "efecto placebo" o "respuesta placebo". [60]

Recomendación. La OCDE recomienda al gobierno mexicano las siguientes dos opciones:

Opción 1) Modificar la disposición con el fin de obligar a los empleados de farmacia a informar a los pacientes sobre el genérico más asequible que se encuentre disponible y permitir la sustitución de los medicamentos prescritos por el genérico cuando el paciente consienta con la sustitución, a menos que la prescripción diga específicamente "se prohíbe la sustitución" (lo cual podría ser necesario si ciertos pacientes no reaccionan bien a determinados medicamentos). La OCDE recomienda que la sustitución sea opcional, no obligatoria, debido a que la mayoría de las compras en México son gastos de bolsillo de los consumidores y estos deben de tener la capacidad para comprar el medicamento que perciben como el mejor (efecto placebo).

Opción 2) Establecer una disposición que obligue a los médicos a prescribir solamente la DCI, que es la sustancia activa y no el nombre de marca del medicamento.

Si se pone en práctica cualquiera de estas recomendaciones de la OCDE, el beneficio para los consumidores se estima entre 6 177.4 millones de MXN y 34 544.8 millones de MXN. Este cálculo se explica con detalle en el Anexo 2.A3.

2.3.2.2. Porcentaje fijo de la valoración para pruebas de intercambiabilidad

Descripción del obstáculo relevante. De acuerdo con la Ley General de Salud, para ser considerados genéricos, los medicamentos deben ser intercambiables con el medicamento de referencia, esto es, deben producir el mismo efecto terapéutico. Para ser considerado medicamento intercambiable, el "porcentaje de valoración" del medicamento de prueba debe estar dentro de los límites establecidos en la FEUM. El porcentaje referido debe ser de 5% con respecto al medicamento de referencia.[61] El método para determinar el umbral de 5% no se describe claramente (al menos para el lector lego).

Daño a la competencia. El estándar del "porcentaje de valoración" puede operar como una barrera a la entrada de productos que no cumplen con la diferencia de 5%. Esta regla también podría pecar de inflexible al no tomar en cuenta las características específicas de cada medicamento. Algunos genéricos podrían requerir solo una diferencia máxima de 1%, mientras que otros podrían operar con una diferencia de 10% y producir los mismos efectos. De una lectura de la disposición no se desprende con claridad si se aplica un margen de error. Tampoco está completamente claro si la prueba establecida en México es equivalente a la de otras jurisdicciones, como la Unión Europea y Estados Unidos.

Objetivo del legislador. El objetivo de esta disposición es definir los criterios y especificaciones que deben observarse durante la realización de las pruebas para demostrar la intercambiabilidad de los medicamentos genéricos. Según la COFEPRIS, el porcentaje de valoración podría variar si el medicamento se considera "variable". Sin embargo, la NOM-177-SSA1-2013 no proporciona una descripción clara de cuándo un medicamento se considera variable ni qué tasa de valoración se aplicaría en ese caso.

Comparación internacional. En la Unión Europea, un medicamento genérico se define como aquel que "tenga la misma composición cualitativa y cuantitativa en sustancias activas y la misma forma farmacéutica, y cuya bioequivalencia con el medicamento de referencia haya sido demostrada por estudios adecuados de biodisponibilidad" y "tras la concesión de una autorización de comercialización, el titular de la misma podrá consentir en que se haga uso de la documentación farmacéutica, preclínica y clínica que obre en el expediente del medicamento, para el estudio de una solicitud posterior para un medicamento que tenga la misma composición cualitativa y cuantitativa en sustancias activas y la misma forma farmacéutica".[62] Con el fin de demostrar bioequivalencia, se miden algunas características para probar que existe al menos una probabilidad de 90% de que los resultados caigan entre dos valores (es decir, el intervalo de aceptación). El intervalo de aceptación puede ser más ajustado o más amplio para algunas características en casos especiales.

Bien pudiera ser que la metodología actualmente aplicada en México para determinar la equivalencia se ajustara a las normas internacionales y se evitaran así los problemas descritos anteriormente en la práctica; sin embargo, varios expertos externos tuvieron dificultades para evaluar ese resultado debido a la falta de una descripción clara de la metodología.

Recomendación. La OCDE recomienda aclarar la metodología utilizada para determinar si un medicamento puede considerarse variable. También recomienda aclarar si el método aplicado es equivalente al de otras jurisdicciones (especialmente al de la Unión Europea y Estados Unidos). Asimismo, la metodología debería estar disponible en el sitio web de la COFEPRIS.

2.3.2.3. Linkage

Descripción del obstáculo relevante. Al solicitar un registro sanitario, una compañía debe demostrar que es titular de la patente de la sustancia activa o, alternativamente, que ninguna patente será infringida al producir el medicamento en cuestión. Una vez recibida la solicitud, la COFEPRIS consulta con el Instituto Mexicano de la Propiedad Industrial (IMPI) para determinar si existe alguna infracción de patente. Esto se denomina "*linkage*".

Según los participantes de la industria, suele haber incertidumbre respecto a si el medicamento de referencia sigue estando protegido por patentes y, en caso afirmativo, qué patentes son afectadas. Esto se conoce como "problema de *linkage*". Aunque la COFEPRIS y el IMPI se comunican para determinar qué patentes están relacionadas con el medicamento del cual se quiere ofrecer una versión genérica y para el que se solicita un registro sanitario, la lista actual de patentes del IMPI no proporciona suficiente claridad ni certeza a los participantes de la industria.[63] Existe una versión de esta lista que funciona a través de un buscador electrónico (Sistema de Información de la Gaceta de la Propiedad Industrial) de medicamentos de patente. No obstante, los participantes de la industria consideran que es imposible obtener respuestas definitivas antes de iniciar la producción de genéricos. La COFEPRIS y el IMPI suelen brindar respuestas caso por caso.

Daño a la competencia. De acuerdo con participantes de la industria, el Sistema de Información de la Gaceta de la Propiedad Industrial es difícil de usar y no siempre genera todos los resultados posibles. Lo anterior contradice la explicación oficial de la COFEPRIS.

La falta de información suficiente relacionada con las patentes que protegen un medicamento determinado aumenta la probabilidad de que las empresas farmacéuticas infrinjan patentes involuntariamente al producir un medicamento genérico. En caso de infracción, el productor debe modificar la formulación y presentar una nueva solicitud de registro sanitario a la COFEPRIS.

Objetivo del legislador. El objetivo del *linkage* consiste en proteger derechos de propiedad intelectual e industrial y prevenir que se otorguen registros sanitarios basados en información falsa para evitar la necesidad de revocar dichos registros debido a la infracción de patentes vigentes.

Comparación internacional. Otras jurisdicciones, como Estados Unidos y Canadá, tienen páginas de búsqueda en línea fáciles de usar que proporcionan información sobre las patentes que protegen determinadas moléculas y qué medicamento se considera como el de referencia. La publicación del gobierno estadounidense, *Approved Drug Products with Therapeutic Equivalence Evaluations* (conocida como "*Orange Book*" o "Libro naranja") identifica los medicamentos aprobados por la Administración de Alimentos y Medicamentos de Estados Unidos (Food and Drug Administration, FDA) y sus patentes relacionadas, así como información sobre exclusividades.[64]

Recomendación. La OCDE recomienda que la COFEPRIS publique una lista de todas las patentes vinculadas a cada medicamento que tenga un registro sanitario. El *Libro naranja* de Estados Unidos puede servir como punto de partida.

En el futuro, las compañías que soliciten un registro sanitario quizá se verían obligadas a entregar una lista completa de todas las patentes que consideren relevantes para un medicamento específico. Esta lista sería publicada por la COFEPRIS. De este modo, los productores de genéricos podrían investigar con facilidad qué patentes deben respetar.

2.3.3. Consultorios adyacentes a las farmacias (CAF)

Más de la mitad de las farmacias de México tienen consultorios adyacentes; este modelo se denomina Consultorios Adyacentes a Farmacias (CAF). Los CAF constituyen una parte importante del sistema de salud de México, toda vez que los pacientes tienen un acceso rápido a servicios médicos con precios asequibles o incluso en forma gratuita. No obstante, estos beneficios no se presentan sin los riesgos correspondientes, toda vez que la mayoría de los CAF son de alguna manera financiados, o al menos apoyados financieramente, por las farmacias.

Como se indicó antes, un modelo de prescripción en el cual los médicos se beneficien de algún modo con el precio pagado por sus pacientes o por el volumen de medicamentos prescritos da lugar a prácticas que atentan contra la ética, las cuales pueden llevar a prescripciones excesivas o subóptimas (OECD, 2014: 6-7). En este caso, el riesgo se deriva de la relación entre el médico que prescribe y la farmacia para la cual trabaja. Los CAF necesitan financiamiento para operar, y es probable que los fondos provengan de prescripciones excesivas o subóptimas.

2.3.3.1. Vacío normativo en lo tocante a las prácticas de prescripción de los médicos que trabajan en los CAF

Descripción del obstáculo relevante. De acuerdo con la COFEPRIS, en 2015, 53.5% de las farmacias de México tenía un CAF (COFEPRIS, 2015). Los CAF generalmente pertenecen a cadenas de farmacias. En ellos las consultas se ofrecen a precios muy asequibles o incluso en forma gratuita. Si bien los modelos de CAF pueden variar, la mayoría de los médicos que trabajan en los CAF reciben una forma de compensación de las farmacias, ya sea por medio de un salario fijo o bien mediante un bono u otra forma de remuneración.

Los CAF han experimentado una rápida expansión en México como resultado de la norma del gobierno para desincentivar la automedicación, puesta en vigor en 2010. Conocida como "Acuerdo por el que se determinan los lineamientos a los que estará sujeta la venta y dispensación de antibióticos", esta norma constituye un esfuerzo para exigir prescripciones con el objeto de reducir la automedicación y controlar la dispensación de antibióticos.

Hasta donde es de nuestro conocimiento, no existe ninguna disposición legal que trate la relación entre las farmacias y los médicos y limite los incentivos que otorgan las farmacias a los médicos que trabajan en los CAF para prescribir ciertos medicamentos. El Suplemento de la Farmacopea para los Establecimientos[65] solo prohíbe que las farmacias "tengan comunicación directa, ya sea por medio de ventanas, puertas o pasillos, con otros establecimientos, como los consultorios".

Daño a la competencia. Como prácticamente todos los CAF pertenecen a farmacias, los médicos no son completamente independientes en sus prácticas de prescripción. Esto podría distorsionar en tres formas la competencia entre los medicamentos. Los médicos podrían:

- prescribir los productos de marca de la farmacia (en caso de que esta tuviera su propia marca de medicamentos) en lugar de, quizás, los medicamentos más adecuados.
- prescribir productos que podrían no ser los más adecuados para las necesidades de los consumidores, pero que estén en el inventario de la farmacia y deban ser agotados.

- prescribir más productos de los necesarios (por ejemplo vitaminas adicionales) si los médicos reciben pagos relacionados con la cantidad de productos que prescriben.

A los problemas indicados podría sumarse la incapacidad de los consumidores para sustituir medicamentos de marca por medicamentos genéricos. De acuerdo con la legislación mexicana, las marcas específicas que hayan sido prescritas por médicos no pueden ser sustituidas por el paciente o por el empleado de farmacia.[66] Por tanto, si los médicos suelen prescribir las marcas propias de la farmacia o los productos preferidos por esta (por ejemplo debido a una compra al por mayor de dichos medicamentos), algunos genéricos o incluso medicamentos de marca podrían sufrir una desventaja competitiva respecto a los productos preferidos por la farmacia.

Objetivo del legislador. Los CAF tienen un papel importante en el sistema de salud de México pues aseguran un acceso rápido y asequible a servicios médicos para una parte significativa de la población.

Comparación internacional. La práctica de ofrecer CAF se ha extendido a países como Guatemala, Chile y Argentina (Diaz-Portillo, Sandra. P. et al., 2015: 320-328). Muchos otros países, sin embargo, consideran que los médicos y farmacéuticos deben ser independientes entre ellos y, por tanto, prohíben la preferencia o la venta de ciertos productores (por ejemplo Alemania, § 10 ApoG).

Recomendación. La OCDE recomienda las siguientes tres opciones para el gobierno mexicano. Las opciones 1 y 2 se implementarían en forma independiente y también conjunta; la opción 3 implicaría mantener el *statu quo* pues dejaría el sistema actual de CAF tal como opera en la actualidad, sin cambios.

Opción 1) Emitir una disposición que prohíba a los médicos de CAF prescribir productos de marca y los obligue a prescribir únicamente la DCI o el nombre genérico. Esta solución se mencionó anteriormente en la sección de genéricos. Los pacientes podrían elegir, entre una variedad de medicamentos, el que consideren mejor en términos de precio o calidad. Esta opción resolvería el problema de los médicos de CAF que prescriben costosos medicamentos de marca. Sin embargo, no resolvería el problema de la medicación excesiva, es decir, cuando dichos médicos prescriben más medicamentos de los necesarios.

Opción 2) Emitir un código de conducta o reglamento que prohíba a las farmacias ejercer presión o incentivar a los médicos a prescribir ciertos productos, en especial mediante recompensas por el volumen o el número de medicamentos prescritos. Dado que las farmacias no podrían influir en los hábitos de prescripción de los médicos, los patrones de prescripción irracionales (por ejemplo prescribir marcas específicas en lugar de genéricos o prescribir productos innecesarios) desaparecerían. Sin embargo, esta solución cambiaría los modelos de negocio existentes de CAF. Los incentivos de las farmacias para invertir en CAF podrían reducirse y los CAF tendrían que aumentar los precios de sus servicios. De hecho, muchos CAF se verían incluso en la necesidad de cerrar si ya no recibieran subvenciones cruzadas de las farmacias.

Opción 3) Ninguna recomendación. El objetivo del legislador de proveer un rápido y sencillo acceso a la salud para la población mexicana podría prevalecer sobre cualquier posible conflicto de interés. Esta recomendación no generaría cambios en el modelo de negocio de los CAF.

2.3.4. Ventas directas de las compañías farmacéuticas a las farmacias (especialmente cadenas de farmacias)

Las compañías farmacéuticas generalmente utilizan a distribuidores mayoristas para llevar sus medicamentos a los minoristas, especialmente a los vendedores de menor tamaño (OECD, 2014: 20). Los distribuidores mayoristas median entre las compañías farmacéuticas y los vendedores minoristas comprando al por mayor a los primeros y vendiendo en menores cantidades a los últimos. Debido a que no todos los vendedores minoristas tienen suficiente capacidad para abastecerse de los medicamentos que podrían requerir, los distribuidores aseguran entregas regulares de los medicamentos y por lo general brindan servicios relacionados, como manejo de inventarios y existencias, procesamiento de productos caducados y apoyo para almacenar información de los pacientes (OECD, 2014: 20).

Los distribuidores pueden comprar, vender y entregar todo tipo de medicamentos o especializarse en unos cuantos. Los primeros se conocen como distribuidores de línea completa (*full-line wholesalers*), mientras que a los segundos se les denomina distribuidores de línea corta (*short-line wholesalers*). Los distribuidores de línea completa compiten por ganar consumidores al ofrecer entregas frecuentes y bajos precios. Los distribuidores de línea corta ofrecen entregas menos frecuentes y precios más bajos (OECD, 2014: 20). No es extraño que algunas jurisdicciones exijan a los distribuidores adoptar el modelo de línea completa para garantizar la disponibilidad de medicamentos a la población. Esto es común a la mayoría de los países de la Unión Europea, donde la distribución de medicamentos se concibe como una función de servicio público (European Association of Pharmaceutical Full-Line Wholesalers, 2015: 1).

Para las farmacias puede ser más costoso tratar con distribuidores de línea corta, toda vez que este modelo requiere lidiar con múltiples relaciones financieras y entregas múltiples. Como se mencionó antes, en algunos países europeos la ley estipula que los distribuidores adopten el modelo de línea completa. Esto deriva de la naturaleza pública de la distribución de medicamentos. No obstante, la interpretación de esta obligación varía entre los Estados miembros.

El modelo de línea completa no restringe la operación paralela de diferentes modelos de distribución. Los acuerdos de agencia (también denominados *direct-to-pharmacy*, directo a la farmacia) pueden coexistir con acuerdos de distribución restringida, según los cuales los fabricantes pueden evitar por completo (si se trata de agencia) o en forma parcial (si se trata de un modelo de distribución reducida), o una combinación de ambos, la cadena tradicional de oferta directa a las farmacias (Kanavos, Panos, W. Schurer, & S. Vogler, 2011: 75).

Los distribuidores pueden ser independientes o tener acuerdos de exclusividad con productores particulares, lo cual implica que solo un distribuidor puede comercializar un determinado medicamento. En un creciente número de países, los productores se han integrado verticalmente al ofrecer servicios relacionados con el inventario, la administración de la demanda y la venta directa a farmacias (OECD, 2014: 22). De hecho, como ya se mencionó, en varios países los distribuidores han dejado de existir (por ejemplo en Estados Unidos, Canadá y Chile) (Kanavos, Panos, W. Schurer, & S. Vogler, 2011: 32), mientras que en muchos otros países el sector de distribución está muy concentrado;[67] este es también el caso de México.

En esta sección, la OCDE recomienda aumentar la competencia en el segmento de la distribución del mercado, esto es, imponer una obligación para abastecer a los distribuidores de línea completa.

Descripción del obstáculo relevante. Las ventas al por mayor y al por menor de medicamentos y otros productos de salud, estupefacientes, sustancias psicotrópicas y productos que contengan sustancias psicotrópicas o estupefacientes requieren una autorización sanitaria (es decir, una licencia).[68] La autorización sanitaria para la fabricación de medicamentos otorgada a las empresas farmacéuticas no se limita a la fabricación. Por tanto, no existen disposiciones que prohíban la venta directa de las empresas farmacéuticas a las farmacias.

Sin embargo, en la práctica un gran número (si no es que la mayoría) de compañías farmacéuticas en México se niega a vender directamente a las farmacias, incluso a las grandes cadenas, y prefiere vender por medio de mayoristas. Es una práctica común para las compañías farmacéuticas firmar contratos de exclusividad con un distribuidor. Es así que, los mayoristas a menudo se convierten en el único canal utilizado para comercializar un determinado medicamento. Según los participantes de la industria, las compañías farmacéuticas generalmente pagan una tarifa de servicio a los distribuidores cuando venden sus productos (esquema conocido como "*fee for service*").

Esta situación solo guarda relación con el mercado privado, toda vez que en el mercado público las autoridades generalmente se abastecen por medio de licitaciones públicas.

Daño a la competencia. Para los minoristas de mayor tamaño (es decir, las cadenas de farmacias), la compra por medio de un distribuidor impone un costo innecesario ya que tienen que pagar un margen extra a este en lugar de adquirir los productos directamente de los productores. Además, los participantes minoristas en el mercado se quejan de que muchos medicamentos son distribuidos por un solo mayorista y que no existe competencia intra-marca, o solo muy limitada.

Objetivo del legislador. Según la COFEPRIS, las ventas directas de las compañías farmacéuticas a las farmacias no están restringidas. La licencia sanitaria concedida a una empresa farmacéutica para la fabricación de medicamentos puede incluir, entre otras actividades listadas, la distribución de medicamentos. En caso de que la distribución no esté incluida, es fácil realizar modificaciones a la licencia sanitaria.

Comparación internacional. La legislación europea considera que los distribuidores tienen una "función de servicio público".[69] Esto significa que los distribuidores de línea completa que ofrecen todos los medicamentos relevantes tienen que ser abastecidos por los productores farmacéuticos para garantizar la cobertura nacional de la población con medicamentos adecuados. La función de servicio público se aplica de diferentes maneras en toda la Unión Europea. Sin embargo, algunos países (por ejemplo Alemania) han introducido una medida casi obligatoria, la de abastecer a todos los distribuidores de línea completa.[70]

La obligación de abastecer a los distribuidores no excluye el suministro directo de las empresas farmacéuticas a las farmacias.

Recomendación. La OCDE recomienda que México obligue a los productores de medicamentos a abastecer a todos los distribuidores de línea completa en el mercado privado, lo que tendría como objetivo permitir la competencia de nuevos distribuidores. Sin embargo, antes de proseguir con tal medida, se recomienda realizar un estudio coordinado entre las autoridades pertinentes que evalúe el impacto en el mercado del establecimiento de tal obligación, cuyo objetivo sería permitir que nuevos distribuidores compitan en el concentrado mercado mayorista mexicano y aumentar la competencia intra-marca. Sin embargo, como esta propuesta de recomendación afectaría la libertad contractual, solo se aplicaría si el estudio demostrara que otras medidas para fortalecer la competencia intra-marca no conducen a ningún resultado.

Si esta recomendación de la OCDE se lleva a la práctica en su totalidad, el beneficio para los consumidores se estima entre 128.1 millones de MXN y 3 074.6 millones de MXN. Este cálculo se explica con detalle en el Anexo 2.A4.

2.3.5. Regulación de precios

Los medicamentos son esenciales para la salud humana e incluso para la supervivencia. Los pacientes tienden a ser insensibles a los precios de los medicamentos, al menos cuando estos se destinan al tratamiento de enfermedades graves. Debido a la falta de elasticidad de precios de los medicamentos y al poder de mercado detentado por los productores de los medicamentos innovadores, en muchos países los precios suelen estar regulados en varios niveles de la cadena de suministro.[71]

Además, los medicamentos son "bienes de mérito", esto es, bienes que los pacientes deberían poder adquirir sin considerar su capacidad de pago.

La regulación de precios por un lado se enfrenta a la desafiante tarea de asegurar el acceso, pero, por otro lado, no debe distorsionar los incentivos de invertir y comercializar nuevos productos. Existen en el mundo dos enfoques de regulación de precios de medicamentos. El primero de ellos, conocido como "precios internacionales de referencia" o precios externos de referencia (PER), consiste en fijar precios máximos de acuerdo con los precios que se cobran en otros países por los mismos medicamentos. El segundo, denominado "precios internos de referencia" regula los precios máximos tomando en cuenta los precios de otros medicamentos de la misma clase terapéutica dentro del mismo país. México sigue el primer enfoque (OECD, 2014: 11).

En esta sección, la OCDE hace dos recomendaciones. La primera consiste en modificar el sistema actual de regulación de precios para medicamentos protegidos por una patente; la segunda plantea que se publicite el mecanismo que determina cómo se establecen los precios máximos.

2.3.5.1. Precios máximos para medicamentos protegidos por una patente

Descripción del obstáculo relevante. Un acuerdo de 1996 entre la Secretaría de Economía y CANIFARMA (modificado en 2004) establece precios máximos para la venta al por menor de los medicamentos patentados. El precio máximo para un medicamento patentado en México se determina por el precio promedio ex fábrica de dicho medicamento en los seis países con las mayores ventas en el mundo.

Daño a la competencia. La fijación de precios máximos para medicamentos patentados plantea varios problemas potenciales para la competencia. En primer lugar, el acuerdo antes mencionado restringe la capacidad de las empresas para elegir libremente sus precios. En segundo lugar, si se tiene en cuenta la obligación de informar sobre los precios máximos en la etiqueta de los envases de medicamentos (como se señala en la Sección 2.3.10), esta disposición puede facilitar la colusión y restringir la competencia a nivel minorista. En tercer lugar, y lo que es más importante, el actual mecanismo de fijación de precios da como resultado precios finales altos para el mercado mexicano, especialmente en comparación con otros países latinoamericanos. Esto podría deberse a la tendencia actual del sistema de regulación de precios a centrarse en países de altos ingresos como punto de referencia. Los precios máximos se determinan sobre la base del promedio de los seis países con mayores ventas en el mundo, pero estos suelen ser también los países con precios relativamente altos. Por ejemplo, en 2005 Estados Unidos, Japón, Alemania, Francia, Italia y el Reino Unido fueron los seis países que más gastaron en productos farmacéuticos.[72]

Objetivo del legislador. El objetivo del acuerdo consiste en proteger a los consumidores mexicanos de las compañías farmacéuticas que podrían cobrar precios excesivos, así como también promover la inversión en el desarrollo farmacéutico al asegurar la participación de la industria en el establecimiento de precios máximos.

La Organización Mundial de la Salud (OMS) informa que en 2015, 24 de los 30 Estados miembros de la OCDE utilizaron un sistema de precios basado en PER con diferentes *proxies* de referencia (Organización Mundial de la Salud, 2015: 14). Sin embargo, los PER en sí mismos pueden conducir a precios finales inapropiados, en especial si los países de referencia son mal elegidos (por ejemplo si los países de referencia tienen estructuras de mercado o precios sustancialmente diferentes) (Organización Mundial de la Salud, 2015: 15). Por ejemplo, en Canadá los PER se utilizan junto con otros criterios, como el precio de venta de los medicamentos en los mercados relevantes; los precios de otros medicamentos de la misma clase terapéutica en los mercados pertinentes; los precios del mismo medicamento y otros medicamentos de la misma clase terapéutica en países específicos de comparación extranjera (a saber Francia, Alemania, Italia, Suecia, Suiza, Reino Unido y Estados Unidos); y cambios en el Índice de Precios al Consumidor (Daley, J., 2010).

Recomendación. La OCDE recomienda elaborar nuevamente la canasta utilizada para determinar los precios máximos en México, considerando no solo los volúmenes de venta (como ocurre actualmente) sino también otros factores, como el nivel de ingreso de los países de referencia y los gastos provenientes de los bolsillos de los consumidores. Además, la canasta debería revisarse de forma periódica—digamos cada cinco años— para asegurarse de que satisfaga las necesidades de la población mexicana.

2.3.5.2. Confidencialidad de la modificación al convenio entre CANIFARMA y la Secretaría de Economía

Descripción del obstáculo relevante. El convenio de regulación de precios máximos celebrado entre la Secretaría de Economía y CANIFARMA es confidencial y su contenido no está disponible para el público. La versión original de este acuerdo se modificó en 2004. El acuerdo original está a disposición del público. Sin embargo, por la Ley General de Transparencia y Acceso a la Información Pública, la enmienda es confidencial. No parece haber una justificación de peso para mantener este documento en secreto, ni se encontró objetivo alguno en la ley. Su carácter confidencial hace imposible que el público evalúe su contenido y busque mecanismos que puedan bajar los precios para el consumidor mexicano. La OCDE recomienda hacer público tanto el convenio como cualquier modificación al mismo.

2.3.6. Autorizaciones

El sector farmacéutico se encuentra fuertemente regulado: la fabricación de medicamentos requiere un estricto control *ex ante* para garantizar la protección de la salud pública y que los productos químicos con utilidad terapéutica proporcionen los beneficios esperados. Además, la distribución y venta de medicamentos también está sujeta a un estricto control con el fin de supervisar a los vendedores minoristas.

Las autorizaciones pueden imponer un costo considerable a los participantes de la industria. Si la entrada es demasiado onerosa, esto puede impedir el ingreso de competidores potenciales al mercado, quienes impondrían mayores grados de presión competitiva a las empresas ya establecidas. Por tanto, los legisladores deben asegurarse de que los procesos de autorización no tengan un costo mayor que el necesario para lograr los objetivos regulatorios (OECD, 2016a: 13).

En esta sección, la OCDE formula siete recomendaciones relativas a: la renovación de registros sanitarios; los registros sanitarios de productos biocomparables y solicitudes de nuevos estudios; cómo determinar la fiabilidad de los perros y gatos utilizados en la investigación científica; la discreción para otorgar reducciones en la frecuencia y/o pruebas analíticas de insumos utilizados en la fabricación de medicamentos en México; la posibilidad de hacer solicitudes en línea; y la aplicabilidad del Reglamento de la Ley General de Salud en materia de control sanitario de actividades, establecimientos, productos y servicios.

2.3.6.1. Renovación de registros sanitarios

Descripción del obstáculo relevante. Los registros sanitarios deben renovarse cada cinco años. De acuerdo con el artículo 195-A de la Ley Federal de Derechos, los postulantes a renovar un registro sanitario deben pagar 75% de la tarifa correspondiente a la obtención de un registro sanitario. El registro sanitario para genéricos actualmente cuesta 71 334.41 MXN y para medicamentos de nuevas moléculas, 127 548.79 MXN.

Daño a la competencia. El requisito de que los registros sanitarios se renueven cada cinco años impone costos adicionales a las compañías. Estos costos pueden resultar especialmente significativos para los productores que comercializan cientos de productos.

Objetivo del legislador. El objetivo de esta disposición consiste en proteger a la población mexicana contra riesgos sanitarios. Durante el periodo de renovación de los registros sanitarios, la Secretaría de Salud revisa los mismos aspectos examinados durante la primera solicitud de registro sanitario. Según la COFEPRIS, en más de 50% de todas las solicitudes de renovación del registro sanitario las empresas no cumplen con los requisitos necesarios para obtener o renovar el registro sanitario.

Comparación internacional. En la Unión Europea, la autorización de comercialización tiene una validez de cinco años y puede renovarse después de este periodo sobre la base de una reevaluación de la relación riesgo-beneficio por parte de la autoridad competente del Estado miembro al que le corresponde autorizar. Una vez renovada, la autorización de comercialización será válida por un periodo ilimitado.[73] En la Propuesta de Reglamento del Parlamento Europeo y del Consejo por el que se establecen procedimientos comunitarios para la autorización y la supervisión de medicamentos de uso humano y veterinario y por el que se crea una Agencia Europea para la Evaluación de Medicamentos, la Comisión Europea incluso sugirió que la autorización de comercialización fuera válida por un periodo ilimitado.[74] En cuanto a la comparación con la Unión Europea, la COFEPRIS señaló que los Estados miembros de la UE generalmente cuentan con un sistema de supervisión diferente y realizan más visitas *in situ*, lo cual quizá no sería posible para la COFEPRIS debido a la falta de recursos.

Se aplica un sistema diferente en Estados Unidos, donde las autorizaciones de comercialización (denominadas *New Drug Applications*, Solicitudes de Nuevos

Medicamentos) se conceden una vez por tiempo ilimitado, pero el producto final se revisa una vez al año por medio de un informe anual, para cambios menores.[75]

Recomendación. La OCDE recomienda que el registro sanitario se renueve una sola vez después de cinco años para luego tener una validez permanente. Estamos de acuerdo con la COFEPRIS en que tal cambio debe realizarse solo después de que el sistema mexicano de control y supervisión haya mejorado significativamente. Esto requeriría aumentar la frecuencia de los controles *in situ*, la introducción de multas considerables en caso de que las empresas farmacéuticas no informen a la COFEPRIS los cambios en un medicamento a tiempo, y dotar de suficientes recursos a la COFEPRIS para cumplir con esta tarea.

Si esta recomendación de la OCDE se implementa en su totalidad, se estima que el beneficio para los consumidores ascendería a 4.8 millones de MXN. Esta estimación no tiene en cuenta el ahorro interno (preparación de documentos, etc.) que las empresas farmacéuticas experimentarían si no tuvieran que realizar cada cinco años todas las pruebas presentadas cuando se les otorgó el registro sanitario por primera vez. Además, podría haber una subestimación de los costos asociados a las revisiones anuales. Una mejora significativa del sistema mexicano de control y supervisión implicaría costos adicionales que probablemente tendrían que ser cubiertos por las compañías farmacéuticas. Este cálculo se explica con detalle en el Anexo 2.A5.

2.3.6.2. Registros sanitarios de productos biocomparables y solicitudes de nuevos estudios

Descripción del obstáculo relevante. Los productores deben presentar su solicitud ante la Secretaría de Salud para obtener un registro sanitario de productos biocomparables. Además de los requisitos normales especificados en el reglamento, la Secretaría de Salud puede imponer requisitos adicionales, como pruebas y estudios para el registro de medicamentos biocomparables. La Secretaría de Salud establece estos requisitos al atender la recomendación del Comité de Moléculas Nuevas, que a su vez consulta al Subcomité de Evaluación de Productos Biotecnológicos (SEPB).

Daño a la competencia. Las autoridades tienen un gran margen de discrecionalidad ya que operan bajo una lógica de caso por caso. Los requisitos impuestos a las compañías pueden variar y, de este modo, discriminar entre ellas.

Objetivo del legislador. Los productos biotecnológicos son productos relativamente nuevos que imponen diversos riesgos. Por tanto, el gobierno mexicano ha planteado varios requisitos adicionales para esos productos con el objetivo de proteger a la población mexicana contra riesgos para la salud.

Recomendación. La OCDE recomienda dictar directrices que especifiquen en qué casos es necesario cubrir requisitos adicionales para obtener un registro sanitario de productos biocomparables. Estas directrices reducirían el grado de discrecionalidad en la concesión de registros sanitarios para medicamentos biocomparables. Esta solución presupone que ello es posible, toda vez que la naturaleza de los productos biotecnológicos implica que los requisitos para obtener un registro sanitario para producir medicamentos biocomparables pueden variar según el producto.

2.3.6.3. Fiabilidad de los proveedores de gatos y perros utilizados en la investigación científica

Descripción del obstáculo. Los perros y gatos utilizados en investigación científica, desarrollo tecnológico e innovación, y pruebas de laboratorio y enseñanza, deben obtenerse de proveedores que sean reconocidos como confiables por el Comité para el Cuidado y Uso de Animales de Laboratorio (un comité interno con el cual debe contar cada una de las instituciones que desarrollen investigación). Hasta donde sabemos, no existen disposiciones ni directrices que establezcan cómo se determinará la fiabilidad de los proveedores.

Daño a la competencia. Esta disposición restringe la oferta de perros y gatos disponibles para la investigación científica; esto podría causar un aumento en los precios de un insumo importante.

Objetivo del legislador. El objetivo de esta disposición consiste en garantizar que los animales reciban el tratamiento y la atención adecuados para que no estén estresados, una situación que los puede hacer susceptibles de enfermarse.

Comparación internacional. Esta autorización parece estar en consonancia con la práctica internacional. Por ejemplo, en la Unión Europea el uso de animales tomados de la naturaleza para pruebas médicas se limita a los casos en que el objetivo de la prueba no pueda lograrse utilizando animales criados específicamente para este fin.[76] Los Estados miembros deben garantizar que todos los criadores, proveedores y usuarios estén autorizados y registrados ante la autoridad competente. Dicha autorización podrá concederse por un periodo limitado. La autorización se concederá únicamente si el criador, el proveedor o el usuario y su establecimiento se ajustan a la ley.

Recomendación. Publicar directrices vinculantes con criterios para determinar si un proveedor es confiable.

2.3.6.4. Discreción para otorgar reducciones en la frecuencia de pruebas analíticas de insumos utilizados en la fabricación de medicamentos en México

Descripción del obstáculo pertinente. El artículo 10.2.3.2.5 de la NOM-164-SSA1-2015 establece los requisitos mínimos necesarios para fabricar insumos de medicamentos, así como la frecuencia con la que se debe supervisar un proceso. Con el fin de reducir las frecuencias y/o las pruebas analíticas de los insumos utilizados en la fabricación de medicamentos en México, un productor de medicamentos debe recibir una autorización de la Secretaría de Salud. Si se concede la autorización, de acuerdo con el documento "Procedimiento normalizado de operación para reducción de la frecuencia de muestreo y de las determinaciones en materia prima y/o producto terminado no biológico", expedido por la Secretaría de Salud, el fabricante recibe una autorización oficial para disminuir la frecuencia de muestreo. Esta autorización tiene una validez de tres años.

Daño a la competencia. Hasta donde es de nuestro conocimiento, no hay directrices claras con respecto a los criterios de concesión de tales autorizaciones. Esto podría conducir a un trato desigual entre los productores.

Objetivo del legislador. El objetivo de esta disposición consiste en minimizar las cargas administrativas y establecer los requisitos mínimos necesarios para el proceso de fabricación de los medicamentos que se comercializarán en México.

Recomendación. La OCDE recomienda aclarar en la NOM los criterios y procedimientos para modificar las frecuencias de control y las pruebas analíticas.

2.3.6.5. Solicitudes electrónicas a la COFEPRIS

Actualmente, solo alrededor de 20% (70 de 365) de las solicitudes a la COFEPRIS se puede hacer en forma electrónica. La imposibilidad de presentar solicitudes a las autoridades mexicanas de esta manera aumenta los costos administrativos de las empresas. La COFEPRIS tiene un proyecto en curso para permitir más solicitudes electrónicas. En un informe reciente, el Foro Económico Mundial concluyó (no solo para la industria farmacéutica, sino en general) que los procesos administrativos en México pueden ser lentos y afectar el comercio.[77] La OCDE recomienda continuar con el proyecto en curso para permitir la presentación por vía electrónica de todas las solicitudes a la COFEPRIS o a la autoridad correspondiente.

2.3.6.6. Alcance impreciso del Reglamento de la Ley General de Salud en materia de control sanitario de actividades, establecimientos, productos y servicios

Algunos artículos del Reglamento de la Ley General de Salud en materia de control sanitario de actividades, establecimientos, productos y servicios se refieren a insumos de la salud, estupefacientes, sustancias psicotrópicas y medicamentos. Según la COFEPRIS, dicho reglamento no se aplica a estos últimos. Sin embargo, esto no está claro en el texto del documento. Esa falta de claridad puede aumentar los costos de búsqueda para las empresas. La OCDE recomienda modificar este reglamento para suprimir las referencias a los medicamentos.

2.3.6.7. Dificultad para encontrar directrices oficiales en el sitio web de la COFEPRIS

En la actualidad es difícil encontrar ciertas directrices publicadas y utilizadas por la COFEPRIS en su sitio web. Por ejemplo, en junio de 2017 fue imposible encontrar los "Lineamientos que deberán cumplir los medicamentos alopáticos de referencia y selección de medicamento de referencia internacional", así como los "Lineamientos que establecen los requisitos que se deben cumplir para la acreditación de los certificados de buenas prácticas de fabricación para la solicitud de modificaciones, prórrogas y registros sanitarios de medicamentos". Esta dificultad puede aumentar los costos de búsqueda de las empresas. Por tanto, recomendamos revisar el sitio web de la COFEPRIS para facilitar el acceso a todas las directrices que las compañías farmacéuticas deben seguir, y actualizar constantemente la lista.

2.3.7. Importaciones y exportaciones

Los medicamentos son bienes comercializables que pueden importarse y exportarse de un país a otro. La importación de medicamentos puede traer considerables ahorros de costos a los pacientes de un país porque los importadores constituyen una fuente de suministro alternativa importante. Sin embargo, debido a problemas de salud pública, el comercio internacional de medicamentos está sujeto a una estricta regulación ya que los medicamentos importados no deben ser de peor calidad, seguridad o eficacia que aquellos que se producen en el mercado interno.

Las importaciones paralelas difieren de las importaciones estándar porque se refieren a mercancías autorizadas para la venta en un país por el fabricante que posee los derechos de propiedad intelectual pertinentes, pero que posteriormente se importan a otro país sin la autorización del fabricante y compiten en ese mercado con importaciones autorizadas

(OECD 2014: 19). En este sentido, el comercio paralelo puede fomentar la competencia intra-marca (OECD, 2014).

En el área de importaciones, la OCDE formula una recomendación sobre los registros de importación de medicamentos.

2.3.7.1. Requisito de contar con el permiso del titular del registro para importar medicamentos en México

Descripción del obstáculo relevante. Se requiere un registro sanitario de la Secretaría de Salud antes de importar productos farmacéuticos con fines comerciales. Si un importador potencial no es el titular del registro, debe obtener el consentimiento del titular del mismo antes de que pueda obtener una autorización de la Secretaría de Salud para comenzar a importar.

Daño a la competencia. El importador ya establecido puede impedir la entrada al mercado de otros importadores. La ley otorga al primer titular del registro un monopolio *de facto*, ya que este generalmente no tendrá incentivos para autorizar la entrada de competidores potenciales y fomentar la competencia intra-marca.

Objetivo del legislador. La ley no menciona ningún objetivo específico. No obstante, una posible justificación puede ser asegurar la trazabilidad de los medicamentos y facilitar su control y la eventual imposición de responsabilidades en caso de que surjan efectos adversos.

La trazabilidad, sin embargo, también puede operar con más de un importador ya que las regulaciones actuales de etiquetado demandan una mención de la identidad del importador.

Recomendación. La OCDE recomienda eliminar esta restricción. Todo importador debe tener la facultad de obtener una autorización de la Secretaría de Salud, al margen de que se cuente o no con el consentimiento del titular de un registro. Los importadores adicionales no deberían tener que cumplir con los mismos requisitos de documentación que el primer importador para la adquisición de un registro, ya que la seguridad del medicamento importado ya habrá sido probada por la primera solicitud. Sin embargo, el primer importador que tiene que incurrir en los gastos de presentar los documentos necesarios para obtener el primer registro de importación del medicamento, por ley podría obtener un tiempo limitado de exclusividad (de manera alternativa, esto podría dejarse a acuerdos privados de exclusividad entre productores farmacéuticos extranjeros e importadores).

2.3.8. Discriminación de compañías extranjeras

En esta sección se describen disposiciones que discriminan potencialmente a las compañías extranjeras. En esta sección hacemos tres recomendaciones relativas a: estudios clínicos de medicamentos innovadores biotecnológicos, pruebas de intercambiabilidad, y denominación de origen del alcohol etílico.

2.3.8.1. Requisitos geográficos para estudios clínicos de medicamentos biotecnológicos innovadores

Descripción del obstáculo relevante. Para obtener un registro sanitario de la Secretaría de Salud, las empresas farmacéuticas deben realizar estudios clínicos. En el caso de los medicamentos biotecnológicos innovadores, estos estudios clínicos deben realizarse en México si el medicamento se produce en este país. Si el medicamento se produce en el extranjero, la Secretaría de Salud, con base en la opinión del Comité de Moléculas Nuevas, puede solicitar pruebas adicionales en México.

Daño a la competencia. Esta regulación impone costos adicionales a las empresas extranjeras, las cuales posiblemente tengan que realizar estudios médicos dos veces, una en su país de origen y otra en México.

Además, según los participantes de la industria farmacéutica algunas de las pruebas son excesivas (en específico, las fases II y III) y requieren la participación de un gran número de pacientes mexicanos. Por último, existe un riesgo de comportamiento discrecional por parte de la Secretaría de Salud al decidir si se necesitan o no pruebas internas adicionales para las empresas fabricantes extranjeras.

Objetivo del legislador. Una posible justificación de la disposición sería la de garantizar que un determinado medicamento sea adecuado para la población mexicana. Según la COFEPRIS, los estudios deben realizarse en México cuando los fabricantes de medicamentos biotecnológicos producidos en el extranjero escojan a México como el país donde el producto será registrado por primera vez. En lo que respecta a los productos biocomparables, las autoridades mexicanas aceptan estudios en el extranjero mientras los medicamentos sean similares.

Recomendación. La OCDE recomienda modificar la disposición para que, a menos que México sea el primer país donde se comercialice el medicamento, el registro sanitario de productos biotecnológicos no esté condicionado a los estudios realizados en México si la empresa ya ha realizado estudios en el extranjero, siempre y cuando el control del país extranjero se considere al menos como equivalente al mexicano. Solo en aquellos casos excepcionales en que los efectos de los medicamentos pudieran variar debido a diferencias fenotípicas de la población mexicana, la Secretaría de Salud ordenaría la realización de pruebas adicionales en México. Esta excepción debe explicitarse en los lineamientos.

2.3.8.2. Requisitos geográficos y de población para las pruebas de intercambiabilidad

Descripción del obstáculo relevante. Las pruebas de intercambiabilidad (es decir, las pruebas realizadas para determinar si un medicamento genérico produce un efecto equivalente al producto de referencia) deben ser realizadas por terceros autorizados en territorio mexicano con una muestra de población mexicana.

Daño a la competencia. Este requisito puede imponer costos adicionales innecesarios a las compañías farmacéuticas que operan en el exterior, y desalentarlas a vender medicamentos genéricos en México. Por ejemplo, una empresa farmacéutica que ya haya realizado pruebas de intercambiabilidad en Estados Unidos antes de introducir un genérico en ese país y que desee introducir el mismo producto en México, tendría que realizar de nuevo la prueba de intercambiabilidad en México con una muestra de población mexicana.

Objetivo del legislador. La NOM-177-SSA1-2013 no señala ningún objetivo en particular. No obstante, una posible justificación podría ser garantizar que cierto medicamento sea adecuado para la población mexicana. Al igual que con la restricción examinada antes, puede haber casos en que las características de la población de otros países no coincidan con las de los mexicanos y que estos respondan de manera diferente a un determinado medicamento. Sin embargo, consideramos este escenario como una excepción y no como la regla.

Comparación internacional. No parecen existir consideraciones similares ni en la legislación europea ni en la estadounidense.

Recomendación. De manera similar a las recomendaciones antes expuestas, la OCDE recomienda eliminar el requisito de que las empresas farmacéuticas realicen pruebas en territorio mexicano con muestras de población mexicana, y que las autoridades acepten estudios de intercambiabilidad que hayan sido otorgados por autoridades extranjeras siempre y cuando sus sistemas de control sean considerados al menos equivalentes a los mexicanos. La COFEPRIS debería reconocer a esas autoridades, de la misma manera que ha reconocido el derecho de ocho autoridades extranjeras para expedir certificados de Buenas Prácticas de Fabricación. Solo en casos excepcionales, para los cuales debería haber directrices, la Secretaría de Salud podría ordenar pruebas adicionales especiales con muestras de población mexicana.

2.3.8.3. Denominación de origen para la venta de alcohol etílico

El envase de alcohol etílico (utilizado como desinfectante) debe incluir claramente la siguiente mención en la etiqueta: "HECHO EN MÉXICO". El objetivo de esta disposición es proporcionar a los consumidores información clara sobre el alcohol etílico y las condiciones para su uso seguro. Sin embargo, como este requisito se aplica a todos los paquetes de alcohol etílico comercializados en México, las compañías extranjeras productoras podrían ser excluidas del mercado mexicano. En consecuencia, la OCDE recomienda eliminar la sección de la NOM que exige la etiqueta HECHO EN MÉXICO para permitir que los productores extranjeros de alcohol etílico participen en el mercado mexicano.

2.3.9. Publicidad

Las compañías publicitan sus productos para mantenerse visibles en el mercado y aumentar su participación en él.[78] Las empresas ya establecidas necesitan publicitar sus productos para evitar que los consumidores se cambien a otra marca y para allegarse la clientela de sus rivales. Para las empresas entrantes, la publicidad puede incluso ser más importante en la medida en que les permite llegar e informar a potenciales clientes (OECD, 2016a: 16). Los consumidores no tienen información respecto a la naturaleza y calidad de nuevos productos, debido a lo cual los vendedores tendrán que inducirlos a comprarles y probablemente a abandonar a un vendedor ya conocido. Sin publicidad, los consumidores no tienen suficiente información para realizar ese cambio conductual. La publicidad es crucial para penetrar y competir en los mercados.

No obstante, en el sector de medicamentos la publicidad puede tener efectos secundarios negativos, como incentivar la automedicación e inducir a la gente a creer que tiene los síntomas mencionados en las campañas de publicidad. Por ello, en la mayoría de los países la publicidad se restringe a los medicamentos de libre dispensación (*over-the-counter*). Con respecto a los medicamentos de prescripción, las empresas farmacéuticas solo pueden informar a los médicos (y en algunos casos a los farmacéuticos) acerca de sus productos y los efectos de estos, con el fin de que consideren el mejor interés del paciente al momento de prescribir un medicamento.

En esta sección, la OCDE hace cinco recomendaciones con respecto a: las autorizaciones de publicidad, los destinatarios de la publicidad, la posibilidad de exigir advertencias adicionales en las campañas de publicidad, la publicidad de productos biotecnológicos, y el uso de los resultados de las investigaciones de la PROFECO en las campañas de publicidad.

2.3.9.1. Publicidad de medicamentos restringida a los profesionales de la salud

La publicidad de medicamentos de prescripción en México solo se permite cuando se dirige a los profesionales de la salud. No se puede dirigir a los consumidores finales ni a los empleados de farmacia. Esta restricción dificulta que los participantes en el mercado ganen cuota de mercado y, en particular, sitúa a los nuevos entrantes en desventaja competitiva.

El objetivo de esta disposición consiste en desalentar a las personas de adquirir un medicamento relacionado con síntomas que creen tener. Existen restricciones similares en la mayoría de las demás jurisdicciones. Por ejemplo, en la legislación de la Unión Europea la publicidad de los medicamentos de prescripción para el público en general está prohibida en los Estados miembros.[79] Solo en Estados Unidos y Nueva Zelanda se permite la publicidad directa al consumidor.

Sin embargo, en la Unión Europea está autorizada la publicidad dirigida a los empleados de farmacia. Esto puede ser especialmente importante para los nuevos productores genéricos que tratan de llegar a los empleados de farmacia y convencerlos de que sustituyan los medicamentos patentados o los genéricos de marca por su producto. La OCDE recomienda permitir la publicidad dirigida a los empleados de farmacia, en especial una vez que sea posible que los empleados de farmacia sustituyan el medicamento prescrito por los médicos con uno cuyo efecto terapéutico sea el mismo.

2.3.9.2. Autorización ex ante para publicitar medicamentos

Descripción del obstáculo relevante. La publicidad sobre la disponibilidad, calidad y características de los medicamentos, así como la promoción del uso, venta o consumo directo o indirecto de productos sanitarios, requiere autorización previa de la Secretaría de Salud.

Daño a la competencia. Esta disposición puede impedir que tanto las empresas ya establecidas como los entrantes potenciales ganen cuota de mercado al limitar la publicidad libre. El control *ex ante* retrasa la publicidad e impone una carga administrativa al productor y a la administración.

Objetivo del legislador. Asegurar la validez de las declaraciones proporcionadas a los profesionales de la salud en los anuncios de publicidad.

En general, el control de la publicidad es posible *ex ante* o *ex post*. En Europa, por ejemplo, la publicidad en general no tiene que autorizarse *ex ante*, sino que está sujeta a un estricto control *ex post*. Los anunciantes son susceptibles de recibir multas en caso de incumplimiento de los requisitos regulatorios.[80]

Recomendación. La OCDE recomienda eliminar el sistema de autorización *ex ante* y controlar la publicidad *ex post* bajo un régimen de responsabilidad. Para garantizar el cumplimiento de parte de las empresas farmacéuticas, deben imponerse multas en caso de inobservancia de la ley.

2.3.9.3. Potestad no regulada para obligar a incluir advertencias adicionales en la publicidad

La Secretaría de Salud puede obligar a incluir advertencias adicionales en los productos farmacéuticos. La ley no especifica las condiciones en las cuales dichas advertencias pueden proceder ni se pronuncia sobre su contenido. Por tanto, esta disposición brinda un alto grado de discrecionalidad a la autoridad. Las advertencias adicionales pueden canalizar la demanda hacia cierto producto y discriminar a algunos productores. El objetivo de esta disposición consiste en otorgar a los consumidores una descripción precisa sobre los riesgos que conlleva el uso de ciertos medicamentos. La OCDE recomienda emitir lineamientos que especifiquen en qué casos se permite incluir advertencias adicionales (*ex ante* o *ex post*) y que garanticen que su aplicación no se efectuará en una forma discriminatoria.

2.3.9.4. Publicidad restringida para productos biotecnológicos

La publicidad de productos biotecnológicos no puede utilizar calificativos que los presenten como superiores a los productos convencionales o a productos similares no obtenidos biotecnológicamente. Esta disposición prohíbe las comparaciones basadas en hechos objetivos y, por tanto, pudiera limitar la presión competitiva que existe entre los productos biotecnológicos y los convencionales, ya que la comparación es uno de los elementos clave de la publicidad. Los productos biotecnológicos son más caros para los compradores, implican métodos de producción más complejos, son más riesgosos y siguen siendo objeto de una intensa investigación. No hemos sido capaces de identificar reglas de publicidad similares para productos biotecnológicos en otras jurisdicciones, lo que demuestra que esas reglas no son absolutamente necesarias para alcanzar el objetivo de las autoridades. En consecuencia, la OCDE recomienda eliminar esta disposición y permitir una comparación objetiva dentro de las restricciones impuestas por las disposiciones sobre publicidad comparativa en la legislación mexicana.

2.3.9.5. Imposibilidad de utilizar como publicidad los resultados de los informes de PROFECO

La Procuraduría Federal del Consumidor (PROFECO), elabora y publica informes sobre la calidad y características de los productos y servicios con el fin de guiar y proteger a los consumidores. En estos informes, la PROFECO hace una mención específica de las marcas. Sin embargo, el artículo 44 de la Ley Federal de Protección al Consumidor prohíbe a las empresas citar estos informes. La disposición limita la libertad de los oferentes para utilizar la información pública con el objeto de anunciar sus productos, incluso cuando esta información tiene bases objetivas.

De acuerdo con evidencia anecdótica, la finalidad de la disposición consiste en garantizar la independencia de la PROFECO, impidiendo que las empresas influyan indebidamente en la autoridad, así como evitar que se citen erróneamente informes de la PROFECO (por ejemplo "recomendado por la PROFECO"). Sin embargo, estos objetivos también pueden alcanzarse sin restringir la competencia. La OCDE recomienda la supresión del artículo 44 de la Ley Federal de Protección al Consumidor, ya que estas preocupaciones parecen injustificadas toda vez que la ley ya contiene un artículo que prohíbe la publicidad engañosa o abusiva.[81] Al mismo tiempo, deben tomarse medidas para garantizar la independencia de los funcionarios de la PROFECO pese a los esfuerzos de cabildeo que se presenten, y garantizar también la existencia de mecanismos eficaces (incluyendo sanciones) para evitar la publicidad engañosa.

Como los informes de la PROFECO no solo tratan sobre medicamentos sino sobre todas las industrias, en el presente informe se hace la misma recomendación respecto al sector cárnico.

2.3.10. Etiquetado

La normativa respecto al etiquetado garantiza que los productos farmacéuticos muestren las etiquetas necesarias que permitan a los pacientes encontrar información relevante sobre los productos antes de efectuar la compra (por ejemplo el nombre del producto y su fecha de expiración) y durante el tratamiento (por ejemplo efectos secundarios). En este informe, la OCDE hace una recomendación con respecto a normas contradictorias sobre reetiquetado.

2.3.10.1. Normas contradictorias sobre el reetiquetado

De acuerdo con el Reglamento de la Ley General de Salud en materia de control sanitario de actividades, establecimientos, productos y servicios, los productos importados que se envasen en el país de origen pueden conservar su etiquetado original si también cuentan con una etiqueta adicional que contenga todos los requisitos indicados en la legislación mexicana. Sin embargo, la NOM-072-SSA1-2012, Etiquetado de medicamentos y remedios herbolarios, prohíbe reetiquetar en la parte superior de la información original.

Las dos disposiciones citadas se contradicen. Según la COFEPRIS, el primer reglamento citado no se aplica a medicamentos. Sin embargo, esto no queda claro en el texto del mismo. Por tanto, la OCDE recomienda que se aclare el Reglamento de la Ley General de Salud en materia de control sanitario de actividades, establecimientos, productos y servicios, especificando que no es aplicable a medicamentos y que se supriman todas las referencias a medicamentos en dicho reglamento.

2.3.11. Farmacopea de los Estados Unidos Mexicanos (FEUM)

Una farmacopea es una publicación oficial que contiene una lista de los medicamentos con sus efectos y las indicaciones de uso. México emitió su primera farmacopea en 1846.[82] En esta área, la OCDE hace tres recomendaciones: eliminar normas discriminatorias para extranjeros, poner la FEUM a disposición del público en línea, y brindar orientación con respecto a qué regulación se aplica cuando la FEUM no regula un tema específico.

2.3.11.1. Discriminación a compradores extranjeros

La FEUM es 50% más cara para los compradores que pagan en dólares estadounidenses: 760 USD frente a 8 600 MXN (o 473 USD al tipo de cambio del 11 de junio de 2017). Por tanto, la entrada al mercado es ligeramente más costosa para las empresas que pagan en dólares estadounidenses, que en su mayoría serán empresas extranjeras. En consecuencia, la OCDE recomienda aplicar el mismo precio a todos los suscriptores sin importar su nacionalidad o la moneda elegida para pagar.

2.3.11.2. La FEUM no se encuentra disponible en línea

La FEUM no se encuentra actualmente disponible en línea, debido a lo cual las empresas tienen que adquirir una copia impresa, lo que podría retrasar su entrada al mercado. Algunos participantes de la industria han indicado que no experimentaron mayores problemas respecto a la adquisición de copias impresas de la farmacopea, aunque preferirían una versión en línea. La COFEPRIS ya ha iniciado un proyecto para poner a disposición del público la farmacopea en línea. La OCDE recomienda que continúe este proyecto y que la farmacopea esté disponible en línea tan pronto como sea posible.

2.3.11.3. Falta de pautas claras sobre las fuentes normativas a utilizar cuando la FEUM no regula un tema específico

Varias disposiciones relativas a la legislación sanitaria mexicana especifican que cuando la FEUM no regule un tema en particular, pueden usarse farmacopeas extranjeras y otras fuentes de información científica internacional. Estas normas crean incertidumbre ya que no hay reglas claras cuando la FEUM no cubre un asunto particular. Aunque los participantes de la industria indicaron que esto no se considera un problema serio puesto que existe un acuerdo informal en cuanto a qué otras fuentes de información pueden tomarse como válidas, la OCDE recomienda compilar una lista de documentos alternativos específicos que los participantes del mercado puedan considerar como fuentes de conocimiento autorizado en el caso de que la FEUM no cubra un tema.

2.3.12. Estándares no armonizados

En nuestra revisión de la legislación encontramos 10 NOM que contienen declaraciones de no estar en línea con normas internacionales.

Estas fueron:

- NOM-073-SSA1-2015, sobre estabilidad de fármacos y medicamentos, así como de remedios herbolarios
- NOM-177-SSA1-2013, que establece las pruebas y procedimientos para demostrar que un medicamento es intercambiable
- NOM-249-SSA1-2010, sobre mezclas estériles: nutricionales y medicamentosas, e instalaciones para su preparación
- NOM-257-SSA1-2014, sobre medicamentos biotecnológicos
- NOM-012-SSA3-2012, que establece los criterios para la ejecución de proyectos de investigación para la salud en seres humanos
- NOM-248-SSA1-2011, sobre buenas prácticas de fabricación para establecimientos dedicados a la manufactura de remedios herbolarios
- NOM-164-SSA1-2015, sobre buenas prácticas de fabricación de fármacos
- NOM-138-SSA1-1995, que establece las especificaciones sanitarias del alcohol desnaturalizado, antiséptico y germicida
- NOM-072-SSA1-2012, sobre etiquetado de medicamentos y remedios herbolarios
- NOM-062-ZOO-1999, sobre especificaciones técnicas para la producción, cuidado y uso de animales de laboratorio

Daño a la competencia. La falta parcial y total de armonización con las normas internacionales podría dificultar el acceso de los competidores extranjeros al mercado mexicano, así como el acceso de los productores mexicanos a los mercados extranjeros. En particular, los productores podrían verse en la necesidad de aplicar diferentes conjuntos de normas en México y en el extranjero, lo que daría lugar a costos adicionales.

Incluso si las normas nacionales hubieran sido recientemente adaptadas (en forma parcial) a las normas internacionales, si el texto jurídico no se actualiza, podrían generarse confusiones entre los participantes de la industria.

Objetivo del legislador. No hay un objetivo subyacente en la no armonización de las NOM.

En México el artículo 41, VI de la Ley Federal sobre Metrología y Normalización establece que la no armonización de las NOM debe divulgarse y que las NOM deben indicar el grado de conformidad con las normas y criterios internacionales.

Recomendación. La OCDE recomienda actualizar todas las NOM para que, en la medida de lo posible, estén en consonancia con las normas internacionales. Algunas prácticas actuales pueden ya estar en concordancia con estándares internacionales, lo que facilitaría la transición. La ley también debería señalar los casos en que no existen normas internacionales o mejores prácticas.

2.3.13. Varios

En la siguiente sección se describen diversos problemas que no se incluyen en ninguna de las secciones anteriores. En total, la OCDE hace seis recomendaciones, que abarcan cuestiones como la regulación de la distancia para las farmacias que operan en tiendas minoristas; la regulación del tamaño de envase para la venta de alcohol etílico desnaturalizado; miembros académicos del Comité de Moléculas Nuevas; y el sistema de votación para reformar el Reglamento Interno de la Comisión para Definir Tratamientos y Medicamentos Asociados con Enfermedades que Causan Gastos Catastróficos.

2.3.13.1. Regulación de distancia para las farmacias que operan dentro de tiendas

Descripción del obstáculo relevante. Las farmacias que operan dentro de tiendas deben ubicarse en áreas específicas y estar por lo menos a 10 metros de áreas donde se vendan alcohol, alimentos perecederos y otras sustancias que amenacen la integridad, pureza y conservación de los medicamentos.[83]

Daño a la competencia. Esta restricción implica que solo las tiendas donde haya suficiente espacio para la venta de medicamentos además del alcohol y los alimentos perecederos puedan contar con farmacias. Las tiendas pequeñas con limitaciones de espacio se podrían ver impedidas de operar una sección de farmacia.

Objetivo del legislador. Proteger a la población mexicana contra los riesgos sanitarios al regular el control de los establecimientos. La colocación de productos farmacéuticos junto con otros productos puede llevar a los consumidores a pensar que los primeros son solo un bien de consumo regular, lo que puede conducir al consumo excesivo.

Sin embargo, dado que los medicamentos suelen estar envasados, parece innecesaria una disposición que regule las distancias entre diferentes tipos de productos, ya que no habría riesgo de contaminación. Además, muchas farmacias/tiendas no parecen cumplir con esta regla en la práctica.

Recomendación. La OCDE recomienda eliminar esta disposición en la medida en que la farmacia solo venda productos envasados y estos se ofrezcan en áreas separadas.

2.3.13.2. Regulación del volumen de venta en farmacias del alcohol etílico desnaturalizado

Descripción del obstáculo relevante. El alcohol etílico destinado a consumidores finales se venderá en farmacias, droguerías o boticas en envases de hasta un litro.

Daño a la competencia. Este requisito impide que los consumidores compren envases con una capacidad superior a un litro. Para algunos consumidores, esto puede significar costos más altos. Por ejemplo, las empresas que usan alcohol etílico con mayor regularidad podrían necesitar volúmenes mayores. Esta restricción les impide comprar envases más grandes que podrían ser más baratos y ajustarse mejor a sus necesidades.

Objetivo del legislador. El objetivo consiste en regular los volúmenes de venta a los consumidores finales. Aunque el alcohol etílico es uno de los productos curativos más populares debido a sus características antisépticas y germicidas, su poder adictivo y su toxicidad pueden implicar un riesgo para la salud. No está claro por qué hay una disposición que regula el tamaño de los envases para los consumidores finales cuando el alcohol etílico no se vende como medicamento controlado. Si existe un riesgo asociado al consumo de alcohol etílico, dicho riesgo no se relaciona con el tamaño del envase.

Recomendación. Abolir la disposición I-d) del *Acuerdo que establece las medidas para la venta y la producción de alcohol etílico y metanol* y la sección de la NOM-138-SSA1-1995 relacionada con el tamaño del envase del alcohol etílico desnaturalizado.

2.3.13.3 Regulación sobre el tamaño del envase de alcohol etílico para unidades de atención médica

Descripción del obstáculo relevante. El alcohol etílico desnaturalizado para uso exclusivo de unidades de atención médica (por ejemplo hospitales) solo podrá venderse o comercializarse en presentaciones de más de 1 litro y no mayores que 20 litros.

Objetivo del legislador. Regular los volúmenes de venta a los consumidores finales, incluidos los hospitales. Aunque el alcohol etílico es uno de los productos curativos más populares debido a sus características antisépticas y germicidas, su poder adictivo y su toxicidad pueden implicar un riesgo para la salud. No está claro por qué hay una disposición que regula el tamaño de los paquetes para los consumidores finales cuando el alcohol etílico no se vende como un medicamento controlado. Si existe un riesgo asociado al consumo de alcohol etílico, dicho riesgo no se relaciona con el tamaño del envase.

Daño a la competencia. Esta disposición impide a los compradores adquirir contenedores de más de 20 litros, lo que implicaría costos más altos para algunos de ellos. Por ejemplo, los hospitales pueden encontrar más eficiente adquirir presentaciones que superen los 20 litros.

Recomendación. Abolir la disposición I-e) del *Acuerdo que establece las medidas para la venta y la producción de alcohol etílico y metanol* y la parte de la NOM-138-SSA1-1995 relacionada con el tamaño del contenedor de alcohol etílico desnaturalizado.

2.3.13.4. Estatus ad-honorem de los miembros académicos del Comité de Moléculas Nuevas

Descripción del obstáculo relevante. El trabajo de los representantes de las asociaciones académicas en el Comité de Moléculas Nuevas no está sujeto a remuneración alguna. El Comité se define como un auxiliar y como un órgano consultivo independiente (es decir, no pagado por la industria farmacéutica).

Daño a la competencia. Es posible que los miembros del Comité no estén suficientemente incentivados para cumplir en forma adecuada su cometido. Algunos participantes de la industria consideran que las sesiones del Comité no se programan con la frecuencia necesaria (solo se organizan cuatro sesiones por año), lo que podría retrasar la entrada de nuevos productos al mercado.

Además, de acuerdo con participantes de la industria, es un problema que algunos miembros del Comité no sean expertos en las cuestiones que se discuten, sino parte del personal de instituciones gubernamentales que posteriormente adquieren medicamentos (por ejemplo el IMSS). Por tanto, algunos miembros del Comité tienen interés en garantizar la contratación pública a bajo costo, lo que podría llevar a bloquear la introducción de nuevos productos con alto valor terapéutico.

Objetivo del legislador. La regulación no menciona ningún objetivo en específico; sin embargo, evitar posibles conflictos de interés pudiera ser uno de ellos.

Los participantes de la industria consideran que no sería factible que los miembros del Comité fueran remunerados dos veces (por ejemplo al recibir una remuneración del IMSS y otra remuneración por ser parte del Comité), ya que la Secretaría de Hacienda y Crédito Público se opondría al pago de un doble salario para un funcionario público.

Existen comités similares en otras jurisdicciones. Por ejemplo, en Estados Unidos el Centro de Evaluación e Investigación de Medicamentos (CDER) de la Administración de Alimentos y Medicamentos utiliza comités asesores para obtener consejo externo y opiniones de asesores expertos de manera que las decisiones finales de los organismos se beneficien de una contribución nacional más amplia.

Recomendación. La OCDE recomienda modificar la disposición para remunerar a los miembros del Comité. Esto podría ser financiado directamente por la Secretaría de Salud e indirectamente por las compañías farmacéuticas al pagar por presentar nuevas solicitudes al Comité. La Secretaría de Salud debería garantizar que los miembros del Comité no reciban incentivos financieros directos de las empresas, por ejemplo mediante la inclusión de sanciones para los miembros del Comité que violen las reglas de conflicto de interés. La implementación de esta recomendación debería coordinarse con la Secretaría de Hacienda y Crédito Público.

2.3.13.5. Necesidad de contar con la unanimidad de votos para enmendar el Reglamento Interior de la Comisión para Definir Tratamientos y Medicamentos Asociados a Enfermedades que Ocasionan Gastos Catastróficos

Descripción del obstáculo relevante. La Comisión para Definir Tratamientos y Medicamentos Asociados con Enfermedades que Ocasionan Gastos Catastróficos (CDTMAEOGC), que apoya al Consejo de Salubridad General, debe votar por unanimidad las reformas a su reglamento interno. La Comisión está compuesta por el Secretario del Consejo de Salubridad General, dos representantes de la Secretaría de Salud y un representante de cada una de las siguientes instituciones/secretarías: IMSS, ISSSTE, Secretaría de Defensa Nacional, Secretaría de Marina, Universidad Nacional Autónoma de México, Instituto Politécnico Nacional, Academia Nacional de Medicina, Academia Mexicana de Cirugía, Asociación Nacional de Universidades e Instituciones de Educación Superior, y Fundación Mexicana para la Salud. Todos tienen derecho a votar.

Daño a la competencia. El requisito de la unanimidad de votos dificulta la actualización de la regulación, por ejemplo cuando se pretende introducir un nuevo medicamento en el mercado, ya que los titulares podrían tener incentivos para influir en el comité con el fin de mantener el *statu quo*.

Objetivo del legislador. El reglamento no menciona ningún objetivo específico.

Recomendación. La OCDE recomienda eliminar la parte de la disposición relativa a la unanimidad de votos e introducir una disposición que exija una mayoría de votos calificada.

2.3.3.13.6. Regulación divergente respecto al plazo de notificación para el cese de operaciones

Descripción del obstáculo relevante. El artículo 108 del Reglamento de Insumos para la Salud establece que si el titular de una licencia sanitaria desea dejar de operar un establecimiento, deberá notificar su decisión a la Secretaría de Salud por lo menos con 30 días de antelación, salvo que ocurra un suceso imprevisto o a un caso de fuerza mayor. Sin embargo, de acuerdo con el artículo 141 del Reglamento de la Ley General de Salud en materia de control sanitario de actividades, establecimientos, productos y servicios, el mismo aviso deberá darse con al menos cinco días de antelación. En consecuencia, existe una contradicción en el marco regulatorio, lo que genera confusión respecto a cuándo debe notificarse a la Secretaría de Salud.

Daño a la competencia. Los criterios sobre el número de días de notificación requeridos no son homogéneos entre los reglamentos. Esto puede dar lugar a confusión entre los participantes de la industria.

Objetivo del legislador. El objetivo de estas disposiciones consiste en proteger la salud pública. Los productos químicos que, si no se regulan, pudieran utilizarse como insumos para drogas ilícitas deben controlarse.

Recomendación. Armonizar el artículo 108 del Reglamento de Insumos para la Salud y el artículo 141 del Reglamento de la Ley General de Salud en materia de control sanitario de actividades, establecimientos, productos y servicios de manera que ambos establezcan el mismo plazo dentro del cual debe enviarse la notificación a la Secretaría de Salud.

2.4. Legislación horizontal: propiedad intelectual y contratación pública en materia de medicamentos

La mayor parte de la legislación horizontal analizada trata sobre la propiedad intelectual y la contratación pública. En cuanto a la legislación sobre propiedad intelectual, no hacemos ninguna recomendación para el sector de medicamentos, excepto en lo que respecta al problema de *linkage* examinado antes. En cuanto a la contratación pública en el sector de medicamentos, hacemos cuatro recomendaciones respecto a diversas formas de discriminación en los procesos de licitación.

2.4.1. La preferencia nacional como factor decisivo en las licitaciones internacionales

Descripción del obstáculo relevante. La *Ley de adquisiciones, arrendamientos y servicios del sector público* establece que existen tres tipos de licitaciones públicas:

1. nacional
2. internacional bajo la cobertura de un tratado
3. abierta internacional.

La número 2 consiste en licitaciones en las que tanto los proveedores mexicanos como los extranjeros pueden participar con bienes de origen nacional o de países con los cuales México haya suscrito acuerdos de libre comercio. Para las ofertas públicas internacionales que se consideren "iguales", las instituciones públicas deben preferir aquellas que empleen personal nacional o utilicen bienes nacionales.

Daño a la competencia. Los proveedores extranjeros o mexicanos que participen con productos extranjeros podrían ser objeto de discriminación. Además, no está claro cómo se determina si las circunstancias son "iguales", ya que casi nunca se presentan dos ofertas que sean idénticas en todas las características, incluso con precios idénticos en un procedimiento de licitación que implique ofertas cubiertas.

Objetivo del legislador. El objetivo de esta disposición consiste en promover y apoyar el desarrollo de la industria nacional.

Comparación internacional. Por lo general, la Unión Europea aboga por la apertura de mercados internacionales de contratación pública y concede acceso a sus mercados de contratación pública a países no pertenecientes a la Unión Europea para determinados bienes y servicios. Sin embargo, algunos países no pertenecientes a la UE, incluido Estados Unidos, han mantenido o introducido medidas proteccionistas o discriminatorias en la contratación pública (por ejemplo la *Buy American Act* o Ley Estadounidense de Adquisiciones).

Recomendación. La OCDE recomienda las siguientes opciones al gobierno mexicano:

Opción 1) Eliminar la parte de la disposición relativa a la preferencia por el personal nacional o los bienes de producción nacional, en igualdad de circunstancias.

Opción 2) Emitir directrices para aclarar cómo determinar si las circunstancias son "iguales", en cuyo caso debe aplicarse la preferencia por productos y mano de obra nacionales.

Opción 3) Ninguna recomendación, siempre y cuando no se dañe a la competencia. De hecho, es poco probable que dos productos sean iguales en su totalidad (incluido el precio idéntico en los procedimientos de licitación que suelen implicar las ofertas cubiertas), por lo que debería ser fácil identificar cuándo una opción es mejor que otra.

2.4.2. Requisitos de origen para participar en licitaciones nacionales

Descripción del obstáculo relevante. Solo ciudadanos mexicanos o empresas mexicanas pueden participar en licitaciones nacionales, mientras que los productos ofrecidos (en este caso productos farmacéuticos) deben tener al menos 50% de contenido nacional (ingredientes, mano de obra).

Daño a la competencia. Las compañías farmacéuticas extranjeras y los ciudadanos extranjeros son potencialmente discriminados de dos maneras. En primer lugar, existe una restricción relativa a la nacionalidad de un licitador, que incluye la nacionalidad de la empresa. Por ejemplo, a los extranjeros que producen en México se les impide participar en las licitaciones nacionales incluso si tienen precios más bajos que sus competidores exclusivamente mexicanos. La disposición también restringe la composición de los productos. Un licitador mexicano no puede participar con una oferta de productos farmacéuticos fabricados en el extranjero o en México, pero con más de 50% de ingredientes extranjeros. Esto podría obligar a los productores a utilizar ingredientes nacionales más caros.

Objetivo del legislador. El objetivo de esta disposición consiste en promover el desarrollo de la industria nacional.

Comparación internacional. Muchas otras jurisdicciones, como Estados Unidos, [84] también han adaptado medidas proteccionistas en compras públicas por lo que toca a la nacionalidad de los productos.

Recomendación. La OCDE recomienda las siguientes opciones al gobierno mexicano:

Opción 1) Eliminar el requisito de nacionalidad para los participantes en las licitaciones, y mantener al mismo tiempo el requisito de que el producto tenga al menos 50% de contenido nacional. Eso permitiría que los extranjeros que producen en México también participen en las licitaciones nacionales. Además, se recomienda establecer un plazo máximo para esta disposición de nacionalidad, lo que otorgaría a los productores mexicanos un periodo de transición para adaptarse a tener nuevos competidores.

Opción 2) Ningún cambio en los procedimientos de licitaciones nacionales. Sin embargo, en la medida de lo posible debería recurrirse a licitaciones internacionales.

2.4.3. Preferencia por productos mexicanos más caros en licitaciones internacionales

Descripción del obstáculo relevante. En general, en México el licitador que cumple todos los requisitos y ofrece el precio más bajo gana la licitación. Sin embargo, en el contexto de las licitaciones internacionales, los productos mexicanos pueden tener un precio hasta 15% más alto que el precio más bajo ofrecido por un participante extranjero y aun así ser considerados como la oferta más baja.

Daño a la competencia. Esta disposición discrimina a los productores extranjeros, quienes podrían ofrecer un producto más barato que sus competidores mexicanos. El consumidor mexicano pagará precios más altos.

Objetivo del legislador. El objetivo de esta disposición consiste en promover el desarrollo de la industria nacional. Sin embargo, favorecer a la industria mexicana en materia de contratación pública podría perjudicar al consumidor mexicano.

Comparación internacional. Existen disposiciones similares en otras jurisdicciones. Por ejemplo, en Estados Unidos el Reglamento Federal de Adquisiciones de la *Buy American Act* establece que "si hay una oferta nacional que no sea la oferta más baja y las restricciones de la ley *Buy American* se aplican a la oferta más baja, el oficial de contratación debe determinar la razonabilidad del costo de la oferta nacional agregando al precio de la oferta más baja (1) 6% si la oferta doméstica más baja es de una empresa grande; (2) 12% si la oferta doméstica más baja es de una empresa pequeña [...] El precio de la oferta nacional es razonable si no excede el precio evaluado de la oferta baja después de la adición del factor de evaluación apropiado".

Recomendación. La OCDE recomienda abolir la discriminación contra extranjeros cuando se realice una licitación pública internacional. Si el gobierno mexicano quiere promover la industria nacional, podría establecer procedimientos de licitación nacionales o introducir subsidios directos. Además, se recomienda fijar un plazo para la entrada en vigor de esta disposición, a fin de que los productores mexicanos cuenten con un periodo de transición durante el cual puedan adaptarse a la nueva situación y ser más competitivos.

2.4.4. *Preferencia por las micro, pequeñas y medianas empresas en la contratación pública mexicana*

Descripción del obstáculo relevante. La política industrial destinada a apoyar el desarrollo de las micro, pequeñas y medianas empresas (MIPYME) garantizará que las MIPYME abastezcan en forma progresiva al sector público. El objetivo es que 35% de la contratación pública sea cubierto por las MIPYME.

Daño a la competencia. Es posible que no se consideren las ofertas de bajo costo de participantes que no pertenecen a las MIPYME. En particular, las empresas más grandes podrían ser discriminadas.

Objetivo del legislador. El objetivo de esta disposición es promover el desarrollo de las MIPYME. Sin embargo, según fuentes del mercado, al parecer esta política se lleva a la práctica solo en forma parcial, y la participación de las MIPYME en el sector farmacéutico es actualmente de alrededor de 8%, porcentaje muy inferior a 35%.

Comparación Internacional. Muchos países promueven el desarrollo de las MIPYME en la contratación pública, por ejemplo los Estados miembros de la Unión Europea,[85] Corea[86] y Estados Unidos.[87]

Recomendación. La OCDE recomienda las siguientes opciones al gobierno mexicano:

Opción 1) Ninguna recomendación de cambio, ya que la política no es vinculante y se aplica solo parcialmente. Además, ayudar a las MIPYME es un objetivo legítimo de política pública.

Opción 2) Suprimir la parte de la disposición relativa al objetivo de que el porcentaje mínimo de contratación pública se conceda a las MIPYME, y considerar la posibilidad de introducir subsidios directos.

2.4.5. *Las empresas bajo investigación pagan los costos de las inspecciones sorpresa, incluso cuando no se demuestra infracción alguna*

Descripción del obstáculo relevante. Las autoridades pueden realizar inspecciones sorpresa en establecimientos, por ejemplo en laboratorios que realizan pruebas con instrumentos de medición, a fin de verificar el cumplimiento de la Ley Federal sobre Metrología y Normalización. El establecimiento verificado deberá pagar los gastos derivados de la inspección.

Daño a la competencia. La empresa sujeta a inspección debe pagar los gastos incluso si no se encuentra infracción alguna. Esto puede aumentar los costos para algunas empresas e impone también riesgos de comportamiento arbitrario, por ejemplo cuando una empresa es excesivamente controlada.

Objetivo del legislador. El objetivo de esta disposición es proteger a la población mexicana contra los riesgos para la salud.

Recomendación. Limitar el número de visitas sorpresa realizadas por año para evitar posibles abusos. Sin embargo, en caso de sospecha razonable seguirá existiendo la posibilidad de realizar visitas sorpresa adicionales.

Notas

1. El informe se enfoca en los grupos del Sistema de Clasificación Industrial de América del Norte (SCIAN) 32, 43 y 46, incluyendo los subgrupos relevantes. El SCIAN (conocido como NAICS por sus siglas en inglés en Estados Unidos y Canadá) fue desarrollado conjuntamente por Estados Unidos, Canadá y México para facilitar la comparación de estadísticas comerciales entre los tres países. No obstante, existen diferencias entre algunos códigos SCIAN en México y los códigos en Estados Unidos y Canadá. En relación con la fabricación de medicamentos, se cubre la principal categoría de fabricación de productos farmacéuticos (SCIAN 32541), centrándose en los siguientes subsectores: fabricación de materias primas para la industria farmacéutica (SCIAN 325411) y fabricación de preparaciones farmacéuticas (SCIAN 325412). Dentro de este grupo no se incluye la sección 33911, que abarca los subgrupos: fabricación de equipo no electrónico para uso médico, dental y para laboratorio (SCIAN 339111), fabricación de material desechable de uso médico (SCIAN 339112), y fabricación de artículos oftálmicos (SCIAN 339113). Dentro de las materias primas para la industria farmacéutica se incluyen alcaloides, antibióticos, hormonas y otros compuestos y principios activos a granel, mientras que las preparaciones farmacéuticas incluyen medicamentos farmacéuticos y botánicos, productos antisépticos de uso farmacéutico, substancias para diagnóstico, complementos alimenticios, plasmas y otros derivados de la sangre, así como productos médicos veterinarios, aunque este último rubro no es tomado en cuenta en este estudio. La distribución mayorista de productos farmacéuticos incluye medicamentos alópatas, homeopáticos y naturistas para consumo humano (SCIAN 433110). Por último, en el sector minorista se consideran las farmacias sin minisúper (SCIAN 464111) pero que también venden productos de perfumería, abarrotes o productos higiénicos; las farmacias con minisúper (SCIAN 464112), que difieren de las anteriores en que los productos están organizados en secciones o pequeñas áreas de exhibición especializadas que facilitan el acceso directo del público a las mercancías; asimismo, se incluyen todas las demás tiendas dedicadas principalmente al comercio al por menor especializado en productos naturistas, medicamentos homeopáticos y complementos alimenticios para consumo humano (SCIAN 464113). Dentro de este grupo se excluye el comercio al por menor de lentes (SCIAN 464121) y de artículos ortopédicos (SCIAN 464122).

2. La Ley General de Salud es la ley fundamental del sector salud. Esta legislación establece las condiciones para el acceso a los servicios de salud. Asimismo, regula las competencias de la Federación y otros estados en materia de salud pública.

3. En este informe, el término "farmacéuticos" se refiere a medicamentos y podrá incluir otros bienes no durables, como vendas, gasas y jeringas.

4. Existen tres maneras de clasificar los medicamentos de acuerdo con su naturaleza: 1) **Alopáticos**, los cuales consisten en toda sustancia o mezcla de sustancias de origen natural o sintético con un efecto terapéutico, preventivo o rehabilitatorio, y son presentados bajo una forma farmacéutica e identificados así debido a su actividad farmacológica y a sus características físicas, químicas y biológicas; deben registrarse en la Farmacopea de los Estados Unidos Mexicanos (FEUM) para medicamentos alopáticos. 2) **Homeopáticos**, los cuales consisten en toda sustancia o mezcla de sustancias de origen natural o sintético con un efecto terapéutico, preventivo o rehabilitatorio, que se elaboran de acuerdo con los procedimientos de fabricación descritos en la FEUM, en las farmacopeas de otros países o en otras fuentes de

información científica. 3) **Herbolarios**, que incluyen a todos los productos hechos con material vegetal o algún derivado de este, cuyo ingrediente principal sea una planta o extractos y tinturas, así como jugos, resinas y ácidos grasos y esenciales presentados bajo una forma farmacéutica y cuya eficiencia terapéutica y seguridad hayan sido confirmadas científicamente. Otro tipo de medicamento señalado en la Ley General de Salud es el **medicamento biotecnológico**, cuya principal característica es que se produce gracias a la biotecnología molecular. Con respecto a los métodos de preparación, un medicamento puede ser: 1) **Magisterial**, el cual se refiere a medicamentos preparados de acuerdo con la fórmula prescrita por un médico; 2) **Oficinal**, el cual se refiere a la combinación preparada de acuerdo con la FEUM; 3) **Especialidad farmacéutica**, que se refiere a medicamentos preparados con fórmulas autorizadas por la Secretaría de Salud, en establecimientos de la industria químico farmacéutica.

5. De acuerdo con el artículo 2, fracción XIV del Reglamento de Insumos para la Salud, un medicamento genérico es "la especialidad farmacéutica con el mismo fármaco o sustancia activa y forma farmacéutica, con igual concentración o potencia, que utiliza la misma vía de administración y que mediante las pruebas reglamentarias requeridas, ha comprobado que sus especificaciones farmacopéicas, perfiles de disolución o su biodisponibilidad u otros parámetros, según sea el caso, son equivalentes a las del medicamento de referencia". Un medicamento de referencia es un medicamento registrado y aprobado por la Secretaría de Salud, se encuentra disponible en el mercado y es seleccionado conforme a los criterios establecidos en las Normas Oficiales Mexicanas (NOM). De acuerdo con la NOM-177-SSA1-2013, un perfil de disolución es la determinación experimental de la cantidad de fármaco, disuelto a diferentes tiempos, en condiciones experimentales controladas, a partir de la forma farmacéutica. De conformidad con el artículo 2, fracción II del Reglamento de Insumos para la Salud, la biodisponibilidad se refiere a la proporción de fármaco que se absorbe la circulación general después de la administración de un medicamento y el tiempo que requiere para hacerlo. De acuerdo con la Ley General de Salud, para que los medicamentos reciban la denominación de genéricos, deben ser intercambiables. Las pruebas de intercambiabilidad se publican en el Diario Oficial de la Federación (DOF).

6. La Secretaría de Economía y la Cámara Nacional de la Industria Farmacéutica (CANIFARMA) establecieron un esquema de autorregulación de precios en 1996, el cual fue modificado en 2004 mediante la *Adenda al Convenio de Concertación*. Aunque el acuerdo original es público, la adenda sigue siendo confidencial, de acuerdo con la Ley Federal de Transparencia y Acceso a la Información Pública.

7. De acuerdo a los artículos 28 y 77 bis 1 de la Ley General de Salud y al Artículo 70 del Reglamento de Insumos para la Salud en materia de prestación de servicios de atención médica, hay tres niveles de atención médica. El primer nivel cubre servicios de consulta externa, los cuales se tratan de procedimientos médicos o pruebas que pueden realizarse en un centro médico sin hospitalización. El segundo nivel cubre servicios de consulta externa y de hospitalización (en medicina interna, cirugía general, ginecoobstetricia, pediatría y geriatría). Por último, el tercer nivel cubre servicios de consulta externa y hospitalización, así como cuidados paliativos para personas que tengan una enfermedad específica, afección de un sistema o enfermedades que afecten a un grupo de edad.

8. El Cuadro Básico de Insumos y el Catálogo de Insumos se actualizan una vez al año y se publican en el DOF con el fin de incluir, modificar o excluir insumos aprobados

por la Comisión Interinstitucional del Cuadro Básico y Catálogo de Insumos del Sector Salud. Esta Comisión se creó especialmente para elaborar, actualizar y promover el Cuadro Básico y el Catálogo de Insumos; está constituida por el Secretario del Consejo de Salubridad General como presidente, así como por representantes de la Secretaría de Salud, el Instituto Mexicano del Seguro Social (IMSS), el Instituto de Seguridad y Servicios Sociales de los Trabajadores del Estado (ISSSTE), la Secretaría de Marina (SEMAR), la Secretaría de la Defensa Nacional (SEDENA) y Petróleos Mexicanos (PEMEX). El reglamento interno de esta Comisión permite que las instituciones públicas prestadoras de servicios de salud, las academias y los proveedores, entre otros, soliciten actualizaciones al Cuadro Básico o el Catálogo de Insumos. El comité a cargo de emitir opiniones y realizar las actualizaciones debe presentar su opinión en un periodo máximo de 90 días a partir del momento en que se reciben las solicitudes de actualización, el cual puede extenderse hasta 30 días más si se requiere mayor información. Las solicitudes de actualización se tramitan sin costo.

9. De acuerdo con el artículo publicado en *Access Point*, "*Comparación del acceso de nuevos medicamentos al sistema de salud público en México*" (*Comparing access of new drugs in the public health system in Mexico*), el IMSS y el ISSSTE acumulan 60-70% del valor total del mercado institucional, www.imshealth.com/files/web/Global/RWE/RWE-Collateral/IMS RWE AccessPoint.pdf.

10. De conformidad con el artículo 50 del Reglamento Interior de la Comisión Interinstitucional del Cuadro Básico y Catálogo de Insumos del Sector Salud.

11. Artículo 32 del Reglamento de Insumos para la Salud.

12. De conformidad con *Censos Económicos 2014 Metodología* del Instituto Nacional de Estadística y Geografía (INEGI), un establecimiento se define como una "unidad económica que en una sola ubicación física, asentada en un lugar de manera permanente y delimitada por construcciones e instalaciones fijas, combina acciones y recursos bajo el control de una sola entidad propietaria o controladora para realizar actividades de producción de bienes, compra-venta de mercancías o prestación de servicios; sea con fines de lucro o no". http://internet.contenidos.inegi.org.mx/contenidos/productos//prod_serv/contenidos/espanol/bvinegi/productos/nueva_estruc/702825075330.pdf.

13. Artículo 258 de la Ley General de Salud.

14. La Academia Farmacéutica de la Ciudad de México publicó la primera FEUM en 1846.

15. Un Tercero Autorizado es una persona física o moral que apoya a la Secretaría de Salud en la realización de estudios relacionados con procedimientos sanitarios y en la emisión de autorizaciones y opiniones respecto a si los productos cumplen con la regulación o las NOM. Para seleccionar a los Terceros Autorizados, la Secretaría de Salud emite, de manera periódica, convocatorias y forma comités técnicos de expertos, representantes de cámaras y asociaciones para decidir sobre la selección.

16. Por ejemplo, 1) el tratado de libre comercio, originalmente entre México, Colombia y Venezuela, pero desde 2006 solo entre México y Colombia, el cual entró en vigor en 1995, establece que los medicamentos, equipo médico, instrumental médico, productos farmoquímicos y demás insumos para la salud humana, animal y vegetal que estén sujetos a registro sanitario dentro del territorio de alguno de los países,

serán, en su caso, registrados, reconocidos o evaluados por la autoridad competente de ese país con base en un sistema nacional único. Asimismo, los certificados que amparen el cumplimiento de las normas y reglamentos técnicos serán aceptados solamente si han sido expedidos por las autoridades reguladoras competentes de las partes. 2) El artículo 906 del tratado de libre comercio entre Estados Unidos, México y Canadá establece que: "En la medida de lo posible, cada una de las Partes aceptará los resultados de los procedimientos de evaluación de la conformidad que se lleven a cabo en territorio de otra Parte, siempre que ofrezcan una garantía satisfactoria, equivalente a la que brinden los procedimientos que la Parte aceptante lleve a cabo o que se realicen en su territorio y cuyo resultado acepte, de que el bien pertinente o el servicio en cuestión cumple con el reglamento técnico o con la norma aplicable adoptada o mantenida en territorio de esa Parte".

17. Artículo 195-A de la Ley Federal de Derechos.

18. Último año con información disponible.

19. "Casa Saba abandonó la Bolsa Mexicana de Valores en mayo de 2013. Aunque buscó realizar asociaciones para mantener su negocio, vendió los activos correspondientes a su división de distribución y mayoreo a dos fondos de inversión de Estados Unidos", OECD (2014), *Competition Issues in the Distribution of Pharmaceuticals: Contribution from Mexico*, p. 8, nota de pie de página 9.

20. Estas estadísticas incluyen la venta al mayoreo de medicamentos alopáticos, homeopáticos y herbolarios para consumo humano.

21. Directorio Estadístico Nacional de Unidades Económicas (DENUE) del INEGI. Esta estadística incluye farmacias con minisúper (11 030) y sin minisúper (45 669); cada unidad corresponde a un solo establecimiento.

22. Véase http://eleconomista.com.mx/industrias/2015/04/08/farmacias-cadena-curan-mas-mexicanos, consultado el 6 de abril de 2017, y PharmaBoardroom en colaboración con CANIFARMA (noviembre de 2015), *Healthcare Life Sciences & Review*, p. 86.

23. Las estadísticas de la COFEPRIS difieren de las del INEGI y señalan que la cantidad total de farmacias en México es de poco más de 28 000.

24. PharmaBoardroom en colaboración con CANIFARMA (noviembre de 2015), *Healthcare Life Sciences & Review*, p. 86.

25. El comercio al por menor de farmacéuticos incluye las farmacias sin minisúper (SCIAN 464111), pero que también incluye el comercio de productos de perfumería, higiénicos o de abarrotes; las farmacias con minisúper (SCIAN 464112), que se diferencian de las farmacias sin minisúper dado que los productos se encuentran organizados en secciones o pequeñas áreas de exhibición que simplifican el acceso directo de los consumidores a las mercancías, así como todas las demás tiendas dedicadas principalmente al comercio de productos naturistas, medicamentos homeopáticos y complementos alimenticios para consumo humano (SCIAN 464113).

26. Los mexicanos pueden pertenecer a más de un sistema de seguro médico público; esto explica por qué los porcentajes de población asegurada suman más de 100%. Por otro lado, además del seguro de salud público, las personas pueden contratar un seguro de salud privado.

27. De acuerdo con la Asociación Mexicana de Instituciones de Seguros (AMIS), poco menos de 9.25 millones de personas en México fueron cubiertas por un seguro de salud privado en 2014, el equivalente a 7.7% de la población mexicana.

28. De acuerdo con un testimonial de 2015 de *Transparencia Mexicana*, http://compras.imss.gob.mx/pics/pages/tsociales2014_base/LA_019GYR047_T60_2014_.pdf, consultado el 6 de abril de 2017.

29. De acuerdo con un comunicado de prensa del gobierno mexicano del 11 de enero de 2017, http://www.imss.gob.mx/prensa/archivo/201710/009, consultado el 25 de abril de 2017. Véase también "Acta correspondiente al acto de comunicación de fallo del procedimiento de licitación pública nacional electrónica consolidada número LA-019GYR047-E60-2016", www.imss.gob.mx/sites/all/statics/compraconsolidada/2016/FALLO-E41-2016.zip, consultado el 25 de abril de 2017.

30. "Farmacéuticos" es una categoría del Sistema Internacional de Cuentas de Salud de las Funciones de Cuidado de la Salud (ICHA-HC por sus siglas en inglés) del Sistema de Cuentas de la Salud de la OCDE. Los farmacéuticos incluyen medicamentos vendidos con receta médica, OTC y otros bienes no durables como vendas, gasas y jeringas. Los bienes no durables forman parte del total de farmacéuticos en una proporción muy pequeña, entre 5-10%. Los farmacéuticos se entregan a los pacientes mediante farmacias y otros puntos de venta, pero se excluyen aquellos consumidos en otros centros de atención médica, principalmente el sector de pacientes hospitalizados. Para efectuar comparaciones internacionales, las paridades del poder de compra (PPC) son deflactores espaciales y convertidores de divisas que toman en cuenta y eliminan el efecto de los diferentes niveles de precios, permitiendo realizar comparaciones de gasto con una moneda común, en este caso el dólar estadounidense (USD). Para medir cambios temporales en volúmenes, se usan los índices de precios relevantes para deflactar el gasto nacional. Ambos miden los cambios en precios para una canasta de bienes comparables y representativos ya sea a lo largo del tiempo o entre países.

31. El artículo 24 del Reglamento de Insumos para la Salud establece que es opcional para las compañías farmacéuticas colocar una "denominación distintiva" en el etiquetado para el caso de genéricos. En consecuencia, muchos genéricos se venden bajo un nombre de marca. En 2013, del total de genéricos vendidos, los genéricos de marca representaron 44% de este mercado al medirse en valor, y 10% al medirse en volumen.

32. Para elaborar esta estadística, PROMÉXICO utilizó información del *Global Trade Atlas*, una base de datos en línea sobre estadísticas comerciales. PROMÉXICO, Unidad de Inteligencia de Negocios (2015), *Industria Farmacéutica y Oportunidades de Negocio en México*, http://mim.promexico.gob.mx/work/models/mim/Resource/99/1/images/091115_PPT_Farmaceutico_esp.pdf.

33. Para elaborar esta estadística, PROMÉXICO utilizó información del *Global Trade Atlas*, una base de datos en línea sobre estadísticas comerciales. PROMÉXICO, Unidad de Inteligencia de Negocios (s.f.), *Diagnóstico Sectorial Farmacéutico*, www.promexico.gob.mx/documentos/diagnosticos-sectoriales/farmaceutico.pdf.

34. INEGI calcula mensualmente el Índice de Precios al Consumidor para México utilizando una fórmula de Laspeyres que pondera las siguientes categorías de bienes y

servicios: alimentos, bebidas y tabaco; ropa, calzado y accesorios; vivienda; muebles, aparatos y enseres domésticos; salud y cuidado personal; transporte; educación y esparcimiento; otros servicios. El Índice de Precios al Consumidor de medicamentos pondera diferentes categorías de medicamentos. En general, el índice de Laspeyres estima la variación del valor de una canasta de productos bajo el supuesto de que las cantidades compradas de cada artículo de la canasta son las mismas que en el periodo base. Cuando se incorporan nuevas ponderaciones al índice, para obtener una serie histórica es necesario encadenar el índice que usa los nuevos ponderadores a la serie del índice anterior. Para ello, se crea un factor de encadenamiento: el cociente entre el nuevo índice ponderado con los nuevos ponderadores y el índice elaborado con los ponderadores anteriores en un mismo periodo (creando una superposición). A continuación, el factor se multiplica por el índice con los nuevos ponderadores en los periodos posteriores al periodo de superposición.

35. Información del INEGI obtenida de la Encuesta Nacional de Ingresos y Gastos de los Hogares (ENIGH) de 2014.

36. La producción interna se define como fabricación de medicamentos menos exportación de medicamentos.

37 La OCDE informa que el gasto de bolsillo en medicamentos como parte del consumo de los hogares es de 30%.

38. Entre los miembros se encuentra el presidente de la Academia Nacional de Medicina de México y el presidente de la Academia Mexicana de Cirugía.

39. Esta base de datos se encuentra disponible en: www.profeco.gob.mx/precios/canasta/default.aspx.

40. www.canifarma.org.mx, consultado el 6 de abril de 2017.

41. www.anafam.org.mx, consultado el 6 de abril de 2017.

42 http://anadim.com.mx/PDF/ANADIM_RESULTADOS.pdf, consultado el 6 de abril de 2017.

43. www.anadim.com.mx, consultado el 6 de abril de 2017.

44. www.amegi.com.mx/conocenos.html, consultado el 12 de mayo de 2017.

45. http://unefarm.org.mx, consultado el 6 de abril de 2017.

46. www.anafarmex.com.mx, consultado el 6 de abril de 2017.

47. Véase, por ejemplo, OECD (2017), *Tackling Wasteful Spending on Health*, Chapter 7: Wasting with intention: Fraud, abuse, corruption and other integrity violations in the health sector, http://dx.doi.org/10.1787/9789264266414-en.

48. La última modificación tuvo lugar el 27 de enero de 2017. Véase el sitio oficial de la Cámara de Diputados, www.diputados.gob.mx/LeyesBiblio/ref/lgs.htm (consultado el 2 de mayo de 2017).

49. Por ejemplo, Kesselheim *et al.* (2008), *Clinical equivalence of generic and brand name drugs used in cardiovascular disease: a systematic review and meta-analysis*, *JAMA*, 300(21)2514-2526.

50. Véase directiva 2001/83/CE del Parlamento Europeo y del Consejo de 6 de noviembre de 2001 por la que se establece un código comunitario sobre medicamentos para uso humano.

51. Artículo 94 de la directiva 2001/83/CE.

52. Véase Department of Health and Human Services (2003), *Office of the Inspector General OIG Compliance Program Guidance for Pharmaceutical Manufacturers.* Fed Register, and Pharmaceutical Research and Manufacturers of America (2008), *PhRMA Code on Interactions with Healthcare Professionals*, Washington, DC.

53. Véase el sitio de la *Food and Drug Administration*, que define los genéricos e ilustra sus efectos: https://www.fda.gov/Drugs/resourcesforyou/consumers/buyingusingmedicinesafely/understandinggenericdrugs/default.htm, consultado el 1 de junio de 2017.

54. En México, la NOM-177-SSA1-2013 regula las reglas y procedimientos para mostrar cuándo un medicamento es intercambiable. La legislación mexicana establece un máximo de 5% de variabilidad para que los fármacos se consideren intercambiables con el producto de referencia (Artículo 6.2.8, NOM-177-SSA1-2013).

55. Véase, por ejemplo, Kesselheim *et al.* (2008), *Clinical equivalence of generic and brand name drugs used in cardiovascular disease: a systematic review and meta-analysis*, *JAMA*, 300(21)2514-2526.

56. Este es el caso de Alemania; sin embargo, en muchos otros países, como Estados Unidos, el Reino Unido y Suecia, los precios de los medicamentos innovadores tienden a aumentar después de la entrada de genéricos. En "The Generics Paradox Revisited: Empirical Evidence from Regulated Markets" (2013), Sotiris Vandoros y Panos Kanavos señalan: "Cuando los seis países se incluyeron en modelos de datos de panel, la OCDE encuentra una fuerte evidencia de que los precios de los originadores aumentan con la entrada de genéricos y su penetración. Al considerar cada país por separado, se encuentra evidencia de que la paradoja de los genéricos está presente en el Reino Unido y Suecia, ya que los precios de los originadores aumentan después de la expiración de la patente. En los Países Bajos, los precios también aumentan después de la expiración de la patente, pero parte de este aumento se compensa con la penetración genérica, mientras que en Dinamarca y Noruega la entrada genérica no afecta los precios de origen. El único país en el que los genéricos conducen a precios de origen más bajos es Alemania" (*Applied Economics*, 45.22, p. 3238).

57. Véase, por ejemplo, Grabowski, Henry G. y John M. Vernon (1992), *Brand Loyalty, Entry, and Price Competition in Pharmaceuticals after the 1984 Drug Act*, *The Journal of Law & Economics*, 35:2, pp. 331-350, www.jstor.org/stable/725543.

58. Véase, por ejemplo, Vandoros, Sotiris y Panos Kanavos. (2013), pp. 3230-3239.

59. La prescripción de la DCI está permitida en la mayoría de los países de la UE y es obligatoria en algunos países (por ejemplo Estonia desde 2010, Portugal y España desde 2011 y Francia desde 2015). Del mismo modo, los farmacéuticos están autorizados a sustituir los medicamentos de marca por medicamentos genéricos en la mayoría de los países de la UE. Aunque la sustitución genérica es obligatoria en algunos países (por ejemplo Dinamarca, Finlandia, España, Suecia e Italia), el Reino Unido tiene una alta penetración genérica sin ningún mandato de sustitución.

60. Definición obtenida de drugs.com, www.drugs.com/article/placebo-effect.html, consultado_el 1 junio de 2017.

61. Artículo 6.2.8. de la NOM-177-SSA1-2013, que regula las normas y procedimientos de intercambiabilidad.

62. Directiva 2001/83/EC.

63. La lista se encuentra en: http://siga.impi.gob.mx/newSIGA/content/common/principal.jsf.

64. Véase www.fda.gov/drugs/informationondrugs/ucm129662.htm, consultado el 1 de junio de 2017.

65. Cuarta edición, 2010.

66. Artículo 31 del Reglamento de Insumos para la Salud.

67. OECD (2014), *Competition Issues in the Distribution of Pharmaceuticals*, p. 21.

68. Las condiciones para otorgar esta autorización se indican en el artículo 137 del Reglamento de Insumos para la Salud.

69. Artículos 76 ss. de la directiva 2001/83/EC.

70. Por ejemplo, véase la implementación en Alemania, § 52b AMG.

71. Por ejemplo, véase la implementación en Alemania, § 52b AMG.

72. Véanse los siguientes párrafos, citando a la OMS y trabajo previo de la OCDE.

73. Artículo 24 de la directiva 2001/83/EC.

74. Proyecto de Resolución Legislativa del Parlamento Europeo sobre la propuesta para una regulación del Parlamento Europeo y del Consejo por el que se modifica el Reglamento (CE) núm. 726/2004 mediante el cual se establecen procedimientos comunitarios para la autorización y la supervisión de medicamentos de uso humano y veterinario y por el que se establece el Reglamento (COM (2014) 0557 - C8-0142 / 2014 - 2014/0256 (COD)), http://www.europarl.europa.eu/sides/getDoc.do?pubRef=-//EP//TEXT+REPORT+A8-2016-0035+0+DOC+XML+V0//ES.

75. De acuerdo con el volumen 5 del título 21 del Código de Regulaciones Federales, "cambios en el fármaco, producto farmacéutico, proceso de producción, controles de calidad, equipo o instalaciones que poseen un potencial mínimo para tener un efecto adverso en la identidad, fuerza, calidad, pureza o potencia del producto farmacéutico deben ser documentados por el solicitante en el siguiente informe anual" y "debe presentarse un suplemento para cualquier cambio en la sustancia farmacológica, producto farmacéutico, proceso de producción, controles de calidad, equipo o instalaciones que tengan el potencial sustancial de causar un efecto adverso en la identidad, fuerza, calidad, pureza o potencia del fármaco, ya que estos factores pueden relacionarse con la seguridad o efectividad del fármaco".

76. Directiva 2010/63/UE relativa a la protección de los animales utilizados con fines científicos.

77. Véase World Economic Forum (2015), *Enabling Trade: Unlocking the Potential of Mexico and Vietnam*, www3.weforum.org/docs/WEF_Enabling_Trade_2016.pdf.

78. Véase, por ejemplo, Erickson, Gary M. (1985), *A Model of Advertising Competition*, Journal of Marketing Research, 22:3, pp. 297-304, www.jstor.org/stable/3151426.

79. Artículo 88 de la directiva 2001/83.

80. Véase artículo 4 de la directiva 84/450/CEE del Consejo de 10 de septiembre de 1984, relativa a la aproximación de las disposiciones legales, reglamentarias y administrativas de los Estados miembros en materia de publicidad engañosa.

81. El artículo 32 de la Ley Federal de Protección al Consumidor prohíbe la publicidad engañosa o abusiva, que se define como publicidad que "refiere características o información relacionadas con algún bien, producto o servicio que pudiendo o no ser verdaderas, inducen a error o confusión por la forma inexacta, falsa, exagerada, parcial, artificiosa o tendenciosa en que se presenta".

82. www.uam.mx/difusion/casadeltiempo/29_iv_mar_2010/casa_del_tiempo_eIV_num29_63_67.pdf.

83. FEUM (4ª ed.), Sección II Suplemento, p. 79.

84. El Código de Estados Unidos, título 41 - Contratos Públicos, subtítulo IV - Misceláneos, capítulo 83 - *Buy American* declara que "únicamente artículos, materiales y suministros no manufacturados que se hayan extraído o producido en Estados Unidos, materiales y suministros que se hayan fabricado en Estados Unidos sustancialmente todos de artículos, materiales o suministros extraídos, producidos o fabricados en Estados Unidos serán adquiridos para uso público a menos que el jefe del departamento o establecimiento independiente en cuestión determine que su adquisición es inconsistente con el interés público o que su costo no es razonable". De conformidad con la misma ley, los materiales se considerarán extraídos o producidos en Estados Unidos si el costo de los productos nacionales utilizados en dichas materias constituye más de 50% del costo de todos los productos utilizados en dichos materiales.

85. Véase directiva 2014/24/EU, por ejemplo Alemania § 97 Para 4, Ley de Defensa de la Competencia.

86. Por ejemplo en Corea, de conformidad con el artículo 4 de la Ley de facilitación de la compra de productos fabricados por pequeñas y medianas empresas y apoyo al desarrollo de sus mercados: "cuando los jefes de las instituciones públicas tengan la intención de celebrar contratos para la adquisición de bienes [...], proporcionarán a los propietarios y empresarios pequeños mayores oportunidades de recibir órdenes".

87. En Estados Unidos, la subparte 19.7 del Programa de Subcontratación de Pequeñas Empresas del Reglamento Federal de Adquisiciones establece que cualquier contratista debe acordar en el contrato que las pequeñas empresas tendrán la oportunidad máxima posible de participar en el desempeño del contrato de acuerdo con su eficiencia.

Referencias

CANIFARMA (2015), *Compendio Estadístico de la Industria Farmacéutica en México (2007-2013).*

COFEPRIS (2016), comunicado de prensa, 28 de abril de 2016. www.cofepris.gob.mx/Documents/NotasPrincipales/28042016_2.pdf.

COFEPRIS (2015), *Estrategia del Gobierno de la República para la Prevención y Combate de Servicios Médicos Ilegales*, www.cofepris.gob.mx/Documents/NotasPrincipales/12022015.pdf.

CONEVAL (2015), "Comunicado de prensa No. 5", 23 de julio, www.coneval.org.mx/SalaPrensa/Documents/Comunicado005_Medicion_pobreza_2014.pdf.

Daley, J. (2010), *Pharmaceutical Pricing and Reimbursement in Canada: An Overview for Innovative Drug Manufacturers, Who's Who Legal*, http://whoswholegal.com/news/features/article/27744/pharmaceutical-pricing-reimbursement-canada-overview-innovative-drug-manufacturers.

Diaz-Portillo, Sandra. P. et al., (2015), "Consultorios adyacentes a farmacias privadas en México: infraestructura y características del personal médico y su remuneración", *Salud Pública de México*, 57:4, www.scielosp.org/scielo.php?script=sci_arttext&pid=S0036-36342015000400010&lng=en&nrm=iso.

European Association of Pharmaceutical Full-Line Wholesalers (2015), *The Role of Pharmaceutical Full-Line Wholesalers in Europe: The Vital Link in Healthcare*, www.girp.eu/sites/default/files/documents/the_role_of_pharmaceutical_full-line_wholesaler_081015.pdf.

Frank, Richard G., y David S. Salkever (1997), "Generic Entry and the Pricing of Pharmaceuticals", *Journal of Economics & Management Strategy*, 6:1.

Fundación Mexicana para la Salud (2013), *Descripción del sector farmacéutico en México, 2012*, Ciudad de México: Funsalud, http://funsalud.org.mx/portal/wp-content/uploads/2013/08/DescripcionSF2012_Funsalud_vF-1401141.pdf.

IMSS (2015), *Informe al Ejecutivo Federal y al Congreso de la Unión Sobre la Situación Financiera y los Riesgos del Instituto Mexicano del Seguro Social 2014-2015*, www.imss.gob.mx/sites/all/statics/pdf/informes/20142015/21-InformeCompleto.pdf.

Kanavos, Panos, W. Schurer, & S. Vogler, (2011), *The Pharmaceutical Distribution Chain in the European Union: Structure and Impact on Pharmaceutical Prices*, Comisión Europea, Bruselas, Bélgica.

Farmacopea de los Estados Unidos Mexicanos: Suplemento para establecimientos dedicados a la venta y suministro de medicamentos y demás insumos para la salud (2010), Cuarta edición.

OECD (2017), *Tackling Wasteful Spending on Health*, OECD Publishing, París, http://dx.doi.org/10.1787/9789264266414-en

OECD (2016a), *Competition Assessment Toolkit: Principles*, www.oecd.org/daf/competition/46193173.pdf.

OECD (2016b), *Health at a Glance: Europe 2016 State of Health in the EU Cycle*, OECD Publishing, París, http://dx.doi.org/10.1787/9789264265592-en.

OECD (2016c), *Health Working Paper No.87 Pharmaceutical Expenditure and Policies: Past Trends and Future Challenges*, http://dx.doi.org/10.1787/5jm0q1f4cdq7-en.

OECD (2016d), *OECD Reviews of Health Systems: Mexico 2016*, OECD Publishing, París, http://dx.doi.org/10.1787/9789264230491-en.

OECD (2015), *Health at a Glance 2015: OECD Indicators*, OECD Publishing, París, http://dx.doi.org/10.1787/health_glance-2015-en.

OECD (2014), *Competition Issues in the Distribution of Pharmaceuticals*, www.oecd.org/officialdocuments/publicdisplaydocumentpdf/?cote=DAF/COMP/GF(2014)3&docLanguage=En.

OECD (2008), *Pharmaceutical Pricing and Reimbursement and the Broader Pharmaceutical Policy Environment*, in Pharmaceutical Pricing Policies in a Global Market, OECD Publishing, París, http://dx.doi.org/10.1787/9789264044159-4-en.

OECD (2002), *Competition and Regulation Issues in the Pharmaceutical Industry*, https://www.oecd.org/competition/sectors/1920540.pdf.

OECD (2000), Policy Roundtables. Competition and Regulation Issues in the Pharmaceutical Industry, DAFFE/CLP(2000)29.

Organización Mundial de la Salud (2015), *Guideline on Country Pharmaceutical Pricing Policies*, www.who.int/medicines/publications/pharm_guide_country_price_policy/en/.

Anexo 2.A1

Resumen de las cuantificaciones para el sector de medicamentos

Si este conjunto de recomendaciones[1] para el sector de medicamentos se implementa en su totalidad, se estima que el beneficio para los consumidores será de entre 10 177.1 millones de MXN y 43 813.8 millones de MXN. En el Cuadro 2.A1.1 se muestra un resumen de los beneficios.

No sería metodológicamente correcto sumar los beneficios para los consumidores que resultarían de implementar las recomendaciones A1 y A2, ya que esto implicaría un doble conteo. Si se implementara la recomendación A2, el beneficio adicional que resultaría de implementar A1 debería descontarse. Por tanto, el equipo de la OCDE elaboró dos casos para mostrar dos posibles reducciones. El caso 1 consiste en descontar en 20% el beneficio derivado de A1, mientras que el caso 2 consiste en descontarlo en 50%.[2]

Cuadro 2.A1.1. **Beneficio estimado**

Recomendación	Beneficios (millones de MXN)	
	Límite inferior	Límite superior
A1. No dar incentivos a los médicos	7 743.1	7 743.1
A2. Sustitución en la farmacia / los médicos solo prescriben DCI	6 177.4	34 544.8
A3. Establecimiento de una obligación para que los productores abastezcan a todos los distribuidores de línea completa del mercado privado	128.1	3 074.6
A4. Introducción de una renovación única del registro sanitario con controles aleatorios subsecuentes	4.8	4.8

* Esta recomendación no fue tomada en cuenta en la estimación del beneficio total que se muestra en el Cuadro 2.A1.2.

Fuente: Análisis de la OCDE

Cuadro 2.A1.2. **Beneficio total para los consumidores**

Recomendación	Beneficio total (millones de MXN)	
	Límite inferior	Límite superior
Caso 1	12 500	43 813.8
Caso 2	10 177.1	41 490.9

Fuente: Análisis de la OCDE

Notas

1. Anexos 2.A2, 2.A3 y 2.A4.

2. En caso de que se llevara a cabo la sustitución a nivel de farmacia y los incentivos a los médicos no estuvieran prohibidos, que estos prescriban medicamentos de marca no tendría ningún efecto a menos que especificaran que la sustitución no está permitida. No obstante, debido a los incentivos que reciben, los médicos podrían prescribir en exceso medicamentos de patente. Por tanto, aunque parezca que al implementar la recomendación A2 la recomendación A1 no tiene ningún impacto, sí evita la prescripción excesiva de medicamentos o la leyenda "sustitución no permitida" en las recetas.

Anexo 2.A2

Incentivos para los médicos

Si esta recomendación de la OCDE se implementa en su totalidad, se estima que el beneficio para los consumidores será de 7 743.1 millones de MXN.

Descripción y daño

Actualmente México no cuenta con alguna ley que regule los beneficios que las compañías farmacéuticas pueden otorgar a los médicos (como la participación en congresos o la realización de presentaciones). Sin embargo, existe un código de ética emitido por el Consejo de Ética y Transparencia de la Industria Farmacéutica (CETIFARMA), el cual forma parte de CANIFARMA.

Sin embargo, este código de ética, el cual aborda incentivos financieros, solo se aplica a miembros de CANIFARMA (87% del total de compañías farmacéuticas). De acuerdo con el documento de CETIFARMA, está prohibido otorgar incentivos financieros de alto valor a los médicos. Las faltas cometidas a este código pueden redundar en amonestaciones, sanciones (aunque no se especifican montos) y suspensión temporal o definitiva de los derechos que corresponden como miembro de CANIFARMA.

La falta de regulación vinculante por parte del gobierno en este tema podría afectar la competencia entre productos similares. Algunos médicos reciben beneficios por parte de compañías farmacéuticas, lo que ocasiona que tengan una preferencia por los productos de estas compañías en detrimento de aquellos que, de otro modo, habrían considerado como clínicamente mejores, o más económicos, para el paciente.

Recomendación

Emitir una regulación que determine las condiciones exactas bajo las cuales se pueden otorgar a los médicos ventajas económicas o beneficios de alto valor. Esta regulación debe contener sanciones en caso de incumplimiento. La directiva 2001/83/EC del Parlamento Europeo y del Consejo de 6 de noviembre de 2001, así como el código de ética de CETIFARMA, podrían utilizarse como punto de partida.

Estimaciones de los beneficios derivados de la recomendación

Metodología

La metodología está basada en los efectos de implementar una disposición y/o regulación que prohíba el otorgamiento de incentivos financieros o beneficios de alto valor a los médicos, mediante la estimación del beneficio al consumidor que resultaría si todos los médicos se comportaran de la misma manera (es decir, si no recibieran incentivos por parte de la industria farmacéutica).

No existe información disponible en México sobre el porcentaje de médicos que reciben incentivos por parte de la industria farmacéutica. No obstante, en Estados Unidos hay información disponible en línea sobre los pagos que los médicos han recibido de la industria farmacéutica. Usando información disponible para Estados Unidos, Jones y Ornstein (2016), esclarecieron la relación existente entre los pagos otorgados por la industria y la prescripción de medicamentos de marca (Jones, Ryan Grochowski & Charles Ornstein, 2016).

En el cuadro 2.A2.1 se muestran los principales resultados de este estudio, que usa una muestra de médicos que prescribieron en más de 1 000 ocasiones.

Cuadro 2.A2.1. **Patrones de prescripción de los médicos que recibieron incentivos frente a médicos que no recibieron incentivos**

	Médicos con más de 1 000 recetas médicas	Médicos que recibieron pago por parte de la industria	Médicos que no recibieron pago por parte de la industria	Porcentaje que recibió un pago	Porcentaje que no recibió pago alguno	Tasa promedio de medicamentos de marca prescritos (sin pago)	Tasa promedio de medicamentos de marca prescritos (con pago)
Medicina familiar	65 651	46 753	18 898	71.21%	28.79%	18.70%	20.20%
Medicina interna	51 607	36 329	15 278	70.40%	29.60%	19.80%	22.00%
Cardiología	13 817	12 308	1 509	89.08%	10.92%	19.20%	21.60%
Psiquiatría	11 052	8 650	2 402	78.27%	21.73%	13.60%	15.60%
Oftalmología	8 196	7 117	1 079	86.84%	13.16%	46.40%	56.90%
Total	150 323	111 157	39 166	73.95%	26.05%	19.6%	22.94%

Fuente: Jones y Ornstein (2016), *Matching Industry Payments to Medicare Prescribing Patterns: An Analysis* y análisis de la OCDE

Situación actual

$$\begin{aligned} Valor\ del\ mercado\ privado \\ &= X\ (\%Médicos\ con\ incentivos * \%\ Marca + \%Médicos\ sin\ incentivos \\ &* \%\ Marca) \\ &+ 0.2X\ (\%Médicos\ con\ incentivos * \%\ genéricos \\ &+ \%Médicos\ sin\ incentivos * \%\ genéricos) \end{aligned}$$

donde X es el valor del mercado privado de medicamentos si todos los consumidores finales compraran medicamentos de marca y $0.2X$ es el valor de mercado privado de medicamentos si todos los consumidores finales compran genéricos, ya que la relación de precios implícitos de medicamentos genéricos a medicamentos de marca es 0.2,

$$\begin{aligned} 147\ 715.91\ millones\ de\ MXN \\ &= X\ (73.95\% * 22.94\% + 26.05\% * 19.6\%) \\ &+ 0.2X\ (73.95\% * 77.06\% + 26.05\% * 80.4\%) \end{aligned}$$

$$147\ 715.91\ millones\ de\ MXN = X * (22.07\%) + 0.2X * (\ 77.93\%)$$

$$X = 392\ 312\ millones\ de\ MXN$$

y 78 462.4 millones de MXN es el valor del mercado privado de medicamentos si todos los consumidores finales compraran genéricos.

Con un cambio en la regulación (es decir, si los médicos ya no recibieran incentivos), se hace el supuesto de que todos los médicos prescribirían genéricos y medicamentos de marca en la misma proporción que lo hacen los médicos que no reciben incentivos:

$$\begin{aligned} Valor\ del\ mercado\ privado \\ &= X\ (\%Médicos\ sin\ incentivos * \%\ marca) \\ &+ 0.2X\ (\%Médicos\ sin\ incentivos * \%\ genéricos) \end{aligned}$$

$$\begin{aligned} Valor\ del\ mercado\ privado \\ &= 392\,312\ millones\ de\ MXN\ (19.6\%) \\ &+ 0.2\ (392\,312\ millones\ de\ MXN)\ (80.4\%) \end{aligned}$$

$$Valor\ del\ mercado\ privado = 139\,972.8\ millones\ de\ MXN$$

Por tanto, los ahorros (es decir, los beneficios para el consumidor) que los consumidores finales obtendrían si los médicos no recibieran incentivos son de 7 743.1 millones de MXN.

Referencias

Jones, Ryan Grochowski & Charles Ornstein (2016), *Matching Industry Payments to Medicare Prescribing Patterns: An Analysis*, https://static.propublica.org/projects/d4d/20160317-matching-industry-payments.pdf?22.

Anexo 2.A3

Sustitución de medicamentos prescritos por genéricos

Si esta recomendación de la OCDE se implementa en su totalidad, el beneficio para los consumidores se estima entre 6 177.4 millones de MXN y 34 544.78 millones de MXN.

Descripción y daño

Cuando se receta un medicamento, los médicos pueden prescribir la denominación genérica, o bien la denominación genérica y la denominación distintiva en forma conjunta. El primer tipo de denominación se conoce como Denominación Común Internacional (DCI) y es definida por la Organización Mundial de la Salud como un nombre único, que es mundialmente conocido y del dominio público. El segundo tipo de denominación es una combinación del nombre genérico y la marca: por ejemplo, salbutamol y "Ventolin"; ibuprofeno y "Advil"; o paracetamol y "Tylenol". Cuando los médicos prescriben la denominación distintiva, los empleados de farmacia deben cumplir con tal indicación y el medicamento solo puede ser reemplazado cuando el médico expresamente lo autorice.

Los consumidores únicamente pueden comprar medicamentos de marca si así fue prescrito por el médico. En este caso, los genéricos podrían enfrentar una desventaja competitiva si los médicos prefirieran ciertos medicamentos de marca y no incluyeran genéricos en sus recetas médicas o no autorizaran la sustitución del producto de marca.

Recomendación

La OCDE recomienda al gobierno mexicano las siguientes opciones:

Opción 1) Modificar la disposición para que se obligue a los empleados de farmacia a informar al paciente sobre el genérico disponible más barato y permitir la sustitución del medicamento prescrito con este genérico cuando el paciente esté de acuerdo, a menos que el médico haya escrito específicamente "sustitución no permitida" en la receta (esto podría ser necesario si ciertos pacientes no reaccionaran bien a los sustitutos genéricos de cierto medicamento). La OCDE recomienda que esta sustitución sea opcional, no obligatoria, ya que la mayoría de las compras en México son realizadas por los consumidores como gastos de bolsillo y, por tanto, estos consumidores deberían tener la opción de comprar lo que consideren mejor para ellos (efecto placebo).

Opción 2) Introducir una disposición que obligue a los médicos a prescribir solamente medicamentos con su DCI (es decir, la sustancia activa).

Cualquier opción generaría el mismo beneficio para los consumidores.

Estimaciones de los beneficios derivados de la recomendación

Metodología

Para calcular los beneficios para el consumidor de permitir la sustitución de medicamentos de prescripción con genéricos o de requerir a los doctores que sólo prescriban medicamentos bajo su DCI, usamos dos diferentes metodologías. Dada la limitante de tiempo y de recursos disponibles, nos basamos en investigaciones de mercado existentes y en una revisión bibliográfica detallada de literatura académica derivada de experiencias relevantes en este mercado tanto de México como de otros países de la OCDE.

De acuerdo con PharmaBoardroom (PharmaBoardroom, 2015), en 2012 el valor del mercado de medicamentos en México fue de 190 181 millones de MXN. Según Funsalud (Fundación Mexicana para la Salud, 2013), de este valor, los medicamentos protegidos por una patente representaron 15.2% del valor del mercado, mientras que los medicamentos cuya patente ha expirado, 84.8%. De este último segmento, los medicamentos sin patente de marca (que incluyen tanto a los medicamentos originales como a genéricos de marca) correspondieron a 63% de la participación de mercado de los medicamentos sin patente, por lo que los genéricos sin marca (que incluye también a los genéricos comercializados bajo una denominación distintiva que puede ser el nombre del laboratorio o cadena de farmacia, que no son particularmente publicitados y cuyos precios son muy cercanos a los de los genéricos sin marca) sumaron 37%. La última clasificación de interés es la que distingue entre el medicamento original y otros medicamentos sin patente. Dentro de la categoría de los medicamentos sin patente de marca, la participación de mercado, medido en valor, de los medicamentos originales fue de aproximadamente 62%, mientras que los genéricos de marca correspondieron a 38%. La Gráfica 2.A3.1 resume esta información.

Gráfica 2.A3.1. **Participaciones de mercado medidos en valor para los diferentes tipos de medicamentos en México**

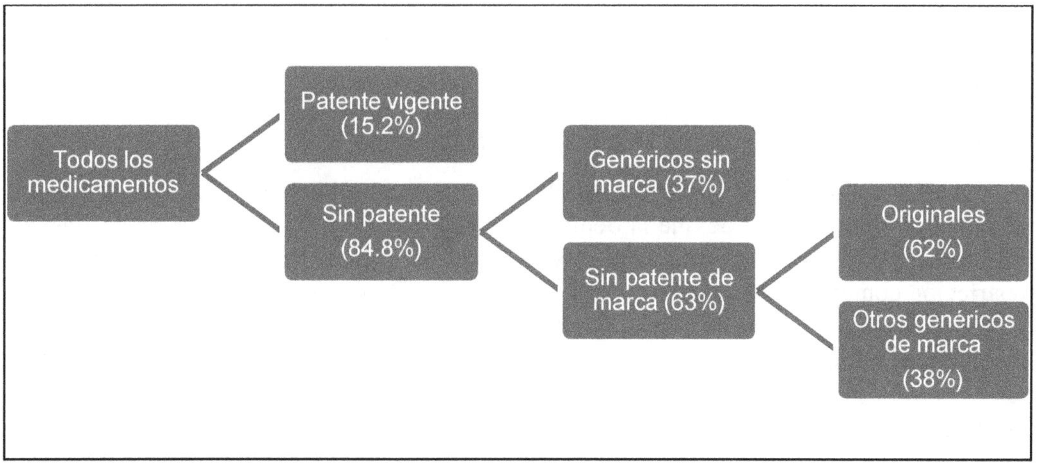

Fuente: Análisis de la OCDE

La operación del mercado farmacéutico en México tradicionalmente se ha basado en las prescripciones de los médicos, y en esto se asemeja a numerosos mercados de la Unión Europea tales como Francia, España, Italia o Alemania, en contraste con los mercados cuya operación más bien se basa en el despacho por parte de los farmacéuticos, tales como Estados Unidos, Canadá o el Reino Unido (Danzon y Furukawa, 2011). En mercados cuya operación se basa en las prescripciones de los médicos y en los que los farmacéuticos no están autorizados o incentivados a sustituir por alternativas más económicas, la penetración de genéricos es significativamente más baja (por ejemplo, en 2009, en los mercados donde los farmacéuticos tienen un papel preponderante la penetración varió entre 60% como en el Reino Unido y 89% en los Estados Unidos, en comparación con los mercados donde los médicos tienen un papel preponderante, donde la penetración varía entre 22% en España hasta 50% en Francia, y México cuenta con 30%). Por otro lado, en países en los que el marco institucional y la aplicación de la ley son débiles y en los que no existe certidumbre sobre la calidad de los genéricos, la marca juega un papel mucho más importante. Por ejemplo, a pesar de que la mayoría de los genéricos no tienen marca en países como Estados Unidos, el Reino Unido, Francia o Alemania, lo opuesto prevalece para países como Brasil o México, donde los genéricos de marca son los más vendidos.[1] La competencia para construir una identidad de marca prevalece sobre la competencia en precios y como resultado, los genéricos de marca mantienen los precios relativamente altos.

La recomendación de la OCDE se centra esencialmente en los potenciales ahorros que podrían alcanzarse si se intensificara la competencia dentro de la categoría de medicamentos sin patente. No se consideran a los genéricos sin marca en la estimación, pues la recomendación de la OCDE no resultaría en una reducción en los precios de esta categoría, ya que la legislación actual sólo limita la sustitución de las prescripciones de una cierta marca.

La primera metodología utiliza la siguiente fórmula para estimar el beneficio del consumidor derivado de permitir que en las farmacias se sustituyan los medicamentos de prescripción con genéricos (OECD, 2015: 100):

$$BC = \left(\rho + \frac{\varepsilon}{2}\rho^2\right)R$$

Donde:

BC: medida estándar del beneficio del consumidor

ρ: valor absoluto del cambio porcentual en el precio asociado a la restricción

R: ingreso del sector

ε: valor absoluto de la elasticidad precio de la demanda

La OCDE supone que el valor de la elasticidad precio de la demanda es 0. Se planteó el supuesto simplificador de que la demanda se rige por las prescripciones realizadas por los médicos y que no responde a los precios en el corto plazo (OECD, 2017: 197). Esta restricción comprende las categorías D1[2] y D3[3] de las Herramientas para la Evaluación de la Competencia (*Competition Assessment Toolkit*). Se asume que ρ toma un valor de 0.16 (es decir, el mínimo ρ entre D1 y D3) o bien de 0.32 (es decir, el máximo ρ entre D1 y D3) (Ennis, 2017). Dada la descripción del mercado realizada anteriormente (véase Gráfica 2.A3.1).

Tomando en cuenta la denominada "paradoja de los genéricos" (es decir, el precio de los medicamentos originales no disminuye tras la entrada de genéricos),[4] este escenario supone que el precio de los medicamentos originales no cambia en el corto plazo, mientras que el precio de los genéricos de marca sí cambia. Por tanto, se considera que R es igual al 38% de los medicamentos sin patente de marca, es decir, toma el valor de 38 608.87 millones de MXN.

Por tanto, el beneficio del consumidor que se deriva de permitir la sustitución de los medicamentos prescritos por genéricos se estima entre 6 177.42 millones de MXN (límite inferior) y 12 354.84 millones de MXN (límite superior).

La segunda metodología para calcular los beneficios del consumidor proviene directamente del trabajo de Danzon y Furukawa (2011). Usando datos muy detallados de 10 países (Estados Unidos, Reino Unido, Alemania, Francia, España, Italia, Japón, Canadá, Brasil y México) para el periodo 1998-2009, los autores examinaron el comportamiento de los mercados de genéricos al nivel de presentación de medicamentos (molécula-forma-concentración) al ser sobre esta característica que la sustitución en la farmacia puede llevarse a cabo legalmente. Estimaron un modelo de cuatro ecuaciones: para cualquier entrada de genéricos, número de empresas de genéricos, a condición de que hubiera entrada, precio del medicamento original o genérico; y participación por volumen de los genéricos. Estimaron regresiones separadas para cada país, permitiendo que todos los coeficientes variaran según el país.

Derivado de sus estimaciones de precios obtenidas, los autores mostraron que la entrada de genéricos y el número de fabricantes de genéricos sin marca eran los principales factores que permitían una disminución de precios (véase Danzon y Furukawa [2011], Tabla 5). Finalmente, con base en el conjunto de resultados derivados de las cuatro ecuaciones, calcularon los ahorros potenciales para los compradores basados en la diferencia entre el precio del original y del genérico y en la proporción de prescripciones que son dispensadas con genéricos. Para cumplir los propósitos de este reporte, el equipo de la OCDE utiliza el porcentaje de ahorros total que básicamente mide cuánto más bajo sería el gasto si todos los medicamentos sin patente de marca (es decir, originales y genéricos de marca) fueran vendidos como genéricos sin marca. Para calcular los beneficios del consumidor, se multiplica el porcentaje de ahorros total por los ingresos derivados de la venta de medicamentos sin patente de marca.

$$BC = \frac{(P^O - P^G)Q^G}{(P^O Q^G + P^O Q^O)} R$$

Donde:

BC: medida estándar del beneficio del consumidor

Q : denota unidades, y los superíndices O y G denotan originales y genéricos, respectivamente

P : denota precio, y los superíndices O y G denotan originales y genéricos, respectivamente

R : ingreso para medicamentos originales

El equipo de la OCDE supone que la proporción es igual a 0.34 (véase Danzon y Furukawa [2011], Tabla 8) que es la estimación más reciente para México, considerando el periodo 2006-2009, o bien, 0.166, que son los ahorros promedio a lo largo de todo el periodo (1998-2009). Con base en nuestra descripción previa del mercado (véase Gráfica 2.A3.1), se considera que R es igual al 63% de los medicamentos sin patente, es decir 101 602.3 millones de MXN).

El cálculo del beneficio del consumidor derivado de permitir la sustitución de los medicamentos sin pantente de marca prescritos por genéricos se estima entre 16 899.85 millones de MXN (límite inferior) y 34 544.78 millones de MXN (límite superior).

Por lo tanto, ambas metodologías parecen indicar beneficios significativos al consumidor derivados de permitir mayor competencia en este mercado. Dada la historia y el estado actual del mercado mexicano, las recomendaciones de la OCDE son más susceptibles de afectar en primer lugar la competencia entre los genéricos de marca y los medicamentos sin marca (primera metodología). Una competencia más intensa entre los genéricos afectará también los precios de los medicamentos originales (segunda metodología), pero es más probable que esto ocurra en el largo plazo. La lección que se deriva de otros países de la OCDE (en su mayoría europeos) es que políticas complementarias, tales como sistemas de precios de referencia, son particularmente más eficaces para conducir a la baja los precios de los medicamentos originales (Kanavos, 2014: 224-241).

Notas

1. Véase Gráfica 7 en Danzon y Furukawa (2011).
2. "Limita la capacidad de los consumidores para decidir a quién comprar."
3. "Una restricción que fundamentalmente cambia la información requerida por los consumidores para comprar efectivamente"
4. Por ejemplo, Frank y Salkever (1997) reportaron que la entrada de un proveedor adicional de genéricos estaba asociada a un incremento promedio de 0.7% en el precio del medicamento original, Regan (2008) reportó 1% y Danzon y Furukawa (2011) afirmaron que "los precios de los medicamentos originales en general son estables en respuesta a la entrada de los genéricos, pero a distintos niveles que reflejan los regímenes regulatorios."

Referencias

Danzon y Furukawa (2011), "Cross-National Evidence on Generic Pharmaceuticals: Pharmacy vs. Physician-driven markets", NBER working paper 17226.

Ennis, S. (2017), "Estimating consumer benefits of pro-market regulatory reform", documento de trabajo, División de Competencia, OCDE, enero de 2017.

Frank y Salkever (1997), "Generic entry and the pricing of pharmaceuticals", *Journal of Economics & Management Strategy*, 6(1), 75-90.

Fundación Mexicana para la Salud (2013), *Descripción del sector farmacéutico en México 2012*, Ciudad de México.

Kanavos (2014), *Measuring performance in off-patent drug markets: A methodological framework and empirical evidence from twelve EU Member States*, Health Policy, 118.

OECD (2017), *OECD Competition Assessment Reviews: Greece 2017, OECD Publishing*, París, http://dx.doi.org/10.1787/9789264088276-en.

OECD (2015), *Competition Assessment Toolkit, Volume III: Operation Manual*, http://www.oecd.org/daf/competition/COMP_Toolkit_Vol.3_ENG_2015.pdf.

PharmaBoardroom (Junio de 2015), *Healthcare & Life Sciences Review: Mexico*, http://pharmaboardroom.com/wp-content/files_mf/1435136456MexicoHCLSReviewJune2015.pdf.

Regan (2008), "Generic entry, price competition, and market segmentation in the prescription drug market", *International Journal of Industrial Organization*, 26(4), 930-948.

Anexo 2.A4

Ventas directas

Si se estableciera una obligación para los productores de medicamentos de abastecer a los distribuidores de línea completa (*full-line wholesalers*) del mercado privado, se estima que el beneficio sería de entre 128.1 millones de MXN y 3 074.6 millones de MXN.

Descripción y daño

El comercio al por mayor y al por menor de medicamentos y de otros productos para el cuidado de la salud, estupefacientes y sustancias psicotrópicas, así como de productos que contengan estas sustancias, requiere una autorización sanitaria (una licencia). Esta licencia otorgada a compañías farmacéuticas no se limita a la fabricación de medicamentos. El equipo de la OCDE no encontró disposición alguna que prohibiera la venta directa de compañías farmacéuticas a farmacias.

No obstante, en la práctica muchas compañías farmacéuticas en México se rehúsan a vender directamente a farmacias, incluso a grandes cadenas de farmacias, y prefieren vender por medio de distribuidores. Es una práctica común que las compañías farmacéuticas firmen contratos de exclusividad con un distribuidor. Por tanto, a veces los distribuidores se convierten en el único canal para comercializar un medicamento en específico.

Para los grandes minoristas (cadenas de farmacias), comprar por medio de distribuidores implica costos innecesarios pues se debe pagar un margen extra destinado a los distribuidores en lugar de adquirir los productos directamente de los productores. Asimismo, los participantes del mercado a nivel minorista han manifestado que muchos medicamentos son distribuidos por un solo distribuidor y que no existe, o solo de manera limitada, competencia intra-marca para muchos medicamentos en México.

El problema descrito concierne al mercado privado, ya que el sector público generalmente compra medicamentos mediante procesos de licitación.

Recomendación

La OCDE recomienda que México evalúe introducir una obligación para los productores de medicamentos de abastecer a todos los distribuidores de línea completa del mercado privado, lo cual tendría el propósito de permitir que nuevos distribuidores compitieran. Sin embargo, antes de proseguir con esta medida se recomienda evaluar, mediante un estudio con las autoridades pertinentes, el impacto en el mercado que resulte de introducir esta obligación, cuyo propósito sería permitir que los distribuidores adicionales compitieran en el concentrado mercado mexicano de la distribución e introducir competencia intra-marca. No obstante, puesto que esta recomendación entraría en conflicto con la libertad de contratación, se recomienda que solo se implemente si el estudio en cuestión demostrase que otras medidas para fortalecer la competencia intra-marca no permitirían obtener los mismos resultados.

Estimaciones de los beneficios derivados de la recomendación

Metodología

La metodología está basada en los efectos de obligar a los productores a abastecer a todo distribuidor en el mercado privado, lo cual impactaría principalmente los ingresos de las cadenas de farmacias.

En 2014 los ingresos de las grandes cadenas de farmacias fueron de 51 243 millones de MXN; si estas farmacias dejaran de comprar medicamentos por medio de distribuidores y comenzaran a comprar directamente a las compañías farmacéuticas, no incurrirían en pagos a los distribuidores (es decir, el margen de ganancia que se destina a los distribuidores, el cual forma parte del precio final o ingreso), aunque destinarían recursos para su red de distribución. La OCDE presenta cuatro diferentes escenarios para los márgenes promedio de los distribuidores (5%, 10%, 20% y 30%) y supone que al crear su propia red de distribución, las grandes cadenas de farmacias gastarían entre 80% y 95% del margen que correspondería a los distribuidores.

En el cuadro 2.A4.1 se presentan tres escenarios para las tasas de ahorro: 5%, 10% y 20%.

Cuadro 2.A4.1. **Escenarios de ahorros para las grandes cadenas de farmacias (millones de MXN)**

		Margen de ganancia promedio para los distribuidores			
		5%	**10%**	**20%**	**30%**
Tasa de ahorro	**5%**	128.11	256.22	512.43	768.65
	10%	256.22	512.43	1 024.86	1 537.29
	20%	512.43	1 024.86	2 049.72	3 074.58

Fuente: Análisis de la OCDE

Anexo 2.A5

Renovación del registro sanitario

Si esta recomendación de la OCDE se implementa en su totalidad, se estima que el beneficio será de 4.8 millones de MXN.

Descripción y daño

Los registros sanitarios deben renovarse cada cinco años. De acuerdo con el artículo 195-A de la Ley Federal de Derechos, para que se lleve a cabo la renovación de un registro sanitario, los solicitantes deben pagar 75% del derecho que corresponde a obtener un nuevo registro sanitario (para el caso de genéricos, el pago de derechos corresponde a 71 334.41 MXN y para el caso de medicamentos de molécula nueva, a 127 549.79 MXN).

Requerir que el registro sanitario sea renovado cada cinco años representa un costo extra para las empresas. Los costos pudieran ser especialmente significativos para los productores que suelen comercializar cientos de productos.

Recomendación

Renovar el registro sanitario únicamente por una ocasión, una vez pasados cinco años; tras este periodo, el registro sanitario debería ser válido a perpetuidad. La OCDE coincide con la COFEPRIS en que tal cambio al sistema solo debería llevarse a cabo una vez que el sistema de control y supervisión mexicano haya sido mejorado de manera significativa. Esto requerirá un incremento en la frecuencia de los controles *in situ*; la introducción de multas altas en caso de que las compañías farmacéuticas no reportaran a tiempo los cambios efectuados a un medicamento a la COFEPRIS y el otorgamiento de los recursos necesarios a la COFEPRIS para que cumpla con esta tarea.

Estimaciones de los beneficios derivados de la recomendación

Metodología

La metodología está basada en los efectos derivados de cambiar la renovación del registro sanitario a controles anuales.

En 2016, se renovaron registros sanitarios de 573 medicamentos alopáticos, 34 medicamentos herbolarios, 42 medicamentos homeopáticos y 34 medicamentos vitamínicos. Por cada renovación de registro sanitario, los solicitantes pagan 75% del pago de derechos correspondiente, esto es 71 334.41 MXN para el caso de genéricos y 127 549.79 MXN para el caso de medicamentos con molécula nueva, tratándose de medicamentos alopáticos. Para el caso de los medicamentos herbolarios, homeopáticos o vitamínicos, los solicitantes deben pagar 75% del pago de derechos correspondiente, que es de 16 962.82 MXN.

Si a las compañías farmacéuticas ya no se les requiriera solicitar la renovación de registro sanitario, cada cinco años las empresas ahorrarían 32 055 395.35 MXN (suponiendo que todos los solicitantes obtuvieran el registro sanitario para genéricos) y la cifra anualizada ascendería a 6 411 079.07 MXN; por otra parte, suponiendo que los controles anuales tuvieran un costo de 2 322.61 MXN (que es lo que la Ley Federal de Derechos establece para una visita de inspección), los costos anuales totales ascenderían a 1 586 342.63 MXN. Los ahorros netos anuales por cambiar la renovación de registros sanitarios por controles anuales se calculan en 4 824 736.44 MXN.

Esta estimación no toma en cuenta los ahorros internos (por ejemplo la elaboración de documentos) de los que las compañías farmacéuticas se beneficiarían si no tuvieran que llevar a cabo todas las pruebas requeridas para renovar el registro sanitario cada cinco años. Asimismo, los costos anuales asociados a las revisiones anuales podrían estar subestimados. Una mejora significativa del sistema de control y supervisión mexicano implicaría costos adicionales que probablemente tendrían que ser solventados por las compañías farmacéuticas.

Capítulo 3

Sector de la carne

El sector de la carne es importante para México, tanto por ser una fuente de empleo (344 849 personas en 2013) como por su contribución al PIB (la matanza, empacado y procesamiento de carne correspondió a 0.95% del PIB mexicano en 2015). La realización de reformas regulatorias podría traer consigo importantes ganancias en eficiencia que beneficiarían a los hogares mexicanos, en particular a los más desfavorecidos. Entre las principales restricciones en el sector de la carne se encuentran la documentación innecesaria para la movilización de animales vivos y sus productos y subproductos (por ejemplo documentos estatales para la movilización y certificaciones otorgadas por asociaciones ganaderas locales); los controles excesivos a las importaciones (como la doble autorización de establecimientos y países, y la inspección de la totalidad de la carne, canales, vísceras y despojos de importación); la legislación anticompetitiva relativa a las organizaciones ganaderas; y la no armonización de diversas normas mexicanas con normas internacionales.

3.1. Panorama económico del sector de la carne

3.1.1. *Definición de los subsectores y descripción de la cadena de valor*

El sector de la carne y sus subsectores cubren la cadena de valor vertical de producción y comercialización de la carne, incluido el comercio de materias primas y suministros para la ganadería, las actividades de matanza y procesamiento de la carne, la fabricación de alimentos para mascotas y el comercio al por mayor y al por menor en abarrotes. También se incluyen las actividades de apoyo para la cría de animales, como las actividades logísticas, de almacenamiento y transporte, que están relacionadas con la producción de carne.

No se consideran en esta evaluación las actividades económicas relacionadas con animales que no se críen para la producción de carne, como animales de peletería o laboratorio, o animales cuya carne no sea de consumo generalizado, por ejemplo los conejos, los ciervos, los caballos y otros tipos de producción equina. Tampoco se encuentran dentro del alcance de la presente evaluación las actividades de caza ni los establecimientos especiales, como las tiendas de productos para mascotas o los servicios de hostelería.[1]

La cadena de valor de la industria cárnica consiste en:

- la alimentación de animales
- la cría de animales
- la intermediación en el transporte
- la matanza y el procesamiento de la carne
- el comercio al por mayor de la carne
- el comercio al por menor.

3.1.1.1. Alimentación de animales

La primera etapa de la cadena vertical de valor concierne a la alimentación de los animales. En general, los animales pueden ser alimentados con forrajes, granos[2] o alimento balanceado. Este último está compuesto de forrajes y otros ingredientes, como premezclas y aditivos. La combinación de forrajes, granos y alimentos balanceados en la dieta de un animal depende de su especie. En general, el alimento balanceado se emplea más en sistemas de producción intensivos.

La alimentación de los animales constituye el costo de producción más elevado en la cría de bovinos, cerdos y pollos para carne. En 2008, de acuerdo con la Comisión Federal de Competencia Económica (COFECE) (COFECE, 2015),[3] la alimentación de los animales constituyó, en promedio, 71% de los costos de la producción ganadera: 69.2% para bovinos criados para carne (49.2% forrajes y 20% alimento balanceado): 77.3% para cerdos (25.4% forraje y 51.9% alimento balanceado); y 73.1% para los pollos para carne (13.1% granos y cereales, y 60% alimento balanceado). De acuerdo con el *Compendio de indicadores económicos del sector avícola Edición 2016*, publicado por la Unión Nacional de Avicultores (UNA), en 2016 el alimento constituyó 66% de los costos de producción de los pollos para carne.

3.1.1.2. Cría de animales

La cría de animales para carne incluye los métodos y prácticas mediante los cuales los productores crían animales en pie. Existe una amplia gama de sistemas productivos para la cría de animales, desde los altamente tecnificados hasta los tradicionales.

El sistema productivo para la cría de animales puede ser intensivo, extensivo o mixto. El sistema extensivo implica la cría de animales en pastizales, mientras que en el sistema intensivo la cría tiene lugar en instalaciones cerradas. Es posible combinar ambos tipos de sistemas de producción. Por ejemplo, los becerros pueden ser criados en pastizales, donde se les alimenta con forraje (sistema extensivo) hasta alcanzar cierto peso, y luego ser llevados a engordaderos (sistema intensivo), donde se les alimenta con granos, forrajes y alimento balanceado.

En México, la mayor parte de la producción de cerdos y pollos es intensiva. Las principales compañías cárnicas en las industrias de carne de cerdo y pollo poseen granjas e instalaciones donde llevan a cabo la reproducción, alimentación, cría y sacrificio de los animales. La producción de carne de res tiende a ser más extensiva. En una entrevista con la Asociación Mexicana de Engordadores de Ganado (AMEG), se dijo que habría hasta 1.2 millones de productores de carne de res a pequeña escala en el país. Una parte importante de la producción de carne de res se lleva a cabo en tierras comunes de "propiedad social"[4], conocidas como ejidos.[5] Las severas limitantes para la consolidación de estas tierras comunales explican en parte la prevalencia de la producción de carne de res en pequeña escala.[6]

3.1.1.3. Intermediación en el transporte

Hay intermediación en el transporte siempre que participantes de la industria distintos de los ganaderos transporten animales en pie desde las instalaciones donde estos son criados hasta los rastros donde son sacrificados. En este sentido, de entre las tres industrias cárnicas, la industria de la carne de pollo es la que presenta mayor integración vertical; la industria de la carne de cerdo presenta un grado intermedio de integración; y la industria de la carne de res incluye a numerosos intermediarios. Es una práctica común en los ranchos de los estados del sur de México que los productores críen becerros, los cuales son posteriormente comprados por intermediarios ("coyotes") y transportados a engordaderos en los estados del norte, donde son alimentados y finalmente sacrificados.

El transporte de animales vivos, carne, productos y subproductos cárnicos a lo largo del territorio mexicano puede estar sujeto a varias autorizaciones. En primer lugar, se requiere un Certificado Zoosanitario de Movilización (CZM) expedido por el Servicio Nacional de Sanidad, Inocuidad y Calidad Agroalimentaria (SENASICA), por un tercero especialista autorizado por SENASICA, o bien por un tercero especialista autorizado en centros de certificación zoosanitaria que dependan de un un organismo de certificación.[7] En segundo lugar, varios gobiernos estatales piden documentos de transporte para los intermediarios que movilizan animales, carne y productos cárnicos dentro de los estados.[8] En tercer lugar, para movilizar animales a lo largo del territorio mexicano, es necesario obtener la certificación de la asociación ganadera que opere en el municipio de origen.[9]

3.1.1.4. Matanza y procesamiento

Existen tres tipos de rastros sujetos a regulación: los rastros privados, los rastros municipales y los rastros Tipo Inspección Federal (TIF).[10] Los rastros municipales – también conocidos como Tipo Secretaría de Salud (TSS) – y los rastros privados son regulados por la Secretaría de Salud (SSA) por medio de la Comisión Federal para la Protección contra Riesgos Sanitarios (COFEPRIS), una dependencia de dicha Secretaría.

Los rastros TIF son regulados por la Secretaría de Agricultura, Ganadería, Desarrollo Rural, Pesca y Alimentación (SAGARPA) por intermedio de su dependencia SENASICA. También existe sacrificio no controlado que se lleva a cabo en rastros clandestinos o *in situ*. En 2015, de acuerdo con el Consejo Mexicano de la Carne (COMECARNE), 22% de los sacrificios de reses y 21% de los sacrificios de cerdos se realizaron *in situ* (COMECARNE, 2016).

Los rastros municipales o TSS están a disposición de cualquier parte interesada, pero en la práctica sirven principalmente a tres tipos de clientes:

1. ganaderos intermediarios
2. carniceros
3. asociaciones ganaderas.

Estos rastros cuentan con áreas para la recepción de animales, para la inspección sanitaria y para la matanza.

Los rastros TIF están sujetos a estándares más estrictos que los rastros TSS[11] y son los únicos establecimientos que pueden exportar carne. Los rastros TIF en general tienen una mayor productividad que los rastros TSS (USDA, 2014). En 2013, de acuerdo con el Departamento de Agricultura de los Estados Unidos (USDA, por sus siglas en inglés), los rastros TIF representaron menos de 10% del total de rastros,[12] si bien 87% de las aves y 44% de los cerdos y reses fueron sacrificados en ellos. Los rastros TIF son principalmente empleados por las empresas cárnicas grandes y verticalmente integradas.

Gráfica 3.1. **Proporción de animales sacrificados entre rastros TIF y rastros TSS, 2005-2015***

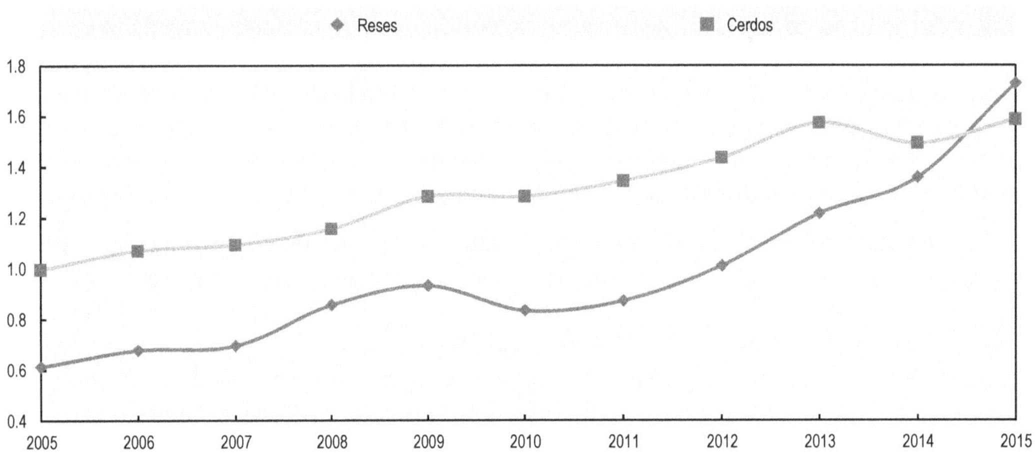

* Las proporciones se presentan para reses y cerdos, pues no se encontraron registros de pollos sacrificados en rastros TSS.

Fuente: Confederación Nacional de Organizaciones Ganaderas (CNOG) (2016), *Información económica pecuaria 25*, www.cnog.org.mx/archivos/BOL_ECONOM_25.pdf

A lo largo de la última década, una proporción cada vez mayor de animales se ha sacrificado en rastros TIF. La Gráfica 3.1 presenta la evolución de la proporción entre sacrificios TIF y sacrificios TSS entre 2005 y 2015, de reses y cerdos. En 2005 el número de cerdos sacrificados en rastros TIF y TSS era aproximadamente el mismo; en 2015 hubo 1.59 cerdos sacrificados en un rastro TIF por cada cerdo sacrificado en un rastro TSS. La cantidad de reses que han sido sacrificadas en establecimientos TIF supera la cantidad sacrificada en rastros TSS desde 2012; en 2015 hubo 1.73 sacrificios TIF por cada sacrifico TSS. Esta tendencia muestra la creciente industrialización en el subsector de sacrificio.

La Gráfica 3.2 refleja la evolución de los volúmenes de animales sacrificados en rastros TIF y TSS.[13] Se percibe un aumento en el número de pollos y cerdos sacrificados; el número de reses sacrificadas en 2015 fue casi idéntico al de 2015, aunque hubo dos picos, en 2009 y 2012.

Gráfica 3.2. **Animales sacrificados en rastros TIF y TSS, en millones, 2005-2015**

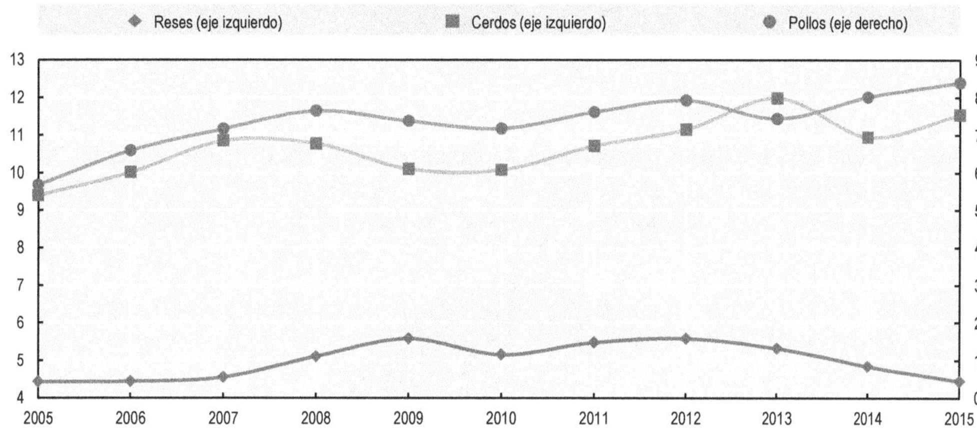

Fuente: CNOG (2016), *Información pecuaria 25*

3.1.1.5. Comercio al por mayor y al por menor

Los canales de distribución por medio de los cuales se comercializa la carne dependen de si la cadena de suministro es tradicional o integrada. La carne en canal se comercializa caliente o fría. La carne dispuesta para la venta en mercados públicos y carnicerías por lo general se comercializa caliente y tiene una fecha de expiración más corta. La carne dispuesta para la venta en supermercados se refrigera mientras es almacenada, distribuida y comercializada. El mantenimiento de una cadena de frío se logra más fácilmente cuando lo realizan empresas verticalmente integradas que cuentan con sus propios equipos e infraestructuras. La carne mexicana comercializada en supermercados proviene de establecimientos TIF.

Los grandes productores de carne tienden a operar más de un canal de distribución. Algunas empresas grandes poseen un portafolio de clientes (minoristas), como supermercados y abarrotes. Otras empresas poseen sus propias tiendas, donde distribuyen y venden sus productos cárnicos.

Como muestran las gráficas 3.3 a 3.5, los consumidores mexicanos aún prefieren adquirir carne en mercados tradicionales y en carnicerías o pollerías. Para cada uno de los tres tipos de carne, estos dos canales de comercialización corresponden, en forma conjunta, a por lo menos 59% de las preferencias de los consumidores en cuanto a lugares de compra.

Gráfica 3.3. **Composición de las preferencias de canales de compra de carne de res, 2015**

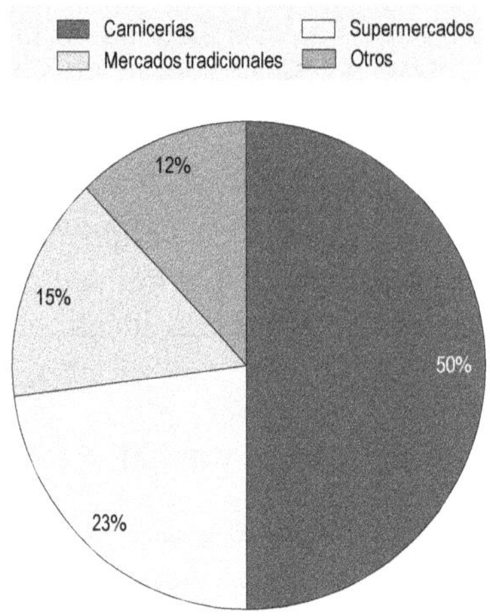

Gráfica 3.4. **Composición de las preferencias de canales de compra de carne de cerdo, 2015**

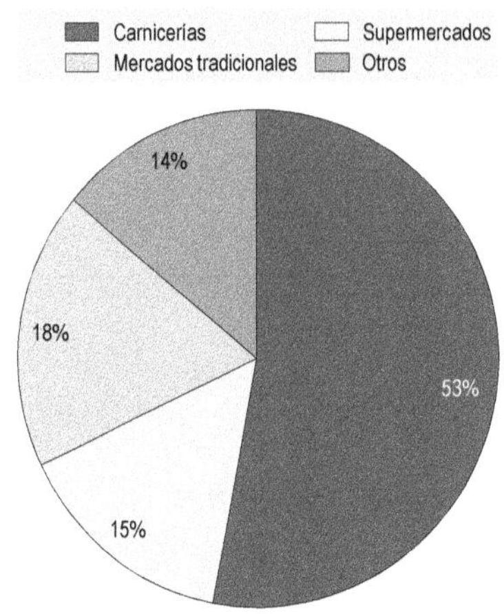

Gráfica 3.5. **Composición de las preferencias de canales de compra de carne de aves, 2015**

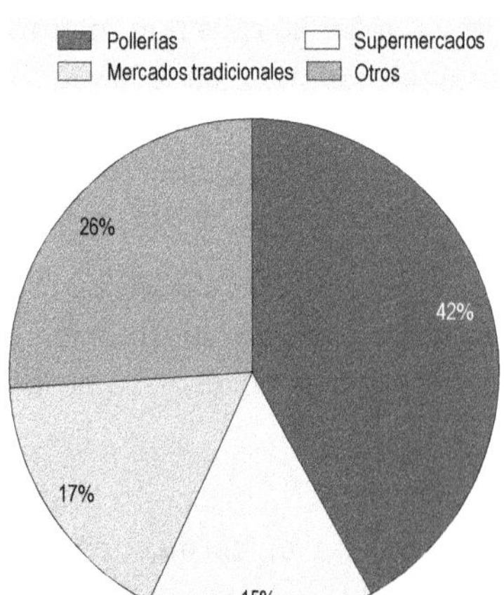

Fuente para las Gráficas 3.3, 3.4 y 3.5: COMECARNE (2016), *Compendio estadístico 2015 de la industria cárnica mexicana*, http://infocarne.comecarne.org/compendio/visualizar?comp=8

3.1.2. Valor agregado bruto de subsectores cárnicos

Esta sección contiene estimaciones someras del valor agregado bruto de la elaboración de alimentos para animales, la cría y explotación de animales, y la matanza, empacado y procesamiento de carnes entre 2005 y 2015.[14] Como se ilustra en la Gráfica 3.6, estos tres subsectores presentaron crecimiento durante el periodo, aunque en diferentes magnitudes.

En términos de valor, la producción animal y la matanza y procesamiento han sido más significativos que la elaboración de alimentos para animales. Por otro lado, los tres subsectores presentaron bajas tasas promedio de crecimiento: 1.34% para la cría y explotación de animales; 2.09% para la matanza, empacado y procesamiento; y 1.61% para la elaboración de alimentos para animales.

Gráfica 3.6. **Valor agregado bruto (millones de MXN constantes de 2015), 2005-2015**

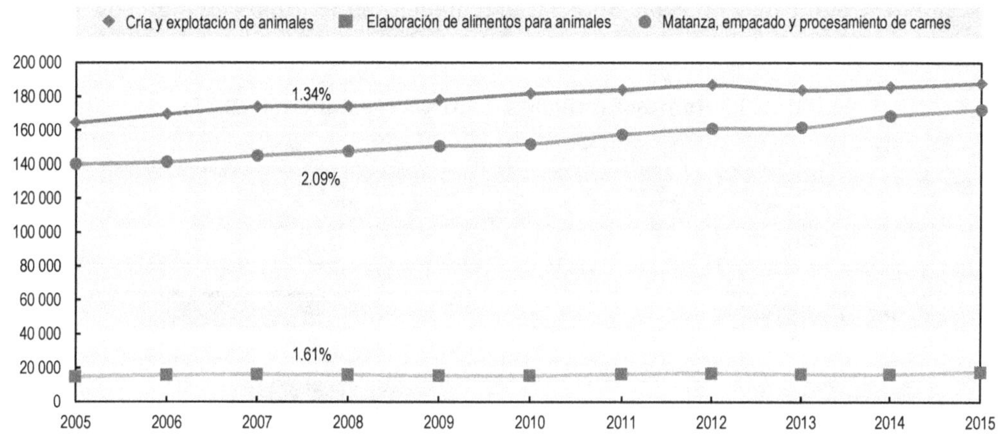

Fuente: INEGI, Banco de Información Económica; se utilizaron los siguientes códigos SCIAN: 1121, 1122, 1123, 3111 y 3116; www.inegi.org.mx/sistemas/bie/

Gráfica 3.7. **Matanza, empacado y procesamiento de carnes. Valor agregado bruto como porcentaje del PIB total y del PIB manufacturero, 2005-2015**

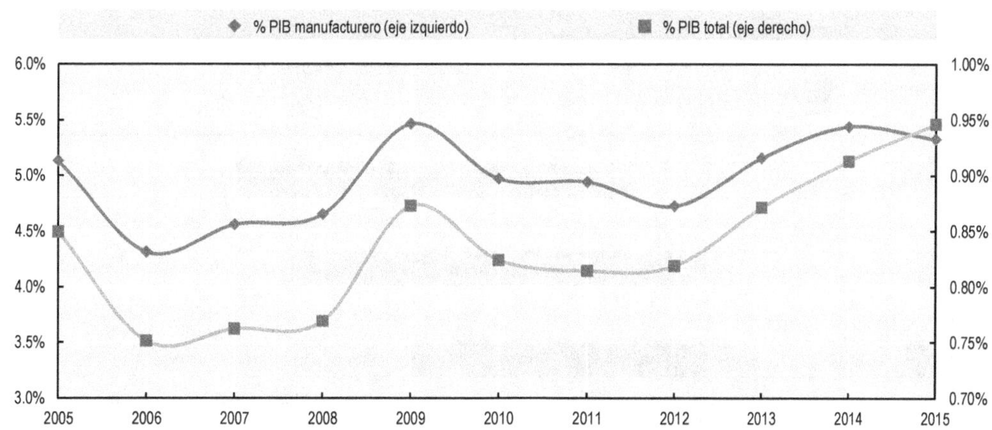

Fuente: INEGI, Banco de Información Económica, www.inegi.org.mx/sistemas/bie/

Entre 2005 y 2015, la matanza y procesamiento representaron, en promedio, 4.97% del PIB manufacturero y 0.84% del PIB total. Esta proporción del PIB ha crecido constantemente desde el 2011, para alcanzar 0.95% del PIB total en el 2015.

3.1.3. Estructura de mercado e indicadores principales

3.1.3.1. Indicadores principales

Los tres principales indicadores de la cadena de valor vertical de la industria cárnica – ingresos, número de empleados y número de establecimientos– experimentaron crecimiento entre 2003 y 2013.

En las siguientes tres gráficas se caracterizan, en términos de estos tres indicadores, los subsectores de elaboración de alimentos para animales; matanza, empacado y procesamiento de carnes; y comercio al por mayor y al por menor de carnes. Si estos subsectores se agregan, es posible apreciar crecimiento en términos de ingresos, número de empleados y número de establecimientos entre el 2003 y 2013.

Gráfica 3.8. **Ingresos (millones de MXN constantes de 2015)**

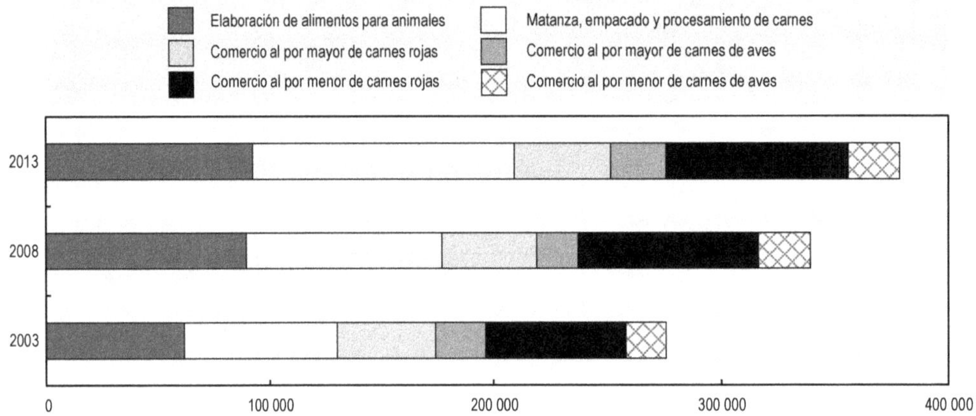

Gráfica 3.9. **Número de empleados, en miles**

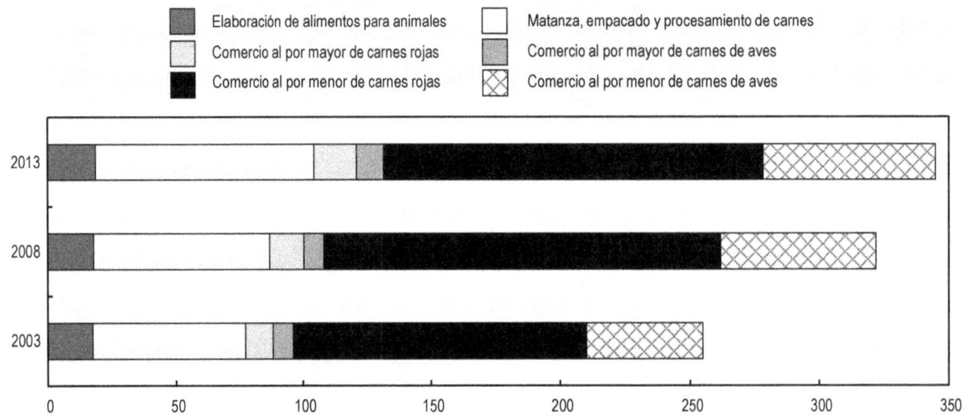

Fuente para las Gráficas 3.8 y 3.9: INEGI, Censos Económicos de 2004, 2009 y 2014, Sistema Automatizado de Información Censal, www.beta.inegi.org.mx/app/saic/default.aspx

En 2013, el subsector con los ingresos más altos fue el de la matanza, empacado y procesamiento, seguido por la elaboración de alimentos para animales y el comercio al por menor de carne. En lo que respecta a número de empleados, las principales actividades fueron el comercio al por menor de carnes rojas y de aves, seguido por la matanza y el procesamiento. Finalmente, la mayor parte de los establecimientos operó en los subsectores de comercio al por menor de carnes rojas y de aves. En 2013 había más de 104 000 establecimientos de ese tipo.

Gráfica 3.10. **Número de establecimientos, en miles***

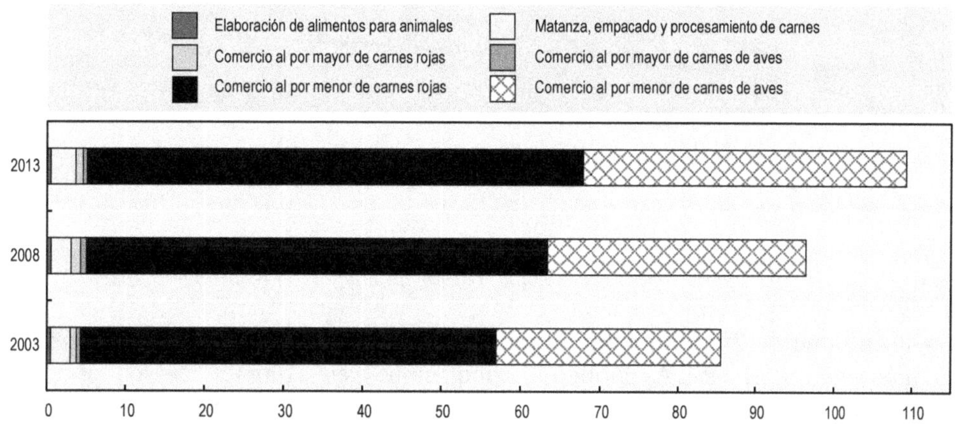

* De acuerdo con el INEGI, los establecimientos o unidades económicas se dedican a una actividad, confinada a construcciones e instalaciones fijas, combinando acciones y recursos bajo el control de una sola entidad propietaria o controladora, para llevar a cabo la producción de bienes y servicios, sea o no con fines mercantiles.

Fuente: INEGI, Censos Económicos de 2004, 2009 y 2014, Sistema Automatizado de Información Censal

3.1.3.2. Nivel de concentración en los distintos eslabones de la cadena de valor de cárnicos[15]

En la siguiente sección se muestran los niveles de concentración en las distintas etapas de la cadena de valor de cárnicos, con la salvedad de que los datos más recientes no están disponibles.[16]

Elaboración de alimentos para animales. De acuerdo con la COFECE, en 2008 los cuatro principales productores de alimentos para animales representaron una participación acumulada de mercado de 31.4%, mientras que los seis y ocho principales productores representaron 38% y 44% respectivamente. Asimismo, la elaboración de alimentos para animales presentaba un Índice de Herfindahl-Hirschman (IHH)[17] de 424, lo cual indica un grado de concentración de mercado de bajo a moderado.

Producción. En general, los datos disponibles sugieren que ha habido cambios en el mercado de la carne de pollo, mientras que los mercados de carne de res y cerdo se han mantenido relativamente estables.

Como puede apreciarse en la Gráfica 3.11, en 2007 la concentración en los mercados de producción de carne en pie de res y aves[18] era relativamente baja, mientras que la concentración en el mercado de la producción de carne de cerdo en pie era moderada. En 2007 los cinco principales productores de carne de res y aves en pie representaron 13.3% y 26.1% de las ventas totales de mercado, mientras que los cinco principales productores de carne de cerdo en pie representaron 58.9%.

Gráfica 3.11. **Principales productores de animales en pie y participaciones acumuladas de volúmenes de ventas, 2007**

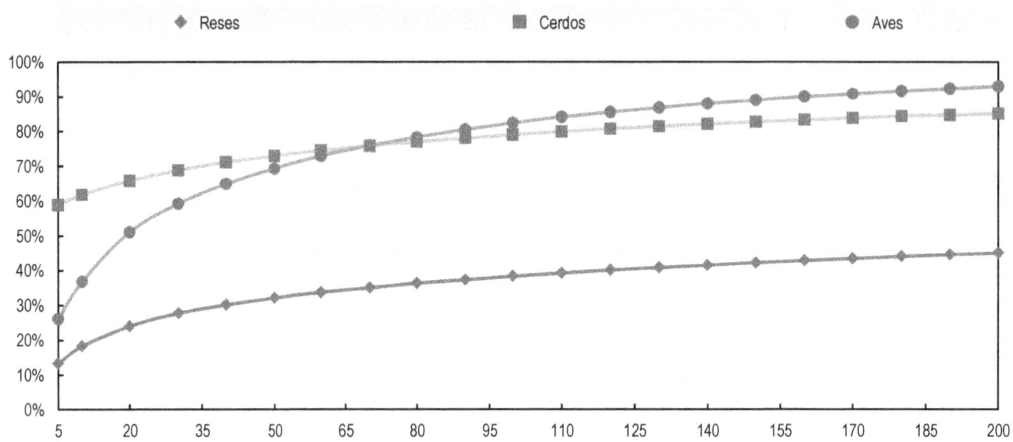

Fuente: COFECE (2015), *Reporte sobre las condiciones de competencia en el sector agroalimentario*

En su informe de 2011 *Mexico: Market Concentration in Selected Agricultural and Food Subsectors*,[19] el USDA publicó participaciones en volumen de los principales productores de los tres tipos de carne: en 2010 los tres principales productores de carne de pollo representaron 64% del volumen total, mientras que los tres principales productores de carne de res y cerdo solo representaron 27% y 25% de sus respectivos volúmenes totales.[20]

Cuadro 3.1. **Participación de las empresas productoras de carne de res, de acuerdo con la capacidad de procesamiento de corrales de engorda, 2010**

Empresa	Participación
Grupo Viz	16%
Grupo Gusi	6%
Praderas Huasteca	5%
Otros	73%
Total	100%

Fuente: USDA (2011), *Mexico: Market Concentration in Selected Agricultural and Food Subsectors*

Cuadro 3.2. **Participación de las empresas productoras de carne de pollo, por volumen, 2010**

Empresa	Participación
Industrias Bachoco	38%
Pilgrim's Pride	14%
Tyson de México	12%
Otros	36%
Total	100%

Fuente: USDA (2011), *Mexico: Market Concentration in Selected Agricultural and Food Subsectors*

Cuadro 3.3. **Participación de las empresas productoras de carne de cerdo, por volumen, 2010***

Empresa	Participación
Kekén (Grupo Porcícola Mexicano)	10%
Grupo Kowi	8%
Norson	7%
Sonora Agropecuaria	6%
Grupo Bafar	5%
Otros	64%
Total	100%

* Estos datos difieren de la Gráfica 3.11. De acuerdo con la COFECE, en 2007, en el mercado de producción de carne de cerdo en pie, los cinco principales productores representaban 58.9% de las ventas, pero los datos del USDA sugieren que, tres años después, los cinco principales productores apenas representaban 36%. Estas diferencias pudieran deberse a distintas metodologías o a cambios en las estructuras de mercado.

Fuente: USDA (2011), *Mexico: Market Concentration in Selected Agricultural and Food Subsectors*

Desde 2010, la estructura del mercado de la producción de carne de pollo ha cambiado, y en 2015 Pilgrim's Pride adquirió a Tyson de México.[21] La COFECE aprobó esta transacción[22] tras hallar que en los diversos mercados en los que las dos partes coincidían, existía una franja competitiva de pequeños productores que representaba al menos 37% del mercado; el restante 63% correspondía a las dos partes fusionadas y Bachoco.[23]

Utilizando datos de la edición de marzo de 2017 de la revista *Industria Avícola*, así como datos del Servicio de Información Agroalimentaria y Pesquera (SIAP) de SAGARPA, el equipo de la OCDE estimó que en 2016 Industrias Bachoco y Pilgrim's Pride representaron, respectivamente, 35.5% y 28% de todo el pollo en pie en México.[24]

Matanza. El informe de 2011 del USDA también menciona que, en 2010, 10 empresas representaban 75% de las reses sacrificadas en rastros TIF: SuKarne (parte del Grupo Viz), Grupo Agro Industrial Arias, Frigorífica Contreras, ProCarnes (Don Fileto), Carnes ViBa, Carnes El Alba, Consorcio Dipcen y Frigorífico Tabasco. Esta alta concentración en la propiedad de los rastros TIF tiene su explicación en parte por los altos costos de cumplimiento con los estándares de higiene TIF.[25] En contraste, la propiedad de los establecimientos no TIF estaba altamente fragmentada.

3.1.4. Producción

Entre 2006 y 2016, la producción de los tres tipos de carne presentó un crecimiento moderado: la producción de canales de res, cerdo y pollo creció a tasas anuales promedio de 1.54%, 2.18% y 2.25%, respectivamente. En 2016, del volumen de producción total de estos tres tipos de carne, 48.6% correspondió a pollo, mientras que 29.7% fue res y 21.7% cerdo. Para cada uno de los años entre 2006 y 2016, el volumen de producción de pollo fue mayor que el de res o cerdo.

Gráfica 3.12. **Producción de carne en canal (miles de toneladas)**

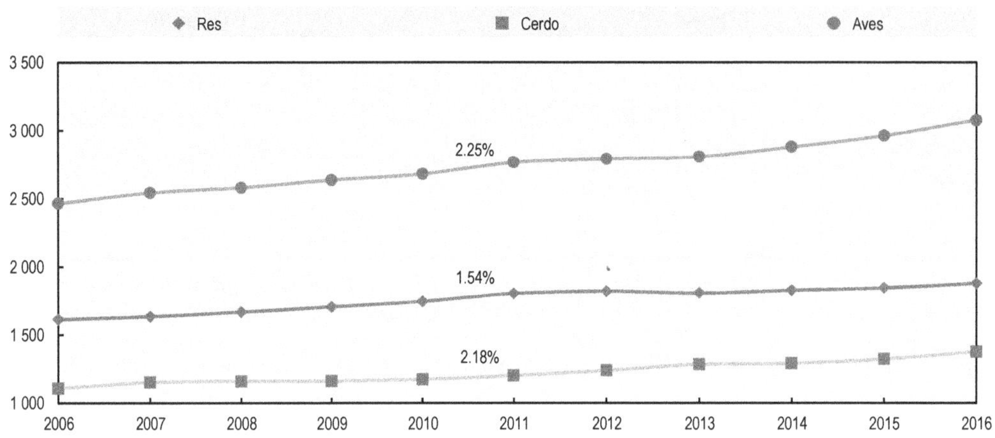

Fuente: Servicio de Información Agroalimentaria y Pesquera (SIAP), Producción anual ganadera: resumen nacional, http://infosiap.siap.gob.mx/anpecuario_siapx_gobmx/ResumenNacional.do

Gráfica 3.13. **Valor de la producción de carne de canal (millones de MXN nominales)***

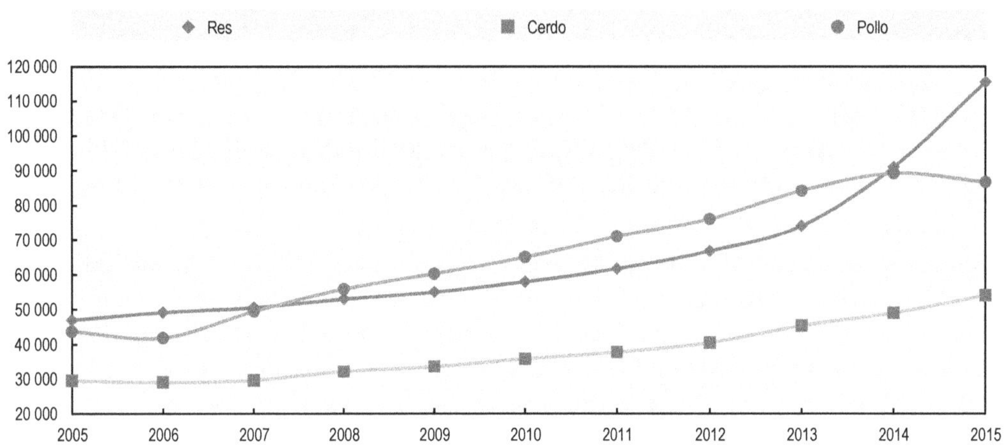

* El valor de la producción de animales depende del volumen de animales sacrificados, así como de los precios recibidos por los productores en los rastros.

Fuente: SIAP, Producción anual ganadera: resumen nacional, http://infosiap.siap.gob.mx/anpecuario_siapx_gobmx/ResumenNacional.do

De 2008 a 2013, el valor de la producción de la carne de pollo fue mayor que el de la carne de res. Sin embargo, en 2014 y 2015 el valor de la producción de carne de res superó al de la carne de pollo. Esto se debió a múltiples factores, como el incremento en los precios de la carne de res.

3.1.5. Patrones de consumo e índices de precios

El consumo de los tres tipos de carne en México presentó distintas tendencias. Entre 2006 y 2016, el consumo per cápita de carne de res disminuyó a una tasa anual promedio de 1.72%, mientras que el consumo per cápita de carne de pollo y puerco aumentó a tasas anuales promedio de 1.54% y 2.28%, respectivamente. Como puede apreciarse en la Gráfica 3.14, entre 2006 y 2011 el consumo per cápita de carne de res fue superior al de carne de cerdo. No obstante, desde 2012 esta tendencia se ha revertido. Durante el periodo 2013-2016, el consumo per cápita de carne de cerdo aumentó, mientras que el de carne de res disminuyó.

Gráfica 3.14. **Consumo anual per cápita de carne (kilogramos)**

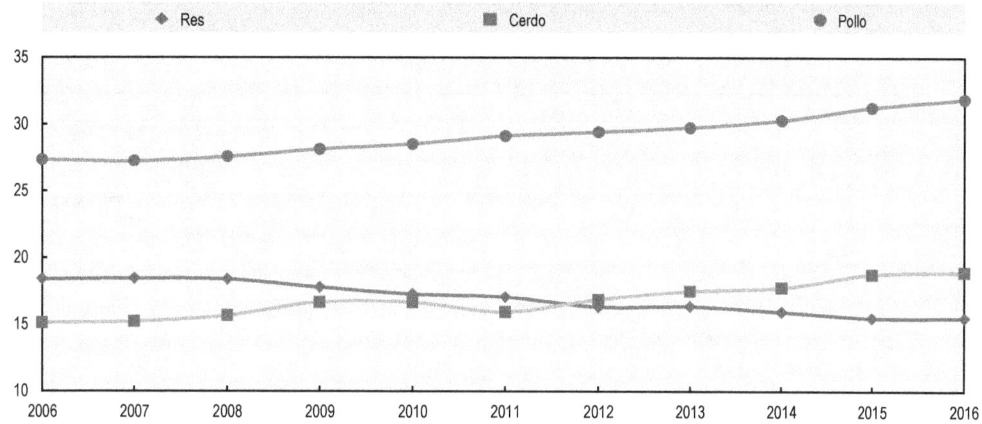

Fuente: SIAP y Sistema de Información Arancelaria vía Internet (SIAVI)

Gráfica 3.15. **Índices de precios al consumidor: general y de alimentos**

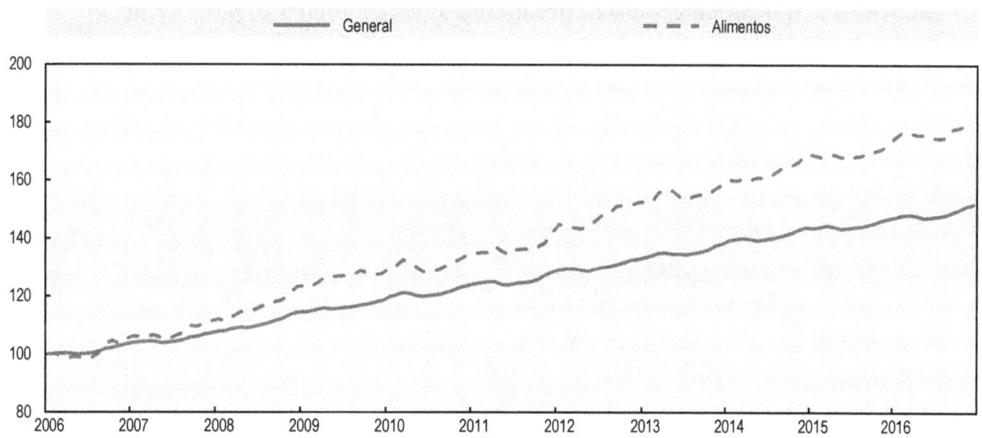

Fuente: INEGI, Índice de Precios al Consumidor, www.inegi.org.mx/sistemas/indiceprecios/Estructura.aspx?idEstructura=112000200070&T=%C3%8Dndices%20de%20Precios%20al%20Consumidor&ST=INPC%20Nacional

La Gráfica 3.15 ilustra la evolución del índice general de precios al consumidor y del índice de precios de alimentos al consumidor entre enero 2006 y diciembre 2016. Ambos índices fueron normalizados a 100 a enero de 2006. A partir de septiembre de 2006, el índice de precios de alimentos fue mayor que el índice general de precios. En el periodo mencionado, el índice general de precios y el índice de alimentos presentaron una tasa anual promedio de inflación de 4.3% y 6.1%, respectivamente.

La Gráfica 3.16 presenta la evolución de los índices de precios al consumidor para carne y vísceras de res, carne y vísceras de cerdo, y carne de aves, tomando como punto de comparación el índice de precios de los alimentos en general. Para el periodo en cuestión, los índices de precios de las carnes de res, cerdo y pollo registraron tasas anuales promedio de inflación de 7.7%, 5.3% y 6.5%, respectivamente. Únicamente el índice de precios de la carne y las vísceras de cerdo presentó una inflación menor que la del índice de precios de alimentos en general.

Gráfica 3.16. **Índices de precios al consumidor: alimentos y variedades de carne**

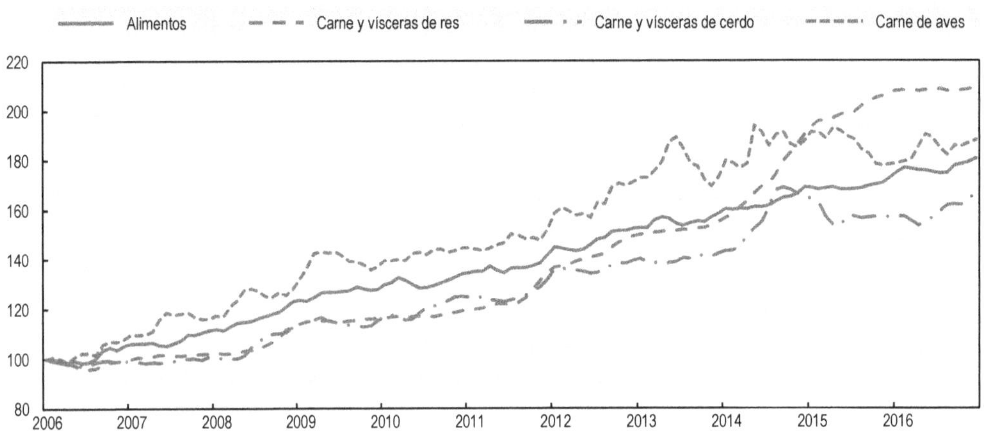

Fuente: INEGI, Índice de Precios al Consumidor

Gráfica 3.17. **Índices de precios al productor: tipos de alimentos para animales**

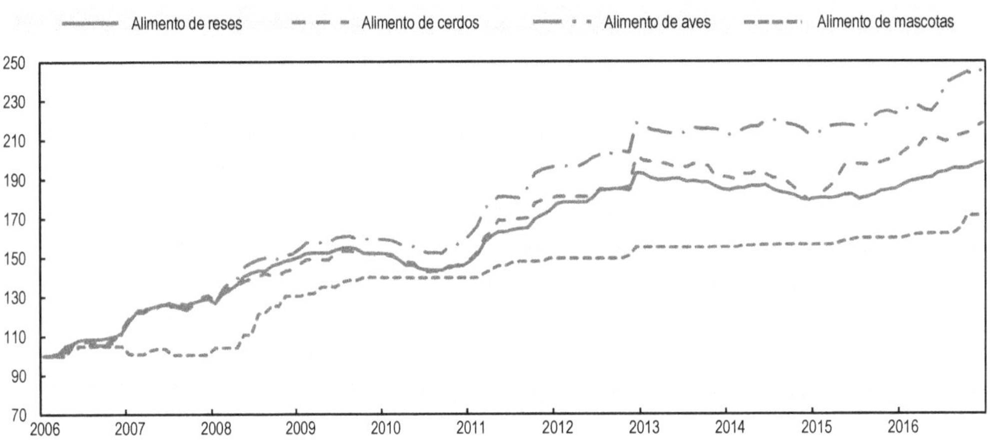

Fuente: INEGI, www.inegi.org.mx/sistemas/indiceprecios/Estructura.aspx?idEstructura=112000800010&T=%C3%8Dndices%20de%20Precios%20al%20Productor&ST=Producci%C3%B3n%20total%2C%20seg%C3%BAn%20actividad%20econ%C3%B3mica%20de%20origen%20SCIAN%202007

De la misma forma, la Gráfica 3.17 muestra los índices de precios al productor para cuatro tipos de alimentos para animales entre 2006 y 2016. En dicho periodo los alimentos para reses, cerdos, aves y mascotas registraron una tasa de inflación promedio anual de 7.1%, 8.1%, 9.4% y 5.5%, respectivamente. Por último, en la Gráfica 3.18 se comparan las tasas promedio de inflación anual de los alimentos para animales y la carne y vísceras, para las tres categorías de animales. Los alimentos para reses registraron la tasa de inflación promedio más baja de entre los tres tipos de alimentos, pero, como se mencionó antes, la carne y las vísceras de res registraron la tasa de inflación más alta entre los tres tipos de carne.

Gráfica 3.18. **Tasa de inflación anual promedio (entre 2006 y 2016): alimentos para animales y carne***

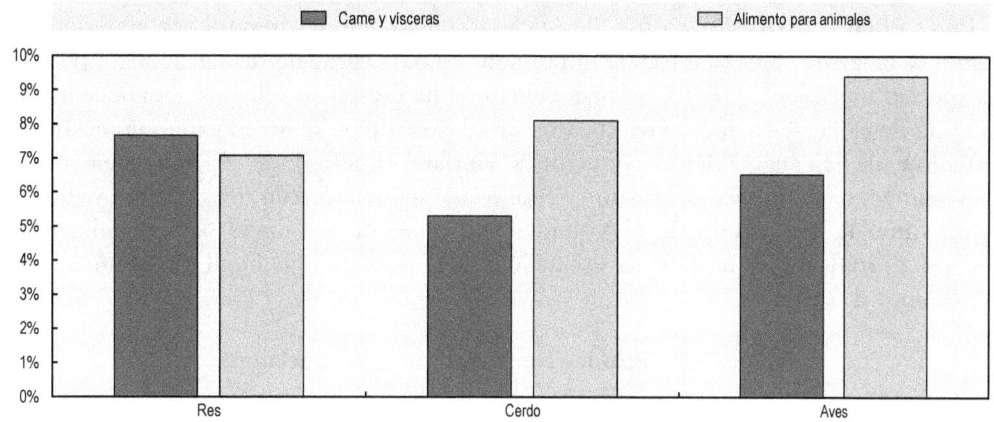

* Solo carne, y no carne y vísceras, en el caso de aves.

Fuente: INEGI, Índices de Precios al Productor y al Consumidor

La proporción del gasto que los hogares destinaron a la compra de carne aumentó entre 2008 y 2014. De acuerdo con las ediciones de 2008 y 2014 de la Encuesta Nacional de Ingresos y Gastos de los Hogares (ENIGH), en 2008, 7.1% del gasto del hogar mexicano promedio se destinó a la carne, mientras que en 2014 dicho gasto correspondió a 7.8%. La proporción del gasto destinada a la carne disminuye conforme aumenta el nivel de ingreso de un hogar. En 2014 el primer decil de ingresos asignaba 12.8% de su gasto a la carne, mientras que el quinto y décimo deciles solo asignaban 10.1% y 4.1%, respectivamente. Esto muestra que los aumentos en el precio de la carne tienen un mayor impacto en los hogares de bajo ingreso. En 2014, con excepción de los hogares pertenecientes al décimo decil, en promedio los hogares destinaron una mayor proporción de su gasto a la carne en comparación con 2008.

Gráfica 3.19. **Porcentaje del gasto de los hogares asignado a la carne de acuerdo con los deciles de ingreso de los hogares**

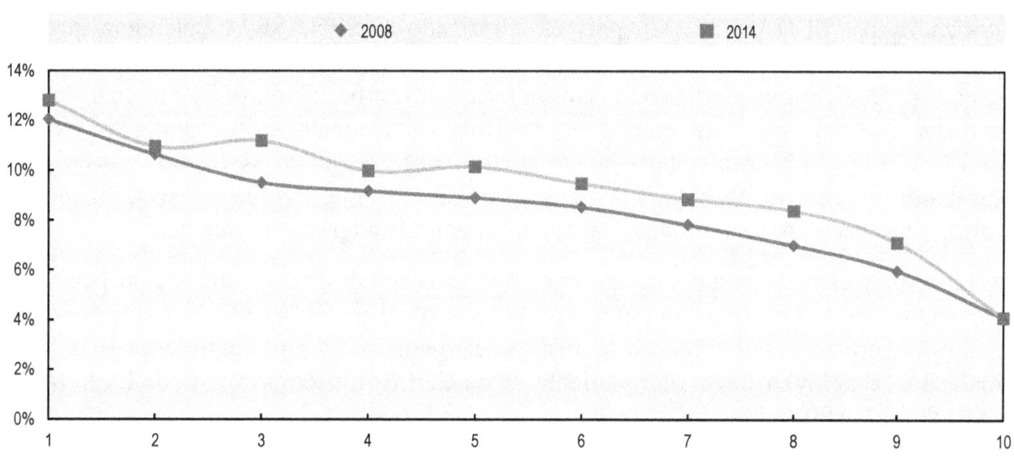

Fuente: INEGI, Encuesta Nacional de Ingresos y Gastos de los Hogares (ENIGH) de 2008 y 2004; www.beta.inegi.org.mx/proyectos/enchogares/regulares/enigh/nc/2012/ y www.beta.inegi.org.mx/proyectos/enchogares/regulares/enigh/nc/2014/default.html

3.1.6. Comercio exterior

Entre 2006 y 2016 México fue, de manera consistente, un importador neto de carne de pollo y de cerdo. También fue un importador neto de carne de res hasta 2015, pero fue un exportador neto en 2016. La balanza comercial ha presentado distintas tendencias para cada tipo de carne.[26] En el caso de la carne de cerdo y de pollo, el consumo doméstico ha reposado cada vez más en las importaciones. Durante el periodo de 11 años mencionado, los volúmenes de carne de cerdo y pollo se incrementaron en 92.9% y 90.4%, respectivamente. En contraste, el volumen de carne de res importada disminuyó en 46.4%. La Gráfica 3.20 muestra la evolución de la balanza comercial en volumen, para los tres tipos de carne.

Gráfica 3.20. **Balanza comercial (miles de toneladas)**

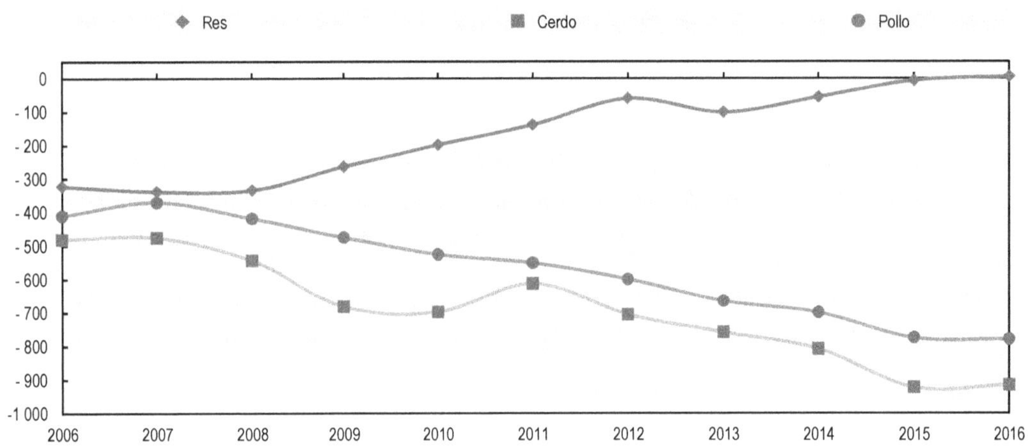

Fuente: SIAVI, www.economia-snci.gob.mx

La importación a México de carne y otras "mercancías reguladas"[27] está sometida a un doble control: tanto el país de origen como el establecimiento de origen deben ser autorizados por SENASICA. Un país es autorizado si SENASICA considera que sus servicios veterinarios son al menos equivalentes a los de México. Todas las "mercancías reguladas" requieren un Certificado Zoosanitario para Importación (CZI), lo cual implica satisfacer los requisitos contenidos en la Hoja de Requisitos Zoosanitarios para la Importación, que puede adaptarse a las condiciones zoosanitarias específicas del país exportador. Asimismo, SENASICA tiene el poder de imponer cuarentenas, custodia y control a las "mercancías reguladas" antes de su entrada a territorio mexicano.

La exportación de carne y otras "mercancías reguladas" está sujeta a inspecciones físicas antes de la certificación para exportar por parte de SENASICA. Estos controles están diseñados para satisfacer los requisitos regulatorios del país importador y, una vez satisfechos, concluyen con el otorgamiento de un Certificado Zoosanitario de Exportación (CZE) de SENASICA.[28]

La gran mayoría de las importaciones de México de los tres tipos de carne provienen de Estados Unidos. En 2016, 84.6% del volumen total de importaciones de carne de res provino de Estados Unidos, mientras que en el caso de las carnes de cerdo y pollo, estos porcentajes fueron de 81.7% y 90.5%, respectivamente.[29]

Entre 2006 y 2016, el volumen de exportaciones de carne de pollo y cerdo representó apenas 0.8% y 9.9% de sus respectivos volúmenes de importación. En este periodo, la exportación de ambos tipos de carne probablemente fue inhibida por enfermedades animales epidémicas periódicas.[30] Durante el mismo periodo, las exportaciones de carne de res constituyeron 38.3% de sus volúmenes de importación.

Si bien México ha sido casi autosuficiente en términos del consumo de carne de res, cada vez depende más de las importaciones para satisfacer el consumo nacional aparente de carne de pollo y cerdo. Entre 2006 y 2016, la proporción del consumo nacional de carne de res abastecido por la producción nacional (es decir, el total de la producción nacional menos exportaciones) aumentó de 81.7% a 89.8%. En el caso de la carne de pollo, esta proporción disminuyó de 85.7% a 79.7%, y en el caso de la carne de cerdo esta proporción disminuyó de 66.5% a 55.2%.

Gráfica 3.21. **Exportaciones e importaciones de carne de res (miles de toneladas)***

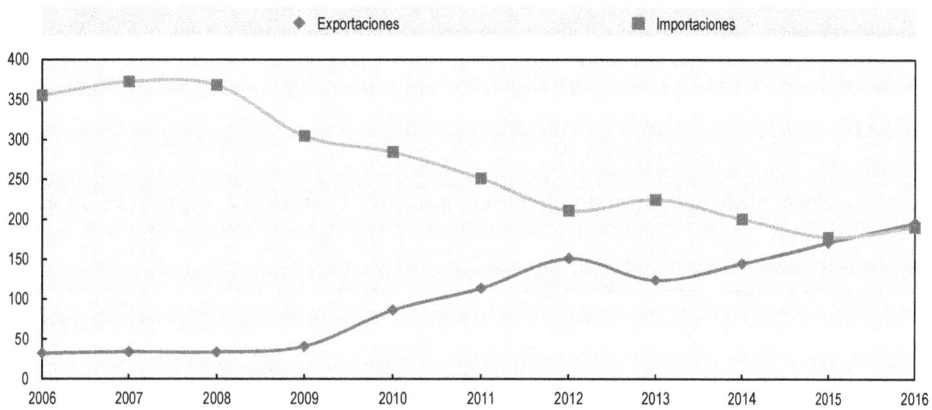

* Las siguientes fracciones arancelarias del Sistema de Información Arancelaria vía Internet (SIAVI) de la SE se utilizaron para elaborar la serie de la res: 02.01.10.01, 02.01.20.99, 02.01.30.01, 02.02.10.01, 02.02.20.99, 02.02.30.01, 02.06.10.01, 02.06.21.01, 02.06.22.01, 02.06.29.99, 02.10.20.01, 16.02.50.01 y 16.02.50.99.

Fuente: SIAVI, www.economia-snci.gob.mx

Gráfica 3.22. **Exportaciones e importaciones de carne de cerdo (miles de toneladas)***

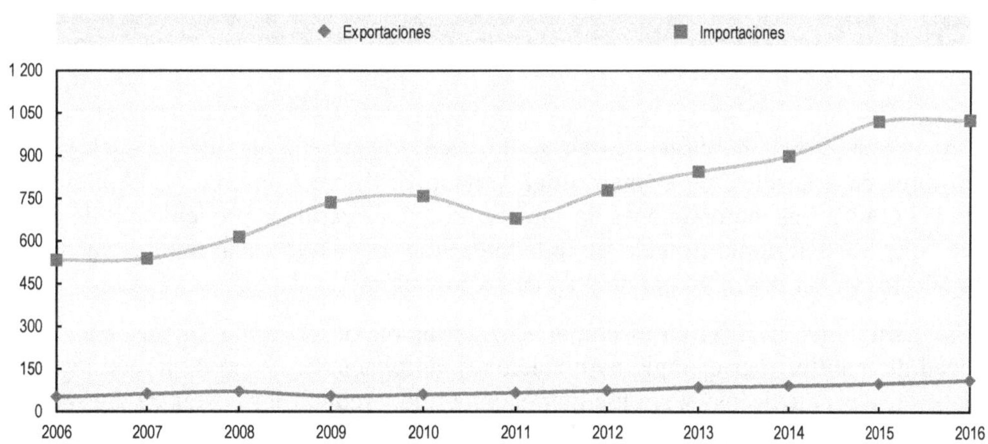

* Las siguientes fracciones arancelarias del Sistema de Información Arancelaria vía Internet (SIAVI) de la SE se utilizaron para elaborar la serie del cerdo: 02.03.11.01, 02.03.12.01, 02.03.19.99, 02.03.21.01, 02.03.22.01, 02.03.29.99, 02.06.30.01, 02.06.30.99, 02.06.41.01, 02.06.49.01, 02.06.49.99, 02.09.00.99, 02.10.11.01, 02.10.12.01, 02.10.19.99, 16.02.41.01, 16.02.42.01 y 16.02.49.01.

Fuente: SIAVI

Gráfica 3.23. **Exportaciones e importaciones de carne de pollo (miles de toneladas)***

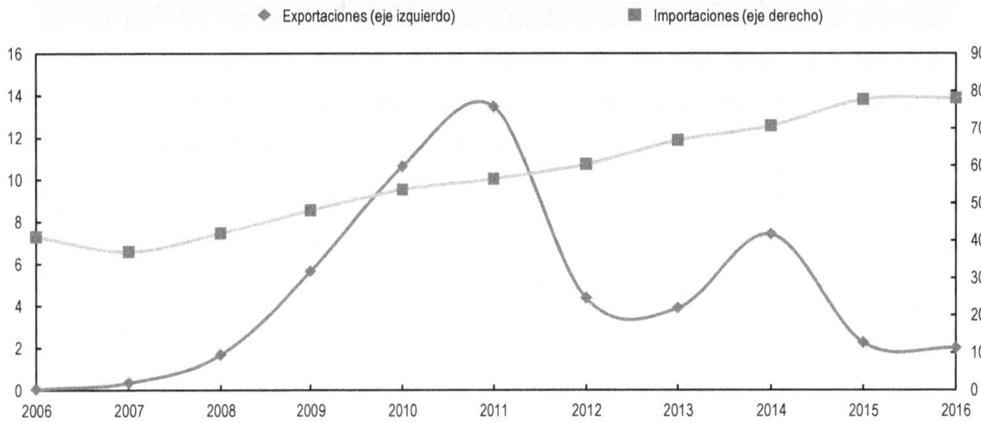

* Las siguientes fracciones arancelarias del Sistema de Información Arancelaria vía Internet (SIAVI) de la SE se utilizaron para elaborar la serie del pollo: 02.07.11.01, 02.07.12.01, 02.07.13.01, 02.07.13.02, 02.07.13.03, 02.07.13.99, 02.07.14.01, 02.07.14.02, 02.07.14.03, 02.07.14.04, 02.07.14.99 y 02.10.99.03.

Fuente: SIAVI

Gráfica 3.24. **Porcentaje del consumo nacional aparente abastecido con producción nacional**

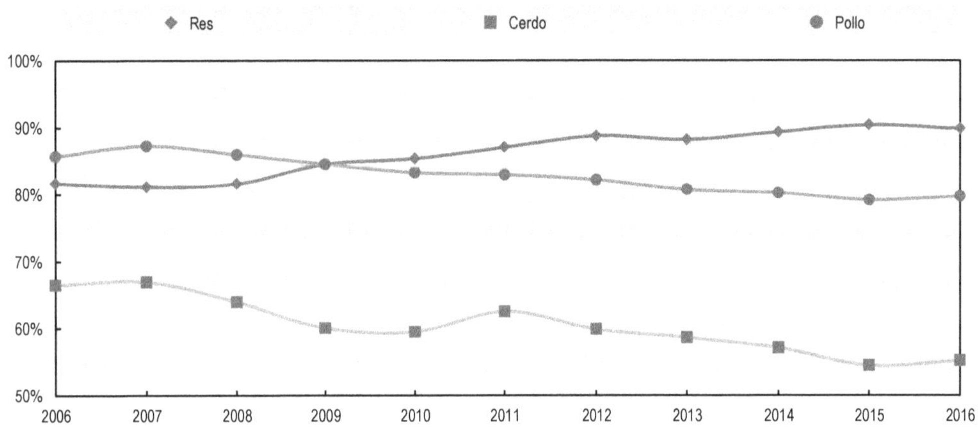

Fuente: SIAP y SIAVI

Las importaciones de carne de res, pollo y cerdo provenientes de Estados Unidos están libres de aranceles, en el marco del Tratado de Libre Comercio de América del Norte (TLCAN). Las importaciones de carne y productos cárnicos provenientes de países con los que México no ha firmado un tratado de libre comercio están regidas por la Ley de Impuestos Generales de Importación y de Exportación.[31]

Las partes involucradas en el comercio exterior mexicano están sujetas a una gran variedad de trámites (por ejemplo autorizaciones, aprobaciones, pago de impuestos) ante las dependencias mexicanas. Para facilitar el comercio y reducir los costos de transacción, el gobierno federal mexicano creó la Ventanilla Única de Comercio Exterior Mexicana (VUCEM), una plataforma de Internet diseñada para procesar de forma electrónica las operaciones de importación, exportación y tránsito. El uso de la VUCEM es obligatorio para todas las importaciones y exportaciones.[32] La solicitud de permisos de importación para los productos pecuarios sujetos a controles de SENASICA debe realizarse por medio de la VUCEM. Antes de hacer esta solicitud, el importador debe acceder a los requisitos zoosanitarios por medio del módulo de requisitos en la página de SENASICA.

3.1.7. Comparaciones internacionales de precios

En las siguientes tres gráficas se comparan, para 2015, los precios al productor de la carne en pie en México y otros países americanos. Las líneas punteadas representan los precios al productor promedio para el conjunto de países seleccionados.

Para cada variedad de carne, los precios al productor en México fueron inferiores al promedio de los países seleccionados, y se ubicaron en la parte media o inferior de la distribución. Sin embargo, en lo tocante a las carnes de cerdo y pollo, los precios fueron superiores a los de Estados Unidos en 28.97% y 10.80%, respectivamente. Esto es consistente con el hecho de que una proporción considerable de las importaciones de ambas variedades de carne proviene de dicho país.

Gráfica 3.25. **Precios al productor de carne de res en pie (USD/kg), países americanos, 2015**

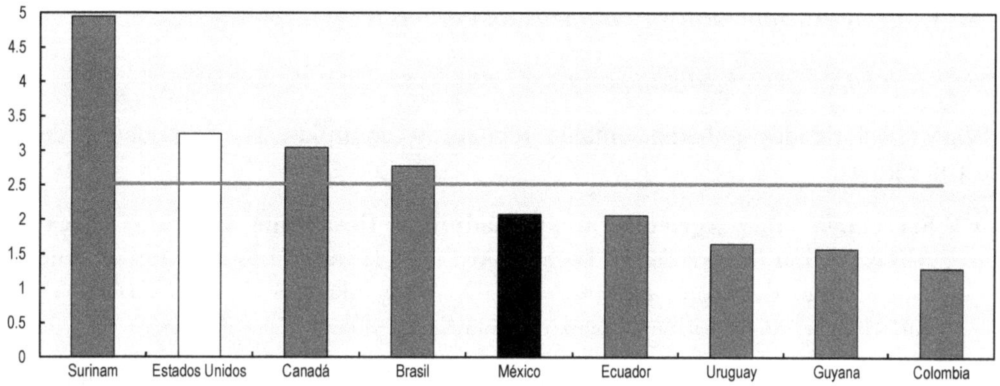

Fuente: Organización de las Naciones Unidas para la Alimentación y la Agricultura (FAO), Precios al productor – Anual, www.fao.org/faostat/en/#data/PP

Gráfica 3.26. **Precios al productor de carne de cerdo en pie (USD/kg), países americanos, 2015**

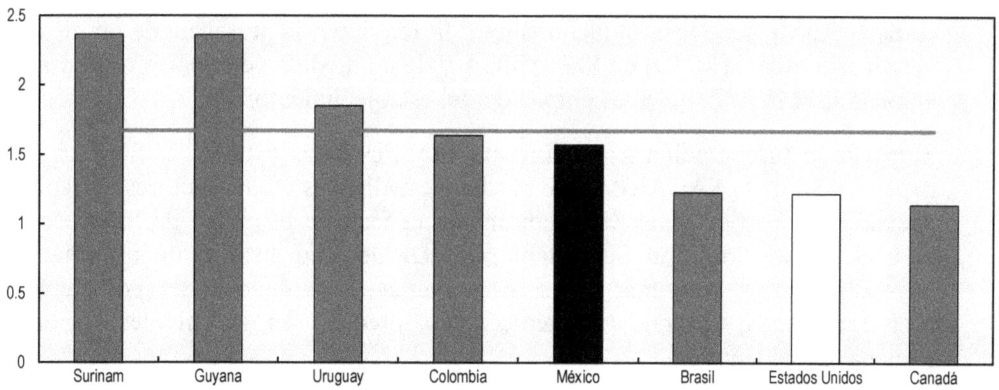

Fuente: FAO, Precios al productor – Anual

Gráfica 3.27. **Precios al productor de carne de pollo en pie (USD/kg), países americanos, 2015**

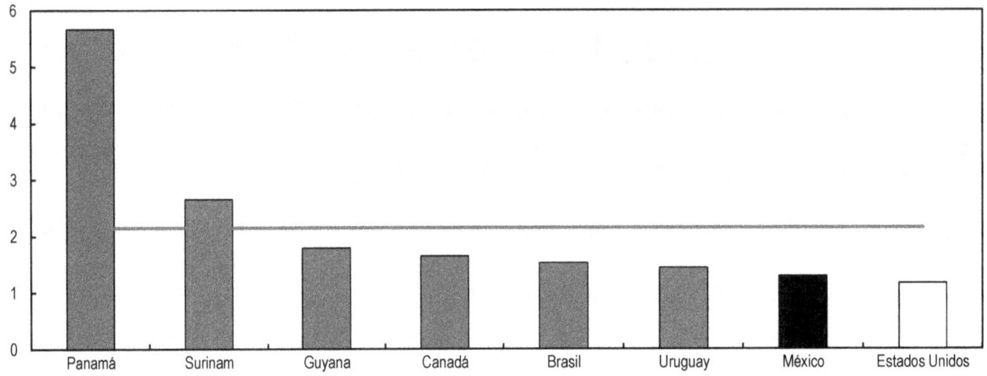

Fuente: FAO, Precios al productor – Anual

3.1.8. Autoridades relevantes y cámaras de comercio

3.1.8.1. Autoridades gubernamentales

Varias autoridades gubernamentales regulan y controlan las actividades de la industria cárnica:

- **Secretaría de Agricultura, Ganadería, Desarrollo Rural, Pesca y Alimentación (SAGARPA).** La SAGARPA es la Secretaría que, a nivel federal, está a cargo del sector agropecuario. Dos dependencias de la SAGARPA son particularmente importantes para la industria cárnica:
- **Servicio Nacional de Sanidad, Inocuidad y Calidad Agroalimentaria (SENASICA).** SENASICA es una dependencia de la SAGARPA cuyas tareas incluyen la vigilancia de la sanidad y el bienestar animal, así como de la importación y exportación de animales y productos de origen animal; la vigilancia de enfermedades animales, y el control de los productos de uso o consumo animal. SENASICA regula los establecimientos TIF dedicados al sacrificio, corte, deshuese, procesamiento, almacenamiento y congelamiento de la carne.[33] En México los establecimientos TIF requieren la presencia de un médico veterinario oficial (MVO) de SENASICA y de un médico veterinario responsable autorizado (MVRA), quien es empleado del establecimiento TIF.
- **Servicio de Información Agroalimentaria y Pesquera (SIAP).** El SIAP es una dependencia de la SAGARPA que produce estadísticas en los sectores agrícola y pecuario. En particular, el SIAP administra el Sistema Nacional de Información para el Desarrollo Rural Sustentable (SNIDRUS), un sistema de información cuyo objetivo es diseminar datos sobre mercados agropecuarios (por ejemplo oferta, demanda, inventarios, predicciones, precios) en los niveles regional, nacional e internacional.
- **Secretaría de Salud (SSA).** La Comisión Federal para la Protección contra Riesgos Sanitarios (COFEPRIS) es una dependencia de la SAA que establece especificaciones sanitarias para los rastros TIF y municipales,[34] así como para los minoristas.[35] Sin embargo, como ya se mencionó, los rastros TIF también deben satisfacer las especificaciones de SENASICA.

- **Secretaría de Economía (SE).** Las siguientes dependencias de la SE son relevantes para la industria cárnica.
  - **Sistema de Información Arancelaria vía Internet (SIAVI).** La SE establece y administra el sistema de aranceles. El SIAVI es una plataforma en Internet operada por la SE, que contiene información comercial para las fracciones arancelarias.
  - **Sistema Nacional de Información e Integración de Mercados (SNIIM).** El SNIIM es una plataforma de Internet operada por la SE que monitorea los precios al mayoreo de diversos productos agropecuarios comercializados en México. Por ejemplo, se pueden consultar los precios para la carne en pie y en canal, así como vísceras en distintos establecimientos, incluyendo rastros y plantas procesadoras.[36]
  - **Subsecretaría de Competitividad y Normatividad.** Esta Subsecretaría, por medio de la Dirección General de Normas (DGN), es responsable de la operación del catálogo de las Normas Oficiales Mexicanas.
- **Procuraduría Federal del Consumidor (PROFECO).** La PROFECO, una dependencia de la SE, está a cargo de la política de protección al consumidor. Opera un programa que publica precios a nivel de municipios para más de 2 000 artículos, incluyendo distintos tipos de carne.[37] La PROFECO también resuelve sobre asuntos relacionados con la contratación de servicios y la compra de productos. Elabora y publica reportes sobre la calidad y las características de bienes y servicios para orientar y proteger a los consumidores. Si bien la PROFECO hace mención específica de marcas en estos informes, las empresas no pueden citar dichas opiniones.
- **Secretaría de Desarrollo Agrario, Territorial y Urbano (SEDATU).** La SEDATU se creó en 2013 para reemplazar a la Secretaría de la Reforma Agraria (SRA). El Registro Agrario Nacional, una dependencia de la SEDATU, está a cargo de administrar el registro de las tierras bajo propiedad social y de otorgar los certificados de privatización de los ejidos.
- **Comisión Intersecretarial para el Desarrollo Rural Sustentable (CIDRS).** La CIDRS es una comisión multisectorial que promueve el desarrollo rural desde el gobierno federal mexicano. La CIDRS está compuesta por los secretarios de las Secretarías involucradas en mayor o menor medida con el desarrollo rural (por ejemplo SAGARPA, SE, SEMARNAT, SHCP, Secretaría de Comunicaciones y Transportes [SCT], SSA, Secretaría de Desarrollo Social [SEDESOL], SEDATU, SEP y SENER), y por cualquier otra Secretaría o dependencia que el Poder Ejecutivo considere necesario. La CIDRS es encabezada por la SAGARPA y es responsable de elaborar planes nacionales de desarrollo que establecen objetivos y acciones para las dependencias federales relacionadas con el sector rural.[38] Por otro lado, de acuerdo con el artículo 149, fracción II de la Ley de Desarrollo Rural Sustentable, entre las responsabilidades de la CIDRS se encuentra la promoción de Sistemas Productos, que son comités del Consejo Mexicano para el Desarrollo Rural Sustentable (CMDRS). Estos comités tienen entre sus objetivos "establecer los planes de expansión y repliegue estratégicos de los volúmenes y calidad de cada producto".

3.1.8.2. Cámaras de comercio

Las siguientes asociaciones participan en el desarrollo de sus respectivas industrias cárnicas:

- **Consejo Mexicano de la Carne (COMECARNE).** Fundado en 1985, el COMECARNE es una cámara de comercio de compañías procesadoras de carne. Entre sus miembros se cuentan las empresas grandes (es decir Sigma, Grupo Bafar y Grupo Viz) y las pequeñas. Los miembros del COMECARNE operan rastros y empacadoras, que incluyen actividades como el procesamiento, el corte y el deshuese de la carne.
- **Confederación de Porcicultores Mexicanos (Porcimex).** La Porcimex es una organización que agrupa a asociaciones de productores de cerdos, así como a productores individuales de cerdos. Fundada en 2002, la Porcimex consta de 43 miembros ubicados en 18 estados mexicanos, así como de 10 asociados que son principalmente empresas que también venden medicamentos veterinarios (como Zoetis, Pfizer y Boehringer Ingelheim). La Porcimex es miembro de varias cámaras de comercio nacionales e internacionales, como el Consejo Nacional Agropecuario (CNA), el Consejo Coordinador Empresarial (CCE) y la Organización Iberoamericana de Porcicultores.
- **Unión Nacional de Avicultores (UNA).** La UNA reúne a productores locales de pollo y huevo de 14 estados de México. Fundada en 1958, trabaja en estrecha colaboración con autoridades locales y federales (como la SAGARPA) en campañas para combatir enfermedades aviares. También recaba estadísticas de la industria por ejemplo censos de productores avícolas e informes sobre el otorgamiento de fondos).
- **Asociación Mexicana de Engordadores de Ganado Bovino (AMEG).** La AMEG es una asociación de productores de carne de res creada en 1994. Promueve las exportaciones de carne de res proveniente de rastros TIF a socios comerciales como Japón, Corea, Rusia, Taipéi Chino, Singapur y Estados Unidos, y participa en el diseño y reforma de leyes así como en el desarrollo de programas a lo largo de la cadena de valor de la carne de res. La AMEG también apoya a los productores de carne de res para obtener créditos agropecuarios ante Fideicomisos Instituidos en Relación a la Agricultura (FIRA). Asimismo, la AMEG elabora informes y estadísticas sectoriales.
- **Asociación Nacional de Establecimientos Tipo Inspección Federal (ANETIF).** La ANETIF es una cámara de comercio de empresas procesadoras de carne que poseen establecimientos con la acreditación TIF para los tres tipos de carne. La ANETIF cabildea en asuntos relacionados con regulaciones y con el desarrollo de la legislación y estándares. La ANETIF afirma tener vínculos institucionales con más de 40 instituciones públicas y privadas. También provee diversos servicios a sus miembros, como la tramitación y renovación de certificaciones TIF, la consultoría en asuntos fiscales para la importación de carne y para el cumplimiento de requisitos de exportación, y la formación y asistencia en sanidad animal.

3.1.8.3. Organizaciones ganaderas

- **Organismos Auxiliares en Sanidad Animal (OASA).** Los OASA son asociaciones de productores pecuarios que apoyan a la SAGARPA en la coordinación e implementación de campañas zoosanitarias y programas de buenas prácticas pecuarias. Existen diferentes denominaciones para los Organismos Auxiliares, según si sus miembros son productores agrícolas, pecuarios o acuícolas. En el caso de los productores pecuarios, los OASA son conocidos como Comités Estatales de Fomento y Protección Pecuaria (CEFPP). Los CEFPP operan bajo la supervisión de las delegaciones estatales de SAGARPA, así como de los gobiernos estatales. Para operar, los CEFPP son autorizados por la SAGARPA, que puede revocar esa autorización si considera que ya no satisfacen sus objetivos. Cada una de las entidades federativas mexicanas, salvo la Ciudad de México, posee un CEFPP.
- **Organizaciones ganaderas.** La Ley de Organizaciones Ganaderas permite a los ganaderos agruparse en organizaciones, que pueden ser generales o especializadas (es decir, solo para un tipo particular de especie animal) y operan en los niveles municipal, regional y estatal. Entre los objetivos de las organizaciones ganaderas se encuentra la promoción para adoptar tecnologías y métodos de producción comunes: el uso de las Normas Oficiales Mexicanas (NOM) y las Normas Mexicanas (NMX) relacionadas con la producción pecuaria y la sanidad animal; la creación de cooperativas y "orientar la producción de acuerdo a las condiciones del mercado, ya sea intensificándola o limitándola".
- **Confederación Nacional de Organizaciones Ganaderas (CNOG).** La CNOG fue fundada en 1936 y representa a más de 800 000 ganaderos en México, 2 000 asociaciones ganaderas locales, 44 uniones ganaderas regionales y 26 asociaciones especializadas.[39] A la CNOG pertenecen organizaciones ganaderas de los tres tipos de carne.

3.2. Panorama de la legislación

El marco regulatorio aplicable al sector de la carne en México es extenso y fragmentado. La regulación abarca todos los segmentos de la cadena de valor cárnica (es decir, desde la alimentación y cría de los animales hasta el comercio al por menor de la carne), pero también aspectos relativos a la organización de la producción ganadera y a la promoción del desarrollo rural. Gran parte de esta legislación tiene por objetivo evitar los riesgos sanitarios asociados a la producción y comercialización de la carne y productos cárnicos.

Empleando la metodología descrita en las *Herramientas para la Evaluación de la Competencia*, la OCDE examinó 121 documentos legales para este informe. Dichos documentos incluyen leyes, reglamentos, acuerdos, estatutos, decretos, así como normas mexicanas obligatorias y voluntarias.[40] En última instancia, se identificaron 76 restricciones *prima facie* y se realizaron 57 recomendaciones.

Todos los documentos legales revisados fueron de nivel federal. Además, los estados mexicanos –en el marco de sus facultades– expiden y aplican regulaciones y controles en el sector cárnico. Por ejemplo, los estados mexicanos poseen sus propias leyes ganaderas, que regulan, entre otros temas, la movilización, propiedad y comercialización de los animales vivos. Por otro lado, estas leyes estatales también buscan promover el desarrollo económico de sus respectivos sectores pecuarios. Las leyes estatales relativas a la carne fueron objeto de un informe exhaustivo de la autoridad de competencia mexicana, COFECE, que se publicó en septiembre de 2016. Tales leyes no son parte de esta investigación.[41]

Las siguientes seis leyes federales son los principales referentes para el sector de la carne: Ley de Organizaciones Ganaderas, Ley Federal de Sanidad Animal, Ley General de Salud, Ley de Desarrollo Rural Sustentable, Ley Agraria y Ley General de Sociedades Cooperativas. Estas leyes se describen brevemente a continuación.

La Ley de Organizaciones Ganaderas[42] establece las bases y procedimientos para la creación, organización y operación de las organizaciones ganaderas. Estas asociaciones tienen por objetivo organizar la producción pecuaria en los niveles municipal y regional, y promover la estandarización de los productos y de los procesos productivos.

La Ley Federal de Sanidad Animal[43] es el marco legal para la regulación de la sanidad animal y la inocuidad alimenticia. Esta ley otorga a la Secretaría de Agricultura, Ganadería, Desarrollo Rural, Pesca y Alimentación (SAGARPA), por medio del Servicio Nacional de Sanidad, Inocuidad y Calidad Agroalimentaria (SENASICA), la facultad de actuar como la autoridad competente en lo relativo a la vigilancia de la sanidad y el bienestar animal, las buenas prácticas pecuarias de producción, la exportación e importación de animales vivos, sus productos y subproductos, así como la realización de análisis de riesgo y la vigilancia de enfermedades animales. Asimismo, la SAGARPA también regula los rastros y plantas procesadoras de carne Tipo Inspección Federal (TIF), y controla los productos para uso o consumo animal.

La Ley General de Salud[44] asigna a la Secretaría de Salud (SSA) la facultad de expedir regulaciones relativas a la salud humana. En particular, la SSA regula los rastros y plantas procesadoras de carne municipales y, en conjunto con la SAGARPA, controla los rastros y plantas procesadoras TIF.[45] Por otro lado, la SSA puede también realizar muestreos aleatorios e inspeccionar la carne y los productos cárnicos de importación para asegurarse de que se cumplan los requisitos mexicanos.

La Ley de Desarrollo Rural Sustentable[46] versa sobre distintos aspectos de la política industrial del sector rural, con énfasis en la sustentabilidad y el desarrollo social. El tercer párrafo del artículo 1 de esta ley establece que el desarrollo rural sustentable se considera de interés público y que incluye la planeación y organización de la producción agropecuaria, su industrialización y comercialización, así como aquellas acciones tendientes a elevar los estándares de vida de la población rural.

La Ley Agraria[47] regula las extensiones de tierra para la producción ganadera. Asimismo, esta ley establece las bases y procedimientos para la creación, organización y operación de la propiedad social (esto es, ejidos y comunidades).

Finalmente, la Ley General de Sociedades Cooperativas[48] regula la organización y operación de las sociedades cooperativas. De acuerdo con el artículo 21 de esta ley, existen tres tipos de sociedades cooperativas:

1. de consumidores
2. de productores
3. de ahorro y préstamo.

El segundo tipo de cooperativa, en particular, consiste en aquellas cuyos miembros se asocian para trabajar en común en la producción de bienes y/o servicios, incluyendo el sector de la carne, aportando su trabajo personal, físico o intelectual. La Ley General de Sociedades Cooperativas define los términos en los que dichos miembros pueden almacenar, conservar, transportar y comercializar sus productos.

Las principales restricciones identificadas se presentan con detalle en las secciones siguientes, y se realizan también las recomendaciones respectivas. Se estima que los beneficios de implementar las principales recomendaciones en el sector de la carne son de entre 51.6 millones de MXN y 348.1 millones de MXN.

3.3. Restricciones a la competencia en el sector de la carne

La siguiente sección contiene un total de 57 recomendaciones para el sector de la carne en México.

Diversos segmentos de los sectores de la carne de otros países se analizaron previamente en proyectos de evaluación de la competencia de la OCDE: la evaluación de la competencia en Grecia en 2013 (OECD, 2013),[49] así como la evaluación de la competencia en Rumania en 2016 (OECD, 2016),[50] incluyeron capítulos relativos al procesamiento de alimentos y, por tanto, al procesamiento de la carne. El proyecto de evaluación de la competencia en Grecia en 2017 (OECD, 2017)[51] abarcó el sector del comercio al por mayor y, dentro de él, el subsector de productos agropecuarios, cárnicos y pesqueros.

A diferencia de otros proyectos, que solo abarcaron una etapa de la producción, el siguiente análisis para México incluye la totalidad de la cadena vertical de suministro de la industria cárnica.

En este capítulo se toman en cuenta los informes previamente publicados por la COFECE, la autoridad de competencia mexicana, que abordaron el sector cárnico mexicano, en particular el informe de 2015 sobre las condiciones de competencia en el sector agropecuario (COFECE, 2015), que en parte analizó leyes federales en el sector de la carne, y el informe de 2016 que tuvo como objetivo identificar disposiciones anticompetitivas en la legislación estatal para diversos sectores (COFECE, 2016), incluido el de la carne.

3.3.1. Movilización de bienes

El equipo de la OCDE identificó diversas disposiciones que restringen el flujo de productos cárnicos dentro del territorio mexicano, lo cual reduce artificialmente el área geográfica en la que los competidores ofrecen estos bienes.

La principal justificación de estas disposiciones, en particular las que regulan la movilización de animales vivos y sus productos y subproductos dentro de un país, es proteger la sanidad animal y la salud humana así como asegurar la trazabilidad de los bienes, es decir, la capacidad de rastrear los bienes a lo largo de la cadena de producción.[52] Ambos objetivos son complementarios, pues un sistema de trazabilidad funcional permite abordar los temas de sanidad animal e inocuidad alimentaria.[53] La OCDE realiza un total de cinco recomendaciones en la categoría "movilización de bienes":

1. abolir las certificaciones de las asociaciones ganaderas
2. abolir el apoyo a los productores para que estén geográficamente más cercanos a sus consumidores

3. introducir un sistema nacional para la clasificación de la carne
4. abolir los documentos estatales para la movilización
5. abolir el requisito de estos documentos en los rastros.

3.3.1.1. Certificación de una asociación ganadera local

Descripción del obstáculo. De acuerdo con el artículo 13 de la Ley de Organizaciones Ganaderas, para movilizar ganado a lo largo del territorio mexicano es necesario obtener una certificación por parte de la asociación ganadera local que opera en el municipio de origen.[54] Para obtener esta autorización, es necesario proporcionar a la asociación ganadera local una prueba de propiedad de los animales por transportar. La propiedad puede acreditarse por varios medios, como un certificado del registro del fierro, marca o tatuaje.

En el caso del ganado bovino, ya existe un sistema federal de identificación basado en aretes: el Sistema Nacional de Identificación Individual de Ganado (SINIIGA).[55] Este sistema busca mejorar el control sanitario, asegurar la trazabilidad y prevenir el abigeato (robo de ganado).

Daño a la competencia. La asociación ganadera local podría tener incentivos para discriminar a sus competidores, en particular a ganaderos de otras áreas geográficas o que no pertenecen a la asociación. Por otro lado, el procedimiento para apelar la decisión de una asociación ganadera que se niega a otorgar una certificación no es claro. Si bien en teoría una asociación ganadera local no debiera estar en capacidad de negarse a otorgar una certificación si le es provista una prueba de propiedad de los animales, la asociación ganadera local podría encontrar medios (por ejemplo atrasar el otorgamiento de la certificación) para discriminar a los ganaderos que no pertenecen a ella.

Finalmente, en lo que respecta a la movilización de ganado bovino a lo largo del territorio mexicano, la certificación de la asociación ganadera local es un control doble, adicional, pues el ganado bovino ya está equipado con un arete de acuerdo con el sistema SINIIGA.

Objetivo del legislador. El objetivo de la disposición es prevenir el abigeato. Sin embargo, algunas entrevistas con participantes de la industria sugieren que no es claro que la certificación otorgada por las asociaciones ganaderas locales sea un medio eficaz para prevenir este problema.

Solo el ganado bovino parece requerir la certificación de una asociación. El robo de pollos y cerdos, si bien es claramente posible, no parece plantear un problema significativo en la práctica.

Recomendación. La OCDE recomienda abolir el artículo 13, fracción B de la Ley de Organizaciones Ganaderas, así como el artículo 104, fracción II del Reglamento de la Ley de Organizaciones Ganaderas. En el caso del ganado bovino, consideramos que el sistema SINIIGA ya ha establecido suficientes controles contra el robo de ganado bovino.

3.3.1.2. Apoyo de la CIDRS a productores para que estén geográficamente más cerca de sus consumidores

De acuerdo con el artículo 111[56] de la Ley de Desarrollo Rural Sustentable, la Comisión Intersecretarial para el Desarrollo Rural Sustentable (CIDRS),[57] con la participación del Consejo Mexicano para el Desarrollo Rural Sustentable (CMDRS) y en concordancia con los tratados de comercio internacional firmados por el gobierno federal mexicano, decide sobre los bienes agropecuarios cuyos productores sean elegibles para recibir apoyo. La restricción analizada consiste en que la CIDRS tiene la facultad de apoyar a los productores para que estén cerca de los consumidores. Esta disposición busca aumentar el ingreso de los productores cuyos productos sean difíciles de comercializar.

Si algunos productores reciben apoyo para acercarse geográficamente a sus consumidores, mientras que otros productores no reciben este tipo de apoyo, la competencia se distorsiona. Una consecuencia de esta disposición es que las dependencias gubernamentales podrían inclinarse por comprar solo a productores geográficamente cercanos, incluso cuando productores más lejanos realizaran ofertas más competitivas. Por tanto, la OCDE recomienda modificar el artículo 111 de la Ley de Desarrollo Rural Sustentable para que la CIDRS ya no tenga la facultad de promover la proximidad geográfica entre compradores y zonas de producción. Consideramos que una forma más procompetitiva para promover el desarrollo de los productores sería, en su lugar, el otorgamiento de subsidios directos.

3.3.1.3. Ausencia de NOM relacionadas con la clasificación de canales de res, cerdo y pollo; discriminación de productores de carne no locales

Descripción del obstáculo. En la actualidad no existen normas oficiales obligatorias de nivel federal para la clasificación de canales de res, cerdo y pollo.[58] Sin embargo, hay NMX –cuyo cumplimiento es voluntario– para esta clasificación.[59] De acuerdo con miembros de la industria, estas NMX no se aplican ampliamente ni se actualizan con regularidad. La ausencia de un sistema obligatorio para la clasificación de carne tiene una incidencia negativa tanto en el mercado doméstico como en el mercado de exportación.

En lo tocante al mercado doméstico, la ausencia de un sistema obligatorio para la clasificación de carne se agrava por la existencia de varias leyes ganaderas estatales que discriminan a los productores de carne no locales.[60] En el caso del mercado de exportación, los exportadores tienen que vender su carne a precios más bajos, pues países importadores como Estados Unidos solo otorgan a la carne mexicana la clasificación más baja, sin importar su calidad real.

Daño a la competencia. Si las leyes o normas estatales impiden a los productores de carne no locales obtener una clasificación comparable para carne de calidad similar a la de los productores locales, entonces estos habrán de vender su carne a un menor precio en el estado en cuestión. Esto inhibe el comercio interestatal y la movilización de carne y productos cárnicos.

Objetivo del legislador. No queda claro por qué no existen NOM relacionadas con la clasificación de canales de res, cerdo y pollo.

Este problema ya se reconoció y se trató parcialmente en el Programa Nacional de Normalización de 2017, publicado en el Diario Oficial de la Federación el 3 de febrero de 2017, donde se menciona que el Subcomité Especializado en Competitividad de SAGARPA actualmente elabora un anteproyecto de NOM que busca poner en marcha un sistema de clasificación para la carne de res.[61]

Recomendación. La OCDE recomienda introducir NOM para la clasificación de canales de res, cerdo y pollo. Idealmente, estas NOM deberían no solo satisfacer las necesidades de los productores de carne que son exportadores, sino también las de los productores que abastecen el mercado mexicano. Para facilitar las exportaciones de carne, estas NOM deberían considerar las normas internacionales para la clasificación de canales (por ejemplo United Nations Economic Commission for Europe Standards for Meat o los USDA Standards for Grades of Slaughter Cattle and Standards for Grades of Carcass Beef).

3.3.1.4. Documentos estatales para la movilización

Descripción del obstáculo. Varios gobiernos estatales requieren documentos para movilizar animales vivos y sus productos y subproductos entre estados.

Estos documentos para la movilización tienen distintas denominaciones según el estado de que se trate. Distintas leyes estatales[62] se refieren a ellos como *guías de tránsito*; otras los llaman, por ejemplo, *permisos de internación* o *pases de ganado*. Asimismo, en varios estados[63] estos documentos para la movilización no son expedidos por autoridades gubernamentales, sino por asociaciones ganaderas locales.

De acuerdo con varios participantes de la industria, la mayoría de la información contenida en los documentos estatales para la movilización ya está incluida en el Certificado Zoosanitario de Movilización, que es expedido por SENASICA. En consecuencia, son un doble control innecesario.

Daño a la competencia. Los productores interesados en comercializar sus productos en diferentes estados deben pagar varios documentos para la movilización a fin de transportar sus productos desde el punto de producción hasta los puntos de venta. Esto torna sus productos más caros y los coloca en una desventaja competitiva respecto a los productores que elaboran y comercializan sus productos en el mismo estado.

Estas leyes estatales podrían también contravenir la ley federal. El artículo 67 de la Ley Federal de Sanidad Animal establece que la SAGARPA tiene la facultad exclusiva para determinar los requisitos zoosanitarios que permiten movilizar "mercancías reguladas"[64] a lo largo del país, y que las autoridades estatales no pueden imponer requisitos más estrictos que los determinados por la SAGARPA. En consecuencia, las disposiciones en las leyes ganaderas estatales que exigen obtener documentos para la movilización probablemente infringen el artículo 67.

Por otro lado, de acuerdo con un informe de la COFECE de 2016, las disposiciones en las leyes estatales podrían incluso ser anticonstitucionales: "Al respecto, la SCJN ha determinado que las disposiciones que restringen la movilización de productos son violatorias de la libertad de comercio tutelada por el artículo 5° Constitucional, en virtud de que imponen una limitante a la libertad de los individuos para comercializar sus productos" (COFECE, 2016: 16).

Objetivo del legislador. Los gobiernos estatales manifiestan que estos documentos para la movilización constituyen una medida para evitar la entrada de animales y sus productos y subproductos que pudieran significar un riesgo para la salud de sus ciudadanos. Por otro lado, los participantes del mercado sostienen que estos documentos se usan a menudo con fines recaudatorios por parte de los estados.

Recomendación. La OCDE recomienda eliminar el requisito de presentar documentos estatales para la movilización. El Certificado Zoosanitario de Movilización y el Aviso de Movilización deberían reemplazar los documentos estatales para llevar a cabo la movilización en todas las instancias.

Si esta recomendación se pone en práctica en su totalidad, se estima que los beneficios serán de entre 5.4 millones de MXN y 54.4 millones de MXN. Este cálculo se explica con detalle en el Anexo 3.A3.

3.3.1.5. Requisito de documentación para la movilización en rastros municipales

De acuerdo con el artículo 6.6.2.1 de la NOM-194-SSA1-2004, todos los animales que arriben a un rastro municipal habrán de tener un certificado zoosanitario[65] o una guía de traslado de ganado.[66] Asimismo, debe mantenerse un registro del origen, destino, temperatura de la carne y temperatura del medio de transporte, así como información para identificar el vehículo (por ejemplo placas, conductor, compañía). Lo más probable es que el objetivo del artículo 6.6.2.1 sea garantizar la trazabilidad de los animales que arriban a los rastros. Sin embargo, no queda claro por qué los dos documentos –la guía de traslado de ganado y el certificado zoosanitario– se consideran sustitutos. La OCDE recomienda modificar la NOM-194-SSA1-2004 para que solo el Certificado Zoosanitario de Movilización sea requerido en los rastros municipales, y que ya no se acepten los documentos estatales para la movilización.

3.3.2. Autorizaciones

La revisión de la legislación de la carne implicó un análisis de varias autorizaciones en el marco de la cadena de valor cárnica.[67] Por regla general, las autorizaciones tienen el potencial de actuar como barreras legales a la entrada a los mercados y protegen a las empresas ya establecidas de la competencia. Sin embargo, las autorizaciones en el sector de la carne no suelen ser un obstáculo para la competencia al estar basadas en requisitos razonables que no discriminan entre los solicitantes. La OCDE hace una recomendación en esta categoría, que concierne a la ausencia de una definición operativa de un cuerpo receptor de desagüe.

3.3.2.1. Cuerpo receptor de desagüe de los establecimientos TIF

Descripción del obstáculo. La autorización para construir y operar un rastro y/o planta procesadora de carne TIF requiere un cuerpo receptor de desagües funcional. Si dicho cuerpo receptor de desagües se considera insuficiente, la ubicación del rastro y/o planta procesadora no será aprobada. Sin embargo, el artículo 5.2 de la NOM-008-ZOO-1994 no es claro respecto a qué es un cuerpo receptor de desagües insuficiente.

Daño a la competencia. Los entrantes requieren una autorización *ex ante*, la cual podría constituir una barrera a la entrada si los requisitos son complicados o muy costosos. Asimismo, en este caso la falta de claridad de los requisitos podría favorecer la discriminación.

Objetivo del legislador. Lo más probable es que el objetivo sea evitar la acumulación de residuos (por ejemplo sangre, grasas) que pudieran constituir una fuente de enfermedades humanas y animales.

Otras jurisdicciones proporcionan una definición adecuada de las instalaciones de drenaje. En la Unión Europea, por ejemplo, el numeral 8 del capítulo I "Requisitos generales de los locales destinados a los productos alimenticios (que no sean mencionados en el capítulo III)" del anexo II del Reglamento (CE) No 852/2004 del Parlamento Europeo y del Consejo, de 29 de abril de 2004, menciona que las redes de evacuación de aguas residuales "deberán ser suficientes para cumplir los objetivos pretendidos y estar concebidas y construidas de modo que se evite todo riesgo de contaminación. Cuando los canales de desagüe estén total o parcialmente abiertos, deberán estar diseñados de tal modo que se garantice que los residuos no van de una zona contaminada a otra limpia, en particular a una zona en la que se manipulen productos alimenticios que puedan representar un alto riesgo para el consumidor final".

Recomendación. El artículo 5.2 de esta NOM debería incluir una explicación de qué se entiende por cuerpo receptor de desagüe suficiente. El citado párrafo del Reglamento (CE) No 852/2004 podría servir como modelo para una definición.

3.3.3. Importaciones, exportaciones y doble control

El comercio internacional permite a los consumidores de países que son socios comerciales acceder a más bienes con precios más bajos. Es común que los países restrinjan las importaciones y exportaciones por medio de aranceles, pero también con medidas no arancelarias, como normas, procedimientos administrativos y subsidios a los productores nacionales. En el caso de las importaciones y exportaciones de animales vivos y sus productos y subproductos, los requisitos zoosanitarios persiguen principalmente el objetivo de política consistente en proteger la sanidad animal e, indirectamente, la salud humana. Sin embargo, cuando tales requisitos son excesivos, pueden erigirse en barreras no arancelarias al comercio. En la categoría de importaciones, exportaciones y doble control hacemos cuatro recomendaciones:

- eliminar el requisito de la doble autorización para las importaciones
- adoptar un sistema de inspección basado en un análisis de riesgo para los lotes importados de carne, canales, vísceras y despojos
- aclarar en qué instancias se puede otorgar a los importadores de animales vivos el derecho de transportar animales en cuarentena a sus propias instalaciones
- asegurar el pleno funcionamiento de la plataforma VUCEM.

3.3.3.1. Doble autorización para importar

Descripción del obstáculo. Los animales y sus productos y subproductos deben provenir de establecimientos autorizados dentro de países autorizados.[68] Para que un país extranjero sea autorizado, la SAGARPA debe reconocer que los servicios veterinarios de dicho país funcionan con estándares al menos igualmente exigentes que los aplicados en México.

Daño a la competencia. Esta disposición trae como consecuencia un doble control: el del establecimiento que cría animales o produce carne y el del país donde está localizado. Las autorizaciones de países deberían ser suficientes para garantizar condiciones zoosanitarias adecuadas, pues las autoridades de sanidad animal extranjeras deben –al menos en teoría– inspeccionar regularmente los establecimientos dentro de sus países. El requisito adicional de que la SAGARPA también autorice e inspeccione establecimientos en países extranjeros podría, por tanto, constituir una barrera innecesaria a la entrada de los productores extranjeros.

En el informe de 2015 de COFECE, *Reporte sobre las condiciones de competencia en el sector agroalimentario,* se afirma que "este esquema establece fuertes barreras a la entrada, pues exige que las mercancías provengan tanto de países como de establecimientos previamente autorizados. En este orden de ideas, el riesgo sanitario podría quedar solventado únicamente a través del primer filtro, sobre todo cuando el país de origen aplica estándares, al menos, tan rigurosos como los establecidos en la normativa mexicana. De otra forma, se abren las posibilidades de restringir de manera injustificada el comercio y, con ello, de afectar el proceso de libre concurrencia y competencia" (COFECE, 2015: 405).

Objetivo del legislador. El objetivo de la doble autorización es asegurar que los animales vivos importados y sus productos y subproductos no constituyan un riesgo para la salud de los consumidores mexicanos. De acuerdo con entrevistas hechas a miembros de la industria, esta doble autorización pudiera estar justificada pues los países extranjeros tienen zonas que están libres de enfermedades animales, mientras que otras no lo están. Asimismo, varios países extranjeros a los que los productores mexicanos exportan animales vivos y sus productos y subproductos también siguen el mismo procedimiento, pues expiden autorizaciones a las autoridades extranjeras de sanidad animal y visitan con regularidad los establecimientos extranjeros en forma individual.

Recomendación. La OCDE recomienda eliminar la autorización adicional de los establecimientos. No obstante, esta eliminación debe basarse en acuerdos bilaterales con países que deroguen cualquier requisito adicional a que las empresas mexicanas exportadoras sean autorizadas por sus autoridades sanitarias. En estos acuerdos bilaterales, ambas partes habrían de acordar que sus autoridades sanitarias garanticen la calidad de todos los establecimientos exportadores y de sus productos, en el marco de su jurisdicción (incluso si dichos productos no están destinados a venderse en el mercado doméstico).

3.3.3.2. Inspección de la totalidad de la carne, canales, vísceras y despojos de importación

Descripción del obstáculo. El artículo 4.1 de la NOM-030-ZOO-1995 menciona que la totalidad de la carne, canales, vísceras y despojos de importación deben inspeccionarse de conformidad con lo especificado en la Hoja de Requisitos Zoosanitarios; esto es necesario para obtener el Certificado Zoosanitario para la Importación. Dicho requisito es un tercer control tras la autorización a los países extranjeros para exportar a México y la verificación de los establecimientos extranjeros, ambas anteriormente descritas.

Daño a la competencia. Parece ser excesivo e innecesariamente costoso inspeccionar toda la carne, canales, vísceras y despojos de importación según los lineamientos de la Hoja de Requisitos Zoosanitarios. Por otro lado, de acuerdo con participantes de la industria, el cumplimiento de este requisito no es factible, lo cual podría dar paso a la discrecionalidad y propiciar un trato discriminatorio.

Objetivo del legislador. El objetivo de esta disposición es garantizar que la carne, canales, vísceras y despojos de importación provengan de plantas extranjeras que cumplen con requisitos por lo menos tan estrictos como los de las plantas mexicanas.

Recomendación. La OCDE recomienda modificar la NOM-030-ZOO-1995 reemplazando el requerimiento de inspeccionar la totalidad de los lotes de carne, canales, vísceras y despojos de importación con un sistema en el que tanto el momento como el número de inspecciones, así como la cantidad de muestras para ser inspeccionadas, sean elegidos con base en un análisis de riesgos. Las inspecciones serían aleatorias, para que los exportadores no pudiesen prever en qué momento sería la próxima inspección. Asimismo, la frecuencia de las inspecciones así como el tamaño de la muestra revisada durante cada inspección serían elegidos con base en un análisis de riesgo que tomara en cuenta, entre otros factores, el cumplimiento pasado del exportador en lo relativo a requisitos zoosanitarios.

En el Programa Nacional de Normalización para el 2017, publicado en el Diario Oficial de la Federación el 3 de febrero de 2017, se menciona que esta NOM se cancelará en 2017. De acuerdo a SENASICA, la NOM será reemplazada por un conjunto de procedimientos de inspección con base en un análisis de riesgo.[69]

Si esta recomendación de la OCDE se implementa en su totalidad, se estima que los beneficios serán de entre 32.9 millones de MXN y 253.9 millones de MXN. Este cálculo se explica en el Anexo 3.A4.

3.3.3.3. Facilidades para importar animales vivos en cuarentena

Los animales vivos que se importen y cuya Hoja de Requisitos Zoosanitarios mencione que deben ser puestos en cuarentena habrán de permanecer en el punto de ingreso el tiempo "estrictamente necesario para comprobar que la presencia de los animales en el país y en la zona de destino, no significa ningún riesgo zoosanitario" (Artículo 7 de la NOM-054-ZOO-1996). En la práctica, sin embargo, a los importadores de animales se les permite trasladar sus animales a sus propias instalaciones, donde personal de SENASICA realiza subsecuentes visitas periódicas a los animales y monitorea su estado de salud. Sin embargo, esta concesión no queda clara al leer la NOM-054-ZOO-1996.

El objetivo de esta disposición es impedir la entrada de enfermedades animales a México. Sin embargo, el término "tiempo estrictamente necesario" otorga amplia discrecionalidad a las autoridades aduanales y, en teoría, los animales vivos de importación podrían ser bloqueados durante periodos significativos, retrasando su transporte y comercialización en México.

La OCDE recomienda hacer una aclaración en el párrafo introductorio del artículo 7 en el sentido de que se permite a los importadores de animales vivos el traslado de los animales en cuarentena a sus propias instalaciones.

3.3.3.4. Disfuncionalidad de VUCEM

La VUCEM, una plataforma de Internet creada por el gobierno mexicano, centraliza la comunicación y el cumplimiento de trámites ante dependencias federales mexicanas con responsabilidades de administración aduanal. El artículo 22 del Decreto por el que se establece la Ventanilla Digital Mexicana de Comercio Exterior establece que el desarrollo y gestión de la VUCEM, una vez que esta se ponga en marcha, será responsabilidad del Servicio de Administración Tributaria (SAT), una dependencia de la SHCP.

De acuerdo con varios miembros de la industria, la VUCEM no es completamente funcional pues experimenta caídas frecuentes. Uno de estos productores estimó que la VUCEM falló (es decir, entró en la denominada "fase de contingencia") hasta en 40% del tiempo en que trató de usar el sistema. Este tipo de caídas son muy problemáticas para la carne y los productos cárnicos, que son bienes perecederos, pues provocan que las importaciones de carne y productos cárnicos esperen durante largos periodos en la frontera.

La OCDE recomienda que las autoridades trabajen para garantizar que la VUCEM sea completamente funcional todo el tiempo. También se recomienda clarificar que solo una autoridad (es decir, el SAT) es plenamente responsable del funcionamiento de la

VUCEM en términos de los procedimientos de SENASICA, y que otras dependencias colaborarán con dicha autoridad. Asimismo, deberían otorgarse suficientes fondos a todas las autoridades que conforman la VUCEM.

3.3.4. Intervención de organizaciones

Las asociaciones industriales con frecuencia adoptan reglas para regular la conducta de sus miembros. Por ejemplo, en el sector de la carne las organizaciones ganaderas pueden impulsar el desarrollo de la industria mediante la adopción de buenas prácticas; la estandarización de la producción, la comercialización y los procesos productivos; y la recolección de datos de la industria para generar estadísticas nacionales. Sin embargo, la autorregulación y la corregulación en ocasiones pueden reducir la competencia entre los proveedores de bienes, por ejemplo si una organización discrimina a los ganaderos que no pertenecen a ella. Hemos identificado varias disposiciones en la legislación analizada que podrían significar una influencia indebida por parte de las organizaciones ganaderas. En total, realizamos cuatro recomendaciones en la categoría Intervención de organizaciones:

- supervisión más estricta de los Organismos Auxiliares en Sanidad Animal
- no permitir a las organizaciones ganaderas tener como uno de sus objetivos orientar "la producción de acuerdo a las condiciones de mercado, ya sea intensificándola o limitándola"
- clarificar el alcance de la información que se intercambia entre las organizaciones ganaderas
- garantizar que no se obligue a los ganaderos a pertenecer a organizaciones ganaderas.

3.3.4.1. Organismos Auxiliares en Sanidad Animal

Descripción del obstáculo. Los Organismos Auxiliares en Sanidad Animal (OASA)[70] son organizaciones de productores pecuarios que apoyan a la SAGARPA en la coordinación y realización de campañas zoosanitarias y buenas prácticas pecuarias.[71] Los OASA son supervisados por las delegaciones estatales de la SAGARPA y por los gobiernos de los estados. La SAGARPA los autoriza a operar y puede revocar su autorización si considera que ya no cumplen con sus objetivos.

Daño a la competencia. La OCDE considera que otorgar a organizaciones de productores pecuarios la facultad de coordinar y realizar campañas zoosanitarias y programas de buenas prácticas pecuarias podría dar resultados indeseados. Por ejemplo, podría llevar a una situación en la que una OASA utilizase esta facultad para desplazar a productores pecuarios específicos. En teoría, un OASA podría indicarle a la SAGARPA que un productor pecuario no dio cumplimiento a las buenas prácticas pecuarias o a una campaña zoosanitaria, con el resultado de que ese productor tendría que salir del mercado.

Objetivo del legislador. La SAGARPA otorga a los OASA la facultad para coordinar e implementar campañas zoosanitarias y programas de buenas prácticas pecuarias, pues considera que son una alternativa de bajo costo comparado con realizar este trabajo ella misma. De acuerdo con miembros de la industria, las tareas llevadas a cabo por los OASA son operacionales; no están ligadas a la determinación del estatus zoosanitario de las áreas geográficas. Por tanto, es poco probable que los OASA sean utilizados por los productores pecuarios para desplazar a sus competidores. Así, de acuerdo con

SENASICA, se han revocado autorizaciones para operar a los OASA en varios estados a causa de comportamientos indebidos.

Recomendación. No hay una recomendación en lo que respecta a la estructura de los OASA, pues consideramos que el marco regulatorio actual da suficientes facultades a SAGARPA para supervisar y revocar la operación de los OASA. Sin embargo, la OCDE recomienda mayor supervisión del uso de los fondos otorgados a los OASA, así como de su comportamiento en términos de la realización de campañas zoosanitarias y programas de buenas prácticas pecuarias. Al respecto, la OCDE sugiere expedir lineamientos que proporcionen criterios claros sobre los casos en que habrán de revocarse las autorizaciones.

3.3.4.2. Toma de decisiones de las organizaciones ganaderas

El artículo 5 de la Ley de Organizaciones Ganaderas contiene una lista de objetivos que las organizaciones ganaderas pueden perseguir. La fracción II del artículo 5 establece que las organizaciones ganaderas pueden buscar "orientar la producción de acuerdo a las condiciones del mercado, ya sea intensificándola o limitándola". Es probable que el objetivo de esta disposición sea permitir a las organizaciones ganaderas desarrollar y mejorar en forma conjunta los procesos de producción y comercialización de los productos pecuarios. Sin embargo, una interpretación de la disposición es que permite a las organizaciones ganaderas controlar la producción y, por tanto, indirectamente los niveles de precios. Si tal fuera el caso, esta disposición constituiría una restricción severa a la competencia,[72] razón por la cual, la OCDE recomienda abolirla.

3.3.4.3. Recolección de información por parte de las organizaciones ganaderas

El artículo 16 del Reglamento de la Ley de Organizaciones Ganaderas establece que las organizaciones ganaderas deben crear estadísticas y alentar a sus miembros a guardar una contabilidad interna adecuada, de manera que estén al tanto de sus propios costos de producción y de los estudios de precios relativos a los productos que comercializan. Se desconocen las entradas exactas y el nivel de agregación de las estadísticas que son elaboradas por las organizaciones ganaderas, y no queda claro si esta información se comparte posteriormente con otros miembros de las organizaciones.

Lo más probable es que el objetivo de la disposición sea ayudar a los ganaderos a mejorar su toma de decisiones (por ejemplo al detectar tendencias en la industria y permitir la realización de análisis comparativos) y facilitar la elaboración de estadísticas nacionales. Por otro lado, la información contable de las organizaciones ganaderas podría incluir datos delicados que, de ser compartidos entre los miembros de las organizaciones ganaderas, podrían facilitar la colusión. Por tanto, la OCDE recomienda modificar el artículo 16, fracciones II y III del Reglamento de la Ley de Organizaciones Ganaderas para que quede claro que el intercambio de información sensible entre miembros de organizaciones ganaderas, así como entre organizaciones, está prohibido. El documento de COFECE, *Guía-007/2015: Guía para el Intercambio de Información entre Agentes Económicos,* brinda lineamientos útiles sobre cuándo el intercambio de información podría constituir un problema de competencia.

3.3.4.4. Afiliación obligatoria de los ganaderos

El artículo 6 de la Ley de Organizaciones Ganaderas establece que los ganaderos tienen el derecho de asociarse libre y voluntariamente. Sin embargo, de acuerdo con el informe de COFECE *Miscelánea de obstáculos regulatorios a la competencia: Análisis de la normatividad estatal* (COFECE, 2016: 16-17), las leyes ganaderas de varios estados mexicanos[73] establecen que es obligatorio para los ganaderos unirse a una asociación ganadera local. Estas leyes ganaderas estatales probablemente contravengan el artículo 6 de la Ley de Organizaciones Ganaderas.

La membresía voluntaria permite a los ganaderos beneficiarse de las economías de escala que las asociaciones ganaderas generan. En contraste, una afiliación obligatoria a las asociaciones ganaderas locales reduciría la conducta competitiva entre los ganaderos, pues los miembros de una asociación ganadera están obligados a actuar conforme a los estatutos de la asociación. La OCDE recomienda modificar el artículo 6 de la Ley de Organizaciones Ganaderas para que en ella se mencione claramente que en ninguna circunstancia los ganaderos podrán ser obligados por leyes estatales a unirse a una asociación ganadera. Poner en práctica esta recomendación podría llevar a abolir disposiciones en las leyes estatales que obligan a los ganaderos a afiliarse.

3.3.5. Discriminación de extranjeros

La OCDE ha analizado disposiciones que tratan a empresas mexicanas y extranjeras en forma distinta. Estos dos obstáculos se analizaron como restricciones *prima facie* a la competencia. Sin embargo, tras un análisis detallado la OCDE decidió no realizar recomendación alguna en esta categoría.

3.3.5.1. Fondos de Aseguramiento Agropecuario y Rural

En México los productores agropecuarios pueden tener acceso a agroseguros por medio de los Fondos de Aseguramiento Agropecuario y Rural (FAAR),[74] o bien mediante proveedores privados. Por lo que toca a los FAAR, solo se admiten dos tipos de miembros: ciudadanos mexicanos o personas morales de nacionalidad mexicana con cláusula de exclusión de extranjeros. Los FAAR son considerados "sujetos del fomento y apoyo" por el gobierno federal mexicano y, en consecuencia, son elegibles para recibir subsidios.

El grupo de la OCDE evaluó el riesgo de que la disposición discrimine a favor de los productores agropecuarios mexicanos, pero concluyó que la restricción era poco susceptible de afectar a los productores extranjeros, ya que la mayoría de estos son grandes productores comerciales y no estarían interesados en afiliarse.

3.3.5.2. Subsidios a productores nacionales para contrarrestar las desigualdades causadas por el comercio exterior

El gobierno federal puede otorgar subsidios a los productores nacionales para compensar las desigualdades entre estos y los productores extranjeros. Para otorgar estos subsidios se toma en cuenta si los productos son básicos y estratégicos para la soberanía alimentaria. La OCDE evaluó el riesgo de que los productores de carne extranjeros sean discriminados al no tener acceso a los mismos subsidios que sus competidores mexicanos. El objetivo de estos subsidios es aumentar la productividad y la competitividad en el sector agropecuario, y garantizar empleo a la población rural. Puesto que ayudar a los productores agropecuarios es una política común en muchas otras jurisdicciones (por ejemplo, Estados Unidos y la Unión Europea), la OCDE no recomienda cambio alguno siempre y cuando los subsidios se apeguen a compromisos con la OMC y tratados internacionales de comercio.

3.3.6. Normas no armonizadas

Descripción del obstáculo. En nuestra revisión de la legislación de la carne, encontramos 29 NOM y 3 NMX que no concuerdan con las normas internacionales. Las NOM son expedidas por el gobierno federal y su cumplimiento es obligatorio, mientras que las NMX son normas voluntarias. La lista de las NOM y NMX que contienen estas menciones es la siguiente:

- NMX-F-315-1978, que establece métodos para determinar la masa drenada en alimentos envasados
- NMX-FF-078-SCFI-2002, que establece estándares de calidad para clasificar las canales de carne de bovino
- NMX-FF-081-SCFI-2003, que establece estándares de calidad para clasificar las canales de carne de porcino
- NOM-001-ECOL-1996, que establece límites máximos de contaminantes en aguas nacionales
- NOM-002-SCFI-2011, que establece métodos de verificación de los contenidos netos de productos preenvasados
- NOM-008-ZOO-1994, que establece especificaciones sanitarias para construir y equipar establecimientos para el sacrificio de animales y para la industrialización de productos cárnicos
- NOM-009-ZOO-1994, que trata sobre el proceso sanitario de la carne
- NOM-012-ZOO-1993, que establece especificaciones para productos químicos, farmacéuticos, biológicos y alimenticios para uso en animales o consumo por estos
- NOM-022-ZOO-1995, que establece especificaciones zoosanitarias para las instalaciones, equipo y operación de establecimientos que comercializan productos químicos, farmacéuticos, biológicos y alimenticios para uso en animales o consumo por estos
- NOM-023-ZOO-1995, que trata sobre una prueba para identificar la especie animal de la carne
- NOM-024-ZOO-1995, que establece especificaciones para el transporte de animales y sus productos y subproductos, productos químicos, farmacéuticos, biológicos y alimenticios para uso en animales o consumo por estos
- NOM-025-ZOO-1995, que establece especificaciones sanitarias para construir y equipar los establecimientos que elaboran alimentos para animales
- NOM-026-ZOO-1994, que establece especificaciones zoosanitarias para las instalaciones, equipo y operación de establecimientos que fabrican productos químicos, farmacéuticos y biológicos para uso en animales
- NOM-027-ZOO-1995, que trata sobre el procesamiento de semen de bovinos y porcinos, y la operación de las instalaciones para dicha actividad

- NOM-030-ZOO-1995, que trata sobre inspecciones de carne, canales, vísceras y despojos de importación
- NOM-031-ZOO-1995, que establece estándares de calidad para la conducción de campañas contra la tuberculosis bovina
- NOM-033-ZOO-1995, que establece especificaciones para el sacrificio humanitario de los animales
- NOM-041-ZOO-1995, que establece especificaciones para llevar a cabo campañas para erradicar la brucelosis bovina
- NOM-046-ZOO-1995, que establece estándares de calidad para campañas contra enfermedades animales
- NOM-051-SCFI/SSA1-2010, que establece métodos para calcular los valores nutricionales (energía o proteínas) indicados en las etiquetas de alimentos y bebidas no alcohólicas preenvasadas
- NOM-054-ZOO-1996, que incluye especificaciones para las cuarentenas a fin de prevenir, controlar y erradicar enfermedades animales
- NOM-059-ZOO-1997, que trata sobre especificaciones zoosanitarias para el material publicitario sobre productos químicos, farmacéuticos, biológicos y alimenticios para uso en animales o consumo por estos
- NOM-061-ZOO-1999, que trata sobre especificaciones zoosanitarias para alimentos destinados a animales
- NOM-067-ZOO-2007, que trata sobre especificaciones para erradicar la rabia en bovinos
- NOM-086-SSA1-1994, que trata sobre especificaciones nutrimentales para alimentos y bebidas no alcohólicas con modificaciones en su composición, y los alimentos envasados y a base de cereales para lactantes y niños con adición de nutrimentos
- NOM-092-SSA1-1994, que trata sobre especificaciones para detectar bacterias aerobias
- NOM-112-SSA1-1994, que trata sobre un procedimiento para detectar una bacteria (*E. coli*) en productos alimenticios
- NOM-114-SSA1-1994, que trata sobre especificaciones para detectar la presencia de salmonella en alimentos
- NOM-130-SSA1-1995, que trata sobre especificaciones sanitarias para alimentos envasados en recipientes de cierre hermético y que son sometidos a tratamiento térmico
- NOM-158-SCFI-2003, que establece estándares para jamones, como nomenclatura, cantidades de microorganismos permitidos, etcétera.
- NOM-194-SSA1-2004, que establece especificaciones sanitarias para establecimientos que se dedican al sacrificio y faenado de animales para abasto, almacenamiento, transporte y expendio de sus productos

- NOM-213-SSA1-2002, que trata sobre especificaciones sanitarias para productos cárnicos procesados

Daño a la competencia. La no armonización parcial o total con normas internacionales podría inhibir el acceso de los competidores extranjeros al mercado mexicano, así como el acceso de los productores mexicanos a los mercados extranjeros. En particular, los productores tendrían que aplicar distintos conjuntos de normas en México y en el extranjero, lo cual conllevaría mayores costos.

Incluso si se diera el caso de que, en la práctica, las operaciones de las empresas mexicanas ya hubieran sido recientemente (parcialmente) adaptadas a lo establecido en las normas internacionales, el texto legal de las NOM y NMX debería actualizarse de todas formas. Sin tal actualización, habría confusión entre los participantes del mercado.

Objetivo del legislador. Parecería que no hay ningún objetivo subyacente a la no armonización de las NOM y NMX.

En México la no armonización de las NOM debe indicarse de conformidad con el artículo 41, fracción VI de la Ley Federal sobre Metrología y Normalización, que establece que las NOM deben contener el grado de concordancia con normas y criterios internacionales.

Recomendación. Para todas estas NOM y NMX (con la excepción de NOM-009-ZOO-1994, NOM-030-ZOO-1995, NMX-FF-078-SCFI-2002 y NMX-FF-081-SCFI-2003),[75] la OCDE recomienda que se alineen a las normas internacionales. Varias entrevistas con miembros de la industria revelaron que algunas prácticas actuales ya estarían en concordancia con normas internacionales, lo cual facilitaría la transición. La ley también debería hacer mención de los casos en que no existen normas internacionales o mejores prácticas. El Programa Nacional de Normalización 2017 menciona que varias de estas NOM están en proceso de cancelarse o modificarse.

3.3.7. Cargas administrativas

Las cargas administrativas no están directamente vinculadas con la competencia. Sin embargo, constituyen cargas para las empresas y afectan el ambiente general de los negocios. Pueden ser un impedimento para las empresas cárnicas ya establecidas, pero también para los entrantes potenciales a los mercados. Asimismo, las cargas administrativas excesivas pueden amenazar la existencia de pequeños productores.

En total, hacemos tres recomendaciones en la categoría de Cargas administrativas:

- flexibilizar la presencia requerida de profesionistas específicos en establecimientos que fabriquen productos alimenticios para animales
- flexibilizar la presencia requerida de profesionistas específicos en establecimientos que fabriquen productos químicos, farmacéuticos y biológicos para su uso en animales
- flexibilizar la presencia requerida de médicos veterinarios en establecimientos TIF.

Las tres restricciones analizadas obligan a los establecimientos a emplear a profesionales con un traslape potencial de funciones.

3.3.7.1. Fabricación de productos alimenticios para animales

De acuerdo con el artículo 7 de la NOM-025-ZOO-1995, los establecimientos que fabriquen productos alimenticios para animales deben contar con un médico veterinario aprobado, un profesionista en el área de producción y otro en el área de control de calidad. Esta NOM no menciona explícitamente qué tareas habrán de ser desempeñadas por los profesionistas en las áreas de producción y control de calidad. El cumplimiento de este requisito implica contratar a tres expertos, lo cual impone altos costos en las empresas. Esta disposición podría discriminar a las pequeñas empresas.

Si bien la disposición busca garantizar que los establecimientos que manufacturan productos alimenticios para animales dispongan del personal necesario para cumplir con las especificaciones de calidad y seguridad contenidas en esta NOM, la OCDE recomienda permitir que el mismo empleado realice las actividades de producción y de control de calidad. Esta recomendación presupone que ambas actividades requieren conocimientos y credenciales equivalentes.

3.3.7.2. Fabricación de productos químicos, farmacéuticos y biológicos para uso en animales

De acuerdo con el artículo 7 de la NOM-026-ZOO-1994, los establecimientos que manufacturen productos químicos, farmacéuticos y biológicos para uso en animales deben emplear a un médico veterinario autorizado, un especialista en ciencias biológicas en el área de producción, y un especialista en ciencias biológicas para el área de control de calidad. Como ocurre con el artículo 7 de la NOM-025-ZOO-1995, esta NOM no menciona en forma explícita qué tareas habrá de desempeñar cada uno de los dos especialistas en ciencias biológicas. El cumplimiento de este requisito podría significar un alto costo para las empresas –en particular las pequeñas– pues implica contratar a tres personas. Esta disposición podría discriminar a las empresas pequeñas.

Si bien la disposición busca garantizar que los establecimientos que fabrican productos químicos, farmacéuticos y biológicos para uso en animales dispongan del personal para cumplir con las especificaciones zoosanitarias contenidas en esta NOM, la OCDE sugiere permitir que las actividades en las áreas de producción y control de calidad sean realizadas por el mismo profesionista. Esta recomendación presupone que ambas actividades requieren conocimientos y credenciales equivalentes.

3.3.7.3. Servicios veterinarios TIF

Descripción del obstáculo. Los establecimientos con la certificación TIF deben, durante todos los turnos laborales, tener al menos un Médico Veterinario Responsable Autorizado (MVRA). Un MVRA es un veterinario aprobado por la SAGARPA, a cargo de garantizar que en los establecimientos TIF se dé cumplimiento a la Ley Federal de Sanidad Animal y disposiciones relacionadas. Aparte de los MVRA, los establecimientos TIF pueden contar con un Médico Veterinario Oficial (MVO), quien es un empleado del SENASICA y labora como inspector en los establecimientos con certificación TIF. La presencia de un MVRA es necesaria incluso si ya hay MVO en el rastro o planta procesadora.

Daño a la competencia. Demandar la presencia de un MVRA adicional incluso cuando un MVO ya esté presente en un establecimiento TIF podría provocar la duplicación de varias funciones veterinarias. Este requisito impone una carga adicional en las empresas, especialmente en los pequeños establecimientos TIF.

Por otro lado, los MVRA que son empleados de los establecimientos TIF enfrentan un posible conflicto de intereses pues están a cargo de garantizar el cumplimiento de las disposiciones de SENASICA, pero son remunerados por el mismo establecimiento TIF.

Objetivo del legislador. El objetivo de la disposición es asegurar que un médico veterinario esté presente en los establecimientos TIF y se encargue del bienestar animal, la vigilancia epidemiológica, las medidas zoosanitarias y las buenas prácticas pecuarias.

De acuerdo con SENASICA, en Estados Unidos todos los médicos veterinarios a cargo de verificar el cumplimiento de la regulación de sanidad animal en rastros y plantas procesadoras de carne son personal del gobierno.

Recomendación. La OCDE recomienda reducir progresivamente la dependencia de los establecimientos TIF en los MVRA. Para lograr esto, podrían emprenderse dos acciones: 1) El artículo 108 de la Ley Federal de Sanidad Animal debe modificarse para que, durante todos los turnos laborales esté presente un MVRA o MVO, lo que permitiría una mayor flexibilidad. 2) Debe promoverse la subcontratación de servicios veterinarios en los establecimientos TIF.

El objetivo de largo plazo es que los establecimientos TIF subcontraten los servicios veterinarios con SENASICA. Esto implicaría que cada establecimiento pagara una cuota al SENASICA, quien a su vez pagaría a los médicos veterinarios, mismos que verificarían el cumplimiento de las disposiciones de SENASICA sin ningún conflicto de interés. No obstante, para alcanzar dicho objetivo será necesario aumentar los fondos para el SENASICA.

Si esta recomendación se implementa en su totalidad, se estima que los beneficios serán de entre 13.3 millones de MXN y 39.8 millones de MXN. Este cálculo se explica con detalle en el Anexo 3.A2.

3.3.8. Otros

Esta categoría incluye varias restricciones que no encuadran en las principales categorías analizadas antes. Estas restricciones conciernen a temas tan variados como la política industrial, la discrecionalidad no delimitada por parte de una autoridad pública, y las limitaciones a la publicidad. En total, la OCDE realiza cinco recomendaciones:

1. restringir la política industrial de la CIDRS para que no incluya especificaciones sobre volúmenes o precios
2. establecer que todas las sanciones relacionadas a daño ambiental estén ligadas a NOM previamente publicadas
3. monitorear las series estadísticas pecuarias del sistema de información SNIDRUS, para que los datos no puedan ser rastreados hasta las empresas individuales
4. permitir a las empresas citar los informes de la PROFECO donde se mencionen sus productos
5. expedir lineamientos detallados de las tareas específicas de los MVO.

3.3.8.1. Política industrial de la CIDRS

Descripción del obstáculo. De acuerdo con las fracciones I y II del artículo 149 de la Ley de Desarrollo Rural Sustentable, la CIDRS promoverá la creación de comités del CMDRS denominados sistemas producto. Estos comités tendrán entre sus objetivos "concertar los programas de producción agropecuaria del país" y "establecer los planes de expansión y repliegue estratégicos de los volúmenes y calidad de cada producto".

Daño a la competencia. Esta disposición plantea que la CIDRS influya en la determinación de los volúmenes de producción de bienes agropecuarios.

Objetivo del legislador. El objetivo de esta disposición es desarrollar las cadenas de valor de la industria cárnica al aumentar la productividad y la competitividad. Este artículo permite al gobierno federal aplicar una política industrial a los bienes agropecuarios.

Recomendación. La OCDE recomienda abolir la fracción II del artículo 149 de la Ley de Desarrollo Rural Sustentable. En el caso de la fracción I, sugerimos clarificar que los "programas de producción agropecuaria" no incluyan especificaciones sobre volúmenes o precios.

3.3.8.2. Amplia discrecionalidad de la SEMARNAT

De acuerdo con la Ley Federal de Responsabilidad Ambiental, la SEMARNAT publicará, caso por caso, NOM que establezcan umbrales de daño ambiental. Sin embargo, los artículos 2, 6 y 7 de dicha ley, interpretados en su conjunto, establecen que incluso si no se expiden NOM que versen sobre estas sanciones, la SEMARNAT podrá sancionar a empresas por daño ambiental. El objetivo de la disposición es desalentar a las empresas de infligir daño al ambiente. Sin embargo, el grado de discrecionalidad contenido en la disposición –que probablemente contravenga el principio *nulla poena sine lege*– podría constituir un problema si los funcionarios públicos aplicaran distintos estándares de daño a distintos productores.

Recomendación. La OCDE recomienda modificar el artículo 7 de esta ley de manera que se mencione que todas las sanciones relacionadas con el daño ambiental deben basarse en NOM previamente publicadas. En ese sentido, la OCDE considera que podrían expedirse NOM para tratar distintos tipos de daño ambiental (por ejemplo, umbrales para contaminación del agua o del suelo) en función de los casos que emerjan. Esto es posible pues el artículo 48 de la Ley Federal sobre Metrología y Normalización ha establecido procedimientos expeditos para que las dependencias públicas expidan NOM en "casos de emergencia".[76]

3.3.8.3. Transparencia de la información en el sistema SNIDRUS

El SNIDRUS es un sistema de información administrado por el Servicio de Información Agroalimentaria y Pesquera (SIAP), una dependencia de la SAGARPA. El objetivo del SNIDRUS consiste en difundir información sobre los mercados agropecuarios (por ejemplo, oferta, demanda, inventarios, predicciones, precios) en los niveles regional, nacional e internacional. El SNIDRUS fue creado en la Ley de Desarrollo Rural Sustentable y en el Reglamento Interno del SIAP, y su operación está basada en el documento *Norma Técnica para la Generación de Estadística Básica Agropecuaria y Pesquera*. En el capítulo 3 de dicho documento, se establece que deben generarse, a nivel municipal, diversas series estadísticas pecuarias (por ejemplo, volumen de canales, animales en pie, sacrificio).

Daño a la competencia. Existe una preocupación teórica respecto a que, en algunos casos, la disponibilidad de series pecuarias recientes en un nivel municipal pudiera facilitar la coordinación de precios entre ganaderos.

Objetivo del legislador. El objetivo de esta disposición consiste en brindar a los tomadores de decisiones en los sectores agropecuarios mexicanos, información confiable, oportuna y relevante.

Si bien parece ser que en la práctica no existe preocupación alguna relativa a la competencia con respecto a la operación del SNIDRUS, es posible que sí pudiera haberlas en el futuro.

Recomendación. La OCDE recomienda que en todos los lineamientos presentes y futuros del SIAP relacionados con la recolección y presentación de datos agropecuarios, se ponga énfasis en restringir la publicación de datos que faciliten seguir la pista de la información hasta un negocio individual.

3.3.8.4. Citas de informes para consumidores elaborados por PROFECO

La PROFECO elabora y publica informes sobre la calidad y las características de productos y servicios, con el fin de orientar y proteger a los consumidores. En estos informes la PROFECO hace menciones específicas de marcas; sin embargo, el artículo 44 de la Ley Federal de Protección al Consumidor prohíbe a las empresas citar estos informes. Esta disposición limita la libertad de los proveedores para utilizar información pública a fin de publicitar sus productos, incluso cuando esta información se base en datos objetivos.

Objetivo del legislador. De acuerdo con evidencia anecdótica, el objetivo de la disposición es garantizar la independencia de la PROFECO ante empresas que pudieran intentar influir indebidamente en la autoridad, así como evitar que estas citen indebidamente los informes de la PROFECO (por ejemplo "recomendado por PROFECO"). Sin embargo, estos objetivos pueden lograrse sin limitar la competencia.

Recomendación. La OCDE recomienda abolir el artículo 44 de la Ley Federal de Protección al Consumidor pues la problemática que trata pareciera injustificada, ya que la ley contiene un artículo que prohíbe la publicidad engañosa o abusiva.[77] Asimismo, deben adoptarse medidas para garantizar la independencia de los funcionarios de la PROFECO respecto a los intentos de cabildeo, así como asegurar que existan mecanismos eficientes (sanciones incluidas) para evitar la publicidad engañosa.

La misma recomendación respecto a la PROFECO se ha planteado para el sector de medicamentos.

3.3.8.5. Lineamientos para los MVO en los establecimientos TIF

De acuerdo con miembros de la industria, existe una amplia variabilidad en la aplicación de las especificaciones por parte de los MVO en los establecimientos TIF. Este problema tal vez se derive de que la NOM-009-ZOO-1994 no describe con suficiente detalle las tareas que se espera desempeñen los MVO. Puesto que no todos los establecimientos TIF están sujetos al mismo conjunto de estándares, la competencia entre establecimientos TIF se vería distorsionada.

Para garantizar que existe armonización en las prácticas, la OCDE recomienda expedir una NOM actualizada o bien guías que examinen con detalle cómo habrán de desempeñar los MVO las tareas específicas descritas en la NOM-009-ZOO-1994. El Programa Nacional de Normalización para el 2017 menciona que esta NOM se cancelará y reemplazará durante 2017.

3.4. Legislación horizontal: cooperativas y tierras comunales, y compras públicas

Además de la legislación que trató específicamente sobre la carne, el equipo de la OCDE también analizó legislación horizontal en los temas de cooperativas y tierras comunales, así como compras públicas. La legislación en estas áreas no solo se aplica al sector de la carne, sino a una amplia gama de industrias.

3.4.1. Cooperativas y tierras comunales

En esta categoría se abordan las restricciones relativas a las cooperativas y al régimen mexicano de tierras comunales conocidas como ejidos.

Los ejidos son tierras comunales. Actualmente más de la mitad del territorio mexicano está constituido por ejidos. Desde la reforma constitucional de 1992 los ejidos pueden privatizarse, pero las complejidades en los derechos de propiedad han limitado severamente el número de privatizaciones. Esto, a su vez, ha promovido la ganadería a pequeña escala y sus correspondientes bajas economías de escala (OECD, 2015: 31). Las cuatro recomendaciones de la OCDE buscan simplificar los derechos de propiedad de los ejidos:

- considerar abolir, o bien expandir, los límites de lo que se define como "pequeña propiedad ganadera"
- eliminar los límites a la tenencia de tierras agrícolas, ganaderas y forestales por parte de sociedades mercantiles y civiles
- considerar eliminar los límites a la participación extranjera en las tierras agrícolas, ganaderas y forestales
- simplificar el proceso para privatizar las parcelas de tierra en los ejidos.

El análisis de competencia de las cooperativas es complejo. Si bien es cierto que las cooperativas pueden, en algunas ocasiones, restringir el abasto o aumentar los precios, también existen razones procompetitivas para su creación, por ejemplo las economías de escala y alcance, el mantenimiento de una marca como lo sería una *denominación*, y la inversión en publicidad e investigación (OECD, 2004: 22).

Si la política de competencia ha de jugar un papel importante en el desarrollo de las políticas agropecuarias, se necesitan criterios claros para el análisis de las cooperativas. Como se expresó en un análisis previo de la OCDE: "Si los productores agropecuarios buscan orientación sobre qué tipo de actividades están permitidas, las declaraciones de política pública por parte del gobierno pueden clarificar qué tipos de conductas se consideran afines al interés público y son claramente permitidas, así como aquellos tipos de conductas que se considerarían dañinos" (OECD, 2004: 15). La recomendación de la OCDE respecto a las cooperativas busca clarificar el régimen de competencia para las cooperativas en México.

3.4.1.1. Operación de las cooperativas

Descripción del obstáculo. El artículo 86 de la Ley General de Sociedades Cooperativas establece que las cooperativas habrán de "diseñar y poner en operación estrategias de integración de sus actividades y procesos productivos, con la finalidad de [...] incidir en precios".

Daño a la competencia. No queda claro a qué se hace referencia con "incidir en precios", lo cual podría interpretarse como un permiso para que las sociedades cooperativas de producción vendan en forma conjunta sus productos. Esto, a su vez, podría facilitar la colusión entre los miembros de las sociedades cooperativas de producción.

Objetivo del legislador. Lo más probable es que la ley permita la creación de sociedades cooperativas de producción para explotar economías de escala y reducir los riesgos de inversión en que incurren los productores agropecuarios.

Vale la pena mencionar que en varias jurisdicciones existen excepciones a la política de competencia para las cooperativas agropecuarias. Por ejemplo, en Estados Unidos la Ley Capper-Volstead de 1922 y las órdenes de mercadeo derivadas de la Ley de Acuerdo de Mercadeo Agrícola de 1937, establecen que la creación de cooperativas de productores agropecuarios no es motivo de escrutinio de la política de competencia, y se permite que las cooperativas comercialicen sus productos en forma conjunta. Sin embargo, la Ley Capper-Volstead establece que las cooperativas deben estar integradas en su totalidad por productores de bienes agropecuarios, y la excepción de escrutinio no se extiende a conductas predatorias o de coerción, o a colaboraciones o fusiones con empresas no cubiertas por dicha ley (OECD, 2004: 183).

De acuerdo con nuestra investigación, en México actualmente no existe una ley que exima a las sociedades cooperativas del cumplimiento del derecho de competencia.

Recomendación. La OCDE recomienda modificar la fracción III del artículo 86 de la Ley General de Sociedades Cooperativas para que quede claro que la integración de las sociedades cooperativas de producción no incluye las ventas conjuntas. Además, la OCDE recomienda expedir guías que describan los principios de cooperación entre competidores (es decir ganaderos). Estas dos medidas garantizan que las sociedades cooperativas de producción puedan, de todas formas, explotar las economías de escala en la preparación, procesamiento y manejo de sus productos, al mismo tiempo que se minimizarían los riesgos de colusión.

3.4.1.2. El concepto de "pequeña propiedad ganadera" para los ejidos

En el caso de un ejido cuya actividad principal sea la ganadería, un miembro de ejido puede tener derechos parcelarios (tenencia), a lo sumo, sobre una extensión de tierra igual a 5% del tamaño total del ejido o el umbral de "pequeña propiedad ganadera", lo que se alcance primero. Por consiguiente, a un miembro del ejido no se le permitiría la tenencia de una parcela con una extensión igual a la pequeña propiedad ganadera si dicha extensión rebasara 5% de la extensión total del ejido. La pequeña propiedad ganadera corresponde a la superficie de tierra necesaria para mantener 500 cabezas de ganado mayor (por ejemplo, bovinos) o su equivalente en ganado menor (por ejemplo, cerdos).

Estas limitantes a la tenencia de tierras ejidales evitan la concentración de la tierra, pero dificultan a los productores alcanzar escala y competir con los grandes productores.

La OCDE contempla tres posibles opciones, según cómo el gobierno mexicano decida actuar ante los objetivos discordantes de preservar la distribución actual de la tierra mediante la institución del ejido –y así evitar la concentración de esta tierra– y permitir una producción más eficiente.

Opción 1) Eliminar los límites a la tenencia de la tierra para los miembros de los ejidos. Esto requiere eliminar el concepto de la "pequeña propiedad ganadera" y modificar el artículo 27 de la Constitución Política de los Estados Unidos Mexicanos.

Opción 2) Aumentar la extensión de la "pequeña propiedad ganadera". Esta opción requiere modificar el artículo 27 de la Constitución Política de los Estados Unidos Mexicanos.

Opción 3) Ningún cambio, pues el objetivo del legislador consiste en evitar la concentración en la tenencia de tierras ejidales.

3.4.1.3. Tierras agrícolas, ganaderas y forestales poseídas por sociedades mercantiles y civiles

Las sociedades mercantiles o civiles no pueden tener en propiedad tierras agrícolas, ganaderas o forestales cuya extensión sea 25 veces mayor que la "pequeña propiedad" (el tamaño de esta depende de la evaluación de cada terreno y de su clasificación como tierra agrícola, ganadera o forestal). Por otro lado, estas sociedades deberán estar compuestas por tantas personas físicas cuantas veces la tierra poseída rebase el tamaño de la "pequeña propiedad".

La disposición busca evitar la concentración de la propiedad de tierras agrícolas, ganaderas y forestales. Las empresas que decidan utilizar tierras comunales (por ejemplo, para criar ganado) podrían verse impedidas de hacerlo en aquellos casos en que la extensión de la tierra fuera 25 veces mayor que la "pequeña propiedad", pero que no fuera suficiente para alcanzar la escala necesaria. Por tanto, la OCDE recomienda eliminar las limitantes a la tenencia de tierras agrícolas, ganaderas y forestales por parte de las sociedades mercantiles y civiles. Esto implicaría abolir los artículos 126 y 132 de la Ley Agraria y reformar el artículo 27 de la Constitución Política de los Estados Unidos Mexicanos.

3.4.1.4. Participación extranjera en tierras agrícolas, ganaderas y forestales

Las sociedades mercantiles y civiles que sean propietarias de tierras agrícolas, ganaderas y forestales deben emitir un tipo especial de acciones (Tipo T) que representen el valor de adquisición de estas tierras. La participación extranjera en acciones T se limita a 49% del total de las acciones. Probablemente el objetivo de esta restricción sea garantizar la soberanía alimentaria, pero esta disposición podría inhibir la inversión extranjera en tierras agrícolas, ganaderas y forestales.

La OCDE contempla dos posible opciones según cómo decida el gobierno mexicano balancear los objetivos discordantes de restringir la propiedad de tierra por extranjeros y permitir la participación extranjera, y quizá tener una producción más eficiente. Estas opciones son:

- **Opción 1)** Abolir el artículo 130 de la Ley Agraria y el artículo 130, fracción III, subfracción R de la Ley de Inversión Extranjera. Esta opción implica reformar el artículo 27 de la Constitución Política de los Estados Unidos Mexicanos.
- **Opción 2)** No realizar cambio alguno pues el objetivo del legislador consiste en evitar la tenencia mayoritaria de tierras agrícolas, ganaderas y forestales por parte de extranjeros.

3.4.1.5. Privatización de ejidos

De acuerdo con la Ley Agraria, es posible privatizar las parcelas en los ejidos. Esta privatización se conoce como adopción de un "régimen de dominio pleno". El artículo 23 de la Ley Agraria establece que el órgano competente en el ejido para decidir sobre la privatización de las parcelas es la asamblea del ejido, el órgano supremo del ejido que incluye a todos sus miembros. Para privatizar parcelas en un ejido, es necesario obtener dos tercios de los votos en dicha asamblea. Esto parece ser innecesariamente estricto y dificulta la reasignación de la tierra entre distintas actividades ganaderas, lo cual sería una barrera a la entrada en la cría de ganado.

El objetivo de esta restricción claramente es preservar el régimen ejidal. La OCDE recomienda crear mecanismos más flexibles que permitan a los ejidos adoptar el régimen de dominio pleno. Por ejemplo, podría adoptarse una decisión de mayoría simple en lugar de una mayoría de dos tercios.

3.4.2. Compras públicas

Hacemos dos recomendaciones relativas a las compras públicas de carne. Ambas tratan de las limitantes que experimentan los productores para participar en compras públicas. La primera concierne a una lista de bienes apoyados por la CIDRS, mientras que la otra tiene que ver con el trato preferencial de las MIPYME en compras públicas.

3.4.2.1. Lista de bienes apoyados por la CIDRS

La CIDRS, con la participación del CMDRS y en concordancia con tratados de comercio internacional firmados por el gobierno federal mexicano, está en capacidad de establecer una lista de productos que pueden recibir trato preferencial en compras públicas. Esta restricción busca incrementar el ingreso de los productores agropecuarios cuya comercialización sea particularmente difícil. Sin embargo, una lista de productos a los que se les otorgue trato preferencial en compras públicas tiene el potencial de impedir que se elijan productos extranjeros.

La OCDE recomienda las siguientes opciones para el gobierno mexicano según cómo decida este balancear los objetivos en conflicto de incluir a los competidores extranjeros – y posiblemente ofrecer mejores precios a los consumidores– y apoyar a la industria cárnica nacional. Dichas opciones son:

- **Opción 1)** Modificar el artículo 111 de la Ley de Desarrollo Rural Sustentable para que no se otorgue preferencia en compras públicas a los productores de bienes agropecuarios cuya comercialización sea particularmente difícil. En su lugar, se considerarían subsidios directos.
- **Opción 2)** No hacer cambio alguno, pues brindar apoyo a los bienes agropecuarios cuya comercialización es particularmente difícil constituye un objetivo legítimo de política pública.

3.4.2.2. Trato preferencial a MIPYME en compras públicas

El artículo 3, fracción IX de la Ley para Impulsar el Incremento Sostenido de la Productividad y la Competitividad de la Economía Nacional busca promover la participación de las Micro, Pequeñas y Medianas Empresas (MIPYME) en compras públicas. Sin embargo, no establece una cuota de las compras públicas que hayan de ser abastecidas por las MIPYME.

Si bien el objetivo de esta disposición es promover el crecimiento y desarrollo de las MIPYME, existe una discriminación potencial de las no MIPYME. En particular, algunas no MIPYME podrían abastecer mercados de compras públicas a precios más bajos que las MIPYME gracias a las economías de escala.

La OCDE contempla dos posible opciones según cómo decida el gobierno mexicano balancear los objetivos discordantes de incluir a competidores de mayor tamaño que quizá ofrezcan mejores precios a los consumidores, y de brindar apoyo a las MIPYME. Estas opciones son:

- **Opción 1)** Abolir la fracción IX del artículo 3 de esta ley y no dar preferencia a las empresas mexicanas ni a las MIPYME en las compras públicas. En su lugar se considerarían subsidios directos.
- **Opción 2)** No realizar cambio alguno pues dar apoyo a las MIPYME es un objetivo legítimo de política pública. Esta opción podría darse a expensas de los consumidores mexicanos.

Notas

1. A efectos de definir el sector, el análisis se basa en el sistema de clasificación mexicano SCIAN 2013 (en adelante, SCIAN). Este sistema clasifica en categorías estandarizadas todas las actividades económicas a lo largo de la cadena de producción vertical. Algunos códigos de SCIAN coinciden con los del NAICS 2012 (en adelante, NAICS), el sistema de clasificación de Estados Unidos y Canadá. Es importante destacar que, si bien el SCIAN fue concebido para ser la contraparte del NAICS, algunos códigos del SCIAN no permiten comparaciones directas con códigos de numeración similar del NAICS.

   Este informe se enfoca en los grupos SCIAN 11, 31, 43, 46 y 48-49, incluyendo los subgrupos relevantes. El alcance de las investigaciones cubre los siguientes códigos SCIAN: 112 (Cría y explotación de animales), 1152 (Servicios relacionados con la cría y explotación de animales), 3111 (Elaboración de alimentos para animales), 3116 (Matanza, empacado y procesamiento de carne de ganado, aves y otros animales comestibles), 431121 (Comercio al por mayor de carnes rojas), 431122 (Comercio al por mayor de carne de aves), 43117 (Comercio al por mayor de embutidos), 434 (Comercio al por mayor de materias primas agropecuarias y forestales, para la industria, y materiales de desecho), 4611 (Comercio al por menor de abarrotes y alimentos), 461121 (Comercio al por menor de carnes rojas), 461122 (Comercio al por menor de carnes de aves), 461150 (Comercio al por menor de leche, otros productos lácteos y embutidos), 462111 (Comercio al por menor en supermercados) y 462112 (Comercio al por menor en minisúper). También se incluyen las actividades relacionadas horizontalmente con el sector de la carne, principalmente las de transporte, depósito y almacenamiento de la carne (códigos SCIAN 48-49 Transportes, correos, almacenamiento). Los siguientes códigos son comparables en SCIAN y NAICS: 112, 1152, 3111 y 3116. Los códigos SCIAN restantes (esto es, 431121, 431122, 43117, 434, 4611, 461121, 461122, 461150, 462111, 462112) no están estandarizados. Finalmente, no se incluye en la investigación la mayoría de las actividades incluidas bajo los códigos SCIAN 1129 (Explotación de otros animales), 1142 (Caza y captura), 465911 (Comercio al por menor de mascotas) y 72 (Servicios de alojamiento temporal y de preparación de alimentos y bebidas). Puede consultarse información adicional sobre SCIAN y NAICS en: 1) United States Census Bureau. North American Industry Classification System, 2012 NAICS Keyword search, www.census.gov/cgi-bin/sssd/naics/naicsrch, consultado el 11 de abril de 2017. 2) Instituto Nacional de Estadística y Geografía. Libro SCIAN, www.inegi.org.mx/est/contenidos/proyectos/SCIAN/presentacion.aspx?_file=/est/contenidos/proyectos/SCIAN/doc/scian2013.pdf.

2. Por ejemplo, las reses pueden ser alimentadas con sorgo o soya; los cerdos con maíz y sorgo; y los pollos con maíz.
3. Estos son los datos disponibles más recientes.
4. El artículo 27 de la Constitución Política de los Estados Unidos Mexicanos reconoce tres regímenes de propiedad de la tierra: pública, privada y social.
5. Los ejidos en México son tierras comunales de las que disponen sus miembros, quienes no poseen sus parcelas pero pueden explotarlas. Los ejidos son muy importantes para el sector agropecuario mexicano. De acuerdo con el Centro de Estudios para el Desarrollo Rural Sustentable y la Soberanía Alimentaria (CEDRSSA), que pertenece a la Cámara de Diputados, las comunidades agrarias (otra variante de la "propiedad social") y los ejidos correspondían a 51% del territorio mexicano en 2014.
6. Por ejemplo, de acuerdo con el artículo 27, fracción XV de la Constitución Política de los Estados Unidos Mexicanos, y el artículo 120 de la Ley Agraria, la "pequeña propiedad ganadera" es la máxima extensión de la que un individuo puede disponer (no poseer). La pequeña propiedad ganadera se define como la superficie necesaria para mantener hasta 500 cabezas de "ganado mayor" (por ejemplo reses) o su equivalente en "ganado menor" (por ejemplo cerdos). Por otro lado, el artículo 47 de la Ley Agraria establece que ningún miembro del ejido puede disponer de más de 5% de la superficie de un ejido.
7. El artículo 68 de la Ley Federal de Sanidad Animal establece que la movilización de "mercancías reguladas" dentro del territorio mexicano requiere un CZM. Las "mercancías reguladas" se definen como animales, bienes de origen animal, productos para uso o consumo animal, equipo pecuario usado, y cualesquier otros artículos o bienes relacionados con animales que pudieran representar un riesgo zoosanitario. Para ciertos productos que SENASICA considera de bajo riesgo zoosanitario (como cerdos y sus productos y subproductos; aves, sus productos y subproductos provenientes de un área libre de influenza), el CZM se sustituyó con el Aviso de Movilización, que es gratuito y puede llenarse en línea por medio del Servicio Nacional de Avisos de Movilización (SNAM).
8. Varias leyes ganaderas estatales se refieren a los documentos para la movilización como *guías de tránsito*, pero estos pueden tener distintas denominaciones según el estado de que se trate. De acuerdo con participantes de la industria, además de los documentos para la movilización, los gobiernos estatales también pueden requerir el pago de certificados de desinfección o de permisos de internación.
9. Artículo 13 de la Ley de Organizaciones Ganaderas. Véase la sección 3.1.8 "Autoridades relevantes y cámaras de comercio" para una breve descripción de las organizaciones ganaderas.
10. De acuerdo con el artículo 115, fracción III de la Constitución Política de los Estados Unidos Mexicanos, los rastros TSS son servicios públicos bajo el control de los gobiernos municipales.
11. En México existen dos tipos de normas: las Normas Oficiales Mexicanas (NOM), expedidas por el gobierno federal y de cumplimiento obligatorio; y las Normas Mexicanas (NMX), que son voluntarias y expedidas por organismos nacionales de normalización. Por ejemplo, los rastros TIF deben cumplir con normas como la NOM-008-ZOO-1994 (relativa a especificaciones sanitarias para la construcción y

equipamiento de los rastros), la NOM-009-ZOO-1994 (relativa al proceso sanitario de la carne) y la NOM-033-ZOO-1995 (relativa al sacrificio humanitario).

12. En 2013, de acuerdo con el USDA, existían 113 rastros TIF, 844 rastros TSS y 144 rastros privados.

13. Los datos sobre animales sacrificados en rastros clandestinos no estuvieron disponibles.

14. Los datos del INEGI sobre valor agregado no se encuentran suficientemente desagregados para los propósitos de este informe. El código SCIAN 1121, cría y explotación de animales bovinos, también incluye la producción de leche. El código SCIAN 1123, cría y explotación de aves, incluye la carne de pollo, pero también huevos de gallina y carne de pavo. El código SCIAN 3111, elaboración de alimentos para animales, incluye alimentos para reses, cerdos, aves, perros, gatos y otros animales. El código SCIAN 3116, matanza, empacado y procesamiento de carnes, incluye animales distintos de pollos, reses y cerdos. En consecuencia, el valor agregado de "cría y explotación de animales" así como de "elaboración de alimentos para animales" sobreestima el valor agregado de las actividades destinadas únicamente a la producción de carne.

15. Las referencias a "participaciones de mercado" o "mercados" incluidas en esta sección no corresponden necesariamente a las definiciones empleadas con el propósito de aplicar el derecho de competencia.

16. Por ejemplo, el último censo agropecuario del INEGI data del 2007.

17. El IHH es un indicador de concentración igual a la suma de los cuadrados de las participaciones de mercado de cada una de las empresas en un determinado mercado. El IHH toma valores entre 0 y 10 000.

18. La carne en pie hace referencia a los animales que se comercializan vivos, ya sea para engorda o para sacrificio.

19. https://gain.fas.usda.gov/Recent%20GAIN%20Publications/.

20. Con la excepción de Pilgrim's Pride y Tyson de México, todas las empresas listadas en los cuadros 3.1 a 3.3 son mexicanas.

21. En mayo de 2015 la empresa brasileña JBS, por intermedio de su subsidiaria Pilgrim's Pride, notificó a la COFECE su intención de adquirir tres subsidiarias mexicanas de la empresa estadounidense Tyson Foods, incluida Tyson de México.

22. Expediente CNT-088-2014. La resolución final está disponible en: www.cofece.mx:8080/cfcresoluciones/docs/Concentraciones/V704/0/2070270.pdf.

23. COFECE determinó que, en México, Pilgrim's Pride y Tyson concurrían en los mercados de producción y distribución de pollo de engorda, pollo vivo y pollo fresco (en los segmentos de mercado público, rosticero, supermercado y pollo vendido por piezas), así como en pollo valor agregado.

24. http://infosiap.siap.gob.mx/anpecuario_siapx_gobmx/ResumenNacional.do, consultado el 31 de Agosto de 2017
http://www.industriaavicola-digital.com/201703/#/24, consultado el 31 de Agosto de 2017
En el 2016, de acuerdo al SIAP, 1 676.866 millones de cabezas de pollo fueron sacrificadas en México, mientras que la edición de marzo de 2017 de la revista

Industria Avícola afirma que Pilgrim's Pride e Industrias Bachoco producen, anualmente en México, 470 y 595 millones de cabezas de pollo, respectivamente. Las participaciones de mercado en volumen resultan de dividir el número de cabezas poseídas por cada empresa por el número de cabezas sacrificadas en 2016.

25. No se encontraron participaciones de mercado individuales para los principales productores de carne de acuerdo con el número de establecimientos TIF.

26. En esta sección la carne también incluye vísceras y despojos. Para mayor precisión sobre las presentaciones de carne, vísceras y despojos que se analizaron, consúltense las fracciones arancelarias listadas bajo las Gráficas 3.21, 3.22 y 3.23.

27. Véase la nota final 7 para una definición de "mercancías reguladas" en términos de la Ley Federal de Sanidad Animal.

28. Artículo 51 de la Ley Federal de Sanidad Animal.

29. Las fracciones arancelarias utilizadas para calcular estos porcentajes se listan bajo las Gráficas 3.21, 3.22 y 3.23.

30. De acuerdo con FIRA, entre 2005 y 2015 los principales eventos epidemiológicos en cerdos fueron la influenza pandémica (H1N1) y un brote de peste porcina clásica al final de 2009, así como la diarrea epidémica porcina a mediados de 2014. En el caso de las aves, los principales eventos epidemiológicos entre 2011 y 2015 fueron dos brotes de la enfermedad de Newcastle en 2011, cinco brotes de influenza aviar altamente patógena (uno en 2012, otro en 2013 y uno más en 2014, y dos en 2015). FIRA (2016), *Panorama Agroalimentario. Carne de cerdo 2016*, www.gob.mx/cms/uploads/attachment/file/200634/Panorama_Agroalimentario_Carne_de_Cerdo_2016.pdf; FIRA (2016), *Panorama Agroalimentario. Avicultura carne 2016*, www.gob.mx/cms/uploads/attachment/file/200631/Panorama_Agroalimentario_Avicultura_Carne_2016.pdf.

31. Los aranceles para estas importaciones, a abril de 2017, se encontraban entre 20% y 25% para la res (excluyendo la fracción arancelaria 02.10.20.01); 75% para el pollo (excluyendo las fracciones arancelarias 02.07.14.02 y 02.10.99.03); y entre 10% y 20% para el cerdo (excluyendo la fracción arancelaria 02.06.49.01). No estuvieron disponibles datos sobre costos de transporte. Los aranceles a la importación para fracciones arancelarias específicas pueden consultarse en la página de Internet de la Ley de Impuestos Generales de Importación y de Exportación (www.siicex-caaarem.org.mx; consultado el 11 de abril de 2017).

32. La VUCEM actualmente colabora con 10 dependencias federales: Secretaría de Hacienda y Crédito Público (SHCP), Secretaría de Economía (SE), Secretaría de Agricultura, Ganadería, Desarrollo Rural, Pesca y Alimentación (SAGARPA), Secretaría de Medio Ambiente y Recursos Naturales (SEMARNAT), Secretaría de la Defensa Nacional (SEDENA), Secretaría de Salud (SSA), Secretaría de Energía (SENER), Instituto Nacional de Antropología e Historia (INAH), Instituto Nacional de Bellas Artes (INBA), y la Procuraduría Federal de Protección al Ambiente (PROFEPA).

33. De acuerdo con el artículo 6, fracción LIX de la Ley Federal de Sanidad Animal, la SAGARPA puede verificar, certificar e inspeccionar la implementación de las buenas prácticas pecuarias en los establecimientos TIF.

34. La NOM más relevante para los rastros municipales es la NOM-194-SSA1-2004, Productos y servicios. Especificaciones sanitarias en los establecimientos dedicados al sacrificio y faenado de animales para abasto, almacenamiento, transporte y expendio. Especificaciones sanitarias de productos.

35. De acuerdo con el artículo 3, fracción XXII de la Ley General de Salud, la SSA puede inspeccionar el proceso sanitario de las exportaciones e importaciones. Por tanto, los rastros (incluidos los TIF) pueden ser inspeccionados por la SSA.

36. Para los datos producidos por el SIAVI, véase www.economia-snci.gob.mx, y para el SNIIM, véase www.economia-sniim.gob.mx, ambos consultados el 11 de abril de 2017.

37. "Quién es quién en los precios", www.profeco.gob.mx/precios/canasta/home.aspx?th=1, consultado el 11 de abril de 2017.

38. La Ley de Desarrollo Rural Sustentable establece que la CIDRS es responsable de proponer el Programa Especial Concurrente para el Desarrollo Rural Sustentable (PECDRS) al presidente. Los últimos PECDRS cubrieron, respectivamente, los periodos 2007-2012 y 2014-2018.

39. De acuerdo con el artículo 4 del Reglamento de la Ley de Organizaciones Ganaderas, en lo que respecta al sector ganadero la SAGARPA habrá de coordinarse con la CNOG a nivel nacional, y con las asociaciones y uniones ganaderas en los niveles municipal y estatal..

40. Véase la nota final 11 para una explicación de ambos tipos de normas.

41. https://www.cofece.mx/cofece/images/Promocion/Miscelanea_Estatal_210916.pdf.

42. Esta ley fue publicada en el Diario Oficial de la Federación (DOF) el 6 de enero de 1999. La versión consultada de la ley fue aquella con última reforma el 9 de abril de 2012.

43. Esta ley fue publicada en el DOF el 25 de julio de 2007. La versión consultada de la ley fue aquella con última reforma el 7 de junio de 2012.

44. Esta ley fue publicada en el DOF el 7 de febrero de 1984. La versión consultada de la ley fue aquella con última reforma el 27 de enero de 2017.

45. Por medio de su dependencia Comisión Federal para la Protección contra Riesgos Sanitarios (COFEPRIS).

46. Esta ley fue publicada en el DOF el 7 de diciembre de 2001. La versión consultada de la ley fue aquella con última reforma el 12 de enero de 2012.

47. Esta ley fue publicada en el DOF el 26 de febrero de 1992. La versión consultada de la ley fue aquella con última reforma el 27 de marzo de 2017.

48. Esta ley fue publicada en el DOF el 3 de agosto de 1994. La versión consultada de la ley fue aquella con última reforma el 13 de agosto de 2009.

49. En el caso de esta evaluación, hubo pocas recomendaciones relacionadas con el sector de la carne (por ejemplo el requisito de una separación entre el área de faenado y el área de venta de la carne; las preparaciones tradicionales en carnicerías).

50. En el caso de esta evaluación, si bien se hicieron varias recomendaciones relacionadas con las normas sanitarias de los servicios veterinarios, la conclusión global fue que la

legislación de la carne en Rumania estaba armonizada con la legislación de la Unión Europea.

51. En dicha evaluación se realizaron muy pocas recomendaciones respecto a la carne (por ejemplo requisitos para la carne empaquetada de importación).

52. La relevancia de la trazabilidad se reconoce en el volumen I del Código Sanitario para los Animales Terrestres de la OIE (2016); dos capítulos (4.1 y 4.2) versan sobre este tema.

53. Britt, A.G., C.M Bell, K. Evers y K.R. Paskin (2013), *Linking live animals and products: traceability*, *Rev. Sci. Tech.*, 32(2), pp.571-582.

54. El artículo 4 de la Ley de Organizaciones Ganaderas distingue entre las asociaciones ganaderas locales generales y las asociaciones ganaderas locales especializadas. Las primeras son asociaciones ganaderas que se dedican a la explotación racional de cualquier especie animal en un municipio determinado, mientras que las segundas agrupan a ganaderos criadores de una especie animal determinada.

55. Los aretes del SINIIGA son una identificación de por vida para el ganado bovino y pueden incluir un microchip que ayuda a los ganaderos a monitorear la salud y la producción de los animales.

56. Este artículo también contiene otra restricción, que versa sobre las compras públicas; la restricción se analiza en la categoría Compras Públicas.

57. La CIDRS está compuesta por los secretarios de las Secretarías involucradas en cierto grado con el desarrollo rural (es decir, SAGARPA, SE, SEMARNAT, SHCP, SCT, SSA, SEDESOL, SEDATU, SEP y SENER) y por cualquier otra Secretaría o entidad que el ejecutivo considere necesaria. La CIDRS está presidida por la SAGARPA. A su vez, el CMDRS está compuesto por la CIDRS, así como por representantes acreditados de organizaciones nacionales sociales y privadas cuyo ámbito de acción sean las áreas rurales.

58. En México existen dos tipos de normas: las Normas Oficiales Mexicanas (NOM), expedidas por el gobierno federal y que son obligatorias; y las Normas Mexicanas (NMX), que son voluntarias y expedidas por organismos nacionales de normalización.

59. NMX-FF-078-SCFI-2002; NMX-FF-081-SCFI-2003; y NMX-FF-128-SCFI-2016.

60. Por ejemplo, de acuerdo con la COFECE (2016), la Ley de Ganadería del estado de Sonora establece que los minoristas han de separar –sea en refrigeradores, anaqueles o vitrinas– los productos pecuarios de Sonora de aquellos productos pecuarios provenientes de otros estados mexicanos o del extranjero. Otro problema, aunque más relacionado con la ausencia de estándares de calidad, es la "inyecta" o "mejoramiento" de la carne de cerdo. De acuerdo con un participante de la industria, en casos severos 40% del peso total de la carne de cerdo puede ser salmuera.

61. Algunos de los elementos abordados por el sistema son la sanidad, la calidad agroalimentaria, la autenticidad y el etiquetado; las denominaciones permitidas; y los procedimientos de evaluación que permitirán la diferenciación de la carne "en función de características organolépticas".

62. Por ejemplo, las leyes ganaderas estatales de Chiapas (Ley de Fomento y Sanidad Pecuaria), Coahuila (Ley de Fomento Ganadero), Puebla (Ley Ganadera), Querétaro

(Ley de Desarrollo Pecuario), Quintana Roo (Ley de Fomento y Desarrollo Pecuario), San Luis Potosí (Ley de Ganadería) y Yucatán (Ley Ganadera).

63. Por ejemplo, Chiapas, Coahuila, Puebla, Querétaro y Yucatán.

64. De acuerdo con el artículo 4 de la Ley Federal de Sanidad Animal, las "mercancías reguladas" se definen como animales, bienes de origen animal, productos para uso o consumo animal, equipo pecuario usado y cualesquier otros artículos o bienes relacionados con animales que pudieran representar un riesgo zoosanitario.

65. La terminología de la NOM no es clara, pero al parecer se trata del Certificado Zoosanitario de Movilización.

66. La terminología de la NOM no es clara, pero al parecer se trata de documentos estatales para la movilización.

67. Por ejemplo, examinamos las autorizaciones relacionadas con la operación de rastros y plantas procesadoras de carne TIF, la certificación de los productos orgánicos y la comercialización de los organismos genéticamente modificados.

68. SENASICA, una dependencia de SAGARPA, autoriza a los países y establecimientos que exportan a México.

69. Esa evaluación tomará en cuenta variables como los riesgos sanitarios, el historial de incumplimiento y el destino del producto (es decir, si se trata o no de un establecimiento TIF).

70. La denominación de los Organismos Auxiliares depende de si sus miembros son agricultores, ganaderos o acuicultores. En el caso de los ganaderos, los OASA se conocen como Comités Estatales de Fomento y Protección Pecuaria (CEFPP). Cada una de las entidades federativas de México, excepto la Ciudad de México, posee un CEFPP.

71. El artículo 4 de la Ley Federal de Sanidad Animal proporciona definiciones para los términos "campaña" y "buenas prácticas pecuarias". La primera es un conjunto de medidas zoosanitarias para la prevención, control o erradicación de enfermedades animales o plagas de los animales en una fase. Por otro lado, las "buenas prácticas pecuarias" son procedimientos, actividades, condiciones y controles aplicados a las unidades de producción animal o a los establecimientos TIF para reducir los peligros asociados a agentes físicos, químicos y biológicos, así como a los riesgos asociados a los bienes de origen animal para consumo animal.

72. Adicionalmente, el efecto anticompetitivo de esta disposición pudiera ser exacerbado por la legislación estatal. De acuerdo a COFECE (2016), varias leyes ganaderas estatales promueven mecanismos que permiten a las asociaciones ganaderas locales fijar de forma conjunta los precios o cantidades a los que venden sus productos.

73. Los estados son Campeche, Coahuila, Tlaxcala, Yucatán, Guerrero y Sinaloa.

74. Los FAAR son asociaciones de productores agropecuarios que brindan aseguramiento a sus miembros.

75. Esta recomendación no se aplica a las siguientes cinco normas, que están asociadas a otras restricciones: NOM-009-ZOO-1994 (la variabilidad de los criterios aplicados por los médicos veterinarios oficiales en establecimientos TIF); NOM-030-ZOO-1995 (el requisito de inspeccionar la totalidad de los lotes de importación de carne, canales, vísceras y despojos); NMX-FF-078-SCFI-2002 and NMX-FF-081-SCFI-2003 (la

ausencia de NOM relacionadas con la clasificación de carne de res, cerdo y pollo en canal).

76. Los casos de emergencia se definen como acontecimientos inesperados que afectan de manera inminente las finalidades establecidas en el artículo 40 de la Ley Federal sobre Metrología y Normalización. Las NOM expedidas bajo este procedimiento expedito deben seguir principios científicos y tratar de evitar un daño irreparable o irreversible.

77. El artículo 32 de la ley prohíbe la publicidad engañosa o abusiva, que se define como la publicidad que "refiere características o información relacionadas con algún bien, producto o servicio que pudiendo o no ser verdaderas, inducen a error o confusión al consumidor por la forma inexacta, falsa, exagerada, parcial, artificiosa o tendenciosa en que se presente".

Referencias

COFECE (2016), *Miscelánea de obstáculos regulatorios a la competencia: Análisis de la normatividad estatal*, https://www.cofece.mx/cofece/images/Promocion/Miscelanea_Estatal_210916.pdf.

COFECE (2015), *Reporte sobre las condiciones de competencia en el sector agroalimentario*, www.cofece.mx/cofece/images/Estudios/COFECE_reporte%20final-ok_SIN_RESUMEN_ALTA_RES-7enero.pdf.

COMECARNE (2016), *Compendio estadístico 2015 de la industria cárnica mexicana*, http://infocarne.comecarne.org/compendio/visualizar?comp=8.

OECD (2017), *OECD Competition Assessment Reviews: Greece*, París: OECD Publishing, http://dx.doi.org/10.1787/9789264088276-en.

OECD (2016), *OECD Competition Assessment Reviews: Romania*, París: OECD Publishing, http://dx.doi.org/10.1787/9789264257450-en.

OECD (2015), *OECD Economic Surveys: Mexico 2015*, París: OECD Publishing, http://dx.doi.org/10.1787/eco_surveys-mex-2015-en.

OECD (2013), *OECD Competition Assessment Reviews: Greece*, París: OECD Publishing, http://dx.doi.org/10.1787/9789264206090-en.

OECD (2004), *Policy Roundtables: Competition and Regulation in Agriculture: Monopsony Buying and Joint Selling*, www.oecd.org/competition/abuse/35910977.pdf.

USDA (2014), *Red Meat and Poultry Sector Trends and Developments. GAIN Report Number: MX4025.*

Anexo 3.A1

Resumen de cuantificaciones para el sector cárnico

Si estas recomendaciones de la OCDE se implementan en su totalidad, se estima que los beneficios serán de entre 51.6 millones de MXN y 348.1 millones de MXN.

Cuadro 3.A1.1. **Beneficios en millones de MXN**

Restricción		Beneficios, cota inferior (millones de MXN)	Beneficios, cota superior (millones de MXN)
	Servicios veterinarios en establecimientos TIF	13.3	39.8
	Documentos estatales para la movilización	5.4	54.4
	Inspección de 100% de importaciones	32.9	253.9
Total		**51.6**	**348.1**

Fuente: Análisis de la OCDE

Anexo 3.A2

Servicios veterinarios en establecimientos TIF

Si esta recomendación de la OCDE se implementa en su totalidad, se estima que los beneficios serán de entre 13.3 millones de MXN y 39.8 millones de MXN.

Descripción y daño

De acuerdo con el artículo 108 de la Ley Federal de Sanidad Animal, en los establecimientos Tipo Inspección Federal (TIF)[1] (es decir, rastros y plantas procesadoras de carne), debe estar presente un Médico Veterinario Responsable Autorizado (MVRA)[2] durante todos los turnos laborales. Según lo estipulado en el artículo 4 de la Ley Federal de Sanidad Animal, un MVRA es un "profesionista autorizado por la Secretaría, para prestar sus servicios de coadyuvancia y emisión de documentos en [...] establecimientos TIF destinados al sacrificio y procesamiento [...] para garantizar que se lleve a cabo lo establecido en las disposiciones que derivan de esta Ley. Dicho profesionista fungirá como responsable ante la Secretaría". Sin embargo, los MVRA no son los únicos médicos veterinarios presentes en los establecimientos TIF. Los Médicos Veterinarios Oficiales (MVO) del SENASICA también están presentes en los establecimientos TIF, aunque no todo el tiempo.

El daño a la competencia deriva de una duplicidad potencial en las tareas de los MVRA y MVO, y varias entrevistas con participantes de la industria brindaron evidencia anecdótica de que, en efecto, tal es el caso. Asimismo, la Ley Federal de Sanidad Animal y su Reglamento mencionan que diversas tareas pueden ser desempeñadas por un MVRA o un MVO.[3] El requisito de tener presente a un MVRA durante todos los turnos laborales pudiera constituir una carga mayor para los pequeños establecimientos TIF.

Recomendación

Modificar el artículo 108 de la Ley Federal de Sanidad Animal de manera tal que, durante todos los turnos laborales se estipule que debe estar presente ya sea un MVRA o bien un MVO. Por otro lado, se recomienda promover una reducción progresiva de la dependencia de los establecimientos TIF en los MVRA. Esto permitiría una mayor sustitución entre los servicios de ambos tipos de veterinarios y brindaría una mayor flexibilidad en la contratación de los MVRA, lo que reduciría el traslape de funciones. Esta modificación sería más sencilla si el SENASICA pudiera facturar a los rastros y las plantas procesadoras de carne por los servicios de los MVO.

Estimación de los beneficios derivados de la recomendación

El beneficio de poner en práctica esta recomendación depende del grado de traslape de las tareas desempeñadas por los MVRA y MVO. El grado actual de traslape de funciones se desconoce. El grupo de la OCDE ha elaborado escenarios para tener en cuenta esta incertidumbre.

Al 19 de mayo de 2017 había 790 MVRA que laboraban en establecimientos TIF.[4] De acuerdo con SENASICA, los MVRA reciben en promedio un salario de alrededor de 14 000 MXN al mes, es decir, un salario anual de 168 000 MXN.

La estimación de la suma de los salarios de los 790 MVRA que trabajan en establecimientos TIF es igual a:

$$132.72 \text{ millones de MXN} = (\text{Número de MVRA}) \times (\text{Salario anual de un MVRA})$$

Si a los establecimientos TIF se les permitiera no contar con un MVRA en cada turno laboral, se podría reducir el número de MVRA contratados. El alcance de la reducción en el número de MVRA contratados se desconoce y depende del grado de traslape de las tareas llevadas a cabo por los MVRA y MVO. El siguiente cuadro muestra los ahorros de los establecimientos TIF en función de la reducción porcentual de los MVRA contratados.

Cuadro 3.A2.1. **Ahorros de los establecimientos TIF en función de la reducción porcentual de MVRA contratados**

	Escenario 1: 10%	Escenario 2: 20%	Escenario 3: 30%
Ahorros (millones de MXN)	13.27	26.54	39.82

Fuente: Análisis de la OCDE

Notas

1. Los rastros y las plantas procesadoras de carne TIF son establecimientos regulados por la SAGARPA. Estos establecimientos tienen controles más rigurosos que los rastros y plantas procesadoras municipales en lo que respecta a las condiciones sanitarias.
2. Los MVRA son veterinarios empleados por los establecimientos TIF a cargo de asegurar el cumplimiento de las disposiciones del SENASICA; son remunerados por los establecimientos TIF.
3. Por ejemplo, el artículo 247, fracción II, subfracción b) del Reglamento de la Ley Federal de Sanidad Animal establece que los documentos zoosanitarios que acrediten que se han realizado pruebas, vacunas o tratamientos pueden ser firmados por un MVO o un MVRA.
4. La lista de MVRA que, al 19 de mayo de 2017, laboraban en establecimientos TIF está disponible en: www.gob.mx/cms/uploads/attachment/file/224409/DIRECTORIO_MVRATIF_19-05-2017.pdf, consultado el 25 de mayo de 2017.

Anexo 3.A3

Documentos estatales para la movilización

Si esta recomendación de la OCDE se implementa en su totalidad, se estima que los beneficios serán de entre 5.4 millones de MXN y 54.4 millones de MXN.

Descripción y daño

Varios gobiernos estatales solicitan documentos para movilizar animales vivos y sus productos y subproductos entre estados. Estos documentos se centran en la acreditación de la propiedad, pero pueden también abordar cuestiones zoosanitarias. En algunos estados, tales documentos pueden ser expedidos por las asociaciones ganaderas locales.

A nivel federal ya existen documentos zoosanitarios para la movilización de animales vivos y sus productos y subproductos: el Certificado Zoosanitario de Movilización (CZM), expedido por el SENASICA para bienes con un riesgo zoosanitario de moderado a alto; y el Aviso de Movilización para los bienes con bajo riesgo zoosanitario. La Ley Federal de Sanidad Animal menciona que la SAGARPA, de la cual el SENASICA es una dependencia, tiene la facultad exclusiva de establecer los requisitos zoosanitarios para movilizar "mercancías reguladas" a lo largo del país, y que las autoridades estatales no pueden imponer requisitos más estrictos.

Existe daño a la competencia en el sentido de que los productores interesados en comercializar sus productos en distintos estados deben pagar por diversos documentos de movilización para llevar sus productos desde los puntos de producción hasta los puntos de venta. Esto encarece sus productos y discrimina en favor de los productores que producen y comercializan sus productos en el mismo estado.

Recomendación

Nuestra recomendación consiste en abolir el requisito de los documentos estatales para la movilización. El Certificado Zoosanitario de Movilización y el Aviso de Movilización deberían reemplazar, en todas las instancias, a los documentos estatales para la movilización.

Estimación de los beneficios derivados de la recomendación[1]

Una dificultad mayor para estimar el beneficio de esta recomendación es que el costo de los documentos para la movilización varía entre estados.[2] Asimismo, los costos no son accesibles y en algunos casos son determinados por las autoridades municipales.[3] Finalmente, estos costos pueden facturarse ya sea por cabeza o por lote.

El SENASICA compartió con la OCDE el siguiente cuadro, que contiene datos sobre el número de documentos para la movilización (guías de tránsito) de ganado bovino, específicamente para los estados cuyos documentos para la movilización se expiden por medio del Registro Electrónico de Movilización de Ganado (REEMO).[4] La tabla solo contiene estadísticas para 23 de las 32 entidades federativas.

Cuadro 3.A3.1. **Documentos de movilización expedidos en varias entidades federativas mexicanas**

Entidad federativa	Mes inicial	Núm. de documentos de movilización expedidos hasta abril de 2017	Número de animales
Aguascalientes	Diciembre 2016	100	492
Baja California	Septiembre 2016	2 685	20 279
Baja California Sur	Octubre 2016	3 147	26 397
Campeche	Febrero 2012	180 784	868 818
Chihuahua	Febrero 2015	386 435	2 650 621
Ciudad de México	Diciembre 2016	29	119
Coahuila	Julio 2015	48 883	331 499
Colima	Septiembre 2016	16 181	58 904
Durango	Mayo 2014	210 381	1 040 832
Guanajuato	Febrero 2017	4 838	11 897
Guerrero	Julio 2016	5 053	20 130
Hidalgo	Septiembre 2015	8 360	25 740
Jalisco	Julio 2016	8 843	38 090
Estado de México	Junio 2016	10 032	27 308
Nuevo León	Enero 2016	8 478	138 462
Puebla	Junio 2016	1 391	5 844
Quintana Roo	Enero 2015	10 787	54 769
San Luis Potosí	Julio 2016	3 147	11 977
Sinaloa	Junio 2015	50 981	121 887
Tabasco	Abril 2017	743	9 727
Tamaulipas	Octubre 2014	143 100	882 773
Yucatán	Marzo 2015	32 220	174 143
Zacatecas	Mayo 2014	102 029	293 673
Total	-	**1 238 627**	**6 814 381**

Fuente: SENASICA, con datos del REEMO

El siguiente cuadro se elaboró utilizando esos datos:

Cuadro 3.A3.2. **Número anual de documentos para la movilización expedidos, por entidad federativa**

Entidad federativa	Núm. de meses entre el mes inicial y abril de 2017	Promedio mensual de documentos para la movilización expedidos	Promedio anual de documentos para la movilización expedidos
Aguascalientes	5	20	240.0
Baja California	8	336	4 027.5
Baja California Sur	7	450	5 394.9
Campeche	63	2 870	34 435.0
Chihuahua	27	14 312	171 748.9
Ciudad de México	5	6	69.6
Coahuila	22	2 222	26 663.5
Colima	8	2 023	24 271.5
Durango	36	5 844	70 127.0
Guanajuato	3	1 613	19 352.0
Guerrero	10	505	6 063.6
Hidalgo	20	418	5 016.0
Jalisco	10	884	10 611.6
Estado de México	11	912	10 944.0
Nuevo León	16	530	6 358.5
Puebla	11	126	1 517.5
Quintana Roo	28	385	4 623.0
San Luis Potosí	10	315	3 776.4

Cuadro 3. A3.2. **Número anual de documentos para la movilización expedidos, por entidad federativa** (sigue)

Sinaloa	23	2 217	26 598.8
Tabasco	1	743	8 916.0
Tamaulipas	31	4 616	55 393.5
Yucatán	26	1 239	14 870.8
Zacatecas	36	2 834	34 009.7
Total	-	**45 419**	**545 029.0**

Fuente: SENASICA, con datos del REEMO, y análisis de la OCDE

De acuerdo con este cálculo, cada año se expiden en promedio 545 029 documentos para la movilización en estas 23 entidades federativas. Se desconoce cuál es el costo promedio de un documento de este tipo; en 2017, el costo de un CZM expedido por SENASICA es de 99.82 MXN. La OCDE plantea tres escenarios sobre el costo promedio de los documentos para la movilización:

1. El costo corresponde a 10% del costo de un CZM: 9.98 MXN
2. El costo corresponde a 50% del costo de un CZM: 49.91 MXN
3. El costo es igual que el de un CZM: 99.82 MXN.

Los beneficios derivados de la recomendación son iguales a:

(Número de documentos para la movilización expedidos)×(Costo promedio de un documento para la movilización)

El siguiente cuadro muestra los beneficios estimados en esos tres escenarios:

Cuadro 3.A3.3. **Ahorros derivados de la eliminación de los documentos para la movilización**

	Costo de un documento de movilización como porcentaje del costo de un CZM		
	Escenario 1: 10%	Escenario 2: 50%	Escenario 3: 100%
Beneficio (MXN)	5 440 481.17	27 202 405.86	54 404 811.71

Fuente: Análisis de la OCDE

Notas

1. La estimación no toma en cuenta ni los ahorros internos de los que se beneficiarían las empresas cárnicas si no tuvieran que investigar las tarifas de los documentos de movilización para diversos estados, ni los costos de preparar estos documentos. Por tanto, los ahorros podrían ser incluso mayores.
2. Por ejemplo, los documentos para la movilización parecen ser gratuitos en algunas entidades federativas, y se encontró una instancia en la que tenían un costo de hasta 500 MXN.
3. De acuerdo con un artículo de prensa, en el caso del estado de Chihuahua, que cuenta con 67 municipios, los montos pueden variar entre 0.81 MXN y 75 MXN, https://www.relevanciachihuahua.com/single-post/2017/04/06/El-pase-de-ganado-tendr%C3%A1-la-misma-tarifa-en-todo-el-Estado-Diputado-Villarreal (consultado el 10 de octubre de 2017).
4. Puesto que la plataforma REEMO es de reciente adopción, es posible que no mantenga el registro de todos los documentos estatales para la movilización.

Anexo 3.A4

Inspeccionar 100% de los lotes de importación de carne, canales, vísceras y despojos

Si esta recomendación de la OCDE se lleva a la práctica en su totalidad, se estima que los beneficios serán de entre 32.9 millones de MXN y 253.9 millones de MXN.

Descripción y daño

De acuerdo con el artículo 4.1 de la NOM-030-ZOO-1995, todos los lotes de importación de carne, canales, vísceras y despojos serán inspeccionados de conformidad con las disposiciones incluidas en la Hoja de Requisitos Zoosanitarios. Este requisito es excesivo e innecesariamente costoso, e incluso podría no ser factible.

Recomendación

La OCDE sugiere la implantación de un sistema de inspección en el cual tanto el momento como el número de inspecciones, así como la cantidad de muestras tomadas para ser inspeccionadas sean elegidos con base en un análisis de riesgos.

Estimación de los beneficios derivados de la recomendación[1]

Suponemos que en la actualidad se inspecciona 100% de los lotes de importación de carne, canales, vísceras y despojos, de acuerdo con las disposiciones plasmadas en la Hoja de Requisitos Zoosanitarios. A continuación se proporciona una estimación de los beneficios derivados de adoptar un sistema en el que tanto el momento como el número inspecciones, así como la cantidad de muestras a inspeccionar se elegirían con base en un análisis de riesgos. Sin embargo, podría ser que actualmente no se inspeccione 100% de los lotes en la práctica –pues el cumplimiento de este requisito podría no ser factible–, en cuyo caso los beneficios de adoptar un nuevo sistema de inspección podrían ser menores.

Para empezar, supóngase que el nuevo sistema es tal que solo se inspecciona una proporción $\mathbf{x}$ $(\mathbf{0<x<1})$ de los lotes. Asimismo, supóngase que el costo de inspeccionar cualquier volumen de lotes de importación constituye una proporción $\mathbf{y}$ $(\mathbf{0} < \mathbf{y} < \mathbf{1})$ del valor del lote. Si $\mathbf{V}$ es el valor de los lotes de importación, entonces el costo de inspeccionar la totalidad de los lotes es igual a $\mathbf{yV}$. Con el nuevo sistema solo se inspecciona una proporción $\mathbf{x}$ de los lotes, y por tanto el costo de inspección es $\mathbf{xyV}$. De esta manera, los ahorros al adoptar el nuevo sistema son iguales a:

$$\mathbf{yV - xyV = (1 - x)yV}$$

En esta fórmula puede apreciarse que los ahorros disminuyen con el tamaño de la muestra del nuevo sistema de inspección, y que aumentan con el costo de inspección. La OCDE estima los beneficios de adoptar un nuevo sistema de inspección calculando $\mathbf{V}$ y realizando posteriormente suposiciones sobre $\mathbf{x}$ e $\mathbf{y}$.

Para estimar el valor de los lotes de importación de carne, canales, vísceras y despojos, el equipo de la OCDE consultó el Sistema de Información Arancelaria vía Internet (SIAVI).[2] La NOM-030-ZOO-1995 no menciona qué fracciones arancelarias en específico se someterán a una inspección; por tanto, se seleccionaron las fracciones arancelarias cuyos títulos hicieran alusión a carne, canales, vísceras o despojos. No obstante, existe la posibilidad de que el siguiente cuadro contenga fracciones para las cuales no se necesite una inspección, en cuyo caso los beneficios estarían sobreestimados.

Cuadro 3.A4.1. **Valor de la carne, canales, vísceras y despojos de importación (USD, 2016)**

Vacuno		Cerdo		Pollo	
Fracción arancelaria	Valor	Fracción arancelaria	Valor	Fracción arancelaria	Valor
02.01.10.01	0	02.03.11.01	7 412 855	02.07.11.01	3 029 967
02.01.20.99	26 778 144	02.03.12.01	948 557 707	02.07.12.01	696 855
02.01.30.01	662 367 304	02.03.19.99	127 820 337	02.07.13.01	97 498 273
02.02.10.01	0	02.03.21.01	58 216	02.07.13.02	24 502 564
02.02.20.99	4 155 721	02.03.22.01	13 017 760	02.07.13.03	180 703 519
02.02.30.01	39 085 974	02.03.29.99	215 428 477	02.07.13.99	96 896 928
02.06.10.01	8 819 636	02.06.30.01	60 981 403	02.07.14.01	35 370 122
02.06.21.01	15 632 526	02.06.30.99	24 168 749	02.07.14.02	0
02.06.22.01	2 825 774	02.06.41.01	71 319	02.07.14.03	348
02.06.29.99	136 334 593	02.06.49.01	21 225 462	02.07.14.04	88 153 970
02.10.20.01	27 058	02.06.49.99	86 490 709	02.07.14.99	176 734 759
		02.10.11.01	3 929 212	02.10.99.03	420 409
		02.10.12.01	64 220 903		
		02.10.19.99	22 437 746		
Suma	896 026 730		1 595 820 855		704 007 714
Total			**3 195 855 299**		

Fuente: SIAVI, www.economia-snci.gob.mx.

En el cuadro se observa que en 2016 el valor de los lotes de importación de carne, canales, vísceras y despojos de res, cerdo y pollo fue igual a 3 195 855 299 USD. Si se toma una tasa de cambio de 18.691 MXN por USD[3] para 2016, **V** es igual a 59 733 731 394 MXN.

Estimar los beneficios de adoptar un nuevo sistema demanda elaborar escenarios para **x** e **y**. Por ejemplo, si x=0.15 e y=0.003, esto significa que con el nuevo sistema de inspección se cubriría 15% de los lotes y el costo de la inspección constituiría 0.3% del valor de las importaciones. En este caso, utilizando la fórmula planteada antes, los ahorros de adoptar un nuevo sistema serían iguales a:

$$(1-0.15)\times 0.003\times 59\ 733\ 731\ 394 \text{ MXN} = 152\ 321\ 015.05 \text{ MXN}$$

Para el tamaño de la muestra del nuevo sistema de inspección (**x**) se tomaron los valores 0.15, 0.30 y 0.45, mientras que en lo tocante a (**y**), asociado a los costos de inspección, se tomaron los valores de 0.001, 0.003 y 0.005. No hubo una razón en particular para elegir estos valores de **x** e **y**.

La siguiente tabla recapitula los ahorros asociados a nueve escenarios que resultan de las combinaciones sobre los costos de inspección y el tamaño de muestra del nuevo sistema de inspección.

Cuadro 3.A4.2. **Escenarios de ahorros al adoptar un nuevo sistema de inspección (MXN)**

		Escenarios sobre el tamaño de la muestra del nuevo sistema de inspección (x)		
		0.15	0.30	0.45
Escenarios sobre el costo de inspección (y)	0.001	50 773 671.68	41 813 611.98	32 853 552.27
	0.003	152 321 015.05	125 440 835.93	98 560 656.80
	0.005	253 868 358.42	209 068 059.88	164 267 761.33

Fuente: Análisis de la OCDE

Notas

1. La estimación no toma en cuenta el costo de oportunidad resultante del aumento en los periodos de espera en la frontera para inspeccionar 100% de los lotes. Por tanto, los ahorros podrían ser mayores.
2. www.economia-snci.gob.mx.
3. Esto se basa en un promedio de tasas de cambio mensuales para solventar obligaciones pagaderas en moneda extranjera (FIX), reportadas por el Banco de México (http://www.banxico.org.mx/SieInternet/consultarDirectorioInternetAction.do?sector=6&accion=consultarCuadro&idCuadro=CF86&locale=es)

Anexo A

Metodología

Este estudio abarca dos sectores de la economía mexicana: los de la producción y comercialización de carne y de medicamentos en México, a lo largo de la cadena vertical de valor (producción y comercio al por mayor y al por menor). Los sectores por estudiar se seleccionaron en consulta con la Secretaría de Economía.

La evaluación de las leyes y regulaciones en estos sectores y sus subsectores se llevó a cabo en cuatro etapas. El presente anexo describe la metodología seguida en cada una de ellas.

Etapa 1: Mapeo de los sectores

El objetivo de la primera etapa del proyecto consistió en identificar y recopilar todas las leyes y regulaciones pertinentes a los sectores. Como condición previa, fue necesario definir con detalle el alcance de los dos sectores y de sus respectivos subsectores. Para ello, el equipo de la OCDE se basó en el sistema de clasificación mexicano SCIAN 2013 (en adelante SCIAN), que clasifica todas las actividades económicas en categorías estandarizadas. Algunos códigos SCIAN coinciden con los del NAICS 2012 (en lo sucesivo NAICS), el sistema de clasificación de Estados Unidos y Canadá. Sin embargo, es importante notar que si bien el SCIAN se concibió como la contraparte mexicana del NAICS, algunos de los códigos SCIAN no son directamente comparables.

La tarea de reunir la legislación pertinente para cada uno de los sectores fue realizada por el equipo de la OCDE, que recurrió a una variedad de fuentes. Las principales herramientas utilizadas para identificar la legislación aplicable fueron las bases de datos en línea de la Cámara de Diputados de México,[1] el Diario Oficial de la Federación (DOF)[2] y el sitio web de la Suprema Corte de Justicia de la Nación.[3] A ello se sumaron los sitios web de las autoridades competentes y de las asociaciones comerciales y de consumidores. Además, con el fin de asegurar que todas las piezas legislativas importantes estuvieran cubiertas por el estudio, se solicitó información a todas las autoridades competentes involucradas en los sectores seleccionados, así como a las partes interesadas. En total, durante la etapa 1 se identificaron 228 leyes relevantes.

Etapa 2: Análisis de la legislación y selección de las disposiciones para su posterior análisis

En la etapa 2 del proyecto, el trabajo principal fue examinar la legislación para identificar disposiciones potencialmente restrictivas, así como presentar una visión económica general de los sectores pertinentes. Cada pieza de la legislación fue escaneada por dos miembros del equipo ("principio de los cuatro ojos").

La legislación recopilada en la etapa 1 se analizó utilizando el marco proporcionado por las *Herramientas para la Evaluación de la Competencia* de la OCDE. Este conjunto de herramientas, desarrollado por la División de Competencia de la OCDE, proporciona una metodología general para identificar los obstáculos innecesarios en las leyes y regulaciones, y desarrollar políticas alternativas menos restrictivas que, aun así, permitan el logro de los objetivos del gobierno. Uno de los elementos principales de las herramientas es la Lista de Verificación de Competencia, en la cual se presenta una serie de preguntas sencillas para examinar leyes y regulaciones que tienen el potencial de restringir innecesariamente la competencia.

Recuadro A.1. **Lista de verificación de competencia de la OCDE**

Si la propuesta contiene cualquiera de los siguientes cuatro impactos sería necesario realizar una evaluación de los efectos sobre la competencia:

A. Limita el número o variedad de proveedores

Es posible que esto suceda si la propuesta:

1) otorga derechos exclusivos a un proveedor para prestar servicios u ofrecer bienes.
2) establece un proceso de obtención de licencias, permisos o autorizaciones como requisito para operar.
3) limita la capacidad de ciertos tipos de proveedores para prestar un servicio u ofrecer un bien.
4) eleva de forma significativa el costo de entrada o de salida para un proveedor.
5) crea una barrera geográfica a la capacidad de las empresas de ofrecer bienes o servicios, invertir capital u ofrecer mano de obra.

B. Limita la capacidad competitiva de los proveedores

Es posible que esto suceda si la propuesta:

1) limita la capacidad de los vendedores para establecer los precios de bienes o de servicios.
2) limita la libertad de los proveedores de promocionar o de comercializar sus bienes o servicios
3) establece normas de calidad de los productos que sean más ventajosas para algunos proveedores que para otros o que superen el nivel que elegiría un gran número de consumidores bien informados.
4) eleva de manera significativa la producción de algunos proveedores con respecto a otros (en especial al tratar a los operadores actuales en el mercado de manera diferente con respecto a los nuevos).

C. Reduce los incentivos de los proveedores de competir vigorosamente

Es posible que esto suceda si la propuesta:

1) genera un régimen de autorregulación o corregulación.
2) exige o fomenta la publicación de información sobre producción, precios, ventas o costos de los proveedores.
3) exime la actividad de los proveedores de un grupo o industria en particular de operar bajo los lineamientos de la ley general de competencia.

D. Limita las alternativas e información disponibles para los consumidores

Es posible que esto suceda si la propuesta:

1) limita la capacidad de los consumidores para decidir de quién comprar.
2) reduce la movilidad de los clientes entre proveedores de bienes o prestadores de servicios mediante el incremento de los costos explícitos o implícitos de un cambio de proveedor.
3) modifica fundamentalmente la información necesaria para que los compradores compren de manera efectiva.

Fuente: OECD (2011a)

Siguiendo la metodología del conjunto de herramientas, el equipo de la OCDE compiló una lista de todas las disposiciones para las que hubo una respuesta positiva a cualquiera de las preguntas de la lista de verificación. La lista final constó de 176 disposiciones en ambos sectores, desglosadas por sector de la siguiente manera:

- Carne: 76
- Medicamentos: 100

Para ambos sectores, el equipo de la OCDE también preparó una descripción económica general, en la que se analizaron las tendencias de la industria y los principales indicadores, como la producción, el empleo y los precios, incluidas las comparaciones con otros países miembros de la OCDE cuando fue pertinente. El equipo también analizó estadísticas resumidas sobre los principales indicadores del estado de competencia que suelen utilizar las autoridades de competencia, en especial información sobre las participaciones de mercado de los actores más importantes de cada sector. En la medida de lo posible, estas estadísticas se desglosaron por subsector. El análisis realizado en esta etapa tuvo como objetivo encontrar información de base para comprender mejor el funcionamiento de los sectores, proporcionar una evaluación general de la competencia y describir a los actores y las autoridades más importantes de cada sector.

Etapa 3: Evaluación en profundidad del daño a la competencia

Se examinaron las disposiciones que llegaron hasta la etapa 3 para determinar si podían resultar perjudiciales para la competencia. En paralelo, el equipo investigó los objetivos de política de las disposiciones seleccionadas para comprender mejor las regulaciones. Un propósito adicional al identificar los objetivos consistió en idear alternativas a las regulaciones existentes, teniendo en cuenta el objetivo de las disposiciones específicas cuando se requiriera, para la etapa 4. Se investigó el objetivo del legislador en los considerandos de la legislación, cuando fue posible, o por medio de comunicaciones con las autoridades públicas competentes.

El análisis en profundidad de los daños a la competencia se llevó a cabo de manera cualitativa e incluyó una variedad de herramientas, entre ellas el análisis económico y la investigación sobre las normas aplicadas en otros países de la OCDE. Todas las disposiciones se examinaron con base en la orientación proporcionada por las *Herramientas para la Evaluación de la Competencia de la OCDE.* Las entrevistas con expertos gubernamentales complementaron el análisis al proporcionar información crucial sobre los objetivos de los legisladores, así como sobre la implementación y los efectos reales de las disposiciones.

Una tarea muy importante iniciada durante la etapa 3 fue establecer contacto con el mercado por medio de las principales asociaciones de la industria presentes en cada sector. Las entrevistas con los actores del mercado contribuyeron a una mejor comprensión de cómo funcionan los subsectores bajo investigación y ayudaron en el análisis de los posibles obstáculos derivados de la legislación.

Etapa 4: Formulación de recomendaciones

Con base en los resultados de la etapa 3, elaboramos recomendaciones preliminares para las disposiciones que se consideró que restringían la competencia. Tratamos de encontrar alternativas que fueran menos restrictivas para los oferentes pero que estuvieran aún cerca del objetivo inicial del legislador. En este proceso nos basamos en la experiencia internacional cuando estuvo disponible.

Además, para analizar los beneficios de eliminar las barreras a la competencia, siempre que fue factible y apropiado para el análisis del tema en cuestión, el equipo de la OCDE reunió información que podía utilizarse para cuantificar los efectos. En estos casos la información se analizó con técnicas econométricas. En otros casos el impacto esperado de una restricción regulatoria no pudo modelarse directamente debido a la falta de información suficiente. Por tanto, nos basamos en la metodología estándar para medir el efecto de los cambios en las políticas sobre el excedente del consumidor. En particular, seguimos el enfoque de OECD (2015), que deriva una fórmula para los cambios en el beneficio del consumidor cuando solo están disponibles los ingresos del sector y el efecto promedio en el precio de la restricción encontrada. Esto se explica en el Recuadro A.2 a continuación.

En un taller realizado en abril de 2017, el equipo de la OCDE presentó las recomendaciones preliminares a las autoridades mexicanas pertinentes y solicitó su opinión sobre ellas. Sus comentarios se tuvieron en cuenta al decidir las recomendaciones finales.

En total, se presentaron a la Secretaría de Economía 107 recomendaciones:

- Medicamentos: 50
- Carne: 57

Desarrollo de habilidades

Otra vertiente importante del trabajo del proyecto fue la de asistir al desarrollo de habilidades para la evaluación de la competencia de la administración mexicana. Para ello, funcionarios de las autoridades mexicanas competentes participaron en dos talleres de jornada completa para familiarizarse con la aplicación de las *Herramientas para la Evaluación de la Competencia de la OCDE*. Participaron expertos de las siguientes entidades públicas: Secretaría de Economía; Servicio Nacional de Sanidad, Inocuidad y Calidad Agroalimentaria; Comisión Federal para la Protección contra Riesgos Sanitarios (COFEPRIS); Instituto Federal de Telecomunicaciones (IFT); Procuraduría Federal del Consumidor (PROFECO); Comisión Federal de Competencia Económica (COFECE); Comisión Federal de Mejora Regulatoria (COFEMER); Consejo de la Judicatura Federal; Secretaría de Salud (SSA); y Banco de México (Banxico).

Más específicamente, al comienzo del proyecto, en septiembre de 2016, el equipo de la OCDE organizó un taller en el que se ofreció una visión general del Proyecto de Evaluación de la Competencia en México y se dio una introducción a la política de competencia, así como a las *Herramientas para la Evaluación de la Competencia de la OCDE*. En el taller se explicaron las tareas de las etapas 1 y 2 y los principios para la revisión de la legislación. En abril de 2017 el equipo realizó un taller adicional de un día completo durante el cual se trató la metodología para el análisis cualitativo y cuantitativo de las disposiciones restrictivas y se presentaron los resultados preliminares. El equipo examinó el daño a la competencia con referencia a disposiciones específicas y pidió información sobre posibles alternativas para lograr los mismos objetivos de política y al mismo tiempo minimizar el daño a la competencia.

Recuadro A.2. **Medición de los cambios en el excedente del consumidor**

Los efectos de los cambios regulatorios a menudo pueden examinarse como movimientos de un punto a otro en la curva de demanda. Para muchas regulaciones que tienen el efecto de restringir la oferta o elevar los precios, se puede calcular una estimación del beneficio o daño al consumidor con el cambio de un equilibrio a otro. Gráficamente, el cambio se ilustra mediante una curva de demanda de elasticidad constante. *Er* muestra el equilibrio con la regulación restrictiva; *Ec* muestra el punto de equilibrio con la regulación competitiva. El equilibrio competitivo es diferente del equilibrio regulatorio restrictivo en dos aspectos importantes: el precio es más bajo y la cantidad es mayor. Estas propiedades son un resultado muy conocido de muchos modelos de competencia.

Gráfica A.1. **Cambios en el excedente del consumidor**

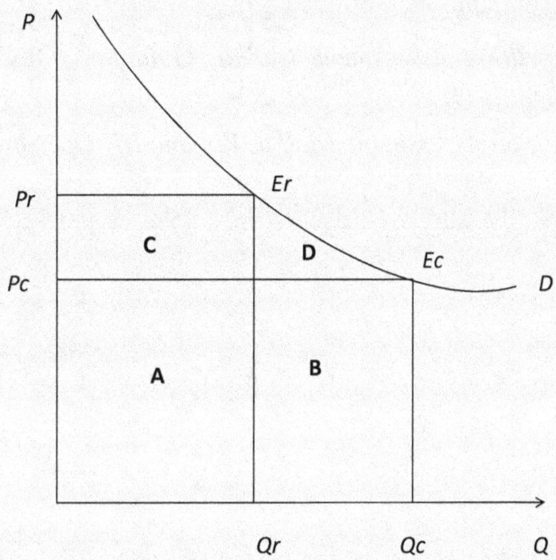

Fuente: Ennis, S. (2017), "Estimating consumer benefits of pro-market regulatory reform", draft working paper, Competition Division, OECD, enero de 2017.

Bajo el supuesto de elasticidad constante de la demanda, la ecuación para el beneficio del consumidor es:

$$BC = C + D \approx (P_r - P_c)Q_r + \frac{1}{2}(P_r - P_c)(Q_c - Q_r)$$

Cuando se esperan cambios de precio, una fórmula básica para medir el beneficio del consumidor de eliminar la restricción es:

$$BC = \left(\rho + \tfrac{1}{2}\epsilon\rho^2\right)R_r.$$

Donde BC representa el daño al consumidor, ρ representa el cambio porcentual del precio relacionado con la restricción, Rr representa los ingresos del sector y ε es la elasticidad de la demanda.

Cuando no se conoce la elasticidad de la demanda, vale la pena notar que si |ε|=2, lo cual debería corresponder a una demanda más elástica que en un mercado monopólico pero lejos de ser perfectamente elástica como en un mercado competitivo, la expresión de arriba se simplifica a:

$$BC = (\rho + \rho^2)R_r$$

Fuente: OECD (2015)

Notas

1. www.diputados.gob.mx/LeyesBiblio/index.htm.
2. http://dof.gob.mx.
3. http://legislacion.scjn.gob.mx/Buscador/Paginas/Buscar.aspx.

Referencias

OECD (2011a), *Competition Assessment Toolkit: Principles*, OECD Publishing, París, www.oecd.org/daf/competition/46193173.pdf.

OECD (2011b), *Competition Assessment Toolkit: Guidance*, OECD Publishing, París, www.oecd.org/daf/competition/45544507.pdf.

OECD (2015), *Competition Assessment Toolkit, Volume III: Operational Manual*, OECD Publishing, París, www.oecd.org/daf/competition/COMP_Toolkit_Vol.3_ENG_2015.pdf.

Estudios de evaluación de competencia de la OCDE: México

Anexo B

Análisis de la legislación por sector

Sector: Medicamentos									
Núm.	**Título de la norma**	**Art.**	**Categoría temática/ palabra clave**	**Breve descripción del obstáculo potencial**	**Autoridad relevante**	**Pregunta del manual**	**Objetivo del legislador**	**Daño a la competencia**	**Recomendación**
1.	**No hay una normativa que trate aún esta materia**		Relación entre la industria y los médicos / Incentivos	Actualmente, México no cuenta con disposiciones legales que regulen los beneficios que las compañías farmacéuticas pueden otorgar a los médicos, como la asistencia a congresos o la impartición de conferencias. Existe, no obstante, un código de ética emitido por el CETIFARMA, que pertenece a la CANIFARMA, una asociación gremial de compañías farmacéuticas. El CETIFARMA regula y monitorea el código de ética sobre beneficios pecuniarios. Sin embargo, este código de ética solo se aplica a los miembros de la CANIFARMA. De acuerdo con el documento del CETIFARMA, está prohibida la entrega de beneficios pecuniarios de valor significativo. La infracción de este código está sujeta a amonestación, multas (aunque no se señalan montos en el código), así como suspensión temporal o definitiva de la calidad de miembro de CANIFARMA.		D1	Un análisis de ProPublica de 2016 demostró que los médicos que recibieron ventajas pecuniarias de parte de la industria eran de dos a tres veces más propensos a prescribir medicamentos de marca que quienes no recibían incentivos y trabajaban en la misma especialidad. Los médicos que recibieron más de 5 000 USD de parte de las compañías durante 2014 fueron quienes mostraron el mayor porcentaje de medicamentos de marca prescritos. (Véase https://www.propublica.org/article/doctors-who-take-company-cash-tend-to-prescribe-more-brand-name-drugs). **Comparación internacional** El riesgo de malas prácticas mencionado antes ha originado diversas respuestas regulatorias. Surgieron dos modelos principales: 1. El modelo europeo, que por regla general prohíbe los incentivos económicos. (Véase la directiva 2001/83/CE del Parlamento Europeo y del Consejo del 6 de noviembre de 2001, por la que se establece un código comunitario sobre medicamentos para uso humano). De acuerdo con el artículo 94 de dicha norma, no se pueden ofrecer ni prometer regalos, ventajas pecuniarias o beneficios a los profesionales de la	A pesar de la existencia del Código de Ética del CETIFARMA, según señalan participantes de la industria, la entrega de beneficios pecuniarios a los médicos no es una práctica inusual entre las compañías farmacéuticas. No todas las empresas farmacéuticas son miembros de la CANIFARMA (87%, según la propia asociación gremial) y, por tanto, no se encuentran obligadas a respetar este código de conducta. La falta de regulación gubernamental vinculante en este ámbito puede obstaculizar la competencia entre productos similares. Algunas compañías farmacéuticas pueden proporcionar beneficios a los médicos con el resultado de que estos prefieran su producto en lugar del que consideran más	Emitir una regulación vinculante que determine las condiciones exactas bajo las cuales pueden concederse beneficios pecuniarios o de valor significativo para los médicos. Esta regulación debe incluir sanciones en caso de infracción. Como punto de partida podría utilizarse la directiva 2001/83/CE del Parlamento Europeo y del Consejo del 6 de noviembre de 2001, así como el Código de Ética del CETIFARMA.

Sector: Medicamentos

Núm.	Título de la norma	Art.	Categoría temática/ palabra clave	Breve descripción del obstáculo potencial	Autoridad relevante	Pregunta del manual	Objetivo del legislador	Daño a la competencia	Recomendación
							salud, a menos que sean de poco valor y relevantes para la práctica de la medicina o la farmacia. Asimismo, el hospedaje en los eventos estará siempre estrictamente limitado al fin principal y no se puede extender a personas que no sean profesionales de la salud. 2. El modelo de Estados Unidos, basado en la autorregulación, obliga que las compañías divulgen los acuerdos que podrían tener con los médicos. No obstante, el modelo estadounidense también prohíbe, como regla general, los regalos de valor significativo. (Véase Department of Health and Human Services-Office of the Inspector General OIG compliance program guidance for pharmaceutical manufacturers. Fed Regist. 2003, y Pharmaceutical Research and Manufacturers of America, PhRMA code on interactions with healthcare professionals, Washington, DC; 2008).	adecuado o más asequible para los pacientes. Las empresas farmacéuticas que cumplen con el código de conducta del CETIFARMA o que no brindan ningún beneficio a los médicos por otros motivos pueden verse discriminadas. La situación podría agravarse por el hecho de que las compañías farmacéuticas pueden, al menos en teoría, recopilar datos sobre la práctica de prescripción de los médicos en lo individual, lo que les permitiría orientar y supervisar a esos médicos.	
2.	**Reglamento de Insumos para la Salud**	117	Farmacéuticos. Comercio al por menor / Riesgo de exclusión	El personal de la farmacia registra en un libro de control o en un sistema automatizado el nombre, la dirección y el número de cédula profesional del médico que prescribe un medicamento en el momento de dispensar un medicamento cuya receta debe ser retenida por la farmacia. No está claro	a) Secretaría de Salud b) Gobiernos de las entidades federativas	C2	El objetivo de la disposición probablemente consista en garantizar la autenticidad de la prescripción y controlar el inventario de una farmacia con respecto a los productos que necesitan prescripción médica para dispensarse (por ejemplo antibióticos, psicotrópicos y estupefacientes). Esto permite a	Las compañías farmacéuticas están interesadas en supervisar la práctica de prescripción de los médicos para orientar sus esfuerzos de comercialización. Con este fin, a las empresas	Prohibir que las farmacias transfieran información personalizada de médicos o pacientes a empresas farmacéuticas o de cualquier otra índole (como las que recopilan y

Sector: Medicamentos

Núm.	Título de la norma	Art.	Categoría temática/ palabra clave	Breve descripción del obstáculo potencial	Autoridad relevante	Pregunta del manual	Objetivo del legislador	Daño a la competencia	Recomendación
				cómo se maneja esa información y si podría ser vendida a las empresas farmacéuticas, ya sea directamente o por vía de intermediarios.			las autoridades sanitarias monitorear el inventario de medicamentos controlados y asegurarse de que solo se vendan a pacientes que cuentan con una prescripción médica.	farmacéuticas generalmente les resulta útil obtener información lo más detallada posible sobre las prácticas de prescripción de los médicos. Si las compañías farmacéuticas pudieran comprar información sobre la práctica de prescripción de los médicos en lo individual, podrían vigilar si dichos médicos prescriben sus productos y favorecen a su compañía sobre otras. Esta práctica podría ser perjudicial, ya que actualmente no existen normas vinculantes que aclaren las condiciones en las cuales las compañías farmacéuticas pueden otorgar incentivos a los médicos (véase más arriba). En teoría, las compañías farmacéuticas podrían supervisar la práctica de prescripción de todos los médicos	comercializan información). Sin embargo, se debe permitir la venta de información agregada —aquella que no permite el rastreo de las prácticas de prescripción de los médicos en lo individual o de los medicamentos utilizados por un paciente en particular— ya que facilita que las compañías farmacéuticas evalúen, planifiquen y calculen con eficiencia sus esfuerzos de comercialización y producción.

Sector: Medicamentos

Núm.	Título de la norma	Art.	Categoría temática/ palabra clave	Breve descripción del obstáculo potencial	Autoridad relevante	Pregunta del manual	Objetivo del legislador	Daño a la competencia	Recomendación
								activos e incentivar solo a los médicos que prescriban principalmente sus productos (por ejemplo con invitaciones a congresos).	
3.	**Reglamento de la Ley General de Salud en Materia de Prestación de Servicios de Atención Médica**	64	Farmacéuticos. Prescripción de medicamentos / Supervisión de información	La prescripción de un medicamento debe contener el nombre del médico, el nombre de la institución que emitió su título profesional, el número de cédula profesional expedida por las autoridades educativas competentes, la dirección del establecimiento (por ejemplo el hospital donde trabaja) y la fecha de emisión.	a) Secretaría de Salud b) Gobiernos de las entidades federativas	C2	La ley no especifica ningún objetivo en particular. Sin embargo, una posible explicación puede ser garantizar la autenticidad de una prescripción. Este objetivo parece razonable.	En teoría, las farmacias podrían recopilar estos datos y venderlos a las compañías farmacéuticas en forma directa o recurriendo a empresas intermediarias, de manera individualizada o agregada. Estos datos podrían utilizarse para supervisar a los médicos. El problema podría agravarse por el hecho de que no existen normas vinculantes que regulen los incentivos otorgados a los médicos en México.	Ninguna recomendación. Garantizar la autenticidad de una prescripción es un objetivo válido. La supervisión de la práctica de prescripción de los médicos en lo individual por parte de las compañías farmacéuticas puede evitarse con las soluciones presentadas anteriormente.
4.	**Acuerdo por el que se determinan los lineamientos a los que estará sujeta la venta y dispensación de antibióticos**	Segundo	Farmacéuticos. Venta de medicamentos / Supervisión de información	Para las prescripciones de antibióticos, las farmacias deben registrar, entre otros datos, el nombre del médico que prescribe el medicamento, su número de cédula profesional y su dirección.	a) Secretaría de Salud	C2	La ley no especifica ningún objetivo en particular. Sin embargo, los posibles objetivos pueden ser garantizar la autenticidad de una prescripción, controlar las existencias de antibióticos prescritos y evitar la automedicación del paciente.	Teóricamente, las farmacias podrían recopilar estos datos y venderlos, directamente o mediante empresas intermediarias, de forma individualizada	Ninguna recomendación. Garantizar la autenticidad de una receta es un objetivo válido. El monitoreo de la práctica de prescripción de los

Sector: Medicamentos

Núm.	Título de la norma	Art.	Categoría temática/ palabra clave	Breve descripción del obstáculo potencial	Autoridad relevante	Pregunta del manual	Objetivo del legislador	Daño a la competencia	Recomendación
							Estos objetivos son razonables, especialmente cuando se considera la importancia de controlar el consumo excesivo de antibióticos.	o agregada, a las compañías farmacéuticas. Estos datos podrían utilizarse para monitorear a los médicos. Este problema podría agravarse por el hecho de que no existen normas vinculantes que regulen los incentivos otorgados a los médicos en México.	médicos en lo individual por las compañías farmacéuticas puede evitarse con las soluciones presentadas anteriormente.
5.	**Reglamento de Insumos para la Salud**	31	Farmacéuticos. Venta de medicamentos / Elección del consumidor	Los médicos pueden prescribir la denominación común internacional (DCI, definida por la Organización Mundial de la Salud como un nombre único, mundialmente reconocido que es de dominio púbico) o, en forma conjunta, la denominación genérica y el nombre de marca, lo cual remite a una mezcla de denominaciones genérica y distintiva (por ejemplo salbutamol y "Vantolin"; ibufropeno y "Advil"; o paracetamol y "Tylenol"). Cuando los médicos prescriben una denominación de marca, los empleados de farmacia deben cumplir con dicha designación en el sentido de que el medicamento solo se puede	a) Secretaría de Salud b) Gobiernos de las entidades federativas	D1, D2	El objetivo de esta disposición consiste en proteger a la población mexicana contra riesgos sanitarios. Existe la creencia generalizada en la población mexicana de que los genéricos no son tan efectivos como los medicamentos originales (esto es, un medicamento protegido por una patente o cuya patente ha expirado). Sin embargo, las preocupaciones respecto a la seguridad y eficacia de los genéricos parecen generalmente infundadas. Los genéricos son terapéuticamente equivalentes al medicamento original y ofrecen ahorros de costos significativos sin efectos adversos en la salud. **Comparación internacional**	Los consumidores se ven obligados a comprar el medicamento de marca si este es el único prescrito por el médico. Otros genéricos pueden sufrir una desventaja competitiva si los médicos prescriben ciertos medicamentos de marca y no incluyen otros genéricos sin marca en sus prescripciones o no autorizan la sustitución. El daño al consumidor se puede agravar si los médicos no son objetivos en sus prácticas de prescripción, por	Opción 1) Modificar la disposición con el fin de obligar a los empleados de farmacia a informar a los pacientes sobre el genérico más asequible que se encuentre disponible y permitir la sustitución de los medicamentos prescritos con el genérico disponible de menor precio cuando el paciente lo acepte, a menos que la prescripción diga específicamente "se prohibe la sustitución" (lo cual podría ser necesario si ciertos pacientes no

Sector: Medicamentos

Núm.	Título de la norma	Art.	Categoría temática/ palabra clave	Breve descripción del obstáculo potencial	Autoridad relevante	Pregunta del manual	Objetivo del legislador	Daño a la competencia	Recomendación
				sustituir cuando el doctor expresamente lo autoriza.			En diversos Estados miembros de la OCDE (Dinamarca, Estonia, Finlandia, Alemania, Italia, República Eslovaca, España y Suecia), los empleados de farmacia deben sustituir un medicamento con su alternativa más asequible. Por ejemplo, en Italia, desde el 2012, los empleados de farmacia deben reemplazar el medicamento innovador con el genérico de menor precio. En Suecia los empleados de farmacia están obligados a remplazar los medicamentos prescritos con productos sustituibles de menor costo, a menos que el médico exprese en la prescripción que la sustitución no está permitida. En la mayoría de los países miembros de la OCDE los empleados de farmacia pueden informar a los pacientes sobre la posibilidad de sustitución y deben sustituir los medicamentos de marca con genéricos si el paciente consiente y el médico que prescribió el medicamento no prohibió la sustitución en la prescripción (como ocurre en la República Checa). Véase OECD (2016), *Health Working Paper No.87 Pharmaceutical Expenditure and Policies: Past Trends and Future Challenges*, p. 30. Asimismo, diversos miembros de	ejemplo debido a la incentivación de las compañías farmacéuticas (ver las restricciones relacionadas con incentivos a médicos).	reaccionan de manera adecuada a los sustitutos de un determinado medicamento). La OCDE recomienda que la sustitución sea opcional, no obligatoria, debido a que la mayoría de las compras en México son gastos de bolsillo de los consumidores y estos tienen, por tanto, la capacidad de comprar el medicamento que perciben como el mejor (efecto placebo). Opción 2) Establecer una disposición que obligue a los médicos a prescribir solamente medicamentos bajo su DCI, que es la sustancia activa sin el nombre de marca del medicamento.

Sector: Medicamentos

Núm.	Título de la norma	Art.	Categoría temática/ palabra clave	Breve descripción del obstáculo potencial	Autoridad relevante	Pregunta del manual	Objetivo del legislador	Daño a la competencia	Recomendación
							la OCDE exigen que los doctores prescriban la denominación genérica, por ejemplo: Estonia, Portugal, España y Francia. Véase OECD (2016), *Health at a Glance: Europe 2016 State of Health in the EU Cycle*, p. 182. Brindar a los pacientes la posibilidad de elegir entre medicamentos innovadores y genéricos asegura que se beneficien del efecto placebo. "Algunos estudios han demostrado que el tratamiento con un placebo puede tener un efecto terapéutico positivo en un paciente, incluso cuando la píldora o el tratamiento no está activo (en la medida en que el paciente crea que el tratamiento se está llevando a cabo). Esto se conoce como "efecto placebo" o "respuesta placebo". (www.drugs.com/article/placebo-effect.html).		
6.	**Reglamento de Insumos para la Salud**	32	Farmacéuticos. Compras públicas / Limitación, discriminación	Los médicos que trabajan para instituciones públicas solo pueden prescribir los genéricos que están incluidos en el Cuadro Básico de Insumos, que especifica las características que un producto debe tener para ser considerado como una opción para el sector público. Esta lista no especifica fabricantes, pero a veces demanda	a) Secretaría de Salud b) Gobiernos de las entidades federativas	A3	El propósito del Cuadro Básico es mantener una lista actualizada de los medicamentos requeridos por las instituciones mexicanas del sector de la salud para abordar los principales problemas de salud que afectan a la población mexicana y garantizar la efectividad y seguridad de los medicamentos, su oferta oportuna, su prescripción racional y su venta a un costo razonable. Los	Esta disposición excluye a las empresas farmacéuticas cuyos medicamentos genéricos no forman parte de la lista del mercado del sector público, debido a que, por ejemplo, un ingrediente activo o un tipo de dosificación	Ninguna recomendación de cambio, ya que el Cuadro Básico parece cumplir con las normas internacionales.

Sector: Medicamentos

Núm.	Título de la norma	Art.	Categoría temática/ palabra clave	Breve descripción del obstáculo potencial	Autoridad relevante	Pregunta del manual	Objetivo del legislador	Daño a la competencia	Recomendación
				características extremadamente específicas (por ejemplo, alcohol contenido en botellas de 120 ml).			medicamentos del Cuadro Básico han sido evaluados y aprobados por la Comisión Interinstitucional del Cuadro Básico y Catálogo de Insumos del Sector Salud, tomando en cuenta la prevalencia de la enfermedad y la relevancia para la salud pública; la eficacia clínica y seguridad del medicamento y costos comparativos y costo-efectividad del producto. **Comparación internacional** Según la OMS, los medicamentos esenciales son aquellos que satisfacen las necesidades prioritarias de salud de la población. La OMS publica una Lista Modelo (www.who.int/medicines/publications/essentialmedicines/EML_2015_FINAL_amended_NOV2015.pdf?ua=1), que sirve de guía para el desarrollo de listas de medicamentos esenciales nacionales e institucionales. Otros países miembros de la OCDE, además de México, tienen listas nacionales de medicamentos comparables, como Chile, la República Eslovaca y Eslovenia. En México, el Cuadro Básico ha ayudado a homogeneizar las políticas de adquisición de las instituciones públicas federales del sistema nacional de salud.	fabricado por una empresa farmacéutica no figura en la lista. Por lo tanto, el fabricante no podría suministrar sus medicamentos al sector público.	

Sector: Medicamentos

Núm.	Título de la norma	Art.	Categoría temática/ palabra clave	Breve descripción del obstáculo potencial	Autoridad relevante	Pregunta del manual	Objetivo del legislador	Daño a la competencia	Recomendación
7.	**NOM-177-SSA1-2013, Que establece las pruebas y procedimientos para demostrar que un medicamento es intercambiable**	6.2.8.	Farmacéuticos. Producción de medicamentos / Limitación, barrera a la entrada	De acuerdo con la Ley General de Salud, para que se les considere genéricos, los medicamentos deben ser intercambiables con el medicamento de referencia. Esto es, los genéricos deben producir el mismo efecto terapéutico. Para que el medicamento se considere intercambiable, el "porcentaje de valoración" del medicamento de prueba debe estar dentro de los límites farmacopeicos. El porcentaje referido debe ser de 5% con respecto al medicamento de referencia. El método para determinar el umbral de 5% no se describe con claridad (al menos para el lector lego).	a) Secretaría de Salud b) Gobiernos de las entidades federativas	A3	El objetivo de esta disposición es definir los criterios y especificaciones que deben observarse durante la realización de los ensayos llevados a cabo para demostrar la intercambiabilidad de los medicamentos genéricos. Según la COFEPRIS, el porcentaje de valoración podría variar si el medicamento se considera "variable". Sin embargo, la NOM no proporciona una descripción clara de cuándo un medicamento se considera variable y ni qué tipo de valoración se aplicaría en ese caso. **Comparación internacional** En la Unión Europea, un medicamento genérico se define como aquel medicamento que "tiene la misma composición cualitativa y cuantitativa en sustancias activas y la misma forma farmacéutica, y cuya bioequivalencia con el medicamento de referencia haya sido demostrada por estudios adecuados de biodisponibilidad" y "tras la concesión de una autorización de comercialización, el titular de la misma podrá consentir en que se haga uso de la documentación farmacéutica, preclínica y clínica que obre en el expediente del medicamento, para el estudio de una solicitud	El estándar para el "porcentaje de valoración" puede operar como una barrera a la entrada de productos que no cumplan con la diferencia de 5%. Esta regla también podría ser muy inflexible al no tomar en cuenta las características específicas de cada medicamento. Algunos genéricos podrían requerir una diferencia máxima de 1% para tener el mismo rendimiento, mientras que para otros, se podría permitir hasta una diferencia de 10%. No queda claro si se aplica un margen de error. Tampoco es claro si la prueba establecida en México es equivalente a la de otras jurisdicciones, como la Unión Europea o Estados Unidos.	Aclarar la metodología utilizada para determinar si un medicamento puede considerarse variable. Aclarar también si el método aplicado es equivalente al de otras jurisdicciones (en especial la Unión Europea y Estados Unidos). Asimismo, la metodología debería ser de fácil acceso en el sitio web de la COFEPRIS.

Sector: Medicamentos

Núm.	Título de la norma	Art.	Categoría temática/ palabra clave	Breve descripción del obstáculo potencial	Autoridad relevante	Pregunta del manual	Objetivo del legislador	Daño a la competencia	Recomendación
							posterior para un medicamento que tenga la misma composición cualitativa y cuantitativa en sustancias activas, y la misma forma farmacéutica". Con el fin de demostrar bioequivalencia, se miden algunas características para probar que existe al menos una probabilidad de 90% de que los resultados caigan entre dos valores (es decir, el intervalo de aceptación). El intervalo de aceptación puede ser más ajustado o más amplio para algunas características en casos especiales. Es posible que la metodología actualmente aplicada en México para determinar la equivalencia se ajuste a las normas internacionales y evite los problemas descritos antes en la práctica; sin embargo, varios expertos externos tuvieron dificultades para evaluar ese resultado debido a la falta de una descripción clara de la metodología.		
8.	**Reglamento de Insumos para la Salud**	167 bis	Farmacéuticos. Producción de medicamentos / Limitación, discriminación	Al solicitar un registro sanitario, la compañía interesada debe demostrar que es titular de la patente de la sustancia activa o, alternativamente, que ninguna patente será infringida al producir el medicamento en cuestión. Una vez recibida la solicitud, la COFEPRIS	a) Secretaria de Salud b) Gobiernos de las entidades federativas	A4	El objetivo del *linkage* consiste en proteger derechos de propiedad intelectual e industrial y prevenir que se otorguen registros sanitarios basados en información falsa, y al hacerlo evitar la necesidad de revocar dichos registros debido a la infracción de patentes vigentes.	De acuerdo con miembros de la industria, el Sistema de Información de la Gaceta de la Propiedad Industrial es difícil de usar y no siempre genera todos los resultados posibles. Lo anterior	La COFEPRIS debería publicar una lista de todas las patentes vinculadas a cada medicamento que tenga un registro sanitario. El *Orange Book* de Estados Unidos puede servir como punto de

Sector: Medicamentos

Núm.	Título de la norma	Art.	Categoría temática/ palabra clave	Breve descripción del obstáculo potencial	Autoridad relevante	Pregunta del manual	Objetivo del legislador	Daño a la competencia	Recomendación
				consulta con el Instituto Mexicano de la Propiedad Industrial (IMPI) para determinar si existe alguna infracción de patente. A esto se le denomina "*linkage*". Según los participantes de la industria, suele haber incertidumbre respecto a si el medicamento de referencia sigue estando protegido por patentes y, en caso afirmativo, qué patentes son afectadas. Esto se conoce como "problema de *linkage*". Aunque la COFEPRIS y el IMPI se comunican para determinar qué patentes están relacionadas con el medicamento respecto al cual una empresa quiere ofrecer una versión genérica y por lo cual solicita un registro sanitario, la lista actual de patentes del IMPI no brinda la suficiente claridad y certeza a los participantes de la industria. Existe una versión de esta lista que funciona como buscador electrónico (Sistema de Información de la Gaceta de la Propiedad Industrial) para los medicamentos de patente. No obstante, los participantes de la industria consideran imposible obtener respuestas definitivas antes de iniciar la producción de genéricos. La COFEPRIS y el IMPI suelen brindar			**Comparación internacional** Otras jurisdicciones, como Estados Unidos y Canadá, tienen páginas de búsqueda en línea fáciles de usar que proporcionan información sobre las patentes que protegen determinadas moléculas y qué medicamento se considera como el de referencia. La publicación del gobierno estadounidense, *Approved Drug Products with Therapeutic Equivalence Evaluations* (comúnmente conocida como "Orange Book" [*Libro Naranja*]) identifica los medicamentos aprobados por la Administración de Alimentos y Medicamentos (FDA, por sus siglas en inglés) y sus patentes relacionadas así como también información sobre exclusividades.	contradice la explicación oficial de la COFEPRIS. La falta de información suficiente relacionada con las patentes que protegen un medicamento determinado aumenta la posibilidad de que las empresas farmacéuticas infrinjan patentes involuntariamente al producir un medicamento genérico. En caso de infracción, el productor debe modificar la formulación y presentar una nueva solicitud de registro sanitario a la COFEPRIS.	partida. En el futuro, a las compañías que soliciten un registro sanitario podría requerírseles que entreguen una lista completa de todas las patentes que consideren relevantes para el medicamento. Esta lista podría ser publicada por la COFEPRIS. De este modo, los productores de genéricos tendrían la posibilidad de investigar fácilmente qué patentes deben respetar.

Sector: Medicamentos

Núm.	Título de la norma	Art.	Categoría temática/ palabra clave	Breve descripción del obstáculo potencial	Autoridad relevante	Pregunta del manual	Objetivo del legislador	Daño a la competencia	Recomendación
				respuestas caso por caso.					
9.	**Lineamientos que deberán cumplir los medicamentos alopáticos de referencia y selección de medicamento de referencia internacional (emitidos el 25 de junio de 2016)**	6	Farmacéuticos. Producción de medicamentos / Limitación, barrera a la entrada	Cuando la empresa titular del registro sanitario de un medicamento de referencia decide retirar su producto del mercado, las compañías farmacéuticas que fabrican la versión genérica de ese medicamento deben buscar un medicamento de referencia en cualquiera de los siete países reconocidos por la COFEPRIS (de acuerdo con lo indicado en los lineamientos emitidos el 25 de enero de 2016). Según los miembros de la industria, los productores de medicamentos de referencia los retiran por diversas razones, incluyendo su uso como estrategia comercial para perjudicar a los competidores.	COFEPRIS	A3, A4	El punto 9 de los lineamientos de la COFEPRIS emitidos el 25 de enero de 2016, ofrece una solución para los casos en los que no hay medicamento de referencia disponible en el extranjero. Dicho criterio indica que, cuando no se disponga del medicamento de referencia nacional o internacional, el solicitante llevará a cabo un estudio farmacocinético (es decir, analizará la acción del medicamento en el organismo durante un periodo de tiempo, incluidas la absorción, la distribución, el metabolismo y su eliminación) para describir el perfil farmacocinético del fármaco o su principal metabolito activo (es decir, una sustancia producida cuando el cuerpo metaboliza el medicamento en una forma modificada que continuará produciendo un efecto terapéutico en el cuerpo). Los resultados deben ser similares a los ya reportados en la literatura.	Si el fabricante del medicamento de referencia retira su producto del mercado mexicano, los fabricantes de genéricos no podrán producir el medicamento genérico basados en el medicamento de referencia retirado hasta que encuentren un medicamento de referencia en un país extranjero listado. Según los miembros de la industria, encontrar un nuevo medicamento de referencia en el extranjero es difícil y toma mucho tiempo. Esta situación reduce las opciones disponibles de medicamentos para los consumidores.	Ninguna recomendación, toda vez que las directrices de la COFEPRIS emitidas el 25 de enero de 2016 plantean la opción de proporcionar un estudio farmacocinético en caso de que ya no haya un medicamento de referencia en el mercado. También podría considerarse la posibilidad de utilizar un medicamento genérico como referencia.
10.	**Guía para las buenas prácticas sanitarias en farmacias y consultorios**		Consultorios / Incentivos	Según la COFEPRIS, 53.5% de todas las farmacias de México tenían un CAF en 2015. Las consultas en estos CAF se ofrecen a precios muy asequibles o incluso en forma gratuita. Si bien los modelos de CAF pueden variar, la	Secretaría de Salud—COFEPRIS	D1, D2	Los CAF tienen un papel importante en el sistema de salud de México al garantizar a una parte significativa de la población un acceso rápido y asequible a servicios médicos. **Comparación internacional** La práctica de ofrecer CAF se ha	Como prácticamente todos los CAF pertenecen a farmacias, los médicos no son completamente independientes en sus prácticas de prescripción. Esto	La OCDE recomienda las siguientes tres opciones al gobierno mexicano. Las opciones 1 y 2 podrían desarrollarse en forma independiente y

Sector: Medicamentos

Núm.	Título de la norma	Art.	Categoría temática/ palabra clave	Breve descripción del obstáculo potencial	Autoridad relevante	Pregunta del manual	Objetivo del legislador	Daño a la competencia	Recomendación
				mayoría de los médicos que trabajan en ellos reciben alguna compensación de las farmacias, ya sea por medio de un salario fijo, un bono u otra forma de remuneración. Los CAF por lo general pertenecen a cadenas de farmacias y han mostrado una rápida expansión en México como resultado de la política del gobierno de 2010 para desincentivar la automedicación. Conocida como "Acuerdo por el que se determinan los lineamientos a los que estará sujeta la venta y dispensación de antibióticos", esta norma constituye un esfuerzo para exigir prescripciones con el objeto de mitigar la automedicación y controlar la dispensación de antibióticos. Hasta donde sabemos, no existe disposición legal alguna que trate la relación entre las farmacias y los médicos y limite los incentivos que las farmacias pueden dar a los médicos que trabajen en CAF para que prescriban ciertos medicamentos. La cuarta edición del Suplemento de la FEUM para los Establecimientos (2010) solo			extendido a países como Guatemala, Chile y Argentina (Diaz-Portillo, Sandra P. *et al.* [2015], "Consultorios adyacentes a farmacias privadas en México: infraestructura y características del personal médico y su remuneración", *Salud pública Méx*, 57:4, pp. 320-328, www.scielosp.org/scielo.php?script=sci_arttext&pid=S0036-36342015000400010&lng=en&nrm=iso). Sin embargo, muchos otros países consideran que los médicos y empleados de farmacia deben ser independientes entre sí y, por tanto, prohíben la preferencia por prescribir o vender ciertos medicamentos (por ejemplo, Alemania § 10 ApoG).	podría distorsionar en tres formas la competencia entre los medicamentos. Los médicos podrían: 1) prescribir los productos de marca de la farmacia (en caso de que una farmacia tuviera su propia marca de medicamentos) en lugar de, quizás, los medicamentos más adecuados para el paciente. 2) prescribir productos que podrían no ser los que mejor se ajustaran a las necesidades de los consumidores, pero que estén en inventario en la farmacia y necesiten ser agotados. 3) prescribir más productos de los necesarios (por ejemplo vitaminas adicionales) si los médicos reciben pagos relacionados con la cantidad de productos que prescriben. A los problemas	también conjunta; la opción 3 implicaría mantener el *statu quo*, dejando el sistema actual de CAF sin cambios. Opción 1) Emitir una disposición que prohíba a los médicos de CAF prescribir productos de marca y obligarlos a prescribir únicamente la DCI o el nombre genérico (esta solución se mencionó antes). Los pacientes podrían elegir, entre una variedad de medicamentos, el que consideren mejor en términos de precio o calidad. Esta opción resolvería el problema de los médicos de CAF que prescriben costosos medicamentos de marca. Sin embargo, no resolvería el problema de la medicación excesiva cuando dichos médicos prescriben más medicamentos que los necesarios.

Sector: Medicamentos

Núm.	Título de la norma	Art.	Categoría temática/ palabra clave	Breve descripción del obstáculo potencial	Autoridad relevante	Pregunta del manual	Objetivo del legislador	Daño a la competencia	Recomendación
				prohíbe que las farmacias tengan "comunicación directa, por medio de ventanas, puertas o pasillos, con cualquier otro giro, como: consultorio médico".				mencionados podría sumarse la incapacidad de los consumidores de sustituir medicamentos de marca con medicamentos genéricos. De acuerdo con el artículo 31 del Reglamento de Insumos para la Salud, las marcas específicas que hayan sido prescritas por los médicos no pueden ser sustituidas por el paciente o por el empleado de farmacia. Por lo tanto, si los médicos se inclinan por prescribir las marcas propias de la farmacia o los productos preferidos por esta (por ejemplo debido a una compra al por mayor de dichos medicamentos), algunos genéricos o incluso medicamentos de marca podrían sufrir una desventaja competitiva respecto a los productos de la propia farmacia.	Opción 2) Emitir un código de conducta o reglamento que prohíba a las farmacias ejercer presión sobre los médicos o incentivarlos para prescribir ciertos productos, en especial mediante recompensas por el volumen o el número de medicamentos prescritos. Dado que las farmacias no podrían influir en los hábitos de prescripción de los médicos, desaparecerían los patrones de prescripción irracionales (como prescribir marcas específicas en lugar de genéricos o prescribir productos innecesarios). Sin embargo, esta solución podría cambiar los modelos de negocio existentes de los CAF. Los incentivos de las farmacias para invertir en CAF podrían reducirse y

Sector: Medicamentos

Núm.	Título de la norma	Art.	Categoría temática/ palabra clave	Breve descripción del obstáculo potencial	Autoridad relevante	Pregunta del manual	Objetivo del legislador	Daño a la competencia	Recomendación
									los CAF podrían tener que aumentar los precios de sus servicios. De hecho, muchos CAF podrían incluso cerrar si ya no recibieran las subvenciones cruzadas de las farmacias. Opción 3) Ninguna recomendación. El objetivo del legislador de proveer un rápido y sencillo acceso a la salud para la población mexicana podría prevalecer sobre cualquier posible conflicto de interés. Esta recomendación no generaría cambios en el modelo de negocio de los CAF.
11.	**Ley General de Salud**	204	Farmacéuticos. Producción de medicamentos / Autorización, barrera a la entrada, acuerdos de exclusividad	La venta al por mayor y al por menor de medicamentos y otros productos para la salud, estupefacientes, sustancias psicotrópicas y productos que los contengan requiere una autorización sanitaria (es decir, una licencia). La autorización sanitaria para la fabricación de medicamentos otorgada a las empresas farmacéuticas no se limita a la	a) Secretaría de Salud b) Gobiernos de las entidades federativas	A2, A3	Según la COFEPRIS, las ventas directas de las compañías farmacéuticas a las farmacias no están restringidas. La licencia sanitaria concedida a una empresa farmacéutica para la fabricación de medicamentos puede incluir, entre otras actividades listadas, la distribución de medicamentos. En caso de que la distribución no esté incluida, es sencillo realizar modificaciones a la licencia	Para los grandes minoristas, como las cadenas de farmacias, la compra a través de un mayorista impone un costo innecesario, ya que tienen que pagar un margen extra a los mayoristas en lugar de adquirir los productos directamente de los	La OCDE recomienda que México considere implantar la obligación para los productores de medicamentos de abastecer a todos los distribuidores de línea completa en el mercado privado, lo que tendría como objetivo permitir que

Sector: Medicamentos

Núm.	Título de la norma	Art.	Categoría temática/ palabra clave	Breve descripción del obstáculo potencial	Autoridad relevante	Pregunta del manual	Objetivo del legislador	Daño a la competencia	Recomendación
				fabricación. No existen disposiciones que prohíban la venta directa por parte de las empresas farmacéuticas a las farmacias. Sin embargo, en la práctica muchas compañías farmacéuticas mexicanas, si no es que la mayoría, se niegan a vender directamente a las farmacias, incluso a grandes cadenas de farmacias, y prefieren vender por medio de mayoristas. Es práctica común que las compañías farmacéuticas firmen contratos de exclusividad con un distribuidor. Por tanto, los mayoristas a menudo se convierten en el único canal utilizado para comercializar un determinado medicamento. Según participantes de la industria, las compañías farmacéuticas por lo general pagan una tarifa de servicio a los distribuidores cuando venden sus productos (un esquema conocido como "*fee for service*"). Esta situación solo guarda relación con el mercado privado, toda vez que en el caso del sector público las autoridades suelen			sanitaria. **Comparación internacional** La legislación europea considera que los distribuidores tienen una "función de servicio público". Esto significa que los distribuidores de línea completa que ofrecen todos los medicamentos relevantes tienen que ser abastecidos por los productores farmacéuticos para garantizar la cobertura nacional de la población con medicamentos adecuados. La función de servicio público se aplica de diferentes maneras en toda la UE. Sin embargo, algunos países (como Alemania) han establecido la cuasi-obligación de abastecer a todos los distribuidores de línea completa. La obligación de abastecer a los distribuidores no excluye el suministro directo de las empresas farmacéuticas a las farmacias.	productores. Además, los participantes del mercado a nivel minorista se quejan de que muchos medicamentos son distribuidos por un solo mayorista y que no existe competencia intra marca, o la hay pero sólo de manera muy limitada. Fomentar la competencia intra - marca es particularmente relevante cuando la competencia entre marcas es insuficiente.	nuevos distribuidores compitan. Sin embargo, antes de proseguir con tal medida se recomienda llevar a cabo un estudio coordinado entre las autoridades pertinentes a fin de evaluar el impacto en el mercado de dicha obligación, cuyo objetivo sería permitir que nuevos distribuidores compitan en el concentrado mercado mayorista mexicano y aumentar la competencia intra-marca. Sin embargo, como esta propuesta de recomendación afectaría la libertad contractual, solo se implementaría si el estudio demostrara que con otras medidas para fortalecer la competencia intra-marca no se produce ningún resultado.

Sector: Medicamentos

Núm.	Título de la norma	Art.	Categoría temática/ palabra clave	Breve descripción del obstáculo potencial	Autoridad relevante	Pregunta del manual	Objetivo del legislador	Daño a la competencia	Recomendación
				abastecerse por medio de licitaciones públicas.					
12.	**Adenda al Convenio de Concertación**	Apéndice 3	Farmacéuticos. Precios de medicamentos / Regulación de precios	Un convenio de 1996 entre la Secretaría de Economía y CANIFARMA (modificado en 2004) establece precios máximos para la venta al por menor de los medicamentos patentados. El precio máximo para un medicamento patentado en México se determina con el promedio del precio de fábrica de dicho medicamento en los seis países con mayores ventas en el mundo.	Secretaría de Economía	B1, C1	El objetivo del acuerdo consiste en proteger a los consumidores mexicanos de las compañías farmacéuticas que podrían cobrar precios excesivos, así como promover las inversiones en el desarrollo farmacéutico al asegurar la participación de la industria en el establecimiento de precios máximos. **Comparación internacional** La Organización Mundial de la Salud (OMS) informa que en 2015, 24 de los 30 países miembros de la OCDE utilizaron un sistema de precios basado en PER con diferentes *proxies* de referencia. Véase WHO (2015), *Guideline on Country Pharmaceutical Pricing Policies*, p. 14. Sin embargo, los PER en sí mismos pueden conducir a precios finales inapropiados, en especial si los países de referencia son mal elegidos (por ejemplo si los países de referencia tienen estructuras de mercado o precios sustancialmente diferentes). Por ejemplo, en Canadá los PER se utilizan junto con otros criterios, como el precio de venta de los medicamentos en los mercados relevantes; los precios de otros	Tener precios máximos para medicamentos patentados plantea varios problemas potenciales para la competencia: 1) el convenio de 1996 restringe la capacidad de las empresas para elegir libremente sus precios. 2) Teniendo en cuenta el deber de etiquetado que informa los precios máximos en los envases de los medicamentos (tal como se señala más adelante), esta disposición puede facilitar la colusión y restringir la competencia a nivel minorista. 3) Lo que es más importante, el actual mecanismo de fijación de precios parece resultar en altos precios finales para el mercado mexicano, especialmente en comparación con otros	Reconstruir la canasta utilizada para determinar precios máximos en México, para lo cual se considerarían no solo los volúmenes de venta (como ocurre actualmente), sino también otros factores, como el nivel de ingreso de los países de referencia y los gastos de bolsillo de los consumidores. Además, la canasta debería revisarse de forma periódica —por ejemplo cada cinco años— para asegurarse de que satisfaga las necesidades de la población mexicana.

Sector: Medicamentos

Núm.	Título de la norma	Art.	Categoría temática/ palabra clave	Breve descripción del obstáculo potencial	Autoridad relevante	Pregunta del manual	Objetivo del legislador	Daño a la competencia	Recomendación
							medicamentos de la misma clase terapéutica en los mercados relevantes; los precios del mismo medicamento y otros medicamentos de la misma clase terapéutica en países específicos comparables (a saber, Francia, Alemania, Italia, Suecia, Suiza, Reino Unido y Estados Unidos); y cambios en el Índice de Precios al Consumidor (véase Daley, J., *Pharmaceutical Pricing and Reimbursement in Canada: An Overview for Innovative Drug Manufacturers*, http://whoswholegal.com/news/features/article/27744/pharmaceutical-pricing-reimbursement-canada-overview-innovative-drug-manufacturers).	países latinoamericanos. Esto podría deberse a la tendencia actual del sistema de regulación de precios a centrarse en países de altos ingresos como punto de referencia. Los precios máximos se determinan sobre la base del promedio de los seis países con mayores ventas en el mundo, pero estos países suelen ser también los países con precios comparativamente más altos. Por ejemplo, en 2005, Estados Unidos, Japón, Alemania, Francia, Italia y el Reino Unido fueron los seis países con mayores gastos en productos farmacéuticos; véase OECD (2008), *OECD Health Policy Studies: Pharmaceutical Pricing Policies in a Global Market*, p. 25.	
13.	**Reglamento de la Ley General de Salud en Materia de Prestación de**	39	Farmacéuticos. Venta de medicamentos / Regulación de precios, riesgo de colusión	La Secretaría de Economía (con la asesoría de la Secretaría de Salud) fija los precios máximos de venta al	a) Secretaría de Salud b) Gobiernos de las	B1	Proteger a los consumidores en México de compañías farmacéuticas que podrían cobrar precios excesivos. Sin embargo,	En la práctica, los precios máximos en México solo están regulados para	La recomendación se señaló anteriormente con respecto al convenio entre la

Sector: Medicamentos

Núm.	Título de la norma	Art.	Categoría temática/ palabra clave	Breve descripción del obstáculo potencial	Autoridad relevante	Pregunta del manual	Objetivo del legislador	Daño a la competencia	Recomendación
	Servicios de Atención Médica			público de los medicamentos e insumos para la salud.	entidades federativas		según la COFEPRIS no se fijan precios para el caso de los genéricos, sino que estos son decididos unilateralmente por las compañías farmacéuticas.	medicamentos patentados según lo establecido en el convenio entre CANIFARMA y la Secretaría de Economía, como ya se describió. Por lo tanto, no está claro si esta disposición se aplica realmente y cómo participa la Secretaría de Salud en la regulación de los precios máximos.	Secretaría de Economía y CANIFARMA.
14.	**Adenda al Convenio de Concertación**	Ley General de Transparencia y Acceso a la Información Pública, artículos 13, 14, 15 y 16	Farmacéuticos. Precios de medicamentos / Regulación de precios	El acuerdo de regulación de precios máximos celebrado entre la Secretaría de Economía y CANIFARMA es confidencial y su contenido no está disponible para el público.	a) Secretaría de Economía	B1, C1	No se identificó objetivo alguno en la ley. No parece haber una justificación admisible para mantener este documento en secreto.	El carácter confidencial del documento hace imposible que el público evalúe su contenido y busque mecanismos que puedan reducir los precios para los consumidores mexicanos.	Hacer públicos tanto el acuerdo como cualquier modificación al mismo.
15.	**Adenda al Convenio de Concertación**	Apéndice 1	Farmacéuticos. Precios de medicamentos / Regulación de precios	El sistema de regulación de precios determina precios máximos con base en la información suministrada por las propias empresas farmacéuticas, una vez que se haya efectuado la revisión de un auditor externo.	a) Secretaría de Economía	B1, C1	El convenio no señala un objetivo específico. Sin embargo, un probable objetivo consiste en obtener información de una forma efectiva en cuanto a costos toda vez que las compañías farmacéuticas pueden acceder fácilmente a la información de mercado y entregarla a la Secretaría de Economía.	Este mecanismo de recopilación de información puede propiciar que las empresas proporcionen información sesgada para justificar precios más altos. A menudo, en la práctica los	Ninguna recomendación, siempre y cuando la Secretaría de Economía garantice que los auditores trabajarán en forma independiente, por ejemplo mediante la rotación de auditores

Sector: Medicamentos

Núm.	Título de la norma	Art.	Categoría temática/ palabra clave	Breve descripción del obstáculo potencial	Autoridad relevante	Pregunta del manual	Objetivo del legislador	Daño a la competencia	Recomendación
							Posteriormente, un auditor externo deberá verificar la autenticidad de la información para garantizar que no hubo manipulación de la misma.	precios reales pagados son mucho más bajos que los precios de lista debido a los descuentos concedidos a los grandes clientes. En teoría, las empresas solo pueden reportar precios de lista, no precios reales. Sin embargo, debido a la presencia de un auditor externo, este peligro parece ser menor.	cada cinco años o la selección entre diferentes candidatos propuestos por las empresas.
16.	**Ley General de Salud**	198	Farmacéuticos. Producción de medicamentos / Autorización, barrera a la entrada	Los establecimientos dedicados a 1) la producción de medicamentos que contengan estupefacientes o sustancias psicotrópicas, vacunas, toxoides, sueros y antitoxinas de origen animal y hemoderivados; y 2) el desarrollo, fabricación o preparación de medicamentos, requieren autorización para comenzar a operar en el mercado. Las condiciones para la concesión de esta autorización se establecen en el artículo 162 del Reglamento de Insumos para la Salud.	a) Secretaría de Salud b) Gobiernos de las entidades federativas	A2	Proteger a la población mexicana contra riesgos sanitarios al regular el control de los insumos para la salud. Las condiciones señaladas en esta disposición no parecen ni excesivas ni discriminatorias. **Comparación internacional** Existen disposiciones comparables en otras jurisdicciones. Por ejemplo, en Estados Unidos, de acuerdo con el artículo 21 del Código de EUA, § 360 Registro de productores de fármacos o dispositivos, toda persona que posea u opere un establecimiento dedicado a la fabricación de fármacos se registrará con la Secretaría de Salud y Servicios Humanos. Todos los establecimientos que deban estar registrados serán sujetos de	Acceso restringido al mercado.	Ninguna recomendación.

Sector: Medicamentos

Núm.	Título de la norma	Art.	Categoría temática/ palabra clave	Breve descripción del obstáculo potencial	Autoridad relevante	Pregunta del manual	Objetivo del legislador	Daño a la competencia	Recomendación
							inspección. Además, en los estados miembros de la UE, los productores de medicamentos necesitan permiso (por ejemplo § 13 AMG en Alemania).		
17.	**Ley General de Salud**	222 bis	Farmacéuticos. Producción de medicamentos / Autorización, barrera a la entrada	Para obtener un registro sanitario de productos biotecnológicos, el solicitante debe presentar a la Secretaría de Salud estudios clínicos y a veces *in vitro* (estudios realizados fuera de un contexto biológico normal) para demostrar la seguridad, eficacia y calidad del producto. Dado que los requisitos no se establecen *ex ante*, estos son definidos por la Secretaría de Salud caso por caso, para lo cual se toma en cuenta la opinión del Comité de Moléculas Nuevas (un órgano consultivo auxiliar para solicitudes de registro de medicamentos que contengan una nueva molécula presentadas a la Secretaría de Salud), con el apoyo del Subcomité de Evaluación de Productos Biotecnológicos (SEPB), que está integrado por especialistas y científicos del campo de la biotecnología farmacéutica.	a) Secretaría de Salud b) Gobiernos de las entidades federativas	B4	Los productos biotecnológicos son productos relativamente nuevos que presentan diversos riesgos. Por tanto, el gobierno mexicano ha impuesto varios requisitos adicionales para su registro y solicita el apoyo del Comité de Moléculas Nuevas cuando no hay regulación. Esto tiene como objetivo proteger a la población mexicana contra los riesgos para la salud. Según la COFEPRIS, cada nuevo biocomparable aprobado por el Comité de Moléculas Nuevas tiene lineamientos que se conservan para otros biocomparables del mismo producto biotecnológico. Hasta la fecha, existen seis lineamientos para seis productos biocomparables diferentes. **Comparación internacional** Existen disposiciones comparables en otras jurisdicciones. Por ejemplo, en la UE el artículo 8 de la directiva 2001/83/CE establece que las solicitudes deben presentarse antes de que se conceda la autorización para comercializar un medicamento. En el caso de los medicamentos biológicos, por ejemplo los	Las condiciones para la postulación al registro sanitario que no están definidas previamente, sino que se determinan caso por caso, pueden propiciar decisiones discrecionales.	Ninguna recomendación. Debido a la naturaleza de los productos biotecnológicos, los requisitos pueden variar significativamente según el producto, lo que hace imposible el desarrollo de directrices generales. Sin embargo, las autoridades deben asegurarse de que las directrices emitidas para cada producto biocomparable estén disponibles en línea y sean fáciles de encontrar.

Sector: Medicamentos

Núm.	Título de la norma	Art.	Categoría temática/ palabra clave	Breve descripción del obstáculo potencial	Autoridad relevante	Pregunta del manual	Objetivo del legislador	Daño a la competencia	Recomendación
							medicamentos inmunológicos derivados de la sangre o el plasma humano, existen requisitos adicionales.		
18.	**Ley General de Salud**	230	Farmacéuticos. Producción de medicamentos / Autorización	Con el fin de comercializar legalmente sus productos, los desarrolladores de productos hemoderivados deben obtener una autorización de la Secretaría de Salud. La información sobre los requisitos y formularios está disponible en: www.cofepris.gob.mx/AS/Paginas/Establecimientos%20y%20productos%20biologicos/PermisoVentaODistribucionProductos.aspx.	a) Secretaría de Salud b) Gobiernos de las entidades federativas	A2	El procesamiento de la sangre en un medicamento es un proceso altamente especializado, ya que los productos hemoderivados son inherentemente variables debido a la naturaleza de su materia prima. Por tanto, el gobierno mexicano busca garantizar que los productos hemoderivados sean de una calidad y seguridad demostradas para ser comercializados. **Comparación internacional** Existen disposiciones comparables en otras jurisdicciones. Por ejemplo, en la UE el artículo 114 de la directiva 2001/83/CE establece que "cuando, por razones de salud pública, la legislación de un Estado miembro lo prevea, las autoridades competentes podrán exigir al titular de la autorización de comercialización de medicamentos derivados de sangre o plasma humanos la presentación ante las autoridades competentes de muestras de cada uno de los lotes del producto a granel y/o acabado para su examen por un laboratorio oficial de control de medicamentos o un laboratorio designado por un Estado miembro a tal efecto antes de su puesta en circulación, a no	Acceso restringido al mercado.	Ninguna recomendación.

Sector: Medicamentos

Núm.	Título de la norma	Art.	Categoría temática/ palabra clave	Breve descripción del obstáculo potencial	Autoridad relevante	Pregunta del manual	Objetivo del legislador	Daño a la competencia	Recomendación
							ser que las autoridades competentes de otro Estado miembro hayan examinado previamente el lote correspondiente y hayan declarado que cumple las especificaciones aprobadas".		
19.	**Ley General de Salud**	236	Farmacéuticos. Producción de medicamentos / Autorización	Para comercializar o transportar estupefacientes en México, se requiere un permiso otorgado por la Secretaría de Salud. Las condiciones para el permiso se resumen en: www.gob.mx/cntse-rfts/tramite/ficha/53a44cdd89c0b26a3000168d.	a) Secretaría de Salud b) Gobiernos de las entidades federativas	A2	Esta disposición es resultado de la preocupación del gobierno mexicano por los problemas de salud pública y sociales relacionados con el tráfico ilícito de estupefacientes y sustancias psicotrópicas.	Acceso restringido al mercado.	Ninguna recomendación.
20.	**Reglamento de Insumos para la Salud**	43	Farmacéuticos. Distribución y venta minorista de medicamentos / Autorización, aumento de costos	Para distribuir o vender productos biológicos y productos hemoderivados de fabricación nacional o extranjera, cada lote debe ser previamente autorizado con base en los resultados analíticos emitidos por la Secretaría de Salud o por un tercero autorizado. Estos últimos están autorizados por la COFEPRIS para apoyar a las autoridades en materia de control y vigilancia sanitaria mediante la realización de diversas pruebas analíticas, con el fin de verificar el cumplimiento de la ley o realizar estudios de bioequivalencia y/o biocomparabilidad. Según la	a) Secretaría de Salud b) Gobiernos de las entidades federativas	A2	Estos productos son más sensibles a la contaminación cruzada, a la alteración y a convertirse en un riesgo para la salud del personal que trabaja con ellos. Por tanto, la Secretaría de Salud busca ser cautelosa, autorizando lotes únicos antes de su distribución y comercialización.	Esta disposición puede imponer costos excesivos a los vendedores, ya que cada lote necesita revisarse por separado.	Ninguna recomendación.

Sector: Medicamentos

Núm.	Título de la norma	Art.	Categoría temática/ palabra clave	Breve descripción del obstáculo potencial	Autoridad relevante	Pregunta del manual	Objetivo del legislador	Daño a la competencia	Recomendación
				COFEPRIS, actualmente hay 201 terceros autorizados: 20 que funcionan como unidades de verificación; 61 como unidades clínicas y analíticas autorizadas para llevar a cabo estudios de intercambiabilidad y biocomparabilidad de productos biotecnológicos; y 120 como laboratorios de prueba. Los solicitantes de autorizaciones deben tramitar su solicitud ante la Secretaría de Salud. Las condiciones se encuentran descritas en: www.cofepris.gob.mx/AS/Documents/Establecimientos/lineamientos43.pdf. Una autorización aprobada es válida por dos años. Las autorizaciones pueden renovarse con un periodo de notificación de 30 días antes de que expire la autorización. Un resumen de los requisitos para operar como un tercero autorizado se puede encontrar en: www.gob.mx/cms/uploads/attachment/file/187533/Requisitos_para_Evaluar_la_Competencia_T_cnica.pdf. Dichos requisitos incluyen llenar y firmar un formulario de ausencia de conflicto de					

Sector: Medicamentos

Núm.	Título de la norma	Art.	Categoría temática/ palabra clave	Breve descripción del obstáculo potencial	Autoridad relevante	Pregunta del manual	Objetivo del legislador	Daño a la competencia	Recomendación
				intereses y también de confidencialidad, un pago de 7 954.73 MXN y tener un sistema de gestión de calidad.					
21.	**Reglamento de Insumos para la Salud**	84	Farmacéuticos. Producción de medicamentos / Autorización, barrera a la entrada	Los nuevos modelos de insumos (es decir, materias primas para medicamentos, estupefacientes y psicotrópicos) requieren una nueva autorización si introducen innovaciones tecnológicas. Esta nueva autorización sigue las mismas normas que su predecesora (véase el artículo 167 del Reglamento de Insumos para la Salud).	a) Secretaría de Salud b) Gobiernos de las entidades federativas	A2	Garantizar la seguridad y eficacia de los insumos para la salud. Los productos innovadores requieren una revisión de su producción para garantizar que esta siga siendo segura y eficaz.	La nueva autorización puede aumentar los costos de los productores innovadores.	Ninguna recomendación.
22.	**Reglamento de Insumos para la Salud**	113	Farmacéuticos. Producción de medicamentos / Licencia, barrera a la entrada	Los establecimientos que fabrican productos biotecnológicos o sus insumos requieren una licencia sanitaria y deben cumplir con requisitos adicionales con respecto a otros medicamentos, como áreas separadas para cepas (esto es, un grupo de seres vivos estrechamente relacionados) o líneas celulares (es decir, un grupo homogéneo de células seleccionado de una población de células) de origen animal o vegetal. Los productores extranjeros deben contar con un certificado de buenas prácticas de fabricación (BPF). Los criterios para otorgar un certificado de	a) Secretaría de Salud b) Gobiernos de las entidades federativas	A2	Los productos biotecnológicos son productos relativamente nuevos que son difíciles de producir. Dichos productos son más sensibles a la contaminación cruzada, a la alteración y a convertirse en un riesgo para la salud del personal que trabaja con ellos. Por tanto, la Secretaría de Salud ha establecido requisitos especiales para las instalaciones donde se procesan estos productos. **Comparación internacional** Muchos países emiten certificados de BPF, incluidos Estados Unidos y los Estados miembros de la UE. En Estados Unidos la regulación actual de Buenas Prácticas de Fabricación para medicamentos de uso humano asegura el diseño adecuado, la	Acceso restringido al mercado.	Ninguna recomendación.

Sector: Medicamentos

Núm.	Título de la norma	Art.	Categoría temática/ palabra clave	Breve descripción del obstáculo potencial	Autoridad relevante	Pregunta del manual	Objetivo del legislador	Daño a la competencia	Recomendación
				BPF se encuentran en el documento "Lineamientos que establecen los requisitos que se deben cumplir para la acreditación de los certificados de buenas prácticas de fabricación para la solicitud de modificaciones, prórrogas y registros sanitarios de medicamentos" (www.gob.mx/cms/uploads/attachment/file/163174/Lineamientos_Acreditaci_n_CBPF_Oficio_CAS-1-OR-20-2016.pdf).			supervisión y el control de procesos e instalaciones de fabricación, y que las compañías usen tecnología y sistemas actualizados (www.fda.gov/Drugs/DevelopmentApprovalProcess/Manufacturing/ucm169105.htm). En la UE, de conformidad con la directiva 2001/83/CE, para obtener una autorización de comercialización de un medicamento, la solicitud presentada a la autoridad competente del Estado miembro interesado incluirá "la confirmación por escrito de que el fabricante del medicamento ha verificado mediante auditorías el cumplimiento por parte del fabricante del principio activo de los principios y directrices de las prácticas correctas de fabricación". La directiva 2003/94/CE establece los principios y directrices de las BPF para los medicamentos de uso humano. Entre otros requisitos, el personal deberá recibir una formación inicial y continua, y el fabricante establecerá un sistema eficaz de aseguramiento de la calidad farmacéutica y programas de higiene adaptados a las actividades que vayan a realizarse.		
23.	**Ley General de Salud**	376	Farmacéuticos. Producción de medicamentos / Autorización, barrera a	Los registros sanitarios deben renovarse cada cinco años. Se puede encontrar un resumen de los requisitos de	a) Secretaría de Salud b) Gobiernos de las	A2	Proteger a la población mexicana de riesgos sanitarios. Durante el periodo de renovación de los registros sanitarios, la Secretaría	Exigir que los registros sanitarios se renueven cada cinco años impone un costo	La OCDE recomienda que el registro sanitario se renueve una sola vez después

Sector: Medicamentos

Núm.	Título de la norma	Art.	Categoría temática/ palabra clave	Breve descripción del obstáculo potencial	Autoridad relevante	Pregunta del manual	Objetivo del legislador	Daño a la competencia	Recomendación
			la entrada	renovación en: www.cofepris.gob.mx/AS/Documents/RegistroSanitarioMedicamentos/INDICE%20PARA%20TRAMITES/INDICE%20PRORROGA.pdf. De acuerdo con el artículo 195-A de la Ley Federal de Derechos, para la renovación del registro sanitario, los solicitantes deberán abonar 75% de la nueva cuota de registro sanitario (la tarifa de registro sanitario para genéricos es actualmente de 71 334.41 MXN y para medicamentos con nueva molécula, de 127 549.79 MXN).	entidades federativas		de Salud revisa los mismos aspectos examinados durante la primera solicitud de registro sanitario. Según la COFEPRIS, en más del 50% de todas las solicitudes de renovación del registro sanitario las empresas no cumplen con los requisitos necesarios para obtener o renovar el registro sanitario. **Comparación internacional** En la UE, de acuerdo con el artículo 24 de la directiva 2001/83/EC, "la autorización de comercialización tendrá una duración de cinco años [y] podrá renovarse tras cinco años, previa reevaluación de la relación beneficio-riesgo por la autoridad competente del Estado miembro de autorización. [...] Una vez renovada, la autorización de comercialización tendrá una validez ilimitada". En la Propuesta de Reglamento del Parlamento Europeo y del Consejo por el que se establecen procedimientos comunitarios para la autorización y la supervisión de medicamentos de uso humano y veterinario, y por el que se crea una Agencia Europea para la Evaluación de Medicamentos (Official Journal 075 E, 26/03/2002, 0189-0215), la Comisión Europea incluso sugirió que "la autorización de comercialización será válida por un	adicional a las compañías. Los costos pueden resultar especialmente significativos para los productores que comercializan cientos de productos.	de cinco años, para después tener una validez permanente. La OCDE está de acuerdo con la COFEPRIS en que tal cambio debería realizarse solo después de que el sistema mexicano de control y supervisión haya mejorado significativamente. Esto requeriría: aumentar la frecuencia de los controles *in situ*; fijar multas considerables en caso que las empresas farmacéuticas no informen a tiempo a la COFEPRIS de los cambios en un medicamento; y dotar de recursos suficientes a la COFEPRIS para llevar a cabo esta tarea.

Sector: Medicamentos

Núm.	Título de la norma	Art.	Categoría temática/ palabra clave	Breve descripción del obstáculo potencial	Autoridad relevante	Pregunta del manual	Objetivo del legislador	Daño a la competencia	Recomendación
							periodo ilimitado". La COFEPRIS, por su parte, manifiesta que los Estados miembros de la UE generalmente cuentan con un sistema de supervisión diferente y realizan más visitas *in situ*, lo cual no sería posible de implementar para la COFEPRIS debido a la falta de recursos. En Estados Unidos se aplica un sistema diferente: las autorizaciones de comercialización (denominadas *New Drug Applications*) se conceden una vez por tiempo ilimitado, pero el producto final se revisa una vez al año en un informe anual para cambios menores. De acuerdo con el volumen 5 del título 21 del Código de Regulaciones Federales, los "cambios en el fármaco, producto farmacéutico, proceso de producción, controles de calidad, equipo o instalaciones que tengan un potencial mínimo para provocar un efecto adverso en la identidad , fuerza, calidad, pureza o potencia del producto farmacéutico deben ser documentados por el solicitante en el siguiente informe anual" y "debe presentarse un suplemento para cualquier cambio en la sustancia farmacológica, producto farmacéutico, proceso de producción, controles de calidad, equipo o instalaciones que tengan		

Sector: Medicamentos

Núm.	Título de la norma	Art.	Categoría temática/ palabra clave	Breve descripción del obstáculo potencial	Autoridad relevante	Pregunta del manual	Objetivo del legislador	Daño a la competencia	Recomendación
							un potencial sustancial para provocar un efecto adverso en la identidad, fuerza, calidad, pureza o potencia del fármaco, ya que estos factores pueden relacionarse con la seguridad o efectividad del fármaco".		
24.	**Reglamento de Insumos para la Salud**	167	Farmacéuticos. Producción de medicamentos / Autorización, barrera a la entrada	Se necesita un registro sanitario para comercializar medicamentos en México. Para solicitar un registro sanitario, así como para cada una de sus renovaciones (actualmente cada cinco años, ver arriba), las empresas farmacéuticas deben demostrar que sus proveedores cuentan con un certificado de Buenas Prácticas de Fabricación (BPF) de insumos para la salud. La COFEPRIS emite los certificados de BPF, pero también reconoce a ocho autoridades extranjeras que emiten tales certificados: la Administración de Alimentos y Medicamentos (Estados Unidos), la Agencia Nacional de Vigilancia Sanitaria (Brasil), Salud Canadá (Canadá), la Agencia de Medicamentos Europea (Europa), el Buró de Seguridad Farmacéutica y Alimenticia (Japón), la Agencia de Bienes	a) Secretaría de Salud b) Gobiernos de las entidades federativas	A2	Proteger a la población mexicana contra riesgos sanitarios al regular el control de los insumos para salud. Según la COFEPRIS, se estableció recientemente un nuevo sistema de control para proveedores en el extranjero. Ahora los medicamentos se clasifican en dos categorías: de bajo riesgo y de alto riesgo (por ejemplo productos hemoderivados, vacunas). Para los medicamentos de bajo riesgo, la COFEPRIS aceptará todos los certificados de la autoridad sanitaria nacional aun cuando no sean reconocidos en Mexico, y no enviará inspectores al exterior para inspeccionar a dichos proveedores. Según la COFEPRIS, este nuevo sistema dará lugar a 80% menos inspecciones a los proveedores en el extranjero. Sin embargo, no hemos podido encontrar los nuevos lineamientos en el sitio web de la COFEPRIS. **Comparación internacional** Los certificados de BPF son necesarios en muchos países. Por ejemplo, en Estados Unidos, de	Existen varios problemas con la práctica actual de solicitar certificados de BPF a los proveedores de los productores mexicanos. Según miembros de la industria, los productores extranjeros de medicamentos solo tienen que proporcionar un certificado de BPF de sus plantas, no de sus proveedores, y por lo tanto no se enfrentan a los siguientes problemas: 1) Las autoridades de muchos países, incluidos los que cuentan con los proveedores más importantes —India y China—, no son reconocidos por la COFEPRIS, por lo que esta debe certificar	Ninguna recomendación, debido a la implantación del nuevo sistema de la COFEPRIS.

Sector: Medicamentos

Núm.	Título de la norma	Art.	Categoría temática/ palabra clave	Breve descripción del obstáculo potencial	Autoridad relevante	Pregunta del manual	Objetivo del legislador	Daño a la competencia	Recomendación
				Terapéuticos (Australia), el Ministerio de Seguridad Alimentaria y Farmacéutica de la República de Corea (Corea) y la Agencia Suiza para Productos Terapéuticos (Suiza). La duración del certificado de BPF emitido por la COFEPRIS es de 30 meses, mientras que otras autoridades conceden los certificados de BPF por periodos más largos, como la autoridad de Japón. Además, varias autoridades de países con importantes proveedores, especialmente China e India, no son reconocidas por la COFEPRIS. En caso de que un productor farmacéutico mexicano quiera recurrir a un proveedor de un país no reconocido, la COFEPRIS envía inspectores para certificar la planta del proveedor en el exterior. El productor mexicano debe cubrir los costos, incluyendo honorarios (84 080.88 MXN por cada visita a proveedores extranjeros. Véase el artículo 195-A de la Ley Federal de Derechos) y gastos de viaje (las visitas duran al menos cinco días y pueden prolongarse por más tiempo si es necesario			acuerdo con el sitio web de la Administración de Alimentos y Medicamentos (FDA, por sus siglas en inglés) (https://www.fda.gov/Drugs/DevelopmentApprovalProcess/Manufacturing/ucm169105.htm), para determinar si una compañía cumple con las regulaciones de BPF, la FDA "inspecciona las instalaciones de fabricación farmacéutica en todo el mundo, incluidas aquellas donde se fabrican los ingredientes activos y el producto terminado". Los certificados de BPF también son necesarios en la UE: cada envío (lote de mercancías) debe ir acompañado de la confirmación, por parte de la autoridad competente del país productor, de que se ajusta a las normas de BPF equivalentes a las de otras partes de la UE, a menos que exista alguna excepción (www.ema.europa.eu/ema/index.jsp?curl=pages/regulation/general/general_content_001205.jsp&mid=WC0b01ac0580027088). La UE también ha firmado acuerdos de reconocimiento mutuo (ARM) con autoridades de otros países.	individualmente a cada proveedor de un país no reconocido. Esto genera altos costos para los productores mexicanos. 2) Si un productor mexicano remplaza a uno de sus proveedores, debe solicitar una modificación del registro sanitario y pagar 75% de la nueva cuota de registro sanitario, lo que conllevará costos adicionales y diversos problemas prácticos (por ejemplo, el productor mexicano no puede trabajar con el nuevo proveedor sino hasta que haya sido certificado, lo que otorga un gran poder de negociación al antiguo proveedor). 3) El periodo de validez del certificado de BPF mexicano no siempre está en línea con los periodos de validez de las autoridades	

Sector: Medicamentos

Núm.	Título de la norma	Art.	Categoría temática/ palabra clave	Breve descripción del obstáculo potencial	Autoridad relevante	Pregunta del manual	Objetivo del legislador	Daño a la competencia	Recomendación
				analizar más de un ingrediente).				extranjeras. No obstante, según participantes de la industria, la COFEPRIS solicita un nuevo certificado de BPF cada 30 meses para cada proveedor, independientemente de la duración de los certificados de BPF extranjeros que bien podrían seguir siendo válidos. Para los proveedores extranjeros, podría ser difícil obtener un nuevo certificado de BPF cada 30 meses cuando su autoridad de origen prevé una duración más larga. (Por ejemplo, la autoridad japonesa concederá un nuevo certificado solo después de que el certificado anterior haya expirado).	
25.	**Reglamento de Insumos para la Salud**	168	Farmacéuticos. Producción de medicamentos / Licencia, barrera a la entrada	Para obtener el registro sanitario de un medicamento en particular, el fabricante debe poseer una licencia sanitaria para las plantas o laboratorios de su propiedad que produzcan medicamentos o productos biológicos para uso humano.	a) Secretaría de Salud b) Gobiernos de las entidades federativas	A2	El registro sanitario de medicamentos es un medio para garantizar la protección de la salud pública. Esta autorización permite a las autoridades sanitarias mexicanas verificar la seguridad, eficacia y calidad de los medicamentos vendidos en el país. El requisito de licencia	Acceso restringido al mercado.	Ninguna recomendación.

Sector: Medicamentos

Núm.	Título de la norma	Art.	Categoría temática/ palabra clave	Breve descripción del obstáculo potencial	Autoridad relevante	Pregunta del manual	Objetivo del legislador	Daño a la competencia	Recomendación
				De conformidad con el artículo 162 del Reglamento de Insumos para la Salud, al presentar una solicitud de licencia sanitaria de fabricación el productor debe presentar la solicitud en formato oficial (disponible en: http://www.gob.mx/cntse-rfts/tramite/ficha/560d582b8217e65139001256). Además, de acuerdo con el artículo 195-A de la Ley Federal de Derechos, una empresa farmacéutica debe pagar 84 080.88 MXN al presentar esta solicitud.			sanitaria para plantas permite a las autoridades sanitarias mexicanas evaluar si las líneas de fabricación autorizadas y la forma farmacéutica (es decir, la condición externa que se da a los medicamentos para facilitar su dosificación y administración) están de acuerdo con los medicamentos que las compañías farmacéuticas solicitan registrar.		
26.	**Reglamento de Insumos para la Salud**	177 bis 2	Farmacéuticos. Producción de medicamentos / Riesgo de discriminación	Para obtener un registro sanitario de productos biocomparables, los productores deben presentar una solicitud ante la Secretaría de Salud. La autoridad podrá solicitar estudios adicionales si el Comité de Moléculas Nuevas, después de escuchar al Subcomité de Evaluación de Productos Biotecnológicos (SEPB) que pertenece al Comité, lo recomienda.	a) Secretaría de Salud b) Gobiernos de las entidades federativas	A2, B4	Los productos biotecnológicos son productos relativamente nuevos que imponen diversos riesgos. Por tanto, el gobierno mexicano ha planteado varios requisitos adicionales para esos productos con el objetivo de proteger a la población mexicana contra riesgos para la salud.	Para el registro de medicamentos biocomparables, además de los requisitos normales especificados en el reglamento, la Secretaría de Salud puede imponer requisitos adicionales, como pruebas y estudios. La Secretaría de Salud establece estos requisitos luego de conocer la recomendación del Comité de Moléculas Nuevas, que a su vez consulta al SEPB. Se	Emitir lineamientos que especifiquen en qué casos es necesario cumplir con requisitos adicionales para obtener un registro sanitario de productos biocomparables. Estos lineamientos reducirían el grado de discreción en la concesión de registros sanitarios de medicamentos biocomparables. Tal solución presupone que es posible hacerlo, ya que la naturaleza de los

Sector: Medicamentos

Núm.	Título de la norma	Art.	Categoría temática/ palabra clave	Breve descripción del obstáculo potencial	Autoridad relevante	Pregunta del manual	Objetivo del legislador	Daño a la competencia	Recomendación
								otorga a las autoridades un grado excesivo de discrecionalidad, ya que el análisis es casuístico. Los requisitos impuestos a los productores en lo individual pueden variar y, por tanto, dar origen a discriminación.	productos biotecnológicos significa que los requisitos para el registro sanitario de los medicamentos biocomparables puede variar según el producto.
27.	**Reglamento de Insumos para la Salud**	177 bis 5	Farmacéuticos. Producción de medicamentos / Autorización, barrera a la entrada	Un medicamento biotecnológico innovador puede obtener la aprobación para otros usos terapéuticos adicionales a aquellos para los que el medicamento obtuvo una autorización original, siempre y cuando haya razones científicas, basadas en la opinión de la Secretaría de Salud.	a) Secretaría de Salud b) Gobiernos de las entidades federativas	A2	Los productos biotecnológicos son productos relativamente nuevos que imponen diversos riesgos. Por tanto, el gobierno mexicano ha planteado varios requisitos adicionales para esos productos con el objetivo de proteger a la población mexicana contra riesgos para la salud. **Comparación internacional** Otras jurisdicciones también siguen procedimientos más estrictos para los productos biotecnológicos. Por ejemplo, la UE exige una autorización de comercialización obligatoria otorgada por la Agencia Europea de Medicamentos y no por el Estado miembro, de acuerdo con el "procedimiento centralizado", que es más estricto que el procedimiento aplicado a los medicamentos normales. Véase el artículo 3 del Reglamento 726/2004 y el anexo 1 del mismo reglamento.	Acceso restringido al mercado.	Ninguna recomendación. Debido a la naturaleza de los productos biotecnológicos, este requisito parece razonable.

Sector: Medicamentos

Núm.	Título de la norma	Art.	Categoría temática/ palabra clave	Breve descripción del obstáculo potencial	Autoridad relevante	Pregunta del manual	Objetivo del legislador	Daño a la competencia	Recomendación
28.	**Reglamento de Insumos para la Salud**	183	Farmacéuticos. Producción de medicamentos / Permiso, barrera a la entrada	Las empresas que no sean titulares de un registro sanitario podrán producir el medicamento sujeto a registro solo si obtienen la autorización del titular y siguen las mismas condiciones en las que se concedió el registro por primera vez.	a) Secretaría de Salud b) Gobiernos de las entidades federativas	A1	Esta disposición permite a los fabricantes utilizar plantas distintas de las registradas ante la Secretaría de Salud durante el proceso de obtención de un registro sanitario por un periodo de tiempo limitado cuando surjan circunstancias especiales (por ejemplo un choque de demanda). Sin embargo, no permite intervenir en la producción de otras empresas farmacéuticas.	De una lectura literal, se concluiría que el titular de un registro sanitario sería capaz de impedir la entrada al mercado a sus competidores ya que la ley otorga al primer titular del registro un monopolio *de facto* y no tendrá incentivos para autorizar a los competidores a entrar al mercado. Una empresa farmacéutica con un registro sanitario para un genérico podría, por tanto, negarse a autorizar a otras compañías farmacéuticas la fabricación del mismo genérico. Sin embargo, en realidad la disposición regula un tema diferente; véase el objetivo del legislador.	Ninguna recomendación.
29.	**NOM-257-SSA1-2014, En materia de medicamentos biotecnológicos**	5.1.1.	Farmacéuticos. Producción de medicamentos / Autorización, barrera a la entrada	Antes de presentar la solicitud de registro sanitario para un medicamento biotecnológico innovador, los solicitantes deben presentar al Comité de Moléculas Nuevas (CMN) el medicamento para su evaluación. Los medicamentos son estudiados	a) Secretaría de Salud b) Gobiernos de las entidades federativas	A2	Los productos biotecnológicos son productos relativamente nuevos que imponen diversos riesgos. Por tanto, el gobierno mexicano ha planteado varios requisitos adicionales para esos productos con el objetivo de proteger a la población mexicana contra riesgos para la salud.	Acceso restringido al mercado.	Ninguna recomendación. Debido a la naturaleza de los productos biotecnológicos, las pruebas pueden variar significativamente en

Sector: Medicamentos

Núm.	Título de la norma	Art.	Categoría temática/ palabra clave	Breve descripción del obstáculo potencial	Autoridad relevante	Pregunta del manual	Objetivo del legislador	Daño a la competencia	Recomendación
				posteriormente por el Subcomité de Evaluación de Productos Biotecnológicos (SEPB) a fin de determinar si existen elementos técnicos y científicos para demostrar su seguridad, calidad y efectividad. Asimismo, la Secretaría de Salud, con la opinión del CMN, previa consulta al SEPB, determinará las pruebas de biocomparabilidad que permitan otorgar a las empresas farmacéuticas una autorización para las indicaciones terapéuticas que tengan los productos biocomparables.					función del producto y de las indicaciones terapéuticas.
30.	**NOM-257-SSA1-2014, En materia de medicamentos biotecnológicos**	9.1	Farmacéuticos. Producción de medicamentos / Autorización, barrera a la entrada	Para que un medicamento sea reconocido como medicamento biotecnológico de referencia, es necesario obtener un registro sanitario de la COFEPRIS. La NOM-257-SSA1-2014 establece que los medicamentos biotecnológicos pueden ser reconocidos como medicamentos de referencia si están disponibles comercialmente en México. Además, en caso de que ya no exista una referencia local, puede considerarse como producto de referencia un	Secretaría de Salud	A2	Garantizar a los productores de medicamentos biocomparables que habrá un producto referente en el mercado.	Cuando expira la patente de un producto biotecnológico, una empresa farmacéutica podría verse tentada a no solicitar convertirlo en un medicamento de referencia con el objetivo de dificultar la entrada de productos biocomparables.	Ninguna recomendación, ya que los productos biocomparables pueden ser autorizados por la COFEPRIS para convertirse en el medicamento biotecnológico de referencia si fuera necesario.

Sector: Medicamentos

Núm.	Título de la norma	Art.	Categoría temática/ palabra clave	Breve descripción del obstáculo potencial	Autoridad relevante	Pregunta del manual	Objetivo del legislador	Daño a la competencia	Recomendación
				biocomparable (producto biotecnológico no innovador), siempre que se haya demostrado la biocomparabilidad con respecto a un medicamento de referencia válido en el momento del estudio.					
31.	**NOM-012-SSA3-2012, Que establece los criterios para la ejecución de proyectos de investigación para la salud en seres humanos**	5.2	Farmacéuticos. Producción de medicamentos / Autorización, barrera a la entrada	Cualquier proyecto de investigación o protocolo para el uso de medicamentos o materiales para los que aún no se dispone de suficiente evidencia científica sobre su eficacia terapéutica o de rehabilitación o para modificar las indicaciones terapéuticas de productos ya conocidos, debe ser autorizado por la Secretaría de Salud.	a) Secretaria de Salud b) Gobiernos de las entidades federativas	A2	Esta NOM se aplica a cualquier proyecto de investigación que se realice en seres humanos. El objetivo es garantizar el cuidado de los aspectos éticos, el bienestar y la integridad física de las personas que participen en un proyecto de investigación.	Acceso restringido al mercado.	Ninguna recomendación.
32.	**Acuerdo que establece las medidas para la venta y producción de alcohol etílico y metanol**	IV	Farmacéuticos. Compra de medicamentos / Licencia, barrera a la entrada	Los compradores de alcohol etílico no desnaturalizado cuyo destino final sea el uso o consumo humano deben proporcionar a la COFEPRIS un aviso de funcionamiento u obtener una licencia sanitaria de la COFEPRIS e indicar expresamente, como parte de la descripción de su proceso industrial o de producción, cómo utilizará el comprador el alcohol etílico sin desnaturalizar.	a) Secretaria de Salud b) Gobiernos de las entidades federativas	A2	El alcohol etílico se desnaturaliza con la adición de sustancias químicas para hacerlo no potable y no apto para el consumo humano. El objetivo de la disposición consiste en evitar el uso del alcohol etílico no desnaturalizado en la producción de bebidas alcohólicas adulteradas (es decir, adulteradas por la adición de un ingrediente inferior y más barato con el objetivo de prepararlo para la venta). El consumo de dichas bebidas está relacionado con graves problemas de salud, por ejemplo coma y, en algunos casos, incluso la muerte.	Acceso restringido al mercado.	Ninguna recomendación.

Sector: Medicamentos

Núm.	Título de la norma	Art.	Categoría temática/ palabra clave	Breve descripción del obstáculo potencial	Autoridad relevante	Pregunta del manual	Objetivo del legislador	Daño a la competencia	Recomendación
33.	**NOM-062-ZOO-1999, Especificaciones técnicas para la producción, cuidado y uso de los animales de laboratorio**	5.3.1.3.	Farmacéuticos. Producción de medicamentos / Licencia, barrera a la entrada	Los perros y gatos que se utilicen en investigación científica, desarrollo tecnológico e innovación, pruebas de laboratorio y enseñanza, deben obtenerse de proveedores que sean considerados confiables por el Comité para el Cuidado y Uso de Animales de Laboratorio (un comité interno obligatorio que debe tener cada compañía de investigación). Según la información que hemos recabado, no existen disposiciones o lineamientos que establezcan cómo se determina la confiabilidad de los proveedores.	a) Secretaría de Agricultura, Ganadería, Desarrollo Rural, Pesca y Alimentación-SAGARPA. B) Unidades de verificación aprobadas por SAGARPA	A2	Garantizar el tratamiento y la atención adecuados para los animales, con el fin de reducir sus niveles de estrés y enfermedades. **Comparación internacional** Esta autorización parece estar en línea con la práctica internacional. Por ejemplo, en la UE la directiva 2010/63/UE relativa a la protección de los animales utilizados para fines científicos establece que "por razones de bienestar y conservación de los animales, la utilización de animales capturados en la naturaleza debe limitarse a los casos en los que el objetivo del procedimiento no pueda alcanzarse con animales criados específicamente con ese fin [...] Los Estados miembros velarán porque todos los criadores, suministradores y usuarios estén autorizados por la autoridad competente y registrados ante ella. Dicha autorización podrá ser concedida por un periodo de tiempo limitado. Solo se concederá autorización a un criador, suministrador o usuario y a sus establecimientos si se cumplen los requisitos de la presente Directiva". (Párrafo 20 y artículo 20)	Esta disposición reduce la oferta de perros y gatos disponibles para la investigación científica, lo cual podría provocar un incremento en el precio de un importante insumo.	Publicar lineamientos vinculantes con criterios para determinar si un proveedor es confiable.
34.	**NOM-062-ZOO-1999, Especificaciones técnicas para**	5.4.3.	Farmacéuticos. Producción de medicamentos / Licencia, barrera a la	Para criar y comercializar primates no humanos (es decir, monos) se necesita una licencia de la Secretaría de	a) Secretaría de Agricultura, Ganadería, Desarrollo	A2	Garantizar el tratamiento y la atención adecuados para los animales, con el fin de reducir niveles de estrés y evitar	Se restringe la entrada al mercado. La regulación o la práctica administrativa	Ninguna recomendación. La autorización parece estar en línea con la

Sector: Medicamentos

Núm.	Título de la norma	Art.	Categoría temática/ palabra clave	Breve descripción del obstáculo potencial	Autoridad relevante	Pregunta del manual	Objetivo del legislador	Daño a la competencia	Recomendación
	la producción, cuidado y uso de los animales de laboratorio		entrada	Agricultura, Ganadería, Desarrollo Rural, Pesca y Alimentación.	Rural, Pesca y Alimentación, SAGARPA. B) Unidades de verificación aprobadas por SAGARPA		enfermedades que podrían influir en los resultados de los estudios. Además, los primates enfermos pueden contagiar con facilidad su enfermedad. **Comparación internacional** En la UE, la directiva 2010/63/UE relativa a la protección de los animales utilizados para fines científicos indica que "la captura de primates no humanos en la naturaleza resulta sumamente angustiosa para los animales de que se trate y conlleva un elevado riesgo de daños y sufrimiento durante la captura y el transporte [...] por razones de bienestar y conservación de los animales, la utilización de ejemplares capturados en la naturaleza debe limitarse a los casos en los que el objetivo del procedimiento no pueda alcanzarse con animales criados específicamente con ese fin. [...] Los Estados miembros velarán por que todos los criadores, suministradores y usuarios estén autorizados por la autoridad competente y registrados ante ella. Dicha autorización podrá ser concedida por un periodo de tiempo limitado. Solo se concederá autorización a un criador, suministrador o usuario y a sus establecimientos si se cumplen los requisitos de la presente Directiva".	pueden operar como barrera a la entrada.	práctica internacional.

Sector: Medicamentos

Núm.	Título de la norma	Art.	Categoría temática/ palabra clave	Breve descripción del obstáculo potencial	Autoridad relevante	Pregunta del manual	Objetivo del legislador	Daño a la competencia	Recomendación
35.	**NOM-164-SSA1-2015, Buenas prácticas de fabricación de fármacos**	10.2.3.2.5	Farmacéuticos. Producción de medicamentos / Riesgo de discriminación	Esta norma establece los requisitos mínimos necesarios para fabricar los insumos de los medicamentos, como las frecuencias de supervisión. Con el fin de reducir las frecuencias y/o las pruebas analíticas de los insumos utilizados en la fabricación de los medicamentos en México, un fabricante de medicamentos debe recibir una autorización de la Secretaría de Salud. Si la autorización se concede, de acuerdo con el documento "Procedimiento normalizado de operación para la reducción de la frecuencia de muestreo y de las determinaciones en materia prima y/o producto terminado no biológico" emitido por la Secretaría de Salud, el fabricante recibe una carta oficial de autorización para disminuir la frecuencia de muestreo. Esta autorización tiene una validez de tres años.	a) Secretaría de Salud b) Gobiernos de las entidades federativas	A2, B3	Minimizar la carga administrativa y establecer los requisitos mínimos necesarios para el proceso de fabricación de los medicamentos que se comercializarán en México.	Tal como la OCDE entiende la NOM, no existen lineamientos claros para la concesión de dichas autorizaciones. Esto podría conducir a la discriminación de algunos productores con respecto a otros.	Clarificar en la NOM los criterios y procedimientos para modificar las frecuencias de control y las pruebas analíticas.
36.			Farmacéuticos. Producción de medicamentos	Actualmente, solo 70 de 365 (aproximadamente 20%) solicitudes se pueden presentar ante la COFEPRIS en forma electrónica.	COFEPRIS	A4	El Foro Económico Mundial señaló recientemente que, en general, los procesos administrativos en México pueden ser lentos y que esto puede afectar al comercio. Véase World Economic Forum (2015), *Enabling Trade Unlocking the Potential of Mexico and Vietnam*,	La imposibilidad de enviar solicitudes por vía electrónica aumenta los costos administrativos de las empresas.	Continuar con el proyecto en curso de la COFEPRIS para permitir la presentación de todas las solicitudes en forma electrónica a la autoridad correspondiente.

Sector: Medicamentos

Núm.	Título de la norma	Art.	Categoría temática/ palabra clave	Breve descripción del obstáculo potencial	Autoridad relevante	Pregunta del manual	Objetivo del legislador	Daño a la competencia	Recomendación
							www3.weforum.org/docs/WEF_Enabling_Trade_2016.pdf.		
37.	**Reglamento de la Ley General de Salud en Materia de Control Sanitario de Actividades, Establecimientos, Productos y Servicios**	21, 88, 119, 146, 240, 241, 242	Farmacéuticos. Producción de medicamentos / Autorización, aumento de costos	Algunos artículos del Reglamento de la Ley General de Salud en Materia de Control Sanitario de Actividades, Establecimientos, Productos y Servicios se refieren a insumos para la salud, estupefacientes, sustancias psicotrópicas y medicamentos. Según la COFEPRIS, dicho reglamento no se aplica a los medicamentos. Sin embargo, esto no está claro en el texto de la ley.	a) Secretaria de Salud b) Gobiernos de las entidades federativas	A4	El objetivo del Reglamento de la Ley General de Salud en Materia de Control Sanitario de Actividades, Establecimientos, Productos y Servicios es regular actividades específicas, servicios, establecimientos y productos con fines de control sanitario.	La falta de claridad puede provocar un incremento en los costos de búsqueda de las compañías.	Modificar el Reglamento de la Ley General de Salud en Materia de Control Sanitario de Actividades, Establecimientos, Productos y Servicios para eliminar referencias a medicamentos.
38.			Farmacéuticos. Producción de medicamentos / Autorización, aumento de costos	En la actualidad es difícil encontrar en el sitio web de la COFEPRIS algunas directrices publicadas y utilizadas por dicha autoridad. Por ejemplo, en junio de 2017 el equipo de la OCDE no pudo encontrar ni los "Lineamientos que deberán cumplir los medicamentos de referencia y selección de medicamentos de referencia internacional" ni los "Lineamientos que establecen los requisitos que se deben cumplir para la acreditación de los Certificados de buenas prácticas de fabricación para	COFEPRIS	A4, B4		La falta de claridad puede provocar un incremento en los costos de búsqueda de las compañías.	Revisar el sitio web de la COFEPRIS para hacer de más fácil acceso las directrices que las compañías farmacéuticas deben seguir y posteriormente mantener la lista constantemente actualizada.

Sector: Medicamentos

Núm.	Título de la norma	Art.	Categoría temática/ palabra clave	Breve descripción del obstáculo potencial	Autoridad relevante	Pregunta del manual	Objetivo del legislador	Daño a la competencia	Recomendación
				la solicitud de modificaciones, prórrogas y registros sanitarios de medicamentos".					
39.	**Ley General de Salud**	295	Farmacéuticos. Importación de medicamentos / Limitación, barrera a la entrada	La importación de medicamentos y materias primas para la producción de medicamentos requiere autorización de la Secretaría de Salud. Un resumen de los requisitos se encuentra disponible en: www.gob.mx/tramites/ficha/permiso-sanitario-de-importacion-de-materias-primas/COFEPRIS687.	a) Secretaría de Salud b) Gobiernos de las entidades federativas	A2, A5	Proteger al mercado mexicano de la entrada de productos que no cumplan con las condiciones de seguridad, eficacia y calidad exigidas por la legislación mexicana. **Comparación Internacional** Existen disposiciones comparables en otras jurisdicciones. En la UE, por ejemplo, los importadores de medicamentos necesitan obtener una licencia si los productos se fabrican fuera del Espacio Económico Europeo (EEE). Véase la directiva 2001/83/CE por la que se establece un código comunitario sobre medicamentos para uso humano, en lo relativo a evitar la entrada en la cadena de suministro legal de medicamentos falsificados, artículos 8, 46 f) y 46 b).	Acceso restringido al mercado.	Ninguna recomendación.
40.	**Ley General de Salud**	285	Farmacéuticos. Importación de medicamentos / Limitación, barrera a la entrada	Los importadores de medicamentos deben tener residencia en México.	a) Secretaría de Salud b) Gobiernos de las entidades federativas	A5	Asegurar la trazabilidad de los medicamentos y facilitar su control y la eventual imposición de responsabilidades. En OECD (2017) *Competition Assessment Review: Greece* (Evaluación de la Competencia: Grecia), se recomendó suprimir una disposición comparable con el fin de que los importadores pudieran estar activos en diversos	Podría imponer costos innecesarios sobre incumbentes extranjeros y potenciales entrantes.	Ninguna recomendación.

Sector: Medicamentos

Núm.	Título de la norma	Art.	Categoría temática/ palabra clave	Breve descripción del obstáculo potencial	Autoridad relevante	Pregunta del manual	Objetivo del legislador	Daño a la competencia	Recomendación
							países y lograr economías de escala. Sin embargo, el caso es diferente debido al mayor territorio y población mexicanos.		
41.	**Ley General de Salud**	286 bis	Farmacéuticos. Importación de medicamentos / Aumento de costos, barrera a la entrada	La Secretaría de Salud puede firmar acuerdos con autoridades extranjeras para considerar válidas en México las autorizaciones de comercialización extranjeras. México ha celebrado tales acuerdos por ejemplo con la UE, Japón y Estados Unidos. Aunque los medicamentos importados no requieran autorización por alguno de esos acuerdos, la Secretaría de Salud puede tomar muestras aleatoriamente y analizar los productos importados.	a) Secretaría de Salud b) Gobiernos de las entidades federativas	A5	La ley no prevé un objetivo particular para esta disposición. Sin embargo, una posible justificación puede ser minimizar los riesgos para los consumidores mexicanos relacionados con productos que aunque hayan cumplido con pruebas de seguridad, eficacia y calidad en el exterior, pueden representar un riesgo para la población mexicana (por ejemplo debido al incumplimiento de los controles extranjeros). Sin embargo, esto sólo debería ser en casos excepcionales.	Esta disposición permite el muestreo y análisis de los productos que ya tienen una autorización de comercialización en el extranjero. El doble control puede imponer costos adicionales innecesarios y crear riesgos de discriminación.	Ninguna recomendación.
42.	**Ley General de Salud**	286 bis	Farmacéuticos. Importación de medicamentos / Aumento de costos, barrera a la entrada	Los nuevos productos introducidos por primera vez en el mercado, así como los que se introducirán por primera vez en México (es decir, los que ya se han comercializado en el exterior), se muestrearán y analizarán en laboratorios acreditados para verificar el cumplimiento de las normas oficiales o disposiciones mexicanas.	a) Secretaría de Salud b) Gobiernos de las entidades federativas	A5	La ley no proporciona justificación alguna para esta disposición. Sin embargo, una posible explicación puede ser minimizar los riesgos sanitarios relativos a los productos con los que hay poca experiencia previa en términos de su calidad, eficacia y seguridad.	Este análisis se suma a la autorización ya recibida por el importador y podría dar lugar a un doble control.	Ninguna recomendación.
43.	**Ley General de Salud**	289	Farmacéuticos. Importación de medicamentos / Autorización	La importación y exportación de estupefacientes, sustancias psicotrópicas y productos o preparados que los contengan requiere autorización de la	a) Secretaría de Salud b) Gobiernos de las entidades	A2, A5	La ley no señala ningún objetivo específico. Sin embargo, una posible justificación puede ser controlar la importación de productos que están sujetos a un	Acceso restringido al mercado.	Ninguna recomendación.

Sector: Medicamentos

Núm.	Título de la norma	Art.	Categoría temática/ palabra clave	Breve descripción del obstáculo potencial	Autoridad relevante	Pregunta del manual	Objetivo del legislador	Daño a la competencia	Recomendación
				Secretaría de Salud. Estos requisitos se resumen en: www.gob.mx/cntse-rfts/tramite/ficha/54d142458217e6c1820003cf.	federativas		estricto control sanitario. Este objetivo parece razonable. **Comparación Internacional** Existen disposiciones similares en otras jurisdicciones. Por ejemplo, la legislación de la UE tiene controles similares para los estupefacientes y los productos psicotrópicos. Véase el artículo 20 del Reglamento (CE) nº 111/2005 del Consejo, de 22 de diciembre de 2004, por el que se establecen normas para el control del comercio de precursores de drogas entre la Comunidad y terceros países.		
44.	**Ley General de Salud**	289	Farmacéuticos. Importación de medicamentos / Autorización	La importación y exportación de estupefacientes, sustancias psicotrópicas y productos o preparaciones que los contengan no puede hacerse por vía postal. El artículo 289 también menciona que la importación y exportación de estos productos debe hacerse por vía aérea. El anexo 21 de las Reglas Generales de Comercio Exterior especifica la autorización aduanera que se necesita para retirar este tipo de bien.	a) Secretaría de Salud b) Gobiernos de las entidades federativas	A5	La ley no indica ningún objetivo específico. Sin embargo, una posible justificación puede ser evitar la pérdida o robo de productos durante el tránsito. Este objetivo parece razonable, ya que facilita el control de las importaciones de estupefacientes y psicotrópicos gracias al control de las aduanas especializadas.	La restricción puede imponer costos innecesarios a la importación de estupefacientes, sustancias psicotrópicas y productos o preparaciones que los contengan.	Ninguna recomendación.
45.	**Reglamento de Insumos para la Salud**	131	Farmacéuticos. Importación de medicamentos / Autorización, barrera a la entrada	Para importar productos farmacéuticos con fines comerciales se requiere un registro de la Secretaría de Salud. Si un importador potencial no es el titular del	a) Secretaría de Salud b) Gobiernos de las entidades federativas	A1, A5	La ley no indica ningún objetivo específico. Sin embargo, una posible justificación puede ser asegurar la trazabilidad de los medicamentos y facilitar su control y la eventual imposición de	El importador titular puede impedir la entrada al mercado de otros importadores. La ley otorga al primer titular del registro un	Eliminar esta restricción. Todo importador debe tener la facultad de obtener una autorización de la

Sector: Medicamentos

Núm.	Título de la norma	Art.	Categoría temática/ palabra clave	Breve descripción del obstáculo potencial	Autoridad relevante	Pregunta del manual	Objetivo del legislador	Daño a la competencia	Recomendación
				registro, debe obtener el consentimiento del titular antes de que pueda obtener una autorización de la Secretaría de Salud para comenzar a importar.			responsabilidades en caso de que surjan efectos adversos. Sin embargo, la trazabilidad también puede funcionar con más de un importador dadas las actuales normas de etiquetado que exigen mencionar la identidad del importador.	monopolio *de facto*, ya que este generalmente no tendrá incentivos para autorizar la entrada de competidores potenciales y fomentar la competencia intra marca.	Secretaría de Salud sin importar si cuenta o no con el consentimiento del titular de un registro. Los importadores adicionales no deberían tener que cumplir con los mismos requisitos de documentación que el primer importador para la adquisición de un registro, ya que la seguridad del medicamento importado ya habrá sido probada en la primera solicitud. Sin embargo, como el primer importador tiene que incurrir en los gastos de proporcionar todos los documentos necesarios para obtener el primer registro de importación del medicamento, podría obtener un tiempo limitado de exclusividad por ley (alternativamente, esto podría dejarse a acuerdos privados de exclusividad entre productores

Sector: Medicamentos

Núm.	Título de la norma	Art.	Categoría temática/ palabra clave	Breve descripción del obstáculo potencial	Autoridad relevante	Pregunta del manual	Objetivo del legislador	Daño a la competencia	Recomendación
									farmacéuticos extranjeros e importadores).
46.	**Reglamento de Insumos para la Salud**	131	Farmacéuticos. Importación de medicamentos / Autorización, barrera a la entrada	La importación de medicamentos solo es posible en lo que respecta a productos cuyo periodo de expiración rebasa los 12 meses (desde su entrada a México). Aquellos medicamentos cuya estabilidad sea reducida pueden quedar exceptuados de esta restricción por parte de la Secretaría de Salud.	a) Secretaría de Salud b) Gobiernos de las entidades federativas	A5	El reglamento no menciona ningún objetivo específico. Una posible justificación podría ser evitar el riesgo de comercialización de productos que han expirado. No obstante, el tiempo promedio de expiración de los medicamentos suele ser de 12 meses (el rango se encuentra entre 12 y 60 meses por lo general), y este periodo de tiempo también se menciona en documentos internacionales, como la guía de la Organización Mundial de la Salud sobre la donación de medicamentos (http://www.who.int/hac/techguidance/guidelines_for_drug_donations.pdf). Los productos farmacéuticos comercializados en Estados Unidos por lo general deben tener una fecha de expiración de entre 12 y 60 meses a partir de su fabricación (https://www.drugs.com/article/drug-expiration-dates.html).	Esta disposición restringe el número de medicamentos que pueden entrar a México. Por ejemplo, los lotes de medicamentos que expiran en 11 meses no pueden entrar al mercado mexicano.	Ninguna recomendación.
47.	**Reglamento de Insumos para la Salud**	133	Farmacéuticos. Importación de medicamentos / Aumento de costos, barrera a la entrada	La importación de insumos para la fabricación de estupefacientes y psicotrópicos, así como también la importación de estupefacientes y psicotrópicos, solo puede realizarse en aduanas autorizadas.	a) Secretaría de Salud b) Gobiernos de las entidades federativas	A5	Concentrar el control de importación de sustancias que pueden servir para fabricar estupefacientes o psicotrópicos, así como la importación de estupefacientes y psicotrópicos. Las aduanas autorizadas pueden contar con personal especializado y con mejor tecnología. Este	Esta disposición restringe los territorios posibles a través de los cuales los productos pueden entrar al mercado mexicano. Esta restricción podría aumentar los costos en mercados geográficos	Ninguna recomendación.

Sector: Medicamentos

Núm.	Título de la norma	Art.	Categoría temática/ palabra clave	Breve descripción del obstáculo potencial	Autoridad relevante	Pregunta del manual	Objetivo del legislador	Daño a la competencia	Recomendación
							objetivo parece ser razonable.	particulares, lo cual dependería de cuántas aduanas estén autorizadas para este tipo de medicamentos y dónde se encuentren ubicadas.	
48.	**Reglamento de Insumos para la Salud**	134	Farmacéuticos. Importación de medicamentos / Producción de medicamentos, aumento de costos, barrera a la entrada	Para importar estupefacientes, psicotrópicos o productos que los contengan, es necesario mostrar el recibo original, así como una copia certificada por un cónsul mexicano en el país de origen.	a) Secretaría de Salud b) Gobiernos de las entidades federativas	A5	El Reglamento de Insumos para la Salud no menciona ningún objetivo específico. Una posible justificación podría ser asegurar la validez del recibo, y así probar el origen legal de los productos. **Comparación Internacional** Exigir documentos certificados es una práctica generalizada. Por ejemplo en la UE, cuando la autorización de importación deba presentarse a un oficial de aduana, el importador debe contar con una traducción certificada de la información contenida en la autorización (artículo 22 del Reglamento (CE) nº 111/2005 del Consejo de 22 de diciembre de 2004 por el que se establecen normas para la vigilancia del comercio de precursores de drogas entre la Comunidad y terceros países).	Este procedimiento que requiere la participación del cónsul podría significar costos innecesarios para la importación de estupefacientes, psicotrópicos o los productos que los contengan.	Ninguna recomendación.
49.	**Reglamento de Insumos para la Salud**	138	Farmacéuticos. Importación de medicamentos / Autorización, barrera a la entrada	La importación de productos biológicos y hemoderivados producidos en el extranjero requiere una autorización de la Secretaría de Salud. Los requisitos se resumen en: www.gob.mx/tramites/ficha/per	a) Secretaría de Salud b) Gobiernos de las entidades federativas	A2, A5	Asegurar la trazabilidad de los medicamentos y facilitar su control y la eventual imposición de responsabilidades en caso de que surjan efectos adversos. También en otras jurisdicciones los productos biológicos están sujetos	Se restringe la entrada al mercado. La regulación o la práctica administrativa pueden operar como barrera a la entrada.	Ninguna recomendación.

Sector: Medicamentos

Núm.	Título de la norma	Art.	Categoría temática/ palabra clave	Breve descripción del obstáculo potencial	Autoridad relevante	Pregunta del manual	Objetivo del legislador	Daño a la competencia	Recomendación
				miso-sanitario-de-importacion-de-medicamentos-con-registro-sanitario/COFEPRIS689.			a condiciones más estrictas en comparación con la mayoría de los medicamentos alopáticos (por ejemplo el artículo 114 de la directiva 2001/83/CE de la UE). Lo anterior, debido a que los productos biológicos y hemoderivados son fabricados con fluidos humanos, lo cual genera riesgos de transmisión de enfermedades infecciosas tanto en los donantes del material biológico como en los usuarios de los medicamentos.		
50.	**Reglamento de Insumos para la Salud**	160	Farmacéuticos. Importación de medicamentos / Autorización, barrera a la entrada	Las autorizaciones de importación son válidas hasta por 180 días y renovables por un periodo similar, siempre y cuando las condiciones en las que se concedieron permanezcan sin cambios.	a) Secretaría de Salud b) Gobiernos de las entidades federativas	A2, A5	La ley no menciona un objetivo específico. Una justificación posible es asegurar que las condiciones de importación se cumplan con regularidad. **Comparación internacional** Este período de 6 meses es consistente con la práctica internacional. Por ejemplo, el derecho europeo sigue una norma prácticamente idéntica: el periodo de validez de la autorización de importación, dentro del cual las sustancias catalogadas deben haber sido introducidas al territorio aduanero de la Comunidad, no podrá exceder de seis meses a partir de la fecha de expedición de la autorización de importación. En circunstancias excepcionales, el periodo de validez podrá ampliarse, previa solicitud. (Artículo 25 del Reglamento (CE)	El tiempo máximo de validez de la autorización de 180 días, parece ser demasiado corto y no está claro por qué no puede ser un plazo mayor y por qué se requiere de una nueva autorización aún cuando las condiciones son las mismas.	Ninguna recomendación, ya que la disposición parece estar en línea con otras jurisdicciones. Sin embargo, en el futuro se debería considerar extender este plazo incluso si otras jurisdicciones mantienen esta regla.

Sector: Medicamentos

Núm.	Título de la norma	Art.	Categoría temática/ palabra clave	Breve descripción del obstáculo potencial	Autoridad relevante	Pregunta del manual	Objetivo del legislador	Daño a la competencia	Recomendación
							nº 111/2005 del Consejo de 22 de diciembre de 2004 por el que se establecen normas para la vigilancia del comercio de precursores de drogas entre la Comunidad y terceros países).		
51.	**Reglamento de la Ley General de Salud en Materia de Control Sanitario de Actividades, Establecimientos, Productos y Servicios**	146	Farmacéuticos. Exportación de medicamentos / Permiso, barrera a la entrada	La exportación de estupefacientes y psicotrópicos requiere un permiso sanitario.	a) Secretaria de Salud b) Gobiernos de las entidades federativas	A2, A5	El reglamento no menciona un objetivo específico. Una justificación posible es controlar la disponibilidad de productos que están sujetos a un estricto control sanitario. **Comparación internacional** Otras jurisdicciones siguen mecanismos de control similares. Véase, por ejemplo, el artículo 12 del Reglamento (CE) nº 111/2005 del Consejo de 22 de diciembre de 2004 por el que se establecen normas para la vigilancia del comercio de precursores de drogas entre la Comunidad y terceros países.	Acceso restringido al mercado.	Ninguna recomendación.
52.	**Reglamento de Insumos para la Salud**	170	Farmacéuticos. Producción de medicamentos / Aumento de costos	Para obtener un registro sanitario y vender medicamentos producidos en el extranjero que contengan moléculas nuevas que no hayan sido comercializadas en otro país, el certificado de libre venta (que se requiere para importaciones y exportaciones) puede sustituirse por un informe de estudios clínicos que cuente con población mexicana.	a) Secretaria de Salud b) Gobiernos de las entidades federativas	A2, A5	El reglamento no menciona un objetivo específico. Sin embargo, una justificación posible podría ser controlar la importación de productos que están sujetos a un control más estricto y de los que no se cuenta con experiencias previas que faciliten llevar a cabo el análisis de un medicamento. Diferentes fenotipos o genotipos de la población podrían justificar que se requiera una prueba que involucre población mexicana.	La regulación puede imponer un costo innecesario sobre las compañías farmacéuticas si estas ya han elaborado tales pruebas con población extranjera y deben realizarlas de nuevo con una muestra de población mexicana.	Ninguna recomendación.

Sector: Medicamentos

Núm.	Título de la norma	Art.	Categoría temática/ palabra clave	Breve descripción del obstáculo potencial	Autoridad relevante	Pregunta del manual	Objetivo del legislador	Daño a la competencia	Recomendación
53.	**Reglamento de Insumos para la Salud**	177 bis 1	Farmacéuticos. Producción de medicamentos / Riesgo de discriminación	Para obtener un registro sanitario por parte de la Secretaría de Salud, las empresas farmacéuticas deben realizar estudios clínicos. Los estudios clínicos de medicamentos biotecnológicos innovadores deben realizarse en México cuando el medicamento se produzca en México o cuando se produzca en el extranjero y la Secretaría de Salud solicite pruebas adicionales en México basada en la opinión del Comité de Moléculas Nuevas.	a) Secretaría de Salud b) Gobiernos de las entidades federativas	A5, B4	Una posible justificación de la disposición puede ser que las autoridades mexicanas traten de asegurar que un medicamento sea adecuado para la población mexicana. Según la COFEPRIS, los estudios deben realizarse en México cuando los productores biotecnológicos extranjeros elijan a México como el país donde el producto será registrado por primera vez. Para los productos biocomparables, las autoridades mexicanas aceptan estudios en el extranjero mientras los medicamentos sean similares.	Esta norma impone costos adicionales a empresas extranjeras, ya que posiblemente tengan que realizar estudios médicos dos veces: una vez en el extranjero y otra en México. Además, según participantes de la industria farmacéutica, algunas de las pruebas son excesivas (es decir, las fases II y III) y requieren la participación de un gran número de pacientes mexicanos. Por último, existe un riesgo de discrecionalidad por parte de la Secretaría de Salud al decidir si se requiere o no que empresas que producen en el extranjero realicen pruebas adicionales dentro del país.	Modificar la disposición para que el registro sanitario de los productos biotecnológicos no esté condicionado a los estudios basados en México si la empresa ha realizado estudios en otro país, siempre y cuando el sistema de control de ese país sea como mínimo equivalente al de México, a menos que México sea el primer país donde se comercialice el medicamento. Solo en aquellos casos excepcionales en que los efectos de los medicamentos puedan variar debido a diferencias fenotípicas en la población mexicana, la Secretaría de Salud debería tener la posibilidad de ordenar pruebas adicionales en México. Deben establecerse lineamientos para ello.

Sector: Medicamentos

Núm.	Título de la norma	Art.	Categoría temática/ palabra clave	Breve descripción del obstáculo potencial	Autoridad relevante	Pregunta del manual	Objetivo del legislador	Daño a la competencia	Recomendación
54.	**NOM-177-SSA1-2013, Que establece las pruebas y procedimientos para demostrar que un medicamento es intercambiable**	6.1.2.	Farmacéuticos. Producción de medicamentos / Aumento de costos	Las pruebas de intercambiabilidad (es decir, las pruebas realizadas para determinar si un medicamento genérico produce un efecto similar al producto de referencia) deben ser realizadas por terceros autorizados en territorio mexicano con muestras de población mexicana.	a) Secretaría de Salud b) Gobiernos de las entidades federativas	A5	La NOM-177-SSA1-2013 no indica ningún objetivo específico. Una posible justificación puede ser que las autoridades mexicanas traten de asegurar que determinado medicamento es adecuado para la población mexicana. Al igual que con la restricción examinada antes, puede haber casos en los que las características fenotípicas de las poblaciones extranjeras no coincidan con las de los mexicanos, por lo que estos responderían de manera diferente a un medicamento determinado. Sin embargo, este escenario es una excepción y no la regla. **Comparación internacional** No parecen existir consideraciones similares en la legislación de la UE ni en la de Estados Unidos.	Este requisito puede imponer costos adicionales innecesarios a las compañías farmacéuticas que operan en el exterior, desalentándolas de vender medicamentos genéricos en México. Por ejemplo, una empresa farmacéutica que ya haya realizado pruebas de intercambiabilidad en Estados Unidos antes de introducir un genérico en ese país y que después desee introducir el mismo producto en México, tendría que realizar de nuevo la prueba de intercambiabilidad en México con una muestra de población mexicana.	Eliminar el requisito de que las empresas farmacéuticas realicen pruebas en territorio mexicano con muestras de población mexicana y aceptar los estudios de intercambiabilidad que hayan sido otorgados por autoridades extranjeras mientras sus sistemas de control sean considerados al menos equivalentes a los mexicanos. La COFEPRIS debería reconocer a esas autoridades, de la misma manera que ha reconocido a ocho autoridades extranjeras, para la expedición de certificados de BPF. Solo en casos excepcionales para los cuales debería haber lineamientos, la Secretaría de Salud podría ordenar pruebas adicionales especiales con muestras de población mexicana.

Sector: Medicamentos

Núm.	Título de la norma	Art.	Categoría temática/ palabra clave	Breve descripción del obstáculo potencial	Autoridad relevante	Pregunta del manual	Objetivo del legislador	Daño a la competencia	Recomendación
55.	**NOM-138-SSA1-1995, Que establece las especificaciones sanitarias del alcohol desnaturalizado, antiséptico y germicida (utilizado como material de curación), así como para el alcohol etílico de 96ºG.L., sin desnaturalizar y las especificaciones de los laboratorios o plantas envasadoras de alcohol**	8.1.4.5.1.1.	Farmacéuticos. Producción de medicamentos / Limitación, barrera a la entrada	El envase de alcohol etílico (utilizado como antiséptico) debe incluir claramente la siguiente mención en la etiqueta: "HECHO EN MÉXICO".	Secretaría de Salud	A5	Proporcionar a los consumidores información clara sobre el alcohol etílico y las condiciones para su uso seguro.	Este requisito se aplica a todos los envases de alcohol etílico comercializados en México. Los fabricantes extranjeros de alcohol etílico podrían ser excluidos *de facto* del mercado mexicano.	Abolir la sección de la NOM que exige la etiqueta HECHO EN MÉXICO para permitir que los productores extranjeros de alcohol etílico participen en el mercado mexicano.
56.	**Ley General de Salud**	310	Farmacéuticos. Publicidad / Limitación, barrera a la entrada	La publicidad de los medicamentos sujetos a prescripción solo se permite cuando se dirige a los profesionales de la salud. Se prohibe la publicidad dirigida a la población en general y a los empleados de las farmacias.	a) Secretaría de Salud b) Gobiernos de las entidades federativas	B2	Un objetivo probable podría ser desincentivar la búsqueda de atención médica con el objeto de adquirir un medicamento que se relaciona con ciertos síntomas que la gente podría haber escuchado en campañas de publicidad. **Comparación internacional** En la mayoría de las jurisdicciones existen restricciones similares. Véase, por ejemplo, el artículo 88 de la directiva 2001/83/CE del Parlamento Europeo y del Consejo de 6 de noviembre de 2001 por la	Esta restricción podría dificultar que los participantes en el mercado ganaran participación de mercado y, en particular, podría poner a los nuevos operadores en una situación de desventaja competitiva.	Permitir la publicidad dirigida a los empleados de farmacia, especialmente después de que sea posible sustituir el medicamento prescrito por los médicos por otro con el mismo efecto terapéutico (como ya se mencionó).

Sector: Medicamentos

Núm.	Título de la norma	Art.	Categoría temática/ palabra clave	Breve descripción del obstáculo potencial	Autoridad relevante	Pregunta del manual	Objetivo del legislador	Daño a la competencia	Recomendación
							que se establece un código comunitario sobre medicamentos para uso humano, el cual señala: "1. Los Estados miembros prohibirán la publicidad destinada al público de los medicamentos: que sólo pueden dispensarse con receta médica". Solo en Estados Unidos y Nueva Zelanda se permite la publicidad en forma directa a los consumidores. No obstante, en la UE se permite la publicidad dirigida a los farmacéuticos. Esto puede ser importante para los productores de nuevos genéricos, quienes tratarían de dirigirse a los empleados de farmacia para convencerlos de sustituir medicamentos de patente o genéricos de marca con sus productos.		
57.	**Ley General de Salud;Reglamento de la Ley General de Salud en Materia de Publicidad**	301, 79	Farmacéuticos. Publicidad / Publicidad, barrera a la entrada	La publicidad sobre la disponibilidad, calidad y características de los medicamentos, así como la promoción del uso, venta o consumo directo o indirecto de productos para la salud, requiere autorización previa de la Secretaría de Salud.	a) Secretaría de Salud b) Gobiernos de las entidades federativas	A2, B2	El objetivo de la ley probablemente sea garantizar la validez de las declaraciones dadas a los profesionales de la salud en los anuncios. En general, el control de la publicidad es posible *ex ante* o *ex post.* **Comparación internacional** En la UE, por ejemplo, la publicidad en general no tiene que autorizarse *ex ante*, sino que está sujeta a un estricto control *ex post.* Los anunciantes se hacen	Esta disposición puede impedir que tanto los titulares como los entrantes potenciales ganen cuota de mercado al limitar la publicidad libre. El control *ex ante* retrasa la publicidad e impone una carga administrativa al productor y a la administración.	Eliminar. Controlar la publicidad *ex post* bajo un régimen de responsabilidad que incluya multas en caso de incumplimiento de la ley, para garantizar el cumplimiento de parte de las empresas farmacéuticas.

Sector: Medicamentos

Núm.	Título de la norma	Art.	Categoría temática/ palabra clave	Breve descripción del obstáculo potencial	Autoridad relevante	Pregunta del manual	Objetivo del legislador	Daño a la competencia	Recomendación
							acreedores a multas en caso de incumplimiento de los requisitos reglamentarios. Véase el artículo 4 de la directiva 84/450/CEE del Consejo de 10 de septiembre de 1984, relativa a la aproximación de las disposiciones legales, reglamentarias y administrativas de los Estados miembros en materia de publicidad engañosa.		
58.	**Ley General de Salud**	312	Farmacéuticos. Publicidad / Publicidad, elección del consumidor	La Secretaría de Salud puede obligar a las compañías a incluir advertencias adicionales en la publicidad de sus productos. La ley no especifica en qué condiciones ocurriría esto ni cuál sería el contenido adicional de estas advertencias.	a) Secretaría de Salud b) Gobiernos de las entidades federativas	B2	Brindar a los consumidores información precisa sobre los riesgos que los medicamentos les pueden generar.	Esta disposición le otorga un alto grado de discrecionalidad a la autoridad. El uso de advertencias adicionales puede provocar cambios significativos en la demanda de un bien y discriminar a ciertos productores.	Emitir guías que especifiquen en qué casos se permiten advertencias adicionales (*ex ante* o *ex post*) y asegurarse de que no se apliquen de manera discriminatoria.
59.	**Reglamento de la Ley General de Salud en Materia de Publicidad**	46	Farmacéuticos. Publicidad / Publicidad, barrera a la entrada	Como ocurre con otros medicamentos que requieren prescripción médica para dispensarse, la publicidad de estupefacientes solo está permitida cuando se dirige a los profesionales de la salud. La publicidad de medicamentos que requieren prescripción médica para ser dispensados a los consumidores finales y farmacias está prohibida.	a) Secretaría de Salud b) Gobiernos de las entidades federativas	B2	Desincentivar la automedicación de estupefacientes. **Comparación Internacional** Esta restricción es concordante con estándares internacionales. Por ejemplo, véase el artículo 88 de la directiva 2001/83/CE del Parlamento Europeo y del Consejo de 6 de noviembre de 2001, por la que se establece un código comunitario sobre medicamentos para uso humano, el cual señala: "1. Los Estados miembros prohibirán la publicidad destinada al público de los medicamentos [...] que contengan sustancias	Al restringir la publicidad a los profesionales de la salud, se puede volver más difícil para los participantes del mercado ganar participación, en especial para los entrantes. La publicidad dirigida a los consumidores permitiría que estos pregunten a los médicos por productos específicos, lo que aumentaría su	Ninguna recomendación.

Sector: Medicamentos

Núm.	Título de la norma	Art.	Categoría temática/ palabra clave	Breve descripción del obstáculo potencial	Autoridad relevante	Pregunta del manual	Objetivo del legislador	Daño a la competencia	Recomendación
							psicotrópicas o estupefacientes, con arreglo a lo definido en los convenios internacionales, como los convenios de las Naciones Unidas de 1961 y 1971".	demanda en el mercado.	
60.	**Reglamento de la Ley General de Salud en Materia de Publicidad**	70	Farmacéuticos. Publicidad / Publicidad, barrera a la entrada	La publicidad de productos biotecnológicos no puede utilizar calificativos que los presenten como superiores a los productos convencionales o a productos similares no obtenidos biotecnológicamente.	a) Secretaría de Salud b) Gobiernos de las entidades federativas	B2	Una posible razón de la restricción podría ser que los productos biotecnológicos son más caros para los compradores, implican métodos de producción más complejos y riesgosos, y siguen siendo objeto de una intensa investigación. El equipo de la OCDE no pudo identificar reglas de publicidad similares para productos biotecnológicos en otras jurisdicciones, lo que demuestra que esas reglas no son absolutamente necesarias para alcanzar el objetivo del legislador.	Esta disposición prohíbe las comparaciones basadas en hechos objetivos y, por tanto, puede restringir la presión competitiva entre los productos biotecnológicos y los productos convencionales ya que la comparación es uno de los elementos clave de la publicidad.	Eliminar. Permitir una comparación objetiva dentro de las restricciones establecidas por la regulación en materia de publicidad comparativa en México.
61.	**Ley Federal de Protección al Consumidor**	44	Protección de los consumidores / Publicidad	La Procuraduría Federal del Consumidor (PROFECO) genera y publica informes sobre la calidad y las características de los productos y servicios con el fin de orientar y proteger a los consumidores. En estos informes, la PROFECO hace mención específica de marcas. Sin embargo, el artículo 44 de la Ley Federal de Protección al Consumidor prohíbe a las empresas citar estos informes.	Procuraduría Federal del Consumidor	B2	Según evidencia anecdótica, la finalidad de la disposición consiste en garantizar la independencia de la PROFECO al impedir que las empresas intenten ejercer una influencia indebida sobre la autoridad, así como evitar que las compañías citen erróneamente informes de la PROFECO (por ejemplo al señalar "recomendado por PROFECO"). Sin embargo, estos objetivos también pueden alcanzarse sin necesidad de limitar la competencia.	La disposición limita la libertad de los oferentes para utilizar la información pública con el objeto de anunciar sus productos, incluso cuando esta información se base en información objetiva.	Eliminar el artículo 44 de la Ley Federal de Protección al Consumidor puesto que estas preocupaciones parecen injustificadas toda vez que la ley ya contiene un artículo que prohíbe la publicidad engañosa o abusiva. Al mismo tiempo, deben tomarse medidas para garantizar la independencia de los funcionarios de la PROFECO respecto

Sector: Medicamentos

Núm.	Título de la norma	Art.	Categoría temática/ palabra clave	Breve descripción del obstáculo potencial	Autoridad relevante	Pregunta del manual	Objetivo del legislador	Daño a la competencia	Recomendación
									a los cabildeos y garantizar que existan mecanismos eficaces (incluyendo sanciones) para evitar la publicidad engañosa. Como los informes de la PROFECO no solo tratan sobre medicamento, sino sobre todas las industrias, se hace la misma recomendación en este informe respecto al sector de la carne.
62.	**Ley General de Salud**	225	Farmacéuticos. Producción de medicamentos / Etiquetado, marcas comerciales, aumento de costos, barrera a la entrada	Los medicamentos deben identificarse, para su uso y venta, con sus denominaciones distintivas y genéricas. El nombre genérico (como lo define la OMS, un nombre único que es reconocido mundialmente y que pertenece al dominio público) es obligatorio. La denominación distintiva (la marca comercial) de los medicamentos no puede incluir la composición del fármaco ni su uso terapéutico. En este sentido, no se pueden incluir nombres relacionados con enfermedades, síndromes, síntomas o aquellos que se refieran a	a) Secretaría de Salud b) Gobiernos de las entidades federativas	A4, A5	La ley no especifica un objetivo en particular. Sin embargo, un objetivo posible sería la clara identificación de los medicamentos para evitar el consumo excesivo que podría derivarse de las referencias a síntomas particulares. **Comparación internacional** Es posible encontrar en el extranjero restricciones similares respecto a marcas comerciales. En la UE, por ejemplo, los principales criterios utilizados por el Grupo de Revisión de Nombres (NRG, por sus siglas en inglés) de la Agencia Europea de Medicamentos son: "1. que no cause confusión con otro medicamento tanto en	Esta disposición puede aumentar los costos de entrada para las compañías extranjeras, si difiere de las regulaciones de su país de origen porque las compañías extranjeras pudieran necesitar desarrollar nuevas marcas para el mercado mexicano.	Ninguna recomendación. Los requisitos de marca y etiquetado que obligan a las compañías farmacéuticas a producir marcas y envases específicos para mercados nacionales específicos son una práctica generalizada.

Sector: Medicamentos

Núm.	Título de la norma	Art.	Categoría temática/ palabra clave	Breve descripción del obstáculo potencial	Autoridad relevante	Pregunta del manual	Objetivo del legislador	Daño a la competencia	Recomendación
				datos anatómicos o fenómenos fisiológicos, con excepción de vacunas y medicamentos biológicos. Las reglas específicas sobre los nombres de los medicamentos, y sobre cómo deben mencionarse en la publicidad y el etiquetado, se regula con la norma de etiquetado (NOM-072-SSA1-2012).			comunicación escrita como oral al llevar el nombre de otro producto médico, 2. que no induzca a engaño con respecto a indicaciones terapéuticas o farmacéuticas, y 3. que no induzca a engaño con respecto a la composición del producto". Además, el nombre inventado no puede derivarse de una DCI que haya sido asignada a una sustancia activa por la OMS, y no debe incluir la raíz de una DCI (que significa cierta clase terapéutica) en la posición de la raíz que le atribuye la OMS. (Título V, directiva 2001/83/CE, por la que se establece un código comunitario sobre medicamentos para uso humano.)		
63.	**NOM-072-SSA1-2012, Etiquetado de medicamentos y de remedios herbolarios**	5.1, 5.2, entre varios más, como 5.7 y 5.24.10.6.5	Farmacéuticos. Producción de medicamentos / Etiquetado, aumento de costos, barrera a la entrada	Diversas disposiciones de etiquetado estipulan que los productores deben producir envases específicos para el mercado mexicano.	a) Secretaría de Salud b) Gobiernos de las entidades federativas	A4, A5	La norma no especifica un objetivo en particular. Sin embargo, un objetivo posible podría ser que los consumidores puedan identificar con claridad el medicamento, así como las condiciones para su uso seguro. **Comparación internacional** Producir nuevos envases para adaptarlos a otros países es una práctica común en todo el mundo. Por ejemplo, en la UE, el artículo 5 de la directiva 92 /27/CEE del Consejo de 31 de marzo de 1992 relativa al etiquetado y al prospecto de los medicamentos de	Los requisitos de etiquetado que no se apegan a las normas internacionales obligan a los productores a fabricar nuevos envases para el mercado mexicano, lo que impone costos adicionales.	Ninguna recomendación. Los requisitos de etiquetado que obligan a las empresas farmacéuticas a producir envases particulares para mercados nacionales específicos son una práctica generalizada.

Sector: Medicamentos

Núm.	Título de la norma	Art.	Categoría temática/ palabra clave	Breve descripción del obstáculo potencial	Autoridad relevante	Pregunta del manual	Objetivo del legislador	Daño a la competencia	Recomendación
							uso humano, permite que los países miembros incluyan requisitos de etiquetado adicionales a los mínimos establecidos por el derecho europeo.		
64.	**NOM-072-SSA1-2012, Etiquetado de medicamentos y de remedios herbolarios**	5.2	Farmacéuticos. Etiquetado de medicamentos / Información, precios	El envase de los medicamentos debe contener el precio máximo al cual el medicamento puede venderse al público. La norma no distingue entre medicamentos de patente y genéricos.	a) Secretaria de Salud b) Gobiernos de las entidades federativas	B1	Proteger a los consumidores del cobro de precios excesivos, principalmente en áreas geográficamente remotas. Los miembros de la industria indicaron que los precios tienden a ser regularmente inferiores a los precios indicados como referencia y que en la práctica no propician una coordinación de precios.	Esta disposición puede facilitar la colusión, toda vez que brinda un punto de referencia para la coordinación de precios a nivel minorista.	Ninguna recomendación.
65.	**Reglamento de Insumos para la Salud**	24 bis	Farmacéuticos. Etiquetado de medicamentos / Limitación, barrera a la entrada	Los productos biotecnológicos deben cumplir con los siguientes requisitos de etiquetado: 1) nombre del productor y país de origen del biofármaco; y 2) en su caso, la identidad del importador. Los productos innovadores biotecnológicos biocomparables deben indicar M.B. por "medicamento biotecnológico", así como también la DCI (el nombre genérico).	a) Secretaría de Salud b) Gobiernos de las entidades federativas	A4, A5	El reglamento no especifica un objetivo en particular. Sin embargo, una justificación posible sería facilitar la trazabilidad de las compañías que más tarde podrían estar sujetas a responsabilidad legal. Esta disposición también podría servir para hacer más fácil y clara la identificación de un medicamento. Este objetivo parece razonable.	Si estos requisitos no se encuentran en línea con la práctica internacional, podrían suponer costos adicionales para los fabricantes extranjeros que estuvieran interesados en exportar sus productos hacia México.	Ninguna recomendación.
66.	**Reglamento de la Ley General de Salud en Materia de Control Sanitario de Actividades, Establecimientos , Productos y**	58 / 5.3.	Farmacéuticos. Importación de medicamentos / Etiquetado, confusión	De conformidad con el reglamento, los productos de importación envasados en el país de origen deben conservar su embalaje original y llevar una etiqueta adicional con la información necesaria para cumplir con la legislación	a) Secretaria de Salud b) Gobiernos de las entidades federativas	A4	Un posible objetivo de esta restricción sería asegurar que se cumplan las condiciones de etiquetado al proporcionar a los consumidores en México los datos que necesitan para tomar una decisión informada.	Estas reglas contradictorias pueden confundir a las empresas.	Aclarar el Reglamento de la Ley General de Salud en Materia de Control Sanitario de Actividades, Establecimientos, Productos y

Sector: Medicamentos

Núm.	Título de la norma	Art.	Categoría temática/ palabra clave	Breve descripción del obstáculo potencial	Autoridad relevante	Pregunta del manual	Objetivo del legislador	Daño a la competencia	Recomendación
	Servicios / NOM-072-SSA1-2012, Etiquetado de medicamentos y de remedios herbolarios			mexicana. Sin embargo, la NOM-072-SSA1-2012, Etiquetado de medicamentos y de remedios herbolarios, establece que está prohibido volver a etiquetar en la parte superior de la información original. Las dos regulaciones citadas parecen contradecirse entre sí. Según la COFEPRIS, el reglamento citado no se aplica a los medicamentos; sin embargo, esto no queda claro en el texto de las disposiciones.					Servicios, especificando que no se aplica a medicamentos, y suprimir todas las referencias a medicamentos contenidas en dicha disposición.
67.	**Ley General de Salud**	200	Farmacéuticos. Producción de medicamentos / Falta de transparencia, discriminación	La FEUM es 50% más cara para los compradores que pagan en dólares estadounidenses: 760 USD frente a 8 600 MXN (o 473 USD al tipo de cambio del 11 de junio de 2017).	a) Secretaría de Salud b) Gobiernos de las entidades federativas	B4	La FEUM es un documento vinculante que deben seguir todos los fabricantes, distribuidores y minoristas de medicamentos. La disposición ofrece orientación específica sobre cuestiones que requieren una reglamentación detallada y actualizaciones constantes, como estándares técnicos para la preparación de medicamentos. El precio que las empresas tienen que pagar para adquirir una copia impresa de la FEUM ayuda a financiar al comité encargado de su actualización.	La entrada al mercado es ligeramente más costosa para compañías que pagan en dólares estadounidenses. Estas compañías generalmente serán extranjeras.	Aplicar el mismo precio a todos los suscriptores sin importar su nacionalidad o la moneda elegida para pagar.
68.	**Ley General de Salud**	200, 258	Farmacéuticos. Producción de medicamentos / Falta de transparencia, discriminación	La FEUM no está disponible en línea.	a) Secretaría de Salud b) Gobiernos de las entidades federativas	A4	La COFEPRIS ya ha iniciado un proyecto para poner la Farmacopea en línea.	Tener que adquirir una copia impresa puede retrasar la entrada. Los participantes en el mercado han indicado que no ven problemas	Continuar con el proyecto de la COFEPRIS para que la Farmacopea se encuentre disponible en línea tan pronto

Sector: Medicamentos

Núm.	Título de la norma	Art.	Categoría temática/ palabra clave	Breve descripción del obstáculo potencial	Autoridad relevante	Pregunta del manual	Objetivo del legislador	Daño a la competencia	Recomendación
								significativos con respecto a la adquisición de copias impresas de la Farmacopea, aunque preferirían una versión en línea.	como sea posible.
69.	**NOM-001-SSA1-2010, Que instituye el procedimiento por el cual se revisará, actualizará y editará la Farmacopea de los Estados Unidos Mexicanos**	4	Farmacéuticos. Producción de medicamentos / Aumento de costos	La Secretaría de Salud está a cargo de la actualización de la FEUM, por lo menos cada tres años, con el apoyo de la Comisión Permanente de la Farmacopea de los Estados Unidos Mexicanos.	a) Secretaría de Salud, mediante la Subdirección Ejecutiva de Políticas de Riesgo b) Comisión de Evidencia y manejo de Riesgo de la COFEPRIS	A4	Mantener una versión actualizada del documento y escuchar la opinión de diversas partes interesadas. **Comparación Internacional** El tiempo de actualización es consistente con la práctica internacional. El periodo de tres años es idéntico, por ejemplo, a los estándares de la UE. Véase WHO (2012), *Review of World Pharmacopoeias*, www.who.int/medicines/areas/quality_safety/quality_assurance/resources/InternationalMeetingWorldPharmacopoeias_QAS13-512Rev1_25032013.pdf.	El tiempo mínimo de actualización de tres años de la FEUM puede ser excesivo si se considera cuán dinámico es el mercado actualmente. Lo anterior podría generar incertidumbre a los productores de medicamentos innovadores, toda vez que no hay reglas claras sobre los cuerpos normativos que son aplicables cuando la FEUM no resulta ser una guía clara respecto a algún tema en particular. Sin embargo, los miembros de la industria indicaron que lo anterior no se considera un riesgo relevante, toda vez que existe un acuerdo informal sobre qué otras fuentes de información se ven como válidas.	Una versión en línea, como se ha propuesto antes, podría actualizarse constantemente.

Sector: Medicamentos

Núm.	Título de la norma	Art.	Categoría temática/ palabra clave	Breve descripción del obstáculo potencial	Autoridad relevante	Pregunta del manual	Objetivo del legislador	Daño a la competencia	Recomendación
70.	**Reglamento de Insumos para la Salud**	8, 167 y 178	Farmacéuticos. Producción de medicamentos / Riesgo de discriminación	Diversas disposiciones relativas a la regulación de la salud en México indican que cuando la FEUM no regule un tema específico, pueden considerarse válidas las farmacopeas de otros países cuyos procedimientos analíticos sigan las especificaciones y recomendaciones de organismos especializados, u otra bibliografía científica reconocida internacionalmente.	a) Secretaría de Salud b) Gobiernos de las entidades federativas	A4	Esta disposición señala alternativas que podrían considerarse cuando la FEUM no regule un tema en particular.	Esta norma genera incertidumbre ya que no existe claridad sobre qué regla se aplica cuando la FEUM no regula un determinado tema. Sin embargo, diversos miembros de la industria indicaron que lo anterior no se considerado un problema real puesto que existe un acuerdo informal sobre qué otras fuentes de información se ven como válidas.	Elaborar una lista de documentos alternativos específicos que los participantes de la industria deben considerar en caso de que la FEUM no trate un tema en particular.
71.	**NOM-073-SSA1-2015, Estabilidad de fármacos y medicamentos, así como de remedios herbolarios**	11	Farmacéuticos. Producción de medicamentos / Estabilidad de medicamentos	Esta NOM sobre estabilidad de medicamentos señala expresamente que solo está parcialmente en línea con normas internacionales.	a) Secretaría de Salud b) Gobiernos de las entidades federativas	A5	En el artículo 41, fracción VI de la Ley Federal sobre Metrología y Normalización se establece que en México se debe señalar la no armonización de las NOM. Asimismo, las NOM deben contener el grado de conformidad con las normas y criterios internacionales.	La no armonización parcial o total con normas internacionales puede dificultar el acceso de empresas extranjeras al mercado mexicano, así como el acceso de los productores mexicanos a los mercados extranjeros. En particular, los productores podrían tener que aplicar normas diferentes en México y en el extranjero, lo que generaría costos adicionales.	Actualizar la NOM para que, en la medida de lo posible, esté en consonancia con normas internacionales. Algunas prácticas actuales pueden ya estar alineadas con normas internacionales, lo que facilitaría la transición. La ley también debería señalar los casos en que no existan normas internacionales o mejores prácticas.

Sector: Medicamentos

Núm.	Título de la norma	Art.	Categoría temática/ palabra clave	Breve descripción del obstáculo potencial	Autoridad relevante	Pregunta del manual	Objetivo del legislador	Daño a la competencia	Recomendación
								Aunque en la práctica las normas mexicanas hubieran sido adaptadas (en parte) a las normas internacionales, el texto legal de las NOM debe actualizarse para evitar confusión entre los participantes en el mercado.	
72.	**NOM-177-SSA1-2013, Que establece las pruebas y procedimientos para demostrar que un medicamento es intercambiable**	12	Farmacéuticos. Producción de medicamentos / Intercambiabilidad	Esta NOM sobre los procedimientos y pruebas para determinar cuándo un medicamento es intercambiable señala expresamente que solo está parcialmente en línea con normas internacionales.	a) Secretaría de Salud b) Gobiernos de las entidades federativas	A5	En el artículo 41, fracción VI de la Ley Federal sobre Metrología y Normalización se establece que en México se debe señalar la no armonización de las NOM. Asimismo, las NOM deben contener el grado de conformidad con las normas y criterios internacionales.	La no armonización parcial o total con normas internacionales puede dificultar el acceso de empresas extranjeras al mercado mexicano, así como el acceso de los productores mexicanos a los mercados extranjeros. En particular, los productores podrían tener que aplicar normas diferentes en México y en el extranjero, lo que generaría costos adicionales. Aunque en la práctica las normas mexicanas han sido recientemente adaptadas (en parte) a las normas internacionales, el	Actualizar la NOM para que, en la medida de lo posible, esté en consonancia con normas internacionales. Algunas prácticas actuales pueden ya estar en línea con normas internacionales, lo que facilitaría la transición. La ley también debería señalar los casos en que no existan normas internacionales o mejores prácticas.

Sector: Medicamentos

Núm.	Título de la norma	Art.	Categoría temática/ palabra clave	Breve descripción del obstáculo potencial	Autoridad relevante	Pregunta del manual	Objetivo del legislador	Daño a la competencia	Recomendación
								texto legal de las NOM debe actualizarse para evitar confusión entre los participantes en el mercado.	
73.	**NOM-249-SSA1-2010, Mezclas estériles: nutricionales y medicamentosas, e instalaciones para su preparación**	23	Farmacéuticos. Producción de medicamentos / Mezclas estériles	Esta NOM sobre mezclas estériles señala expresamente que solo está parcialmente en línea con normas internacionales.	a) Secretaría de Salud b) Gobiernos de las entidades federativas	A5	En el artículo 41, fracción VI de la Ley Federal sobre Metrología y Normalización se establece que en México se debe señalar la no armonización de las NOM. Asimismo, las NOM deben contener el grado de conformidad con las normas y criterios internacionales.	La no armonización parcial o total con normas internacionales puede dificultar el acceso de empresas extranjeras al mercado mexicano, así como el acceso de los productores mexicanos a los mercados extranjeros. En particular, los productores podrían tener que aplicar normas diferentes en México y en el extranjero, lo que generaría costos adicionales. Aunque en la práctica las normas mexicanas hubieran sido adaptadas (en parte) a las normas internacionales, el texto legal de las NOM debe actualizarse para evitar confusión entre los participantes en el mercado.	Actualizar la NOM para que, en la medida de lo posible, esté en consonancia con normas internacionales. Algunas prácticas actuales pueden ya estar en línea con normas internacionales, lo que facilitaría la transición. La ley también debería señalar los casos en que no existan normas internacionales o mejores prácticas.

Sector: Medicamentos

Núm.	Título de la norma	Art.	Categoría temática/ palabra clave	Breve descripción del obstáculo potencial	Autoridad relevante	Pregunta del manual	Objetivo del legislador	Daño a la competencia	Recomendación
74.	**NOM-257-SSA1-2014, En materia de medicamentos biotecnológicos**	11	Farmacéuticos. Producción de medicamentos / Medicamentos biotecnológicos	Esta NOM sobre medicamentos biotecnológicos señala expresamente que no está en línea con ninguna norma internacional.	a) Secretaría de Salud b) Gobiernos de las entidades federativas	A5	En el artículo 41, fracción VI de la Ley Federal sobre Metrología y Normalización se establece que en México se debe señalar la no armonización de las NOM. Asimismo, las NOM deben contener el grado de conformidad con las normas y criterios internacionales.	La no armonización parcial o total con normas internacionales puede dificultar el acceso de empresas extranjeras al mercado mexicano, así como el acceso de los productores mexicanos a los mercados extranjeros. En particular, los productores podrían tener que aplicar normas diferentes en México y en el extranjero, lo que generaría costos adicionales. Aunque en la práctica las normas mexicanas hubieran sido adaptadas (en parte) a las normas internacionales, el texto legal de las NOM debe actualizarse para evitar confusión entre los participantes en el mercado.	Actualizar la NOM para que, en la medida de lo posible, esté en consonancia con normas internacionales. Algunas prácticas actuales pueden ya estar en línea con normas internacionales, lo que facilitaría la transición. La ley también debería señalar los casos en que no existan normas internacionales o mejores prácticas.
75.	**NOM-012-SSA3-2012, Que establece los criterios para la ejecución de proyectos de investigación**	13	Farmacéuticos. Producción de medicamentos / Proyectos de investigación en humanos	Esta NOM sobre criterios para desarrollar investigación en seres humanos señala expresamente que solo está parcialmente en línea con normas internacionales.	a) Secretaría de Salud b) Gobiernos de las entidades federativas	A5	En el artículo 41, fracción VI de la Ley Federal sobre Metrología y Normalización se establece que en México se debe señalar la no armonización de las NOM. Asimismo, las NOM deben contener el grado de conformidad	La no armonización parcial o total con normas internacionales puede dificultar el acceso de empresas extranjeras al mercado mexicano,	Actualizar la NOM para que, en la medida de lo posible, esté en consonancia con normas internacionales. Algunas prácticas

Sector: Medicamentos

Núm.	Título de la norma	Art.	Categoría temática/ palabra clave	Breve descripción del obstáculo potencial	Autoridad relevante	Pregunta del manual	Objetivo del legislador	Daño a la competencia	Recomendación
	para la salud en seres humanos						con las normas y criterios internacionales.	así como el acceso de los productores mexicanos a los mercados extranjeros. En particular, los productores podrían tener que aplicar normas diferentes en México y en el extranjero, lo que generaría costos adicionales. Aunque en la práctica las normas mexicanas hubieran sido adaptadas (en parte) a las normas internacionales, el texto legal de las NOM debe actualizarse para evitar confusión entre los participantes en el mercado.	actuales pueden ya estar en línea con normas internacionales, lo que facilitaría la transición. La ley también debería señalar los casos en que no existan normas internacionales o mejores prácticas.
76.	**NOM-248-SSA1-2011, Buenas prácticas de fabricación para establecimientos dedicados a la fabricación de remedios herbolarios**	16	Farmacéuticos. Producción de medicamentos / Medicamentos herbolarios	Esta NOM sobre buenas prácticas de fabricación de medicamentos herbolarios señala expresamente que solo está parcialmente en línea con normas internacionales.	a) Secretaría de Salud b) Gobiernos de las entidades federativas	A5	En el artículo 41, fracción VI de la Ley Federal sobre Metrología y Normalización se establece que en México se debe señalar la no armonización de las NOM. Asimismo, las NOM deben contener el grado de conformidad con las normas y criterios internacionales.	La no armonización parcial o total con normas internacionales puede dificultar el acceso de empresas extranjeras al mercado mexicano, así como el acceso de los productores mexicanos a los mercados extranjeros. En particular, los productores podrían tener que aplicar	Actualizar la NOM para que, en la medida de lo posible, esté en consonancia con normas internacionales. Algunas prácticas actuales pueden ya estar en línea con normas internacionales, lo que facilitaría la transición. La ley también debería

Sector: Medicamentos

Núm.	Título de la norma	Art.	Categoría temática/ palabra clave	Breve descripción del obstáculo potencial	Autoridad relevante	Pregunta del manual	Objetivo del legislador	Daño a la competencia	Recomendación
								normas diferentes en México y en el extranjero, lo que generaría costos adicionales. Aunque en la práctica las normas mexicanas hubieran sido adaptadas (en parte) a las normas internacionales, el texto legal de las NOM debe actualizarse para evitar confusión entre los participantes en el mercado.	señalar los casos en que no existan normas internacionales o mejores prácticas.
77.	**NOM-164-SSA1-2015, Buenas prácticas de fabricación de fármacos**	17	Farmacéuticos. Producción de medicamentos / Fabricación de medicamentos	La NOM sobre buenas prácticas de fabricación de fármacos señala expresamente que solo está parcialmente en línea con normas internacionales.	a) Secretaría de Salud b) Gobiernos de las entidades federativas	A5	En el artículo 41, fracción VI de la Ley Federal sobre Metrología y Normalización se establece que en México se debe señalar la no armonización de las NOM. Asimismo, las NOM deben contener el grado de conformidad con las normas y criterios internacionales.	La no armonización parcial o total con normas internacionales puede dificultar el acceso de empresas extranjeras al mercado mexicano, así como el acceso de los productores mexicanos a los mercados extranjeros. En particular, los productores podrían tener que aplicar normas diferentes en México y en el extranjero, lo que generaría costos adicionales. Aunque en la práctica	Actualizar la NOM para que, en la medida de lo posible, esté en consonancia con normas internacionales. Algunas prácticas actuales pueden ya estar en línea con normas internacionales, lo que facilitaría la transición. La ley también debería señalar los casos en que no existan normas internacionales o mejores prácticas.

Sector: Medicamentos

Núm.	Título de la norma	Art.	Categoría temática/ palabra clave	Breve descripción del obstáculo potencial	Autoridad relevante	Pregunta del manual	Objetivo del legislador	Daño a la competencia	Recomendación
								las normas mexicanas hubieran sido adaptadas (en parte) a las normas internacionales, el texto legal de las NOM debe actualizarse para evitar confusión entre los participantes en el mercado.	
78.	**NOM-062-ZOO-1999, Especificacio-nes técnicas para la producción, cuidado y uso de los animales de laboratorio**	13	Farmacéuticos. Producción de medicamentos / Animales de laboratorio	La NOM sobre producción, cuidado y uso de los animales de laboratorio señala expresamente que no está en línea con normas internacionales.	a) Secretaria de Salud b) Gobiernos de las entidades federativas	A5	En el artículo 41, fracción VI de la Ley Federal sobre Metrología y Normalización se establece que en México se debe señalar la no armonización de las NOM. Asimismo, las NOM deben contener el grado de conformidad con las normas y criterios internacionales.	La no armonización parcial o total con normas internacionales puede dificultar el acceso de empresas extranjeras al mercado mexicano, así como el acceso de los productores mexicanos a los mercados extranjeros. En particular, los productores podrían tener que aplicar normas diferentes en México y en el extranjero, lo que generaría costos adicionales. Aunque en la práctica las normas mexicanas hubieran sido adaptadas (en parte) a las normas internacionales, el texto legal de las NOM debe actualizarse para	Actualizar la NOM para que, en la medida de lo posible, esté en consonancia con normas internacionales. Algunas prácticas actuales pueden ya estar en línea con normas internacionales, lo que facilitaría la transición. La ley también debería señalar los casos en que no existan normas internacionales o mejores prácticas.

Sector: Medicamentos

Núm.	Título de la norma	Art.	Categoría temática/ palabra clave	Breve descripción del obstáculo potencial	Autoridad relevante	Pregunta del manual	Objetivo del legislador	Daño a la competencia	Recomendación
								evitar confusión entre los participantes en el mercado.	
79.	**NOM-138-SSA1-1995, Que establece las especificaciones sanitarias del alcohol desnaturalizado, antiséptico y germicida (utilizado como material de curación), así como para el alcohol etílico de 96ºG.L., sin desnaturalizar y las especificaciones de los laboratorios o plantas envasadoras de alcohol**	10	Farmacéuticos. Producción de medicamentos / Alcohol	La NOM sobre especificaciones sanitarias para el alcohol desnaturalizado, antiséptico y germicida, así como alcohol etílico no desnaturalizado a 96% ABV (alcohol por volumen), señala expresamente que no está en línea con las normas internacionales.	Secretaría de Salud	A5	En el artículo 41, fracción VI de la Ley Federal sobre Metrología y Normalización se establece que en México se debe señalar la no armonización de las NOM. Asimismo, las NOM deben contener el grado de conformidad con las normas y criterios internacionales.	La no armonización parcial o total con normas internacionales puede dificultar el acceso de empresas extranjeras al mercado mexicano, así como el acceso de los productores mexicanos a los mercados extranjeros. En particular, los productores podrían tener que aplicar normas diferentes en México y en el extranjero, lo que generaría costos adicionales. Aunque en la práctica las normas mexicanas hubieran sido adaptadas (en parte) a las normas internacionales, el texto legal de las NOM debe actualizarse para evitar confusión entre los participantes en el mercado.	Actualizar la NOM para que, en la medida de lo posible, esté en consonancia con normas internacionales. Algunas prácticas actuales pueden ya estar en línea con normas internacionales, lo que facilitaría la transición. La ley también debería señalar los casos en que no existan normas internacionales o mejores prácticas.

Sector: Medicamentos

Núm.	Título de la norma	Art.	Categoría temática/ palabra clave	Breve descripción del obstáculo potencial	Autoridad relevante	Pregunta del manual	Objetivo del legislador	Daño a la competencia	Recomendación
80.	**NOM-072-SSA1-2012, Etiquetado de medicamentos y de remedios herbolarios**	11	Farmacéuticos. Producción de medicamentos / Etiquetado	La NOM sobre etiquetado de medicamentos herbolarios señala expresamente que no está en línea con ninguna norma internacional.	a) Secretaría de Salud b) Procuraduría Federal del Consumidor, para una máxima vigilancia de precios	A5	En el artículo 41, fracción VI de la Ley Federal sobre Metrología y Normalización se establece que en México se debe señalar la no armonización de las NOM. Asimismo, las NOM deben contener el grado de conformidad con las normas y criterios internacionales.	La no armonización parcial o total con normas internacionales puede dificultar el acceso de empresas extranjeras al mercado mexicano, así como el acceso de los productores mexicanos a los mercados extranjeros. En particular, los productores podrían tener que aplicar normas diferentes en México y en el extranjero, lo que generaría costos adicionales. Aunque en la práctica las normas mexicanas hubieran sido adaptadas (en parte) a las normas internacionales, el texto legal de las NOM debe actualizarse para evitar confusión entre los participantes en el mercado.	Actualizar la NOM para que, en la medida de lo posible, esté en consonancia con normas internacionales. Algunas prácticas actuales pueden ya estar en línea con normas internacionales, lo que facilitaría la transición. La ley también debería señalar los casos en que no existan normas internacionales o mejores prácticas.
81.	**Reglamento de Insumos para la Salud**	12	Farmacéuticos. Producción de medicamentos / Aumento de costos	Se prohíbe utilizar los restos de lotes de producción anteriores para la producción de nuevos lotes. La ley no prevé ninguna excepción a esta regla.	a) Secretaría de Salud b) Gobiernos de las entidades federativas	A4	El Reglamento no menciona ningún objetivo específico; sin embargo, una posible justificación sería la trazabilidad de los medicamentos. **Comparación internacional**	Esta disposición puede provocar un incremento en los costos de producir determinados tipos de medicamentos.	Ninguna recomendación.

Sector: Medicamentos

Núm.	Título de la norma	Art.	Categoría temática/ palabra clave	Breve descripción del obstáculo potencial	Autoridad relevante	Pregunta del manual	Objetivo del legislador	Daño a la competencia	Recomendación
							Según el glosario de *Directrices sobre la aplicación del sistema de certificación de la OMS sobre la calidad de los productos farmacéuticos que se mueven en el comercio internacional* (*Guidelines on the Implementation ofthe WHO certification scheme on the quality of pharmaceutical products moving in international commerce*), un lote es una "cantidad definida de material de insumos, material de embalaje o producto procesado en un solo proceso o serie de procesos de modo que se espera sea homogéneo" (véase: http://www.who.int/medicines/areas/quality_safety/regulation_legislation/certification/guidelines/en/index6.html). La homogeneidad en lotes ayuda a rastrear un lote específico y a mantener registros que cubran la fabricación y la distribución, lo cual está en línea con las Buenas Prácticas de Fabricación (BPF); por ejemplo, véase la directiva 2003/94/EC de la Comisión de 8 de octubre de 2003 por la que se establecen los principios y directrices de las prácticas correctas de fabricación de los medicamentos de uso humano y de los medicamentos en investigación de uso humano; los principios de la OMS sobre las BPF para los productos farmacéuticos (disponible en: http://www.who.int/medicines/areas/		

Sector: Medicamentos

Núm.	Título de la norma	Art.	Categoría temática/ palabra clave	Breve descripción del obstáculo potencial	Autoridad relevante	Pregunta del manual	Objetivo del legislador	Daño a la competencia	Recomendación
							quality_safety/quality_assurance/TRS986annex2.pdf) y de los Estados Unidos, la *Guía para la Industria y Personal de la FDA: Requisitos actuales de Buenas Prácticas de Fabricación para Productos de Combinación*: https://www.fda.gov/downloads/RegulatoryInformation/Guidances/UCM429304.pdf).		
82.	**Reglamento de Insumos para la Salud**	57	Farmacéuticos. Producción de medicamentos / Limitación, barrera a la entrada	Se prohibe proporcionar muestras médicas o regalos que contengan sustancias psicotrópicas o estupefacientes.	a) Secretaría de Salud b) Gobiernos de las entidades federativas	B2	El objetivo de esta disposición consiste en controlar los productos químicos que pueden utilizarse como insumos para drogas ilícitas, así como los medicamentos que contienen estupefacientes o sustancias psicotrópicas. **Comparación internacional** Existen disposiciones similares en otras jurisdicciones. Por ejemplo, en la EU, "no podrá suministrarse muestra alguna de medicamentos que contengan sustancias psicotrópicas o estupefacientes, con arreglo a lo definido en los convenios internacionales, como el Convenio de las Naciones Unidas de 1961 y 1971" (artículo 96, apartado 1, letra g) de la directiva 2001/83/CE).	Esta restricción limita la capacidad de los vendedores (afectando en especial a los nuevos operadores del mercado) para publicitar sus productos a los médicos. Los productores pueden estar dispuestos a ofrecer muestras gratuitas a sus pacientes para ganar participación de mercado.	Ninguna recomendación, toda vez que la disposición parece estar en línea con normas internacionales.
83.	**Reglamento de Insumos para la Salud**	114	Farmacéuticos. Comercio al por menor / Limitación, barrera a la entrada	Las farmacias que operan dentro de tiendas deben estar ubicadas en áreas determinadas, alejadas al menos 10 metros de áreas donde se venda alcohol, alimentos perecederos y otras	a) Secretaría de Salud b) Gobiernos de las entidades federativas	A3	Proteger a la población mexicana contra riesgos sanitarios al regular el control de los establecimientos. La colocación de productos farmacéuticos junto con otros productos puede llevar a los consumidores a pensar que los	Esta restricción limita la entrada de farmacias a las tiendas donde no hay suficiente espacio para la venta de medicamentos	La OCDE recomienda eliminar esta disposición en la medida en que la farmacia solo venda productos envasados y estos se exhiban en

Sector: Medicamentos

Núm.	Título de la norma	Art.	Categoría temática/ palabra clave	Breve descripción del obstáculo potencial	Autoridad relevante	Pregunta del manual	Objetivo del legislador	Daño a la competencia	Recomendación
				sustancias que puedan amenazar la integridad, pureza y conservación de los medicamentos (fracción II del Suplemento de la FEUM 4 ed., p. 79). Un resumen de las condiciones para que las farmacias cumplan con las buenas prácticas está disponible en: http://www.cofepris.gob.mx/Documents/LoMasReciente/Guia_Farmacias.pdf.			productos farmacéuticos son solo un bien de consumo regular, lo que puede conducir a un consumo excesivo. Sin embargo, dado que los medicamentos suelen estar envasados, parece innecesaria una disposición que regule las distancias entre diferentes tipos de productos, ya que no hay riesgo de contaminación. Además, muchas farmacias/tiendas no parecen cumplir con esta regla en la práctica.	además de alcohol y alimentos perecederos. Las tiendas pequeñas con limitaciones de espacio se podrían ver impedidas de tener una sección de farmacia.	áreas separadas.
84.	**Acuerdo que establece las medidas para la venta y producción de alcohol etílico y metanol** **NOM-138-SSA1-1995, Que establece las especificaciones sanitarias del alcohol desnaturalizado, antiséptico y germicida (utilizado como material de curación), así como para el alcohol etílico de 96ºG.L., sin desnaturalizar y las**	III d), 4.5.1.1, 4.5.3.1	Farmacéuticos. Compras de medicamentos / Limitación	El alcohol etílico destinado a consumidores finales se venderá en farmacias o boticas en envases que no podrán ser mayores a un litro.	a) Secretaría de Salud b) Gobiernos de las entidades federativas	B3	Regular los volúmenes de venta a los consumidores finales. Aunque el alcohol etílico es uno de los productos curativos más populares debido a sus características antisépticas y germicidas, su poder adictivo y su toxicidad pueden implicar un riesgo para la salud. No está claro por qué hay una disposición que regula el tamaño de los envases para los consumidores finales cuando el alcohol etílico no se vende como medicamento controlado. Si existe un riesgo asociado al consumo de alcohol etílico, dicho riesgo no está relacionado con el tamaño del envase.	Este requisito impide que los consumidores compren envases con capacidad superior a un litro. Para algunos consumidores, esto puede significar costos más altos. Por ejemplo, las empresas que usan alcohol etílico con regularidad pueden requerir volúmenes mayores. Esta restricción les impide comprar envases más grandes, que podrían ser más baratos y ajustarse mejor a sus necesidades.	Eliminar la disposición I-d) del *Acuerdo que establece las medidas para la venta y la producción de alcohol etílico y metanol* y la sección de la NOM-138-SSA1-1995 relacionada con el tamaño del envase del alcohol etílico desnaturalizado.

Sector: Medicamentos

Núm.	Título de la norma	Art.	Categoría temática/ palabra clave	Breve descripción del obstáculo potencial	Autoridad relevante	Pregunta del manual	Objetivo del legislador	Daño a la competencia	Recomendación
	especificaciones de los laboratorios o plantas envasadoras de alcohol								
85.	**Acuerdo que establece las medidas para la venta y producción de alcohol etílico y metanol** **NOM-138-SSA1-1995, Que establece las especificaciones sanitarias del alcohol desnaturalizado, antiséptico y germicida (utilizado como material de curación), así como para el alcohol etílico de 96ºG.L., sin desnaturalizar y las especificaciones de los laboratorios o plantas envasadoras de alcohol**	III e), 6.10, A.5.3.1	Farmacéuticos. Compra de medicamentos	El alcohol etílico desnaturalizado para uso exclusivo de unidades de atención médica (por ejemplo hospitales) solo podrá venderse o comercializarse en envases mayores a 1 litro y no mayores a 20 litros.	a) Secretaria de Salud b) Gobiernos de las entidades federativas	B3	Regular los volúmenes de venta a los consumidores finales, incluidos los hospitales. Aunque el alcohol etílico es uno de los productos curativos más populares debido a sus características antisépticas y germicidas, su poder adictivo y su toxicidad pueden implicar un riesgo para la salud. No está claro por qué hay una disposición que regula el tamaño de los envases para los consumidores finales cuando el alcohol etílico no se vende como medicamento controlado. Si existe un riesgo asociado al consumo de alcohol etílico, dicho riesgo no está relacionado con el tamaño del envase.	Esta disposición impide a los compradores adquirir envases mayores a 20 litros. Esto puede imponer costos más altos a algunos de ellos. Por ejemplo, los hospitales pueden encontrar más eficiente adquirir envases mayores a 20 litros.	Abolir la disposición I-e) del *Acuerdo que establece las medidas para la venta y la producción de alcohol etílico y metanol* y la parte de la NOM-138-SSA1-1995 relacionada con el tamaño del envase de alcohol etílico desnaturalizado.

Sector: Medicamentos

Núm.	Título de la norma	Art.	Categoría temática/ palabra clave	Breve descripción del obstáculo potencial	Autoridad relevante	Pregunta del manual	Objetivo del legislador	Daño a la competencia	Recomendación
86.	**Reglamento Interior del Comité de Moléculas Nuevas**	9	Farmacéuticos. Producción de medicamentos	El trabajo de los representantes de las asociaciones académicas en el Comité de Moléculas Nuevas no está sujeto a remuneración alguna. El Comité se define como un órgano auxiliar y de consulta independiente (es decir, no pagado por la industria farmacéutica).	a) Secretaría de Salud b) Gobiernos de las entidades federativas	A4	El reglamento no indica objetivo alguno, pero se deberían evitar los conflictos de interés. Participantes en la industria consideran que sería imposible que los miembros del Comité fueran remunerados dos veces (es decir, tanto por el IMSS como por el Comité), ya que la Secretaría de Hacienda y Crédito Público (SHCP) se opondría al pago de un doble salario a un funcionario público. **Comparación internacional** Existen comités similares en otras jurisdicciones. Por ejemplo, en Estados Unidos el Centro de Evaluación e Investigación de Medicamentos (CDER, por sus siglas en inglés) de la FDA utiliza comités asesores para obtener asesoría externa y opiniones de asesores expertos para que las decisiones finales de los organismos puedan beneficiarse de una contribución nacional más amplia.	Es posible que los miembros del Comité no estén suficientemente incentivados para cumplir con eficiencia su cometido. Los participantes de la industria consideran que las sesiones del Comité no están programadas con la frecuencia necesaria (solo se organizan cuatro sesiones al año), lo que podría retrasar la entrada de nuevos productos al mercado. Además, según los miembros de la industria, es problemático que algunos miembros del Comité no sean expertos en las cuestiones que se discuten, sino personal de instituciones gubernamentales que posteriormente adquieren medicamentos (por ejemplo el IMSS). Por tanto, algunos miembros del Comité	Modificar la disposición para otorgar una remuneración adicional a los miembros del Comité. Esto podría ser financiado directamente por la Secretaría de Salud e indirectamente por las compañías farmacéuticas al pagar por presentar nuevas solicitudes al Comité. La Secretaría de Salud debería garantizar que los miembros del Comité no reciban incentivos financieros directos de las empresas, por ejemplo mediante la inclusión de sanciones para los miembros del Comité que violen las reglas de conflicto de intereses. La puesta en práctica de esta recomendación debería ser coordinada con la SHCP.

Sector: Medicamentos

Núm.	Título de la norma	Art.	Categoría temática/ palabra clave	Breve descripción del obstáculo potencial	Autoridad relevante	Pregunta del manual	Objetivo del legislador	Daño a la competencia	Recomendación
								centran su interés en garantizar la contratación pública a bajo costo, y podrían bloquear la introducción de nuevos productos con alto valor terapéutico.	
87.	**Reglamento Interior de la Comisión para Definir Tratamientos y Medicamentos Asociados a Enfermedades que Ocasionan Gastos Catastróficos**	17	Farmacéuticos. Programas públicos / Riesgo de corrupción	La reforma a los reglamentos internos de la Comisión para Definir Tratamientos y Medicamentos Asociados con Enfermedades que Causan Gastos Catastróficos requiere el voto unánime de sus miembros. La Comisión apoya al Consejo de Salubridad General con el estudio, análisis y definición de tratamientos, medicamentos y otros insumos de salud asociados con las enfermedades que causan gastos catastróficos. La Comisión está compuesta por el Secretario del Consejo de Salubridad General, dos representantes de la Secretaría de Salud y un representante de cada una de las siguientes instituciones / secretarías: IMSS, ISSSTE, Petróleos Mexicanos, Secretaría de la Defensa Nacional, Secretaría de Marina, Universidad Nacional Autónoma de México, Instituto Politécnico Nacional,	Comisión para definir tratamientos y medicamentos asociados a enfermedades que ocasionan gastos catastróficos del Consejo de Salubridad General	A3	El reglamento no indica objetivo alguno.	El requisito de la unanimidad de votos dificulta la actualización de la regulación. Por ejemplo, la unanimidad es requerida para la inclusión como medicamento alternativo de un nuevo medicamento que trata una enfermedad cubierta por este programa público. Los titulares podrían tener incentivos para influir en el comité con el fin de mantener el *statu quo*.	Eliminar la parte de la disposición relativa a la unanimidad de votos y emitir una disposición que exija una mayoría de votos calificada.

Sector: Medicamentos

Núm.	Título de la norma	Art.	Categoría temática/ palabra clave	Breve descripción del obstáculo potencial	Autoridad relevante	Pregunta del manual	Objetivo del legislador	Daño a la competencia	Recomendación
				Academia Nacional de Medicina, Academia Mexicana de Cirugía, Asociación Nacional de Universidades e Instituciones de Educación Superior y Fundación Mexicana para la Salud. Todos tienen derecho a voto.					
88.	**Ley General de Salud**	200	Farmacéuticos. Producción de medicamentos / Barrera a la entrada, discriminación que eleva los costos de producción para algunos proveedores	Los establecimientos dedicados a la producción de medicamentos que contengan estupefacientes y sustancias psicotrópicas, vacunas, toxoides, sueros y antitoxinas de origen animal y productos sanguíneos; y al desarrollo, fabricación o preparación de medicamentos, pesticidas, nutrientes de plantas y sustancias tóxicas o peligrosas, están obligados a contratar a un Responsable Sanitario, un empleado calificado con al menos una licenciatura. El Responsable Sanitario de las fábricas supervisa el proceso de fabricación de medicamentos y verifica el cumplimiento de las buenas prácticas de almacenamiento, autoriza procedimientos operativos estándar y está presente durante las inspecciones sorpresa. El Responsable Sanitario de	a) Secretaría de Salud b) Gobiernos de las entidades federativas	A4	Se necesita un Responsable Sanitario para asegurar la identidad, pureza y seguridad de los productos, así como de los procesos realizados en el establecimiento. **Comparación internacional** Existen disposiciones similares en otras jurisdicciones. En Estados Unidos, una farmacia o cualquier otra persona autorizada por ley para dispensar o administrar medicamentos prescritos debe tener una licencia válida bajo la ley estatal. Por ejemplo en California, para obtener una licencia el farmacéutico debe cumplir con los requisitos de la sección 4200 del Código de Negocios y Profesiones. Una vez aprobado por la Junta Estatal de Farmacias de California, el farmacéutico también puede ser el gerente responsable de asegurar el cumplimiento de la farmacia con todas las regulaciones estatales y federales (conocido como farmacéutico a cargo).	La disposición podría dificultar la entrada de pequeñas empresas al mercado, ya que los costos adicionales que implica contratar a un empleado adicional de tiempo completo podrían ser una parte proporcionalmente mayor que el gasto total que implica para las empresas más grandes.	Ninguna recomendación.

Sector: Medicamentos

Núm.	Título de la norma	Art.	Categoría temática/ palabra clave	Breve descripción del obstáculo potencial	Autoridad relevante	Pregunta del manual	Objetivo del legislador	Daño a la competencia	Recomendación
				las farmacias verifica que los medicamentos tengan un registro sanitario y su número de lote y fecha de caducidad; preserva los insumos para la salud en las condiciones indicadas; verifica entradas y salidas en libros de control de estupefacientes y medicamentos psicotrópicos; está presente durante las inspecciones sorpresa; y analiza prescripciones. El grado específico requerido varía según el tipo de establecimiento (por ejemplo si se trata de un fabricante de medicamentos herbolarios o de un fabricante de productos biotecnológicos).					
89.	**Ley General de Salud**	230	Farmacéuticos. Producción de medicamentos / Aumento de costos, barrera a la entrada	Los productos hemoderivados requieren control interno en un laboratorio de la planta productora y control externo en laboratorios de la Secretaría de Salud. Durante ambos controles se analizan los mismos problemas.	a) Secretaría de Salud b) Gobiernos de las entidades federativas	A4	Estos productos son más propensos a experimentar contaminación cruzada o a alterarse, o bien a convertirse en un riesgo para la salud del personal que trabaja con ellos. Por tanto, la Secretaría de Salud ha establecido controles más estrictos para garantizar la calidad de las materias primas utilizadas en el procesamiento de productos biológicos y para verificar su identidad, pureza, esterilidad y seguridad.	El doble control puede imponer costos adicionales innecesarios.	Ninguna recomendación. Debido a la naturaleza de estos productos, los dobles controles parecen razonables.
90.	**Reglamento de Insumos para la Salud**	108, 141	Farmacéuticos. Producción de medicamentos / Aumento de costos,	El artículo 108 del Reglamento de Insumos para la Salud establece que si el titular de una licencia sanitaria	a) Secretaría de Salud b) Gobiernos de las	A4	Proteger la salud pública. Los productos químicos que si no se regulan pueden utilizarse como insumos para drogas ilícitas deben	Los criterios contradictorios sobre el número de días de notificación pueden	Armonizar el artículo 108 del Reglamento de Insumos para la Salud y el artículo

Sector: Medicamentos

Núm.	Título de la norma	Art.	Categoría temática/ palabra clave	Breve descripción del obstáculo potencial	Autoridad relevante	Pregunta del manual	Objetivo del legislador	Daño a la competencia	Recomendación
	Reglamento de la Ley General de Salud en Materia de Control Sanitario de Actividades, Establecimientos, Productos y Servicios		incertidumbre	desea dejar de operar un establecimiento, deberá notificar su decisión a la Secretaría de Salud con una antelación de 30 días como mínimo, a menos que se deba a un suceso imprevisto o a un caso de fuerza mayor. Sin embargo, de acuerdo con el artículo 141 del Reglamento de la Ley General de Salud en Materia de Control Sanitario de Actividades, Establecimientos, Productos y Servicios, el mismo aviso deberá proporcionarse con al menos cinco días de antelación. Existe una contradicción en el marco regulatorio, lo que produce vaguedad con respecto a cuándo se debe notificar a la Secretaría de Salud.	entidades federativas		ser controlados.	dar lugar a confusión entre los participantes en el mercado.	141 del Reglamento de la Ley General de Salud en Materia de Control Sanitario de Actividades, Establecimientos, Productos y Servicios para que ambos artículos estipulen el mismo plazo de notificación a la Secretaría de Salud.
91.	**Reglamento de Insumos para la Salud**	108	Farmacéuticos. Producción de medicamentos / Costos de salida, barrera a la salida	La disposición señala que si existiera un inventario de estupefacientes o sustancias psicotrópicas antes del cese del funcionamiento de un establecimiento, dicho inventario debe ser entregado a la Secretaría de Salud con los libros de control correspondientes. Sin embargo, la disposición no incluye una explicación de lo	a) Secretaría de Salud b) Gobiernos de las entidades federativas	A4	Proteger la salud pública, es decir, controlar y vigilar las sustancias químicas que, si no se regulan, podrían utilizarse como insumos para la fabricación de drogas ilícitas. **Comparación internacional** Existen disposiciones similares en otras jurisdicciones. Por ejemplo, en Estados Unidos se toman medidas para asegurar que este tipo de sustancias no entre al	Los productores que salen del mercado deben entregar su inventario remanente a la Secretaría de Salud, sin tener la oportunidad de venderlo. Esto puede constituir un innecesario costo a la salida.	Ninguna recomendación. Sin embargo, debe considerarse la modificación del artículo 108 del Reglamento de Insumos para la Salud con objeto de incluir una explicación sobre el destino y uso de los

Sector: Medicamentos

Núm.	Título de la norma	Art.	Categoría temática/ palabra clave	Breve descripción del obstáculo potencial	Autoridad relevante	Pregunta del manual	Objetivo del legislador	Daño a la competencia	Recomendación
				que sucede con los medicamentos después de ser entregados.			mercado sin control suficiente. El Fiscal General "podrá, a discreción, incautar o poner bajo sello sustancias controladas o sustancias químicas listadas [sustancias controladas] poseídas por o bajo el resguardo de un solicitante cuyo registro haya expirado, o quien haya dejado de practicar o hacer negocios en la forma contemplada en su registro. Tales sustancias controladas o sustancias químicas de la lista I se mantendrán en beneficio del solicitante o de su sucesor en interés. El Fiscal General notificará al solicitante de registro o a su sucesor interesado que tenga una sustancia controlada o un producto químico de lista I incautado o colocado bajo sello, de los procedimientos a seguir para asegurar la devolución de la sustancia controlada o del producto químico de la lista I y las condiciones en las cuales será devuelto". (Código 21 de Estados Unidos, §824 - Negación, revocación o suspensión del registro)		estupefacientes y medicamentos psicotrópicos que se entregan a la Secretaría de Salud.
92.	**Ley de Adquisiciones, Arrendamientos y Servicios del Sector Público**	14	Compras públicas / Discriminación, barrera a la entrada	La Ley de Adquisiciones, Arrendamientos y Servicios del Sector Público establece que existen tres tipos de licitaciones públicas: 1) nacional, 2) internacional bajo la cobertura de un tratado, y 3) abierta internacional.	a) Secretaría de Hacienda y Crédito Público b) Secretaría de Economía c) Secretaría de la Función	A3	Promover y apoyar el desarrollo de la industria nacional. **Comparación internacional** Por lo general, la Comisión Europea aboga por la apertura de mercados internacionales de contratación pública y concede	Los proveedores extranjeros o mexicanos que participen con productos extranjeros podrían ser objeto de discriminación.	La OCDE recomienda las siguientes tres opciones al gobierno mexicano: 1) Eliminar la parte de la disposición relativa a la preferencia por

Sector: Medicamentos

Núm.	Título de la norma	Art.	Categoría temática/ palabra clave	Breve descripción del obstáculo potencial	Autoridad relevante	Pregunta del manual	Objetivo del legislador	Daño a la competencia	Recomendación
				El tipo 2) consiste en licitaciones en las que tanto proveedores mexicanos como extranjeros pueden participar con bienes de origen nacional o de países con los cuales México ha suscrito acuerdos de libre comercio. Para el caso de las ofertas en licitaciones públicas internacionales, en igualdad de circunstancias, las instituciones públicas deben preferir aquellas ofertas en las que se emplee personal nacional o se utilicen bienes nacionales.	Pública		acceso a sus mercados de contratación pública a países no pertenecientes a la UE para determinados bienes y servicios. Sin embargo, algunos países no pertenecientes a la UE, incluido Estados Unidos, han mantenido o establecido medidas proteccionistas o discriminatorias en la contratación pública (como la *Buy American Act*).	Además, no está claro cómo se determina cuándo las circunstancias son "iguales", ya que dos ofertas casi nunca son idénticas en todas las características, incluso con precios idénticos en un procedimiento de licitación que implique ofertas cubiertas.	personal nacional o los bienes de producción nacional, en igualdad de circunstancias. 2) Emitir lineamientos que aclaren cómo determinar cuándo las circunstancias son "iguales", en cuyo caso debería aplicarse la preferencia por productos y mano de obra nacionales. 3) Ninguna recomendación, siempre que no haya daño para la competencia. De hecho, es poco probable que dos productos sean completamente iguales, incluido en precios, por lo que debería ser fácil identificar cuándo una opción es mejor que otra.
93.	**Ley de Adquisiciones, Arrendamientos y Servicios del Sector Público**	28	Compras públicas / Discriminación	En el caso de las licitaciones nacionales solo pueden participar ciudadanos mexicanos o empresas mexicanas, mientras que los productos ofrecidos deben	a) Secretaría de Hacienda y Crédito Público b) Secretaría de Economía	A3, B4	Promover y ayudar al desarrollo de la industria nacional. **Comparación internacional** Muchas otras jurisdicciones, como Estados Unidos, también han	Las compañías farmacéuticas extranjeras y los extranjeros son potencialmente discriminados de dos	La OCDE recomienda las siguientes opciones para el gobierno mexicano: 1) Eliminar el

Sector: Medicamentos

Núm.	Título de la norma	Art.	Categoría temática/ palabra clave	Breve descripción del obstáculo potencial	Autoridad relevante	Pregunta del manual	Objetivo del legislador	Daño a la competencia	Recomendación
				tener al menos 50% de contenido nacional (por ejemplo ingredientes, mano de obra). Por tanto, solo los ciudadanos mexicanos pueden enviar ofertas, y los productos farmacéuticos deben tener al menos 50% de contenido mexicano.	c) Secretaria de la Función Pública		adoptado medidas proteccionistas de compras públicas respecto a la nacionalidad de los productos. El Código de Estados Unidos, título 41 - Contratos Públicos, subtítulo IV - Misceláneos, capítulo 83 - Buy American establece que "únicamente artículos, materiales e insumos no manufacturados que se hayan extraído o producido en Estados Unidos, y sólo artículos, materiales e insumos que se hayan fabricado en Estados Unidos sustancialmente todos de artículos, materiales o suministros extraídos, producidos o fabricados en Estados Unidos, serán adquiridos para uso público a menos que el jefe del departamento o establecimiento independiente en cuestión determine que su adquisición resulta inconsistente con el interés público o de un costo irracional". De conformidad con la misma ley, los materiales se considerarán extraídos o producidos en Estados Unidos si el costo de los productos nacionales utilizados en dichos materiales constituye más de 50% del costo que suman todos los productos utilizados en dichos materiales.	maneras. En primer lugar, existe una restricción relativa a la nacionalidad de un licitador, que abarca la nacionalidad de la empresa. Por ejemplo, a los extranjeros que producen en México se les impide participar en las licitaciones nacionales, incluso si tienen precios más bajos que sus competidores exclusivamente mexicanos. La disposición también restringe la composición de los productos. Un licitador mexicano no puede participar con una oferta de productos farmacéuticos producidos en el extranjero o en México pero con más de 50% de ingredientes extranjeros. Esto podría obligar a los productores a utilizar ingredientes nacionales más caros.	requisito de nacionalidad de los participantes en las licitaciones, y mantener al mismo tiempo el requisito de que el producto tenga al menos 50% de contenido nacional. Esto permitiría que los extranjeros que producen en México también participen en las licitaciones nacionales. Además, se recomienda establecer un plazo máximo para esta disposición de nacionalidad, lo que otorgaría a los productores mexicanos un periodo de transición para adaptarse a tener nuevos competidores. 2) Ningún cambio para el caso de los procedimientos de licitaciones nacionales. Sin embargo, en la medida de lo posible deberían prevalecer los procesos de licitación internacionales.

Sector: Medicamentos

Núm.	Título de la norma	Art.	Categoría temática/ palabra clave	Breve descripción del obstáculo potencial	Autoridad relevante	Pregunta del manual	Objetivo del legislador	Daño a la competencia	Recomendación
94.	**Ley de Adquisiciones, Arrendamientos y Servicios del Sector Público**	28	Compras públicas	En general, en México el licitador que cumple todos los requisitos y ofrece el precio más bajo gana la licitación. Sin embargo, en el contexto de las licitaciones internacionales, los productos mexicanos pueden tener un precio hasta 15% más alto que el precio más bajo ofrecido por participantes extranjeros y aún así ser considerados como la oferta más baja.	a) Secretaría de Hacienda y Crédito Público b) Secretaría de Economía c) Secretaría de la Función Pública	A3, B4	Promover el desarrollo de la industria nacional. **Comparación internacional** Existen disposiciones similares en otras jurisdicciones. Por ejemplo, en Estados Unidos el *Reglamento Federal de Adquisiciones de la Ley Buy American* establece que "si hay una oferta nacional que no es la oferta más baja y las restricciones de la Ley *Buy American* se aplican a la oferta más baja, el oficial de contratación debe determinar la razonabilidad del costo de la oferta nacional agregando al precio de la oferta más baja: 1) 6 por ciento si la oferta doméstica más baja proviene de una empresa grande; 2) 12 por ciento si la oferta doméstica más baja proviene de una empresa pequeña [...] El precio de la oferta nacional es razonable si no excede el precio evaluado de la oferta baja después de la adición del factor de evaluación apropiado".	Esta disposición discrimina a los productores extranjeros que podrían ofrecer un producto más barato que sus competidores mexicanos. No obstante, el favoritismo hacia la industria mexicana en el marco de una compra pública se da a expensas del consumidor mexicano.	Abolir la discriminación contra extranjeros cuando se realice una licitación pública internacional. Si el gobierno mexicano quiere promover la industria nacional, podría recurrir a procedimientos de licitación nacionales o introducir subsidios directos. Además, se recomienda establecer un plazo para que esta disposición entre en vigencia, a fin de que los productores mexicanos tengan un periodo de transición durante el cual puedan adaptarse a la nueva situación y ser más competitivos.
95.	**Ley de Adquisiciones, Arrendamientos y Servicios del Sector Público**	41	Compras públicas	Las ofertas públicas no se consideran necesarias cuando la institución pública involucrada pueda demostrar que no hay bienes o servicios alternativos o "sustitutos técnicos racionales". En este caso la autoridad puede comprarle directamente al proveedor.	a) Secretaría de Hacienda y Crédito Público b) Secretaría de Economía c) Secretaría de la Función Pública	A3	Cuando la falta de sustitutos es evidente, la contratación directa puede ahorrar recursos que de otro modo serían necesarios para la preparación y publicación de la convocatoria de licitación. El Sistema de Clasificación Anatómica Terapéutica Química (ATC, por sus siglas en inglés) se	Posiblemente no siempre esté claro si los sustitutos de determinados bienes o servicios existen o no. Por lo tanto, podría haber un riesgo de discrecionalidad por el hecho de que las autoridades decidan	Ninguna recomendación. Las autoridades pueden determinar fácilmente si existen sustitutos para un determinado fármaco al utilizar la clasificación ATC.

Sector: Medicamentos

Núm.	Título de la norma	Art.	Categoría temática/ palabra clave	Breve descripción del obstáculo potencial	Autoridad relevante	Pregunta del manual	Objetivo del legislador	Daño a la competencia	Recomendación
							utiliza para clasificar los principios activos de los fármacos según el órgano o sistema en el que actúan, así como sus propiedades terapéuticas, farmacológicas y químicas. El ATC puede consultarse en línea (http://www.whocc.no/atc_ddd_index/).	libremente sobre la sustituibilidad. Por ejemplo, una autoridad podría favorecer a cierto productor definiendo un producto requerido de manera tan estrecha que los productos de los competidores de dicho productor no se considerarían sustitutos.	
96.	**Ley para el Desarrollo de la Competitividad de la Micro, Pequeña y Mediana Empresa**	10	Compras públicas / Discriminación	La política industrial destinada a apoyar el desarrollo de las micro, pequeñas y medianas empresas (MIPYME) garantizará que las MIPYME abastezcan en forma gradual al mercado público. El objetivo es que 35% de la contratación pública sea cubierto por las MIPYME, aunque no se señalan plazos.	Secretaría de Economía	A3	El objetivo de esta disposición es promover el desarrollo de las MIPYME. Sin embargo, según fuentes del mercado, la política parece estar parcialmente implementada, y la participación de las MIPYME en el sector farmacéutico es muy inferior a 35% (alrededor de 8% actualmente). **Comparación Internacional** Muchos países promueven el desarrollo de las MIPYME en la contratación pública, por ejemplo los Estados miembros de la UE (directiva 2014/24/EU), como Alemania (§ 97 párr. 4, de su ley de defensa de la competencia), Corea y Estados Unidos. En Corea, de conformidad con el artículo 4 de la Ley de facilitación de la compra de productos fabricados por pequeñas y medianas empresas y apoyo al	Es posible que no se consideren las ofertas de bajo costo de participantes que no pertenecen a las MIPYME. En particular, las empresas más grandes pueden ser discriminadas.	La OCDE recomienda las siguientes opciones para el gobierno mexicano: 1) Ninguna recomendación de cambio, ya que la política no es vinculante y solo se aplica parcialmente. Además, ayudar a las MIPYME es un objetivo legítimo de política pública. 2) Suprimir la parte de la disposición relativa al objetivo de que el porcentaje mínimo de contratación pública se conceda a las MIPYME y considerar la posibilidad de

Sector: Medicamentos

Núm.	Título de la norma	Art.	Categoría temática/ palabra clave	Breve descripción del obstáculo potencial	Autoridad relevante	Pregunta del manual	Objetivo del legislador	Daño a la competencia	Recomendación
							desarrollo de sus mercados, "cuando los jefes de las instituciones públicas tengan la intención de celebrar contratos para la adquisición de bienes [...] proporcionarán a los propietarios y empresarios pequeños mayores oportunidades de ser las propuestas ganadoras". En Estados Unidos, la subparte 19.7 del Programa de Subcontratación de Pequeñas Empresas del Reglamento Federal de Adquisiciones establece que cualquier contratista debe acordar en el contrato que las pequeñas empresas tendrán la máxima oportunidad posible para participar en las contrataciones conforme muestren un rendimiento eficiente.		introducir subsidios directos.
97.	**Ley de Adquisiciones, Arrendamientos y Servicios del Sector Público**	8	Compras públicas / Sustitución de importaciones	Las instituciones públicas deben diseñar programas que fortalezcan el desarrollo de proveedores nacionales con el fin de generar cadenas de suministro de bienes ofrecidos en licitaciones públicas llevadas a cabo con cierta periodicidad.	a) Secretaría de Hacienda y Crédito Público b) Secretaría de Economía c) Secretaría de la Función Pública	A3, B4	Promover el desarrollo de la industria nacional, especialmente el desarrollo de las MIPYME. **Comparación internacional** Esta parece ser una práctica general entre países; por ejemplo, véase la directiva 2004/18/CE de la UE.	La preferencia obligatoria para los proveedores nacionales puede significar una barrera a la entrada de proveedores extranjeros.	Ninguna recomendación, pero evaluar la política. Una posible alternativa podría ser el pago de subsidios directos.
98.	**Ley de Adquisiciones, Arrendamientos y Servicios del Sector Público**	23	Compras públicas / Discrecionalidad, riesgo de discriminación	Las instituciones públicas pueden crear comisiones como órganos de asesoramiento sobre sus tipos de procesos de contratación pública. Las comisiones tendrán como objetivo promover y desarrollar programas de sustitución	a) Secretaría de Hacienda y Crédito Público b) Secretaría de Economía c) Secretaría de la Función Pública	A3, B4	Promover el desarrollo de la industria nacional.	La preferencia obligatoria por los proveedores nacionales es una barrera a la entrada de proveedores extranjeros, lo que podría provocar incrementos de	Ninguna recomendación, pero evaluar la política. Una posible alternativa podría ser el pago de subsidios directos.

Sector: Medicamentos

Núm.	Título de la norma	Art.	Categoría temática/ palabra clave	Breve descripción del obstáculo potencial	Autoridad relevante	Pregunta del manual	Objetivo del legislador	Daño a la competencia	Recomendación
				eficiente de importaciones. Esta disposición se aplica a la compra de medicamentos.				precios si se excluye a los extranjeros del mercado nacional aun cuando estos pudieran abastecer a los productores ofreciendo mejores precios.	
99.	**Ley de la Propiedad Industrial**	74	Propiedad industrial / Riesgo de discriminación	Una persona podrá solicitar una licencia obligatoria para explotar una patente que no haya sido explotada por el titular de la misma tres años después de la fecha de concesión de la patente o cuatro años después de la presentación de la solicitud, lo que ocurra más tarde (artículo 70 de la Ley de la Propiedad Industrial). El titular de la patente, así como los titulares de las licencias, pueden solicitar que el Instituto Mexicano de la Propiedad Industrial (IMPI) modifique las condiciones de una licencia obligatoria solo cuando se justifique por "causas supervenientes". Sin embargo, no existen lineamientos claros sobre lo que constituye "causas supervenientes". Los solicitantes deben pagar 2 864.85 MXN para la evaluación de una licencia obligatoria o de sus condiciones	El Presidente de la República por medio del IMPI	A3	El IMPI está interesado en la difusión del conocimiento tecnológico. La existencia de "causas supervenientes" otorga al IMPI suficiente flexibilidad en la aplicación de la disposición. Los costos asociados a una solicitud parecen razonables. **Comparación internacional** Según la Organización Mundial del Comercio, la concesión de licencias obligatorias se refiere a "cuando un gobierno permite a otra persona producir el producto o proceso patentado sin el consentimiento del titular de la patente" (www.wto.org/english/tratop_e/trips_e/public_health_faq_e.htm). La concesión de licencias obligatorias es una de las flexibilidades del Acuerdo sobre los Aspectos de los Derechos de Propiedad Intelectual Relacionados con el Comercio (ADPIC). La Declaración de Doha sobre los ADPIC y la Salud Pública confirma que los países son libres de determinar los motivos para conceder licencias obligatorias.	Como no hay una definición clara de lo que constituye "causas supervenientes" y qué condiciones se modificarán (por ejemplo el tiempo), existe un riesgo de comportamiento discrecional que puede conducir a resultados anticompetitivos.	Ninguna recomendación.

Sector: Medicamentos									
Núm.	**Título de la norma**	**Art.**	**Categoría temática/ palabra clave**	**Breve descripción del obstáculo potencial**	**Autoridad relevante**	**Pregunta del manual**	**Objetivo del legislador**	**Daño a la competencia**	**Recomendación**
				(https://eservicios.impi.gob.mx/seimpi/ayudaSEIMPI/Preguntas_Frecuentes_RDUdi.pdf).					
100.	**Ley Federal sobre Metrología y Normalización**	91	Procedimiento administrativo / Riesgo de discriminación	Las autoridades pueden realizar inspecciones sorpresa de establecimientos, por ejemplo laboratorios que realizan pruebas mediante el empleo de instrumentos de medición, con el fin de verificar el cumplimiento de la Ley Federal sobre Metrología y Normalización. El establecimiento verificado deberá pagar los gastos derivados de la inspección.	El Presidente de la República por medio de la Administración Pública Federal con competencia en los asuntos regulados	B4	Proteger a la población mexicana contra riesgos para la salud al regular el control sanitario de los establecimientos y asegurar que las compañías farmacéuticas mexicanas cumplen con los requisitos legales.	La empresa sujeta a inspección debe pagar los gastos incluso si no se encuentra infracción. Esto puede aumentar los costos para algunas empresas e impone también riesgos de comportamiento arbitrario, por ejemplo si una empresa fuera excesivamente controlada.	Limitar el número de inspecciones anuales para evitar posibles abusos. Sin embargo, en el caso de una sospecha razonable seguirá siendo posible la realización de inspecciones adicionales.

Sector: Carne

Núm.	Título de la norma	Art.	Categoría temática / palabra clave	Breve descripción del obstáculo potencial	Autoridad relevante	Pregunta del manual	Objetivo del legislador	Daño a la competencia	Recomendación
1.	**Ley de Organizaciones Ganaderas DOF 09-04-2012 Reglamento de la Ley de Organizaciones Ganaderas DOF 24-12-1999**	Ley: 13 Reglamento: 104	Movilización de ganado / Ganadería, asociaciones, movilización	Para movilizar ganado en territorio mexicano, se requiere una certificación por parte de la asociación ganadera local que opera en el municipio de origen. Para obtener esta autorización, es necesario proporcionar a la asociación ganadera local una prueba de propiedad de los animales por movilizar. Esta prueba puede ser un certificado del registro del fierro, marca o tatuaje. En el caso del ganado bovino ya existe un sistema federal de identificación basado en aretes: el Sistema Nacional de Identificación Individual de Ganado (SINIIGA). Los aretes del SINIIGA son una identificación de por vida para el ganado bovino y pueden incluir un microchip que ayuda a los ganaderos a monitorear la salud y la producción de los animales. El SINIIGA busca mejorar el control sanitario, asegurar la trazabilidad y evitar el abigeato (robo de ganado). No existen sistemas de identificación comparables para cerdos y pollos. SINIIGA se describe en la NOM-001-SAG/GAN-2015, Sistema Nacional de Identificación Animal para	SAGARPA	A2, C1	El objetivo es evitar el abigeato (robo de ganado). Sin embargo, de acuerdo con un participante de la industria, la certificación otorgada por las asociaciones ganaderas locales no es una medida suficiente para prevenir este problema. Solo el ganado bovino parece requerir la certificación de una asociación. El robo de pollos y cerdos, si bien es posible, en la práctica no parece plantear un problema significativo para los productores.	La asociación ganadera local podría tener incentivos para discriminar a sus competidores, en particular a los ganaderos de otras áreas geográficas o que no pertenezcan a la asociación. Por otro lado, la Ley de Organizaciones Ganaderas y el Reglamento de la Ley de Organizaciones Ganaderas no son claros respecto a qué procedimiento debería seguirse para apelar contra la decisión de una asociación ganadera que se niegue a otorgar una certificación. Si bien en teoría una asociación ganadera local no puede negarse a otorgar una certificación si le es provista una prueba de propiedad de los animales, la asociación ganadera local podría encontrar medios para discriminar a los ganaderos que no pertenecen a ella (por	Abolir el artículo 13, fracción B de la Ley de Organizaciones Ganaderas, así como el artículo 104, fracción II del Reglamento de la Ley de Organizaciones Ganaderas. La NOM-001-SAG/GAN-2015 ya ha establecido suficientes salvaguardas para evitar el abigeato.

Sector: Carne

Núm.	Título de la norma	Art.	Categoría temática / palabra clave	Breve descripción del obstáculo potencial	Autoridad relevante	Pregunta del manual	Objetivo del legislador	Daño a la competencia	Recomendación
				Bovinos y Colmenas, publicada en el Diario Oficial de la Federación el 29 de mayo de 2015.				ejemplo al atrasar el otorgamiento de la certificación). Finalmente, en lo que respecta a la movilización de ganado bovino a lo largo del territorio mexicano, la certificación de la asociación ganadera local es un control doble, pues el ganado bovino ya está equipado con un arete acorde con el sistema SINIIGA.	
2.	**Ley de Desarrollo Rural Sustentable DOF 12-01-2012**	111	Producción de carne	La Comisión Intersecretarial para el Desarrollo Rural Sustentable (CIDRS), con la participación del Consejo Mexicano para el Desarrollo Rural Sustentable (CMDRS) y en concordancia con los tratados internacionales firmados por el gobierno federal mexicano, decide en qué productos agropecuarios los productores tienen derecho a recibir apoyo. En particular, CIDRS puede emprender acciones para asegurarse de que los consumidores estén más cerca geográficamente de los productores favorecidos. (El artículo 111 de la Ley de Desarrollo Rural Sustentable	CIDRS, SAGARPA	A5	De acuerdo con el artículo 111 de la Ley de Desarrollo Rural Sustentable, el apoyo otorgado por la CIDRS tiene por objeto aumentar el ingreso de los productores cuyos productos enfrenten dificultades de comercialización.	Si algunos productores obtuvieran apoyos para que sus consumidores estuvieran geográficamente más cerca y otros productores no obtuvieran este apoyo, la competencia se vería distorsionada. Asimismo, las instituciones de gobierno podrían inclinarse por comprarles solo a productores geográficamente cercanos, aun cuando	Modificar el artículo 111 de la Ley de Desarrollo Rural Sustentable de manera que la CIDRS no tenga la facultad de promover la cercanía geográfica entre empresas consumidoras y zonas de producción. Una alternativa más procompetitiva para estimular el desarrollo de los productores sería el otorgamiento de subsidios directos.

Sector: Carne

Núm.	Título de la norma	Art.	Categoría temática / palabra clave	Breve descripción del obstáculo potencial	Autoridad relevante	Pregunta del manual	Objetivo del legislador	Daño a la competencia	Recomendación
				contiene otra restricción, que versa sobre compras públicas). La CIDRS está compuesta por los secretarios de las Secretarías involucradas en cierto grado en el desarrollo rural (es decir, SAGARPA, SE, SEMARNAT, SHCP, SCT, SSA, SEDESOL, SEDATU, SEP y SENER) y por cualquier otra Secretaría o entidad que el Ejecutivo considere necesaria. La CIDRS está presidida por la SAGARPA. El CMDRS está compuesto por la CIDRS y por representantes acreditados de organizaciones nacionales sociales y privadas cuyo ámbito de acción sean las áreas rurales.				otros productores más lejanos realizaran ofertas más competitivas.	
3.	**Ausencia de NOM relacionadas con la clasificación de canales de res, cerdo y pollo; discriminación de productores de carne no locales**	N/D	Producción de carne / Geográfico	Actualmente no existen Normas Oficiales Mexicanas (NOM) relacionadas con la clasificación de canales de res, cerdo y pollo. Sin embargo, sí existen normas voluntarias que tratan sobre este tema: las Normas Mexicanas (NMX) NMX-FF-078-SCFI-2002; NMX-FF-081-SCFI-2003; y NMX-FF-128-SCFI-2016. De acuerdo con miembros de la industria, estas NMX no se aplican ampliamente ni se actualizan con regularidad.	SAGARPA	B3, B4	No queda claro por qué no existen NOM relativas a la clasificación de canales de res, cerdo y pollo. Este problema ya ha sido reconocido y parcialmente tratado en el Programa Nacional de Normalización 2017, publicado en el Diario Oficial de la Federación el 3 de febrero de 2017, en el que se menciona que el Subcomité Especializado en Competitividad de SAGARPA está elaborando un anteproyecto de NOM para establecer un sistema de	Cuando la legislación o los estándares estatales impiden a productores de carne no locales obtener calificaciones comparables a las obtenidas por carne comparable proveniente de productores locales, los productores no locales habrán de vender su carne en el estado en cuestión a	Expedir NOM relacionadas con la clasificación de canales de res, cerdo y pollo. Estas NOM deberían no solo satisfacer las necesidades de los productores de carne que exportan, sino también las de los productores que abastecen el mercado interno. Además, las NOM

Sector: Carne

Núm.	Título de la norma	Art.	Categoría temática / palabra clave	Breve descripción del obstáculo potencial	Autoridad relevante	Pregunta del manual	Objetivo del legislador	Daño a la competencia	Recomendación
				La ausencia de sistemas obligatorios para clasificar la carne tiene un impacto negativo tanto en el mercado interno como en los mercados de exportación. **Mercado interno** La ausencia de NOM relativas a la clasificación de canales de res, cerdo y pollo se agrava por la existencia de diversas leyes ganaderas estatales que discriminan a los productores de carne no locales en algunos de sus artículos. El informe de COFECE "Miscelánea de obstáculos regulatorios a la competencia. Análisis de la normatividad estatal" plantea que, por ejemplo, la Ley de Ganadería del estado de Sonora establece que los minoristas han de separar, ya sea en refrigeradores, anaqueles o vitrinas, los productos pecuarios de Sonora de los productos pecuarios provenientes de otros estados mexicanos o del extranjero; y en el caso de los estados de Tamaulipas (Reglamento para el Funcionamiento del Servicio de Clasificación de Carnes) y Veracruz (Reglamento del artículo 95-A de la Ley Ganadera), las cajas de carne de bovino que			clasificación de carne de res, que habrá de incluir especificaciones sobre la sanidad, la calidad agroalimentaria, la autenticidad y etiquetado; denominaciones permitidas; y procedimientos de evaluación que permitirán la diferenciación de la carne "en función de características organolépticas".	menores precios. Esto inhibe el comercio interestatal y la movilización de carne y productos cárnicos.	deberían tener en cuenta los estándares internacionales existentes para la clasificación de canales (por ejemplo, United Nations Economic Commission for Europe standards for meat, USDA's Standards for Grades of Slaughter Cattle and Standards for Grades of Carcass Beef) para facilitar las exportaciones.

Sector: Carne

Núm.	Título de la norma	Art.	Categoría temática / palabra clave	Breve descripción del obstáculo potencial	Autoridad relevante	Pregunta del manual	Objetivo del legislador	Daño a la competencia	Recomendación
				provienen de otros estados son automáticamente calificadas como "carne de calidad comercial", que es la calificación más baja en los sistemas de clasificación de canales de ganado bovino de ambos estados. Por otro lado, de acuerdo algunos participantes de la industria, en el caso de la carne de cerdo existe un problema relacionado a la "inyecta" o "mejoramiento". En los casos severos, la carne de cerdo podría contener hasta 40% de su peso de salmuera. **Mercados de exportación** Puesto que la carne mexicana no puede diferenciarse, los exportadores se ven obligados a vender su carne a menores precios, pues los países importadores (por ejemplo, Estados Unidos) otorgan a la carne mexicana la clasificación más baja, independientemente de su verdadera calidad.					
4.	**Ley Federal de Sanidad Animal DOF-07-06-2012 Reglamento de la Ley Federal de Sanidad Animal DOF-**	Ley: 68 Reglamento: 110, 111, 112	Movilización / Movilización	La movilización de "mercancías reguladas" dentro del país está sujeta a la expedición de un Certificado Zoosanitario de Movilización (CZM), expedido por SAGARPA o bien por terceros especialistas autorizados por	SAGARPA	A2	El objetivo es evitar la transmisión de enfermedades animales entre regiones de México. De acuerdo con SENASICA, los animales vivos solo pueden ser movilizados en forma continua durante 14 horas. Por tanto, en el caso de los animales vivos el CZM permite a	La validez del CZM podría ser innecesariamente corta y provocar un aumento en los costos de los productores que soliciten un nuevo certificado.	Ninguna recomendación.

Sector: Carne

Núm.	Título de la norma	Art.	Categoría temática / palabra clave	Breve descripción del obstáculo potencial	Autoridad relevante	Pregunta del manual	Objetivo del legislador	Daño a la competencia	Recomendación
	21-05-2012			esta o por terceros especialistas autorizados en centros de certificación zoosanitaria que que dependan de un organismo de certificación. De acuerdo con el artículo 4 de la Ley Federal de Sanidad Animal, las "mercancías reguladas" se definen como animales, bienes de origen animal, productos para uso o consumo animal, equipo pecuario y cualesquier otros artículos o bienes relacionados con animales que pudieran representar un riesgo zoosanitario. El CZM solo puede utilizarse dentro de los cinco días posteriores a su expedición, la cual depende del cumplimiento de diversos requisitos técnicos (por ejemplo, campañas, cuarentenas, riesgos de contaminación, dispositivo nacional de emergencia, bienestar animal y sistema nacional de vigilancia epidemiológica) que se enumeran y describen con detalle en los artículos 110 y 111 del Reglamento de la Ley Federal de Sanidad Animal. La Ley Federal de Derechos, cuya última reforma se publicó			las empresas planear el transporte con suficiente anticipación. Los miembros de la industria no presentaron queja alguna sobre la duración de la validez del CZM.		

Sector: Carne

Núm.	Título de la norma	Art.	Categoría temática / palabra clave	Breve descripción del obstáculo potencial	Autoridad relevante	Pregunta del manual	Objetivo del legislador	Daño a la competencia	Recomendación
				en el Diario Oficial de la Federación el 7 de diciembre de 2016, menciona en su artículo 86-A, fracción II que el CZM tiene un costo de 99.82 MXN. En lo que concierne a los animales vivos, el artículo 111, fracción VI del Reglamento de la Ley Federal de Sanidad Animal menciona que el CZM se otorga ya sea para animales en forma individual o bien en forma grupal, según la especie animal.					
5.	**Documentos estatales para la movilización**	N/D	Movilización / Movilización	El informe de COFECE "Miscelánea de obstáculos regulatorios a la competencia. Análisis de la normatividad estatal" menciona que varios gobiernos estatales solicitan documentos para la movilización de animales y sus productos y subproductos entre estados. Los documentos para la movilización tienen distintas denominaciones, según el estado de que se trate. Por ejemplo, las leyes ganaderas estatales de Chiapas (Ley de Fomento y Sanidad Pecuaria), Coahuila (Ley de Fomento Ganadero), Puebla (Ley Ganadera), Querétaro (Ley de Desarrollo Pecuario), Quintana Roo (Ley de	SAGARPA	A2, A5	Lo más probable es que los gobiernos estatales solicitan documentos para la movilización para lograr dos objetivos: 1) para prevenir la entrada de animales y sus productos y subproductos que pudieran poner en riesgo la salud de sus ciudadanos; y 2) para evitar el robo de animales vivos, sus productos y subproductos. Los participantes del mercado, por otro lado, afirman que los estados con frecuencia utilizan estos documentos como un mecanismo recaudatorio.	Los productores interesados en comercializar sus productos en distintos estados tienen que pagar la expedición de documentos para la movilización y certificados de desinfección para hacer llegar sus productos de los puntos de producción a los puntos de venta. Esto encarece sus productos y discrimina en favor de los productores que producen y comercializan sus productos en el mismo estado.	Abolir el requisito de los documentos estatales para la movilización (guías de tránsito). El Certificado Zoosanitario de Movilización y el Aviso de Movilización deberían remplazar en todas las instancias a los documentos estatales para la movilización en lo que respecta a las condiciones zoosanitarias. El robo de pollos o cerdos no parece plantear un problema significativo en la práctica y, en el caso de ganado bovino, existe un

Sector: Carne

Núm.	Título de la norma	Art.	Categoría temática / palabra clave	Breve descripción del obstáculo potencial	Autoridad relevante	Pregunta del manual	Objetivo del legislador	Daño a la competencia	Recomendación
				Fomento y Desarrollo Pecuario), San Luis Potosí (Ley de Ganadería) y Yucatán (Ley Ganadera) se refieren a estos documentos como *guías de tránsito*. Asimismo, en varios estados (por ejemplo, Chiapas, Coahuila, Puebla, Querétaro y Yucatán) los documentos para la movilización pueden ser expedidos por asociaciones ganaderas locales. De acuerdo con varios miembros de la industria, los documentos estatales para la movilización suelen tener un costo y contienen información ya incluida en los CZM. Esto constituye un control doble que es innecesario. Por otro lado, en ocasiones, además de estos documentos para la movilización los gobiernos estatales imponen el pago de certificados de desinfección y de permisos de internación.				En este sentido, el artículo 67 de la Ley Federal de Sanidad Animal establece que la SAGARPA tiene la facultad exclusiva de determinar los requisitos zoosanitarios para transportar "mercancías reguladas" a lo largo del país, y que las autoridades estatales no pueden imponer requisitos más estrictos que los determinados por la SAGARPA. Por tanto, los artículos de las leyes ganaderas estatales que exigen documentos para la movilización con requisitos adicionales a los impuestos por SAGARPA probablemente contravienen el artículo 67 de la Ley Federal de Sanidad Animal. Finalmente, el informe de COFECE mencionado proporciona la	sistema federal de identificación (es decir, el SINIIGA) que asegura la trazabilidad y previene el robo de ganado. Es necesario examinar con mayor detalle si esta recomendación puede llevarse a cabo mediante una modificación o aclaración en la ley federal (por ejemplo una mención de que los documentos estatales para la movilización están prohibidos), o si se requieren medidas más extensas.

Sector: Carne

Núm.	Título de la norma	Art.	Categoría temática / palabra clave	Breve descripción del obstáculo potencial	Autoridad relevante	Pregunta del manual	Objetivo del legislador	Daño a la competencia	Recomendación
								siguiente información sobre las guías de tránsito (p.16): "Al respecto, la SCJN ha determinado que las disposiciones que restringen la movilización de productos son violatorias de la libertad de comercio tutelada por el artículo 5° Constitucional, en virtud de que imponen una limitante a la libertad de los individuos para comercializar sus productos".	
6.	**Oficio Circular No. B00.03.-08/06/2016 de SENASICA** **Acuerdo por el que se da a conocer la campaña y las medidas zoosanitarias que deberán aplicarse para el diagnóstico, prevención, control y erradicación de la Influenza Aviar Notificable, en**	Oficio Circular: II, III, IV Acuerdo: 68	Movilización / Trazabilidad	Para movilizar cerdos y sus productos y subproductos, así como aves y sus productos y subproductos provenientes de zonas libres de influenza, se requiere un Aviso de Movilización (AM). Los AM son gratuitos y pueden llenarse por medio del Servicio Nacional de Avisos de Movilización (SNAM). Las aves y sus productos y subproductos que provienen de zonas no libres de influenza requieren, en su lugar, un Certificado Zoosanitario de Movilización (CZM), que sí tiene un costo.	SAGARPA	A2	El objetivo de la regulación es asegurar que exista un sistema de trazabilidad para los cerdos y sus productos y subproductos, así como para las aves y sus productos y suproductos provenientes de zonas libres de influenza.	Varios miembros de la industria manifestaron que los AM no eran realmente necesarios pues las compañías ya poseen sistemas de trazabilidad.	Ninguna recomendación. Los AM han simplificado el transporte de las "mercancías reguladas" de bajo riesgo, en comparación con la obtención de un CZM. No se recomienda abolir los AM pues en su ausencia no sería posible garantizar que todas las empresas tengan un sistema de trazabilidad adecuado.

Sector: Carne

Núm.	Título de la norma	Art.	Categoría temática / palabra clave	Breve descripción del obstáculo potencial	Autoridad relevante	Pregunta del manual	Objetivo del legislador	Daño a la competencia	Recomendación
	las zonas del territorio de los Estados Unidos Mexicanos en las que se encuentre presente esa enfermedad. DOF-21-06-2011								
7.	**NOM-194-SSA1-2004, Productos y servicios. Especifi-caciones sanitarias en los establecimien-tos dedicados al sacrificio y faenado de animales para abasto, almacena-miento, transporte y expendio. Especificacio-nes sanitarias de productos**	6.6.2.1, 6.7.1	Matanza y procesamiento de la carne / Aumenta costos	Todos los animales que llegan a un rastro deben contar con un "certificado zoosanitario" (al parecer se trata de un CZM) o una "guía de traslado de ganado" (al parecer se trata de un documento estatal para la movilización). Además, debe mantenerse registro de información sobre el origen, destino, temperatura de la carne, temperatura de los medios de transporte y datos para identificar el vehículo (placa, conductor, empresa, etc.).	Vigilancia: SSA por intermedio de la COFEPRIS, gobiernos de los estados y organismos de tercera parte habilitados	A2	Lo más probable es que el objetivo sea garantizar la trazabilidad de los animales que se reciben en los rastros.	Los entrantes requieren una autorización *ex ante*, lo cual constituiría una barrera a la entrada si los requisitos son onerosos o muy costosos. Por otro lado, no queda claro por qué se hace referencia a dos documentos, el certificado zoosanitario y la guía de traslado, como sustitutos.	Modificar los artículos 6.6.2.1 i) y 6.7 de manera que solo se solicite un CZM para los animales que arriban a los rastros. Las guías de traslado no deberían aceptarse en los rastros.
8.	**Ley de productos Orgánicos DOF-07-02-2006** **Reglamento de**	Ley: 8, 15, 19 Regla-mento: 5, 6 Acuerdo:	Orgánico / Etiquetado, orgánico	Los productores agropecuarios que deseen comercializar sus productos con el reconocimiento "orgánico" necesitan un certificado que es otorgado por la SAGARPA o bien por	SAGARPA	A2	El objetivo de la regulación es permitir una clara identificación de los productos agropecuarios cuyo proceso de producción, *grosso modo*, no implica el uso de pesticidas o productos agroquímicos de síntesis. El	El cumplimiento de los periodos de conversión retrasa la entrada a los mercados de producción de carne orgánica.	Ninguna recomendación. La SAGARPA trabaja en una modificación al "Acuerdo por el que se dan a conocerlos Lineamientos para la

Sector: Carne

Núm.	Título de la norma	Art.	Categoría temática / palabra clave	Breve descripción del obstáculo potencial	Autoridad relevante	Pregunta del manual	Objetivo del legislador	Daño a la competencia	Recomendación
	la Ley de Productos Orgánicos DOF-01-04-2010 **Acuerdo por el que se dan a conocer los Lineamientos para la Operación Orgánica de las actividades agropecuarias DOF-29-10-2013**	general		un organismo de certificación orgánica. Los organismos de certificación orgánica son empresas privadas (por ejemplo la Certificadora mexicana de productos y procesos ecológicos, S.C.) que tienen la aprobación de la SAGARPA para certificar que un producto es orgánico. A noviembre del 2015 existían nueve organismos de certificación orgánica. Para obtener un certificado orgánico, el productor debe aportar un "Plan orgánico" a un organismo de certificación orgánica, y su producción debe transitar por un "periodo de conversión". Un "Plan orgánico" es un documento que describe todas las etapas de producción y hace constar el cumplimiento de la ley y su reglamento. El "periodo de conversión" es un periodo durante el cual el productor no puede etiquetar sus productos como orgánicos, mas durante el cual la producción se lleva a cabo utilizando insumos orgánicos aprobados. El tiempo puede contarse de forma retroactiva para el periodo de conversión si el productor posee un			periodo de conversión sirve para asegurarse de que en el lapso de tiempo especificado (la extensión del periodo de conversión depende del producto) la producción se llevó a cabo únicamente con insumos orgánicos. Como consecuencia, se evita el engaño a los consumidores y se promueve la confianza en las etiquetas orgánicas. **Comparación internacional** En la UE también existen periodos de conversión para la producción de carne orgánica. En efecto, el artículo 38 del Reglamento (CE) nº 889/2008 de la Comisión del 5 de septiembre de 2008 establece periodos de conversión específicos para la producción de animales y productos pecuarios. Asimismo, la extensión de los periodos de conversión para bovinos, cerdos y aves para producción de carne también se ha establecido en este reglamento, y dichos periodos son ahora iguales que los establecidos en el "Acuerdo por el que se dan a conocer los Lineamientos para la Operación Orgánica de las actividades agropecuarias". Estos periodos no son tan extensos como para retrasar la entrada durante un periodo significativo.		Operación Orgánica de las actividades agropecuarias". Dicha modificación, "Acuerdo por el que se modifican, adicionan y derogan diversas disposiciones del diverso por el que se da a conocer los lineamientos para la operación orgánica de las actividades agropecuarias, publicado en el Diario Oficial de la Federación el 29 de octubre de 2013", se publicó en la página de internet de la Comisión Federal de Mejora Regulatoria (COFEMER) y se halla en la fase posterior a la consulta pública. Entre las propuestas, la modificación propone reducir el periodo de conversión de las aves para carne (de 10 a 7 semanas).

Sector: Carne

Núm.	Título de la norma	Art.	Categoría temática / palabra clave	Breve descripción del obstáculo potencial	Autoridad relevante	Pregunta del manual	Objetivo del legislador	Daño a la competencia	Recomendación
				registro de análisis que acredite que solo se utilizaron insumos permitidos en el proceso de producción. La duración del periodo de conversión depende de la especie animal (por ejemplo, las especies animales más grandes requieren periodos de conversión más largos). El artículo 17 del "Acuerdo por el que se dan a conocer los Lineamientos para la Operación Orgánica de las actividades agropecuarias" establece que en el caso de animales para la producción de carne, los periodos de conversión son de al menos 12 meses para bovinos, 6 meses para cerdos y 10 semanas para aves. La lista de insumos permitidos en la producción orgánica también está establecida en dicho Acuerdo.					
9.	**Reglamento de la Ley de Productos Orgánicos DOF-01-04-2010**	27	Orgánico / Etiquetado, orgánico	Los certificados orgánicos se otorgan por un periodo de un año, el cual puede ser renovado si los requisitos se satisfacen nuevamente.	SAGARPA	A2	El objetivo es asegurar que exista continuidad en el cumplimiento de los requisitos del certificado orgánico. Para obtener la renovación del certificado orgánico, el productor orgánico debe probar que satisface las recomendaciones relacionadas con la expedición del certificado original.	La duración de los certificados orgánicos parece ser innecesariamente corta y la renovación podría implicar costos excesivos, sobre todo para los pequeños productores.	Ninguna recomendación.

Sector: Carne

Núm.	Título de la norma	Art.	Categoría temática / palabra clave	Breve descripción del obstáculo potencial	Autoridad relevante	Pregunta del manual	Objetivo del legislador	Daño a la competencia	Recomendación
							Comparación internacional En la UE, la certificación orgánica no está sujeta a renovaciones. En su lugar, tal como se establece en el artículo 65 del Reglamento (CE) nº 889/2008 de la Comisión de 5 de septiembre de 2008, las autoridades u organismos a cargo del control han de llevar a cabo una inspección física de todos los operadores al menos una vez al año. Durante estas inspecciones, se toman muestras para verificar que las técnicas de producción se ajusten a las reglas de producción orgánica. Asimismo, se efectúan inspecciones aleatorias, principalmente no anunciadas, con base en una evaluación del riesgo de incumplimiento de las reglas de producción orgánica. En el caso de incumplimiento o irregularidades, el artículo 30 del Reglamento (CE) nº 834/2007 del Consejo de 28 de junio de 2007, establece que las autoridades u organismos a cargo del control habrán de asegurarse de que no se haga referencia a los métodos de producción orgánica en el etiquetado ni en la publicidad del lote o línea de producción en cuestión. Los incumplimientos severos pueden llevar a la prohibición de comercializar productos con referencia a métodos de producción orgánica en el etiquetado o en la publicidad,		

Sector: Carne

Núm.	Título de la norma	Art.	Categoría temática / palabra clave	Breve descripción del obstáculo potencial	Autoridad relevante	Pregunta del manual	Objetivo del legislador	Daño a la competencia	Recomendación
							por un periodo que es determinado por el Estado miembro de la UE de que se trate. De acuerdo con SENASICA, el sistema actual de renovación de certificaciones orgánicas en México es equivalente al sistema de la UE. Tal es el caso puesto que el sistema de inspecciones de la UE, si bien no es propiamente un sistema de renovaciones, se apoya en inspecciones físicas que se llevan a cabo al menos una vez al año y que verifican que se dé un cumplimiento cabal al Reglamento (CE) nº 834/2007 del Consejo y, por consiguiente, conlleva una carga regulatoria similar.		
10.	**Ley Federal de Sanidad Animal DOF-07-06-2012** **Reglamento de la Ley Federal de Sanidad Animal DOF-21-05-2012** **Acuerdo por el que se dan a conocer los Criterios generales aplicados por México para el establecimiento y**	Ley: 32, 33, 34 Reglamento: 40 Acuerdo: General	Salud animal, producción de carne / Zoosanitario, sanitario, sanidad animal	Para importar "mercancías reguladas" se necesita un Certificado Zoosanitario para Importación (CZI) que es otorgado por la SAGARPA en los puntos de ingreso a México. Para obtener el CZI, deben satisfacerse los requisitos de la Hoja de Requisitos Zoosanitarios (HRZ). La HRZ es un documento con requisitos específicos para todas las "mercancías reguladas" por importar. Las HRZ pueden adaptarse a las condiciones sanitarias específicas de los países exportadores.	SAGARPA	A2	El objetivo es evitar la entrada de enfermedades animales del extranjero a México. De acuerdo con SENASICA, las HRZ se generan a partir de HRZ universales, y garantizan así que todos los países estén sujetos a los mismos estándares. En ese sentido, de acuerdo con SENASICA ha habido una simplificación significativa de las HRZ: recientemente el número de posibles combinaciones de HRZ para productos pecuarios se redujo de alrededor de 10 000 a cerca de 3 000. Actualmente existen dos salvaguardas para prevenir las modificaciones indebidas a las	Las HRZ son necesarias para obtener un CZI. Puesto que las primeras pueden adaptarse a las condiciones sanitarias de los países exportadores, existe un gran número de HRZ (alrededor de 3 000). En tal situación, sería difícil asegurar que todos los países exportadores están sujetos al mismo estándar. Por lo tanto, en teoría las HRZ podrían utilizarse para evitar que	Ninguna recomendación. No obstante, los requisitos planteados en las HRZ deberían revisarse en forma periódica para evitar que contengan criterios innecesarios u obsoletos (por ejemplo, enfermedades animales que ya hayan sido erradicadas). Todas las HRZ deberían publicarse y ser de fácil acceso en la página de Internet de SENASICA.

Sector: Carne

Núm.	Título de la norma	Art.	Categoría temática / palabra clave	Breve descripción del obstáculo potencial	Autoridad relevante	Pregunta del manual	Objetivo del legislador	Daño a la competencia	Recomendación
	modificación de requisitos en materia de sanidad e inocuidad animal, vegetal, acuícola y pesquera para la importación de mercancías reguladas por la Secretaría de Agricultura, Ganadería, Desarrollo Rural, Pesca y Alimentación a través del Servicio Nacional de Sanidad, Inocuidad y Calidad Agroalimenta-ria. DOF-29-05-2014.						HRZ: 1) El acuerdo publicado en el Diario Oficial de la Federación el 29 de mayo de 2014 establece que todas las modificaciones a las HRZ habrán de sujetarse a consulta pública. 2) El artículo 39 del Reglamento de la Ley Federal de Sanidad Animal menciona que las HRZ deben basarse en diagnósticos técnicos y científicos, así como en recomendaciones internacionales o evaluaciones de riesgo. Esto da certidumbre a los socios comerciales de México en lo que respecta a las condiciones que se deben satisfacer.	determinados países extranjeros exporten a México.	
11.	**NOM-008-ZOO-1994, Especificacio-nes zoosanitarias para la construcción y equipamiento de estableci-mientos para el sacrificio de animales y los**	4	Matanza y procesamiento de la carne / Regla sanitaria	Para construir y operar un rastro o una planta procesadora de carne TIF, o ambos, debe mantenerse un registro de diversos elementos (por ejemplo pruebas bacteriológicas mensuales, una lista de equipo, un programa de control de insectos y roedores, un programa de control de calidad, etc.). Esta NOM no se	Vigilancia: SAGARPA y gobiernos de los estados Aplicación: SAGARPA	A2	El objetivo de esta disposición es permitir la inspección *ante* y *post mortem* de los animales que son sacrificados, para verificar que las instalaciones y el equipo sean los adecuados.	Los entrantes requieren una autorización *ex ante*, lo cual podría constituir una barrera a la entrada si los requisitos son complicados u onerosos.	Ninguna recomendación.

Sector: Carne

Núm.	Título de la norma	Art.	Categoría temática / palabra clave	Breve descripción del obstáculo potencial	Autoridad relevante	Pregunta del manual	Objetivo del legislador	Daño a la competencia	Recomendación
	dedicados a la industrialización de productos cárnicos (Modificada)			aplica a rastros municipales cuyas concesiones sean reguladas por la legislación municipal.					
12.	**NOM-008-ZOO-1994, Especificaciones zoosanitarias para la construcción y equipamiento de establecimientos para el sacrificio de animales y los dedicados a la industrialización de productos cárnicos (Modificada)**	5.2	Matanza y procesamiento de la carne / Regla sanitaria	La autorización para construir y operar un rastro o una planta procesadora de carne, o ambos, está supeditada a las posibilidades del cuerpo receptor de sus desagües. Si este se considera insuficiente, la ubicación del rastro o de la planta procesadora no se aprueba. No queda claro cuándo se considera insuficiente un cuerpo receptor de desagües.	Vigilancia: SAGARPA y gobiernos de los estados Aplicación: SAGARPA	A2	El objetivo probablemente sea evitar la acumulación de residuos (por ejemplo, sangre, grasas) que pudieran ser una fuente de enfermedades humanas y animales. **Comparación internacional** La definición de instalaciones de drenaje adecuadas, en la UE por ejemplo, está contenida en el numeral 8 del capítulo I "Requisitos generales de los locales destinados a los productos alimenticios (que no sean mencionados en el capítulo III)" del Anexo II, del Reglamento (CE) nº 852/2004 del Parlamento Europeo y del Consejo de 29 de abril de 2004, el cual establece que "las redes de evacuación de aguas residuales deberán ser suficientes para cumplir los objetivos pretendidos y estar concebidas y construidas de modo que se evite todo riesgo de contaminación. Cuando los canales de desagüe estén total o parcialmente abiertos, deberán estar diseñados de tal modo que se garantice que los residuos no van de una zona contaminada a otra limpia, en particular, a una	Los entrantes requieren una autorización *ex ante*, lo cual podría constituir una barrera a la entrada si los requisitos son complicados u onerosos. Asimismo, en este caso la falta de claridad de los requisitos podría favorecer la discriminación.	El artículo 5.2 de esta NOM debería contener una explicación de qué constituye un cuerpo receptor de desagües suficiente. El párrafo citado del Reglamento (CE) nº 852/2004 del Parlamento Europeo y del Consejo de 29 de abril de 2004 podría servir como modelo para dicha explicación.

Sector: Carne

Núm.	Título de la norma	Art.	Categoría temática / palabra clave	Breve descripción del obstáculo potencial	Autoridad relevante	Pregunta del manual	Objetivo del legislador	Daño a la competencia	Recomendación
							zona en la que se manipulen productos alimenticios que puedan representar un alto riesgo para el consumidor final".		
13.	**Ley de Bioseguridad de Organismos Genéticamente Modificados DOF 18-03-2005**	91, 92	Cría de ganado / Regla sanitaria	Los organismos genéticamente modificados (OGM) para consumo humano o animal requieren la autorización de la Secretaría de Salud (SSA). Esta autorización conlleva presentar a la SSA un estudio de riesgos potenciales.	SAGARPA, SEMARNAT y SSA	A2	Probablemente el objetivo sea minimizar el riesgo de comercializar OGM que pudieran constituir un peligro para la salud pública. Las condiciones para la autorización parecen ser suficientemente claras. El 3 de enero de 2014 se publicó una NOM en el Diario Oficial de la Federación, que establece las características y el contenido que habrán de incluirse en los informes de OGM liberados, en relación con posibles riesgos para el ambiente, la diversidad biológica y la sanidad animal, vegetal y acuícola; véase NOM-164-SEMARNAT/SAGARPA-2013, Que establece las características y contenido del reporte de resultados de la o las liberaciones realizadas de organismos genéticamente modificados, en relación con los posibles riesgos para el medio ambiente y la diversidad biológica y, adicionalmente, a la sanidad animal, vegetal y acuícola. **Comparación internacional** El lanzamiento y la comercialización de OGM están sujetos a evaluaciones de riesgo. Por ejemplo, en la UE la directiva 2001/18/CE del Parlamento	Los entrantes requieren una autorización *ex ante*, lo cual podría constituir una barrera a la entrada si los requisitos son complicados u onerosos.	Ninguna recomendación.

Sector: Carne

Núm.	Título de la norma	Art.	Categoría temática / palabra clave	Breve descripción del obstáculo potencial	Autoridad relevante	Pregunta del manual	Objetivo del legislador	Daño a la competencia	Recomendación
							Europeo y del Consejo estipula que deben llevarse a cabo evaluaciones de riesgo antes de comercializar los OGM.		
14.	**Ley de Bioseguridad de Organismos Genéticamente Modificados DOF 18-03-2005**	93	Cría de ganado / Regla sanitaria	Cualquier empresa interesada en importar OGM debe proporcionar a la SSA la documentación que acredite que dicho OGM está autorizado en el país de origen. Si el OGM no está autorizado en el país de origen, el importador debe manifestar dicha situación y presentar a la SSA la documentación que permita a esta decidir si se otorga o no una autorización para la importación.	SAGARPA, SEMARNAT y SSA	A2	Probablemente el objetivo sea minimizar el riesgo de comercializar OGM que pudieran constituir un peligro para la salud pública. **Comparación internacional** El lanzamiento y la comercialización de OGM están sujetos a evaluaciones de riesgo. Por ejemplo, en la UE la directiva 2001/18/CE del Parlamento Europeo y del Consejo estipula que deben llevarse a cabo evaluaciones de riesgo antes de comercializar los OGM.	Los entrantes requieren una autorización *ex ante*, lo cual podría constituir una barrera a la entrada si los requisitos son complicados u onerosos.	Ninguna recomendación, pues las condiciones para las empresas extranjeras interesadas en exportar OGM a México son claras.
15.	**Ley Federal de Sanidad Animal DOF-07-06-2012**	25, 26, 38	Importaciones / Barreras a la entrada, zoosanitario, sanitario, importaciones	Los animales y sus productos y subproductos deben provenir no solo de países autorizados, sino también de establecimientos autorizados dentro de dichos países. Para que un país sea autorizado, sus servicios veterinarios deben ser reconocidos por la SAGARPA como operantes conforme a estándares equivalentes a los de México. La SAGARPA, por medio de SENASICA, extiende autorizaciones a los países y establecimientos que exportan a México.	SAGARPA	A2, A4, A5	El objetivo es asegurar que los animales vivos y sus productos y subproductos de importación no constituyan un peligro para la salud de los consumidores mexicanos. De acuerdo con entrevistas a miembros de la industria, esta doble autorización con frecuencia tiene una justificación, pues en el interior de los países pueden existir zonas que están libres de enfermedades animales, mientras que otras no lo están. Al parecer, las autoridades extranjeras no siempre son capaces de evitar exportaciones provenientes de zonas donde existen	Esta disposición conlleva un doble control, al país y al establecimiento. Pareciera que las autorizaciones a nivel de países serían suficientes para garantizar condiciones zoosanitarias adecuadas, pues las autoridades extranjeras de sanidad animal deberían, al menos en teoría, inspeccionar regularmente los establecimientos en sus países. El	Eliminar las autorizaciones adicionales de los establecimientos, si bien dichas eliminaciones tendrían que basarse en acuerdos bilaterales con países que también eliminen el requisito adicional de que los establecimientos mexicanos que exporten sean autorizados por las autoridades sanitarias extranjeras. Ambas partes habrían de

Sector: Carne

Núm.	Título de la norma	Art.	Categoría temática / palabra clave	Breve descripción del obstáculo potencial	Autoridad relevante	Pregunta del manual	Objetivo del legislador	Daño a la competencia	Recomendación
							enfermedades. Asimismo, varios países extranjeros a los que los productores mexicanos exportan animales vivos y sus productos y subproductos también llevan a cabo este procedimiento, es decir, aprueban a las autoridades extranjeras de sanidad animal y efectúan regularmente visitas a los establecimientos extranjeros.	requisito de que la SAGARPA también autorice e inspeccione establecimientos en países extranjeros constituiría una barrera adicional y posiblemente innecesaria a la entrada . En relación con la doble autorización, la COFECE hace la siguiente recomendación en el "Reporte sobre las condiciones de competencia en el sector agroalimentario" (p. 405): "Este esquema establece fuertes barreras a la entrada, pues exige que las mercancías provengan tanto de países como de establecimientos previamente autorizados. En este orden de ideas, el riesgo sanitario podría quedar solventado únicamente a través del primer filtro, sobre todo cuando el país de origen aplica estándares, al menos, tan rigurosos como los	acordar que sus autoridades sanitarias internas asegurasen la calidad de los establecimientos exportadores y de los productos dentro de su jurisdicción (incluso si dichos productos no se comercializaran en el mercado interno).

Sector: Carne

Núm.	Título de la norma	Art.	Categoría temática / palabra clave	Breve descripción del obstáculo potencial	Autoridad relevante	Pregunta del manual	Objetivo del legislador	Daño a la competencia	Recomendación
								establecidos en la normativa mexicana. De otra forma, se abren las probabilidades de restringir de manera injustificada el comercio y, con ello, de afectar el proceso de libre concurrencia y competencia".	
16.	**Ley de Federal de Sanidad Animal DOF-07-06-2012 Reglamento de la Ley Federal de Sanidad Animal DOF 21-05-2012**	Ley: 80 Reglamento: 57	Sanidad animal, importaciones / Zoosanitario, importaciones	La SAGARPA puede prohibir o restringir la importación de animales o productos relacionados, en caso de una "emergencia zoosanitaria"; además, puede establecer cuarentenas y realizar inspecciones en los puntos de ingreso. De acuerdo con el Reglamento de la Ley Federal de Sanidad Animal, una "emergencia zoosanitaria" es una situación en la que, debido a la alta prevalencia de una enfermedad animal, exista el riesgo de introducción de dicha enfermedad al territorio mexicano, y dicha enfermedad podría tener un alto impacto económico, provocar una pérdida de productividad o representar un riesgo para la salud pública.	SAGARPA	A3	El objetivo es diagnosticar y prevenir la introducción, permanencia y diseminación de enfermedades animales, que podrían tener una incidencia en la salud animal y la salud pública. La definición de "emergencia zoosanitaria" es clara y no permite gran discrecionalidad a la autoridad correspondiente. Por otro lado, el 4 de mayo de 2016 la SAGARPA ahondó más en los requisitos para las emergencias zoosanitarias al publicar un acuerdo en el Diario Oficial de la Federación (Acuerdo mediante el cual se dan a conocer en los Estados Unidos Mexicanos las enfermedades y plagas exóticas y endémicas de notificación obligatoria de los animales terrestres y acuáticos) que lista todas las enfermedades y plagas exóticas y endémicas de los animales terrestres y acuáticos que las partes involucradas en el mercado mexicano están obligadas a notificar ante la	Los requisitos para la entrada y los controles establecidos para los productos importados podrían perjudicar a los productores extranjeros al colocarlos en una situación de desventaja respecto a los productores nacionales.	Ninguna recomendación.

Sector: Carne

Núm.	Título de la norma	Art.	Categoría temática / palabra clave	Breve descripción del obstáculo potencial	Autoridad relevante	Pregunta del manual	Objetivo del legislador	Daño a la competencia	Recomendación
							SAGARPA. De acuerdo con SENASICA, se está elaborando una versión actualizada de este acuerdo.		
17.	**Ley Federal de Sanidad Animal DOF-07-06-2012**	41	Importaciones / Barreras a la entrada, zoosanitario, sanitario, importaciones	Lo animales vivos que se importen a México deben ser verificados en el extranjero en los Puntos de verificación e inspección zoosanitaria, y certificados e inspeccionados en los puntos de ingreso a México. La SAGARPA puede determinar cuándo las importaciones de animales vivos solo estarán sujetas a una inspección y certificación en los puntos de entrada a México.	SAGARPA	A2, A4, A5	El objetivo es diagnosticar y prevenir la introducción, permanencia y diseminación de enfermedades animales, que podrían afectar la salud animal y la salud pública. El riesgo zoosanitario es más alto para los animales vivos. No es inusual que los animales se enfermen durante su transporte a México. Por consiguiente, el requisito adicional de ser controlados al llegar a México parece justificado.	Existe un doble requisito para la importación. En principio, si los animales vivos ya fueron inspeccionados en el extranjero, parece innecesario certificarlos/ inspeccionarlos en territorio mexicano.	Ninguna recomendación.
18.	**NOM-030-ZOO-1995, Especificacio-nes y procedimiento s para la verificación de carne, canales, vísceras y despojos de importación en puntos de verificación zoosanitaria**	4	Importación de carnes / Importaciones, Inspecciones	El artículo 4.1 de esta NOM establece que 100% de los lotes de carne, canales, vísceras y despojos de importación deben ser inspeccionados en lo relativo a la Hoja de Requisitos Zoosanitarios (HRZ). Finalmente, esta restricción constituye un tercer control, adicional a la autorización a países extranjeros para exportar a México y a la autorización de establecimientos extranjeros.	Vigilancia y aplicación: SAGARPA	A5, B4	El objetivo es asegurar que los lotes de importación de carne, canales, vísceras y despojos no sean portadores de enfermedades animales que tendrían un impacto negativo en la salud pública.	Parece excesivo e innecesariamente costoso inspeccionar 100% de los lotes de carne, canales, vísceras y despojos de importación, en lo relativo a la HRZ. Asimismo, de acuerdo con miembros de la industria, no es factible inspeccionar todos los lotes, lo cual permitiría mayor discrecionalidad y propiciaría la discriminación entre los proveedores.	Modificar el artículo 4.1 de esta NOM de manera que la inspección de 100% de los lotes, en lo relativo a la HRZ, sea reemplazada por un sistema en el que tanto el momento como el número de inspecciones, así como la cantidad de muestras para ser inspeccionadas, sean elegidos con base en un análisis de riesgos. Las inspecciones serían aleatorias, para que los exportadores no

Sector: Carne

Núm.	Título de la norma	Art.	Categoría temática / palabra clave	Breve descripción del obstáculo potencial	Autoridad relevante	Pregunta del manual	Objetivo del legislador	Daño a la competencia	Recomendación
									pudiesen prever en qué momento sería la próxima inspección. Asimismo, la frecuencia de las inspecciones y el tamaño de la muestra revisada durante cada inspección serían elegidos con base en un análisis de riesgos que tomara en cuenta, entre otros factores, el cumplimiento pasado del exportador en lo relativo a requisitos zoosanitarios. En el Programa Nacional de Normalización 2017, publicado en el Diario Oficial de la Federación el 3 de febrero de 2017, se menciona que esta NOM probablemente será cancelada en el 2017. De acuerdo a SENASICA, esta NOM será remplazada por el Acuerdo por el que se establecen las Reglas para la inspección y verificación de carne, canales, vísceras y despojos que se importen a los

Sector: Carne

Núm.	Título de la norma	Art.	Categoría temática / palabra clave	Breve descripción del obstáculo potencial	Autoridad relevante	Pregunta del manual	Objetivo del legislador	Daño a la competencia	Recomendación
									Estados Unidos Mexicanos. Según el SENASICA, dicho documento establecería un procedimiento de inspección basado en una evaluación de riesgo, a partir de las siguientes variables: riesgos sanitarios, historial de incumplimiento, destino del producto (es decir, establecimiento TIF o no), etcétera.
19.	**Ley de Desarrollo Rural Sustentable DOF 12-01-2012**	149	Cría de ganado / Importaciones	La Comisión Intersecretarial para el Desarrollo Rural Sustentable (CIDRS) habrá de promover la creación de Sistemas Producto, que son comités del Consejo Mexicano para el Desarrollo Rural Sustentable (CMDRS). Estos comités tendrán entre sus objetivos "participar en la definición de aranceles, cuotas y modalidades de importación".	CIDRS, SAGARPA	C1	El objetivo es desarrollar la cadena de valor en la industria cárnica, en el sentido de incrementar la productividad y la competitividad. Los productores agropecuarios solo tienen un papel consultivo en el establecimiento de los aranceles. De acuerdo con el artículo 4 de la Ley de Comercio Exterior (última reforma publicada en el Diario Oficial de la Federación el 21 de diciembre de 2006), el Ejecutivo Federal tiene la facultad de crear, aumentar, disminuir o abolir aranceles mediante decretos publicados en el Diario Oficial de la Federación, y de conformidad con el artículo 131 de la Constitución Política de los Estados Unidos Mexicanos. En muchas otras jurisdicciones es común que los gobiernos federales	Se desconoce el alcance de las acciones emprendidas en la práctica por la CIDRS. Sin embargo, este artículo sugiere que la CIDRS promueve la participación de productores agropecuarios en el establecimiento de aranceles. Estos productores podrían solicitar a la CIDRS restringir las importaciones para protegerlos de competidores extranjeros.	Ninguna recomendación, pues constituye una facultad del gobierno mexicano determinar aranceles, mientras estos sean compatibles con las obligaciones contraídas en los tratados internacionales aplicables, como el Tratado de Libre Comercio de América del Norte (TLCAN) y las reglas establecidas por la Organización Mundial del Comercio (OMC).

Sector: Carne

Núm.	Título de la norma	Art.	Categoría temática / palabra clave	Breve descripción del obstáculo potencial	Autoridad relevante	Pregunta del manual	Objetivo del legislador	Daño a la competencia	Recomendación
							consulten a los productores antes de tomar decisiones relativas al establecimiento de aranceles.		
20.	**NOM-054-ZOO-1996, Estableci-miento de cuarentenas para animales y sus productos**	7.2	Producción de carne / Regla sanitaria, discrecionalidad excesiva	Esta restricción concierne a los animales importados cuya Hoja de Requisitos Zoosanitarios expedida por SENASICA establezca que habrán de ser puestos en cuarentena el tiempo "estrictamente necesario para comprobar que la presencia de los animales en el país y en la zona de destino, no significa ningún riesgo zoosanitario." En la práctica, a los importadores de animales se les permite conducir a sus animales a sus propias instalaciones, donde personal de SENASICA realiza visitas periódicas subsecuentes a los animales y vigila su estado de salud. Esta concesión, sin embargo, no queda clara de la lectura de la NOM.	Vigilancia: SAGARPA y gobiernos de los estados Aplicación: SAGARPA	A4, A5, B4	El objetivo es evitar la entrada de enfermedades animales del extranjero a México.	La afirmación de que el tiempo "será el estrictamente necesario" otorga amplia discrecionalidad a las autoridades aduanales. En teoría, los animales vivos de importación podrían ser retenidos por periodos de tiempo sustantivos en los puntos de entrada a México, lo cual retrasaría su transporte y comercialización en el interior de México.	Incluir una aclaración en el párrafo introductorio del artículo 7, pues con la redacción actual no queda completamente claro que a los importadores de animales vivos se les permita trasladar a los animales en cuarentena a sus propias instalaciones, donde personal de SENASICA subsecuentemente realizará visitas periódicas a los animales y vigilará su estado de salud.
21.	**Decreto por el que se establece la Ventanilla Digital Mexicana de Comercio Exterior DOF 14-01-2011**	General	Importaciones, exportaciones / Importaciones, plataforma de Internet	Este decreto estableció la Ventanilla Digital Mexicana de Comercio (también conocida como Ventanilla Única de Comercio Exterior Mexicana, VUCEM), una plataforma de Internet que centraliza la comunicación y el trámite de los requisitos impuestos por las dependencias gubernamentales con	SAT	A4, A5, B4	El objetivo de la regulación es reducir procedimientos burocráticos al centralizar el cumplimiento de requisitos de comercio exterior. Sin embargo, este objetivo solo se logra si la plataforma funciona en forma adecuada.	El decreto en sí es procompetitivo. Sin embargo, de acuerdo con miembros de la industria, la VUCEM no es completamente funcional. Un miembro de la industria estimó que la VUCEM experimentó fallas ("fase de	Es fundamental asegurarse de que la VUCEM funcione en forma correcta y consistente. Por tanto, debería aclararse que solo una autoridad (es decir, el SAT) es enteramente responsable del

Sector: Carne

Núm.	Título de la norma	Art.	Categoría temática / palabra clave	Breve descripción del obstáculo potencial	Autoridad relevante	Pregunta del manual	Objetivo del legislador	Daño a la competencia	Recomendación
				responsabilidades relativas a la administración aduanal. El artículo 22 de este decreto establece que el desarrollo y la administración de VUCEM, una vez implementados, serán responsabilidad del Servicio de Administración Tributaria (SAT), una dependencia de la SHCP.				contingencia") hasta en 40% del tiempo que pasó tratando de acceder a este sistema. Esta disfuncionalidad puede tener como consecuencia que la carne y los productos cárnicos, que son productos perecederos, tengan que esperar durante periodos largos en la frontera.	funcionamiento de la VUCEM en lo que respecta a los trámites de SENASICA, y que el resto de las dependencias debe brindar apoyo a dicha autoridad. Asimismo, deberían otorgarse fondos suficientes a todas las autoridades para asegurar que la VUCEM opere adecuadamente.
22.	**Ley Federal de Sanidad Animal DOF-07-06-2012 Reglamento de la Ley Federal de Sanidad Animal DOF 21-05-2012**	Ley: 143, 58, 59 Reglamento: 280	Participación de la industria, cría de ganado / Corregulación, medidas zoosanitarias, asociaciones	Los Organismos Auxiliares en Sanidad Animal (OASA) son organizaciones de ganaderos que brindan apoyo a la Secretaría de Agricultura, Ganadería, Desarrollo Rural, Pesca y Alimentación (SAGARPA) en la coordinación y desarrollo de campañas zoosanitarias y programas de buenas prácticas pecuarias. El artículo 4 de la Ley Federal de Sanidad Animal define los términos "campaña" y "buenas prácticas pecuarias". Una "campaña" es un conjunto de medidas zoosanitarias para la prevención, control o erradicación de enfermedades animales o plagas de los animales en una fase y un	SAGARPA	C1	La SAGARPA otorga a los OASA la facultad de coordinar y desarrollar campañas zoosanitarias y programas de buenas prácticas pecuarias, pues considera que los OASA son una alternativa de menor costo a realizar este trabajo ella misma. Los OASA funcionan bajo la supervisión de SENASICA. Por otro lado, de acuerdo con miembros de la industria las tareas llevadas a cabo por los OASA son operativas y no están ligadas a la determinación del estatus zoosanitario de zonas geográficas. Por tanto, es poco probable que los OASA sean usados por los ganaderos para desplazar a sus competidores. De acuerdo con SENASICA, ya se han revocado autorizaciones para	Otorgar a las organizaciones de ganaderos la facultad de desarrollar y coordinar campañas zoosanitarias y programas sobre buenas prácticas pecuarias podría traer resultados indeseables si un OASA utilizara esta facultad para desplazar a ganaderos específicos. En teoría, un OASA podría indicar a la SAGARPA que un ganadero no cumple con las buenas prácticas pecuarias o con una campaña zoosanitaria, lo que acarrearía consecuencias	Ninguna recomendación en lo que respecta a la estructura de los OASA, pues la OCDE considera que el marco regulatorio actual dota a la SAGARPA de suficientes facultades para autorizar y revocar los OASA. Sin embargo, se recomienda una supervisión más estricta del uso de los fondos otorgados a los OASA, así como de su comportamiento en lo que respecta al desarrollo de campañas zoosanitarias y

Sector: Carne

Núm.	Título de la norma	Art.	Categoría temática / palabra clave	Breve descripción del obstáculo potencial	Autoridad relevante	Pregunta del manual	Objetivo del legislador	Daño a la competencia	Recomendación
				área geográfica determinada. Las "buenas prácticas pecuarias", a su vez, consisten en los procedimientos, actividades, condiciones y controles aplicados a las unidades de producción animal o a los establecimientos TIF (Tipo Inspección Federal) para reducir los peligros asociados a agentes físicos, químicos y biológicos, así como los riesgos asociados a los bienes de origen animal para consumo animal. La denominación de los Organismos Auxiliares depende de si sus miembros son agricultores, ganaderos o acuicultores. En el caso de los ganaderos, los OASA se conocen como Comités Estatales de Fomento y Protección Pecuaria (CEFPP). Los CEFPP operan bajo la supervisión de las delegaciones estatales de la SAGARPA, así como de los gobiernos estatales. La operación de los CEFPP es autorizada por la SAGARPA, que puede revocar su autorización si considera que aquellos ya no satisfacen sus objetivos. Cada una de las entidades federativas de México, excepto la Ciudad de			operar a los OASA de varios estados debido a que se les detectaron conductas indebidas.	negativas al ganadero en cuestión (por ejemplo, su salida del mercado).	programas de buenas prácticas pecuarias. En este sentido, la OCDE aconseja emitir lineamientos que brinden criterios claros para la revocación de autorizaciones.

Sector: Carne

Núm.	Título de la norma	Art.	Categoría temática / palabra clave	Breve descripción del obstáculo potencial	Autoridad relevante	Pregunta del manual	Objetivo del legislador	Daño a la competencia	Recomendación
				México, posee un CEFPP.					
23.	**Ley de Organizaciones Ganaderas DOF 09-04-2012**	5	Cría de ganado / Ganadería, asociaciones, fijación de precios y fijación de cantidades	De acuerdo con el artículo 5, fracción II de la Ley de Organizaciones Ganaderas, uno de los objetivos de las organizaciones ganaderas es "orientar la producción de acuerdo a las condiciones del mercado, ya sea intensificándola o limitándola".	SAGARPA	C1	Uno de los objetivos de las organizaciones ganaderas es desarrollar y mejorar los procesos de producción y comercialización de productos ganaderos. Sin embargo, no se ofrece justificación alguna para el artículo 5, fracción II de la Ley de Organizaciones Ganaderas.	Controlar la producción -e indirectamente los niveles de precios- es una restricción severa a la competencia. Asimismo, como se menciona en el informe de COFECE "Miscelánea de obstáculos regulatorios a la competencia. Análisis de la normatividad estatal" (pp. 20-21), varias leyes ganaderas estatales (es decir, Sinaloa, Sonora, Tlaxcala, Veracruz, Zacatecas y Ciudad de México) promueven mecanismos que permitan a las asociaciones ganaderas locales determinar en forma conjunta los precios de sus productos o las cantidades vendidas.	Abolir el artículo 5, fracción II de la Ley de Organizaciones Ganaderas.
24.	**Reglamento de la Ley de Organizaciones Ganaderas DOF 24-12-1999**	16	Cría de ganado / Asociaciones ganaderas, estadísticas, información sensible, intercambio de información	Las organizaciones ganaderas deben, por un lado, generar estadísticas (las entradas específicas y el nivel de agregación de estas estadísticas se desconocen) y, por el otro, alentar a sus miembros a mantener una	SAGARPA	C2	El objetivo de la disposición no se menciona en el Reglamento de la Ley de Organizaciones Ganaderas. Sin embargo, lo más probable es que el objetivo sea apoyar a los ganaderos a mejorar su proceso de toma de decisiones (por ejemplo, para detectar	La información contable relativa a organizaciones ganaderas y sus miembros podría ser sensible y, de ser compartida entre los miembros de las	Modificar el artículo 16, fracciones II y III, del Reglamento de la Ley de Organizaciones Ganaderas, de manera que quede clara la prohibición de

Sector: Carne

Núm.	Título de la norma	Art.	Categoría temática / palabra clave	Breve descripción del obstáculo potencial	Autoridad relevante	Pregunta del manual	Objetivo del legislador	Daño a la competencia	Recomendación
				contabilidad interna adecuada para estar al tanto de sus costos de producción, así como de estudios de precios sobre los productos que comercializan. No queda claro a qué se hace referencia cuando se mencionan los estudios de precios, ni si esta información se comparte posteriormente con los miembros de las organizaciones.			tendencias de la industria o posibilitar análisis comparativos), así como facilitar la generación de estadísticas nacionales.	organizaciones ganaderas, podría facilitar la colusión.	intercambiar información sensible por parte de los miembros de organizaciones ganaderas y de organizaciones ganaderas. Una referencia útil para las organizaciones ganaderas tocante a qué intercambios de información constituyen un problema de competencia es la "Guía-007/2015: Guía para el Intercambio de Información entre Agentes Económicos" de COFECE.
25.	**Ley de Organizaciones Ganaderas DOF 09-04-2012**	6	Cría de ganado / Ganadería, asociaciones	El artículo 6 de la Ley de Organizaciones Ganaderas establece que los ganaderos tienen el derecho de asociarse libre y voluntariamente. Sin embargo, de acuerdo con el informe de la COFECE Miscelánea de obstáculos regulatorios a la competencia. Análisis de la normatividad estatal (pp. 16-17), las leyes ganaderas de varios estados mexicanos (es decir, Campeche, Coahuila, Tlaxcala, Yucatán, Guerrero y Sinaloa) establecen que es	SAGARPA	C1	La Ley de Organizaciones Ganaderas permite a los ganaderos asociarse libre y voluntariamente para que estos puedan beneficiarse de las economías de escala generadas por las organizaciones ganaderas. Sin embargo, la ley también deja abierta la posibilidad de que los ganaderos no se unan a una organización, dependiendo de sus preferencias individuales.	La pertenencia obligatoria a una asociación ganaderal local podría reducir la rivalidad entre los ganaderos, pues los que pertenecen a una asociación ganadera están obligados a actuar de conformidad con los estatutos de esta. Como el contenido de los estatutos puede variar, el grado en que se limita la libertad de los	Modificar el artículo 6 de la Ley de Organizaciones Ganaderas de manera que se mencione que en ningún caso los ganaderos pueden ser obligados por leyes estatales a unirse a una organización ganadera. Podría ser también necesario abolir las disposiciones en las

Sector: Carne

Núm.	Título de la norma	Art.	Categoría temática / palabra clave	Breve descripción del obstáculo potencial	Autoridad relevante	Pregunta del manual	Objetivo del legislador	Daño a la competencia	Recomendación
				obligatorio para los ganaderos pertenecer a una asociación ganadera local. Por tanto, estas leyes ganaderas estatales probablemente infrinjan el artículo 6 de la Ley de Organizaciones Ganaderas.				ganaderos para actuar en forma independiente también podría variar.	leyes ganaderas estatales que obligan a los ganaderos a asociarse.
26.	**Ley de Fondos de Aseguramiento Agropecuario y Rural DOF 13-05-2005**	26, 74, 87	Cría de ganado / Agroseguros	Los productores agropecuarios necesitan tener acceso a agroseguros, es decir, seguros que los protegen de contingencias como: daño a animales, cultivos e instalaciones, decesos y accidentes individuales. En México, los productores agropecuarios disponen de dos opciones para acceder a agroseguros: 1) Fondos de Aseguramiento Agropecuario y Rural (FAAR) 2) Proveedores privados Los FAAR son asociaciones de productores agropecuarios que ofrecen aseguramiento a sus miembros. Solo admiten dos tipos de miembros: personas físicas de nacionalidad mexicana o personas morales de nacionalidad mexicana con cláusula de exclusión a extranjeros. El artículo 74 de la ley	SHCP	A5, B4	El objetivo de los FAAR es ofrecer protección mutualista a sus miembros. Los subsidios que les son otorgados por el gobierno federal constituyen una política de apoyo a los pequeños productores agropecuarios. Las FAAR han sido una alternativa de bajo costo para cubrir los riesgos biológicos, climatológicos, inmobiliarios y de vida asociados a la actividad comercial de los productores agropecuarios.	Puesto que las personas físicas y morales extranjeras no pueden ser socias de los FAAR, tendrán que contratar fondos de aseguramiento con proveedores privados. Esta restricción discrimina en favor de los productores agropecuarios mexicanos.	Ninguna recomendación. Es poco probable que esta restricción afecte a los productores extranjeros, ya que la mayoría de ellos no son pequeños productores y llevan a cabo sus actividades en una forma más industrializada que la población objetivo de las FAAR, y, por tanto, no estarían interesados en afiliarse. Asimismo, el apoyo otorgado a los ganaderos mexicanos por intermedio de las FAAR es concordante con la política social establecida por el estado mexicano.

Sector: Carne

Núm.	Título de la norma	Art.	Categoría temática / palabra clave	Breve descripción del obstáculo potencial	Autoridad relevante	Pregunta del manual	Objetivo del legislador	Daño a la competencia	Recomendación
				establece que la violación de esta cláusula es motivo para que la Secretaría de Hacienda y Crédito Público (SHCP) revoque el registro de un FAAR. A inicio de 2013 existían 440 FAAR y 20 proveedores privados de agroseguros. De acuerdo con el artículo 87 de la Ley de Fondos de Aseguramiento Agropecuario y Rural, los FAAR se consideran "sujetos del fomento y apoyo" por parte del gobierno federal mexicano. Por lo tanto, los FAAR son susceptibles de recibir subsidios por parte del gobierno federal mexicano.					
27.	**Ley de Desarrollo Rural Sustentable DOF 12-01-2012**	79, 110, 179	Producción de carne / Subsidios, comercio exterior	El gobierno federal puede otorgar subsidios a productores nacionales para compensar desigualdades entre ellos y los productores extranjeros. Para el otorgamiento de estos subsidios, se evalúa si los productos en cuestión son básicos y estratégicos para la soberanía alimentaria. De acuerdo con el artículo 179 de la Ley de Desarrollo Rural Sustentable, las carnes de res, cerdo y pollo se consideran productos básicos y estratégicos para la soberanía alimentaria.	CIDRS, SAGARPA	A5, B4	Los subsidios a los productores agropecuarios se otorgan para incrementar la productividad, la competitividad y los niveles de ingreso y empleo de la población rural. Esta política es común en otras jurisdicciones (por ejemplo, Estados Unidos y la UE).	Los productores de carne extranjeros podrían ser discriminados si no reciben subsidios, mientras que sus competidores mexicanos sí.	Ninguna recomendación, en tanto el otorgamiento de subsidios sea en cumplimiento de los compromisos contraídos ante la OMC, así como de los tratados de comercio internacional.

Sector: Carne

Núm.	Título de la norma	Art.	Categoría temática / palabra clave	Breve descripción del obstáculo potencial	Autoridad relevante	Pregunta del manual	Objetivo del legislador	Daño a la competencia	Recomendación
28.	**Ley General de Sociedades Cooperativas DOF 13-08-2009 Ley de Inversión Extranjera DOF 18-12-2015**	Ley General de Sociedades Cooperativas: 7 Ley de Inversión Extranjera: 7, 18, 19	Cría de ganado / Cooperativas	Los inversionistas extranjeros solo pueden tener, directa o indirectamente, una participación de hasta 10% en una sociedad cooperativa de producción mexicana. Asimismo, los ciudadanos extranjeros no pueden desempeñar puestos de dirección o administración en las sociedades cooperativas de producción mexicanas.	SE, SEDESOL, SHCP	B4, A5	Probablemente los objetivos de este artículo sean los siguientes: 1) Garantizar la soberanía alimentaria. 2) Impedir a los extranjeros beneficiarse de los subsidios que pudieran otorgárseles a los productores miembros de sociedades cooperativas de producción. Los extranjeros pueden realizar inversiones adicionales bajo la figura de "inversión neutra". De acuerdo con el artículo 18 de la Ley de Inversión Extranjera, una inversión neutra no es computada al determinar el porcentaje de inversión extranjera en el capital social de las empresas mexicanas. Sin embargo, las acciones respectivas de inversión extranjera no están acompañadas de derechos de voto, sino únicamente de derechos pecuniarios.	El daño a la competencia deriva de que los extranjeros no pueden invertir libremente en las sociedades cooperativas de producción. En algunos casos, 10% sería un porcentaje demasiado bajo, y los inversionistas extranjeros podrían decidir no invertir.	Ninguna recomendación. En la práctica, parece no haber consecuencias a esta restricción, ya que los inversionistas extranjeros prefieren otras formas de inversión a las cooperativas. Por otro lado, el concepto de "inversión extranjera" abre la puerta a la participación extranjera en las sociedades cooperativas de producción, aunque sin derecho de voto. Parece ser que en el pasado reciente ha habido pocas solicitudes, si alguna, por parte de extranjeros para realizar inversiones neutras en sociedades cooperativas de producción.
29.	**Ley General de Sociedades Cooperativas DOF 13-08-2009**	86	Cría de ganado / Cooperativas	El artículo establece que las cooperativas habrán de "diseñar y poner en operación estrategias de integración de sus actividades y procesos productivos, con la finalidad de (...) incidir en precios".	SE, SEDESOL, SHCP	B1	Lo más probable es que la ley permita crear sociedades cooperativas para explotar economías de escala y reducir los riesgos de inversión en que incurren los productores agropecuarios. **Comparación internacional**	No queda claro qué significa "incidir en precios", que podría interpretarse como un permiso para que las sociedades cooperativas de producción vendan en forma conjunta sus	Modificar el artículo 86, fracción III de la Ley General de Sociedades Cooperativas, de manera que quede claro que la integración de sociedades

Sector: Carne

Núm.	Título de la norma	Art.	Categoría temática / palabra clave	Breve descripción del obstáculo potencial	Autoridad relevante	Pregunta del manual	Objetivo del legislador	Daño a la competencia	Recomendación
							Varias jurisdicciones tienen excepciones de política de competencia para las cooperativas agropecuarias. Por ejemplo, en Estados Unidos, de acuerdo con la Ley Capper-Volstead de 1922, y a las órdenes de comercialización derivadas de la Ley de Acuerdo de Mercadeo Agrícola de 1937, la creación de cooperativas de productores agropecuarios no es motivo de escrutinio de la política de competencia, y se permite a las cooperativas comercializar colectivamente sus productos. Sin embargo, la Ley Capper-Volstead exige que las cooperativas estén compuestas en su totalidad por productores de bienes agropecuarios, y la excepción de escrutinio no se extiende a las conductas predatorias o de coerción, o a colaboraciones o concentraciones con empresas no cubiertas por dicha ley. Parece ser que en México no existe actualmente una ley que exima a las sociedades cooperativas de producción de cumplir con el derecho de la competencia.	productos. Esto, a su vez, facilitaría la colusión entre los miembros de las sociedades cooperativas de producción.	cooperativas para la producción no incluye las ventas conjuntas. Además, emitir lineamientos que describan los principios de cooperación entre competidores (es decir, ganaderos). Estas medidas garantizarían seguir obteniendo economías de escala en la preparación, procesamiento y manejo de sus productos, mientras que los riesgos de colusión se minimizarían.
30.	**Ley Agraria DOF 27-03-2017**	47, 120, 124	Cría de ganado / Tierras	Los ejidos en México son tierras de propiedad comunal. Los miembros del ejido pueden disponer de la tierra para sus propios fines, por ejemplo para la producción	SEDATU	A4	Impedir la concentración de tierras ejidales.	Este artículo dificulta a los productores alcanzar escala en las tierras ejidales y competir con los grandes productores.	La OCDE contempla tres posibles opciones, según cómo el gobierno mexicano decida actuar ante los objetivos discordantes

Sector: Carne

Núm.	Título de la norma	Art.	Categoría temática / palabra clave	Breve descripción del obstáculo potencial	Autoridad relevante	Pregunta del manual	Objetivo del legislador	Daño a la competencia	Recomendación
				agropecuaria. En el caso de un ejido cuya actividad económica sea la ganadería, un individuo no tiene derecho a una tenencia que supere 5% de la extensión del ejido o el umbral de la "pequeña propiedad ganadera", que corresponde a la extensión de tierra necesaria para mantener 500 cabezas de ganado mayor (por ejemplo, bovinos) o su equivalente en ganado menor (por ejemplo, cerdos).				Por ejemplo, podría ocurrir que un ejidatario se viera desalentado de producir determinados productos si la producción sólo fuera rentable a partir de cierta escala.	de preservar la distribución actual de la tierra mediante la institución del ejido – y por tanto prevenir la concentración de esta tierra– y permitir una producción más eficiente. 1) Eliminar los límites a la tenencia de la tierra para los miembros de los ejidos. Esto requiere eliminar el concepto de "pequeña propiedad ganadera" y modificar el artículo 27 de la Constitución Política de los Estados Unidos Mexicanos. 2) Aumentar la extensión de la "pequeña propiedad ganadera". Esta opción requiere modificar el artículo 27 de la Constitución Política de los Estados Unidos Mexicanos. 3) Ningún cambio, pues el objetivo del legislador es evitar la concentración en la tenencia de las tierras ejidales.

Sector: Carne

Núm.	Título de la norma	Art.	Categoría temática / palabra clave	Breve descripción del obstáculo potencial	Autoridad relevante	Pregunta del manual	Objetivo del legislador	Daño a la competencia	Recomendación
31.	**Ley Agraria DOF 27-03-2017**	126, 132	Cría de ganado / Tierras	Una sociedad civil o mercantil no puede tener en propiedad tierras agrícolas, ganaderas o forestales con una superficie 25 veces superior a los límites de la "pequeña propiedad ganadera". Asimismo, dichas sociedades deben estar integradas por tantas personas físicas como número de veces las tierras superen los límites de la "pequeña propiedad".	SEDATU	A4	Evitar la concentración de tierras agrícolas, ganaderas y forestales.	Una sociedad civil o mercantil solo explotará tierras agrícolas, ganaderas o forestales (por ejemplo para criar ganado) si considera que es una actividad rentable. Si una superficie de tierra equivalente a 25 veces los límites de la pequeña propiedad no es suficiente para alcanzar escala, esta disposición inhibiría la inversión e incluso la entrada en el mercado de la cría de ganado.	Eliminar los límites a la tenencia de tierras agrícolas, ganaderas y forestales por parte de sociedades mercantiles y civiles. Por tanto, los artículos 126 y 132 de la Ley Agraria deberían abolirse. Esta opción requiere una reforma al artículo 27 de la Constitución Política de los Estados Unidos Mexicanos.
32.	**Ley Agraria DOF 27-03-2017 Ley de Inversión Extranjera DOF 18-12-2015**	Ley Agraria : 130 Ley de Inversi ón Extranj era: 7	Cría de ganado / Tierras, inversión extranjera	Las sociedades mercantiles y civiles que sean propietarias de tierras agrícolas, ganaderas o forestales deben emitir un tipo especial de acciones (Tipo T) que representen el valor de adquisición de estas tierras. La participación extranjera en acciones T se limita a 49% del total de las acciones.	SEDATU	A4, A5	Restringir la concentración de tierras agrícolas, ganaderas y forestales por parte de extranjeros probablemente se conciba como un medio para garantizar la soberanía alimentaria.	Esta disposición restringe la inversión extranjera en tierras agrícolas, ganaderas y forestales.	La OCDE contempla dos posible opciones, dependiendo de cómo decida el gobierno mexicano equilibrar los objetivos discordantes de restringir la participación extranjera en estas tierras y permitir la participación extranjera y, probablemente, tener una producción más eficiente. Estas son: 1) Abolir el artículo 130 de la Ley Agraria y el artículo 7,

Sector: Carne

Núm.	Título de la norma	Art.	Categoría temática / palabra clave	Breve descripción del obstáculo potencial	Autoridad relevante	Pregunta del manual	Objetivo del legislador	Daño a la competencia	Recomendación
									fracción III, subfracción R de la Ley de Inversión Extranjera. Esta opción conllevaría una reforma al artículo 27 de la Constitución Política de los Estados Unidos Mexicanos. 2) No realizar cambio alguno, pues el objetivo del legislador es evitar la propiedad mayoritaria por parte de extranjeros en las tierras agrícolas, ganaderas y forestales.
33.	**Ley Agraria DOF 27-03-2017**	23, 26, 27	Cría de ganado / Tierras	Para privatizar las tierras parceladas de un ejido (adopción del régimen de "dominio pleno") es necesario obtener el voto favorable de dos tercios de la asamblea del ejido, que es el órgano supremo del ejido y en el cual participan todos los miembros.	SEDATU	A4	Preservar el régimen ejidal.	Obtener dos tercios de los votos de los ejidatarios para que las parcelas del ejido adopten el "dominio pleno", dificulta la reasignación de la tierra entre distintas actividades ganaderas, y pudiera ser una barrera a la entrada al mercado de la cría de ganado.	Crear mecanismos más flexibles para que los ejidos adopten el régimen de "dominio pleno" (por ejemplo, la mayoría simple).
34.	**Ley de Desarrollo Rural Sustentable**	111	Producción de carne / Compras públicas	La Comisión Intersecretarial para el Desarrollo Rural Sustentable (CIDRS), con la participación del Consejo	CIDRS, SAGARPA	A3, A5, B4	El objetivo es aumentar el ingreso de los productores de bienes agropecuarios cuya comercialización sea	La lista de productos que obtienen trato preferencial podría excluir a productores	El gobierno mexicano dispone de dos opciones, según cómo decida

Sector: Carne

Núm.	Título de la norma	Art.	Categoría temática / palabra clave	Breve descripción del obstáculo potencial	Autoridad relevante	Pregunta del manual	Objetivo del legislador	Daño a la competencia	Recomendación
	DOF 12-01-2012			Mexicano para el Desarrollo Rural Sustentable (CMDRS) y en corcondancia con los tratados internacionales firmados por el gobierno federal mexicano, puede establecer una lista de bienes cuyos productores podrían obtener trato preferencial en compras públicas.			particularmente difícil. Sin embargo, no encontramos casos en los que esta restricción se aplicara en la práctica en el contexto de una licitación pública de carnes.	extranjeros de la participación en compras públicas.	equilibrar los objetivos discordantes de incluir a los competidores extranjeros –y posiblemente ofrecer mejores precios a los consumidores– y apoyar a la industria cárnica nacional. Estas son: 1) Modificar el artículo 111 de la Ley de Desarrollo Rural Sustentable para que los productores de bienes agropecuarios cuya comercialización sea particularmente difícil no tengan preferencia en compras públicas. En su lugar, se considerarían subsidios directos. 2) No hacer cambio alguno, pues brindar apoyo a los bienes agropecuarios cuya comercialización es particularmente difícil constituye un objetivo legítimo de política pública.
35.	**Ley para Impulsar el Incremento**	3	Legislación horizontal / Productividad, MIPYME	El artículo promueve la participación de las Micro, Pequeñas y Medianas	SE	A3	Promover el crecimiento y desarrollo de las MIPYME. Diversas jurisdicciones tienen	Existe una discriminación potencial de empresas	El gobierno mexicano tiene dos posible opciones, según

Sector: Carne

Núm.	Título de la norma	Art.	Categoría temática / palabra clave	Breve descripción del obstáculo potencial	Autoridad relevante	Pregunta del manual	Objetivo del legislador	Daño a la competencia	Recomendación
	Sostenido de la Productividad y la Competitividad de la Economía Nacional DOF 17-05-2017			Empresas (MIPYME) en compras públicas. Sin embargo, no establece una cuota de compras públicas que deba ser abastecida por las MIPYME.			disposiciones en su legislación de compras públicas que apoyan a las MIPYME.	que no son MIPYME. Cabe la posibilidad de que algunas no MIPYME satisficieran compras públicas a precios más bajos, gracias a las economías de escala.	cómo decida equilibrar los objetivos discordantes de incluir a competidores de mayor tamaño que probablemente ofrezcan mejores precios a los consumidores, y el de brindar apoyo a las MIPYME. Estas son: 1) Abolir la fracción IX del artículo 3 de esta ley y no dar preferencia a las empresas mexicanas ni a las MIPYME en las compras públicas. En su lugar, deberían considerarse subsidios directos. 2) No realizar cambio alguno, pues dar apoyo a las MIPYME es un objetivo legítimo de política pública. Esta opción sería a expensas de los consumidores mexicanos.
36.	**NOM-051-SCFI/SSAI-2010, Especifica-ciones generales de etiquetado**	5, 11	Etiquetado de carnes / Etiquetado	Esta norma versa sobre métodos utilizados para calcular los valores nutricionales (energía o proteínas) indicados en las etiquetas de alimentos y bebidas no alcohólicas	Verificación y vigilancia: PROFECO y SSA por intermedio de la COFEPRIS	A5	Pareciera no haber ningún objetivo subyacente a la no armonización de esta NOM. En México, la no armonización de las NOM debe indicarse de conformidad con el artículo 41, fracción VI de la Ley Federal sobre Metrología y	El acceso de competidores extranjeros al mercado mexicano, así como el acceso de los productores mexicanos a	Actualizar esta NOM para que esté, en la mayor medida posible, en concordancia con normas internacionales.

Sector: Carne

Núm.	Título de la norma	Art.	Categoría temática / palabra clave	Breve descripción del obstáculo potencial	Autoridad relevante	Pregunta del manual	Objetivo del legislador	Daño a la competencia	Recomendación
	para alimentos y bebidas no alcohólicas preenvasados - Información comercial y sanitaria			preenvasados. La norma específicamente indica que solo se encuentra en concordancia parcial con las normas internacionales. Sin embargo, la norma deja abierta la posibilidad de utilizar otros métodos de cálculo para las proteínas.			Normalización, que establece que las NOM deben contener el grado de concordancia con normas y criterios internacionales.	mercados extranjeros, podrían verse afectados. En particular, los productores tendrían que aplicar distintos conjuntos de normas en México y en el extranjero, lo que implicaría costos extras. Incluso si fuera el caso de que las normas mexicanas ya hubieran se hubieran adaptado recientemente (en forma parcial) a las normas internacionales, si el texto legal de la NOM no se actualiza, podría haber confusión entre los participantes del mercado. Un proceso para el cual la no concordancia de esta NOM con normas internacionales no representa una carga para los productores extranjeros que buscan el acceso al mercado mexicano, es el cálculo de proteínas, pues se permiten otros métodos de cálculo.	Algunas prácticas actuales pudieran ya estar en concordancia con normas internacionales, lo cual habría de facilitar la transición. También debería indicarse en la NOM si no existen normas internacionales o mejores prácticas.

Sector: Carne

Núm.	Título de la norma	Art.	Categoría temática / palabra clave	Breve descripción del obstáculo potencial	Autoridad relevante	Pregunta del manual	Objetivo del legislador	Daño a la competencia	Recomendación
37.	**NOM-158-SCFI-2003, Jamón-Denominación y clasificación comercial, especificaciones fisicoquímicas, microbiológicas, organolépticas, información comercial y métodos de prueba**	14	Etiquetado de carnes / Etiquetado, jamón	Esta norma especifica que solo se encuentra en concordancia parcial con las normas internacionales. Esta norma establece estándares para jamones, como nomenclatura, cantidades de microorganismos permitidos, etcétera.	Vigilancia: SE, PROFECO, SAGARPA, SSA y SHCP	A5	Pareciera no haber ningún objetivo subyacente a la no armonización de esta NOM. En México, la no armonización de las NOM debe indicarse de conformidad con el artículo 41, fracción VI de la Ley Federal sobre Metrología y Normalización, que establece que las NOM deben contener el grado de concordancia con normas y criterios internacionales.	El acceso de competidores extranjeros al mercado mexicano, así como el acceso de los productores mexicanos a mercados extranjeros, podrían verse afectados. En particular, los productores quizá tendrían que aplicar distintos conjuntos de normas en México y en el extranjero, lo que implicaría costos adicionales. Incluso si se diera el caso de que las normas mexicanas ya se hubieran adaptado recientemente (en forma parcial) a las normas internacionales, si el texto legal de la NOM no se actualiza, podría haber confusión entre los participantes del mercado.	Actualizar esta NOM para que esté, en la medida de lo posible, en concordancia con normas internacionales. Algunas prácticas actuales podrían estar ya en concordancia con normas internacionales, lo cual facilitaría la transición. También debería indicarse en la NOM si no existen normas internacionales o mejores prácticas.
38.	**NOM-009-ZOO-1994, Proceso sanitario de la carne**	19	Procesamiento de la carne / Reglas sanitarias	Esta norma especifica que no se encuentra en concordancia con las normas internacionales. La norma trata del proceso sanitario de la carne.	Vigilancia: SAGARPA y gobiernos de los estados Aplicación: SAGARPA	A5	Pareciera no haber ningún objetivo subyacente a la no armonización de esta NOM. En México, la no armonización de las NOM debe indicarse de conformidad con el artículo 41, fracción VI de la Ley Federal sobre Metrología y Normalización, que establece que	El acceso de competidores extranjeros al mercado mexicano, así como el acceso de los productores mexicanos a mercados extranjeros,	Favor de consultar la restricción núm. 76.

Sector: Carne

Núm.	Título de la norma	Art.	Categoría temática / palabra clave	Breve descripción del obstáculo potencial	Autoridad relevante	Pregunta del manual	Objetivo del legislador	Daño a la competencia	Recomendación
							las NOM deben contener el grado de concordancia con normas y criterios internacionales.	podrían verse afectados. En particular, los productores quizá tendrían que aplicar distintos conjuntos de normas en México y en el extranjero, lo que implicaría costos adicionales. Incluso si se diera el caso de que las normas mexicanas ya se hubieran adaptado recientemente (en forma parcial) a las normas internacionales, si el texto legal de la NOM no se actualiza, podría haber confusión entre los participantes del mercado.	
39.	**NOM-213-SSA1-2002, Productos y servicios. Productos cárnicos procesados. Especifica-ciones sanitarias. Métodos de prueba**	10.1	Procesamiento de la carne / Procesamiento	Esta norma especifica que solo se encuentra en concordancia parcial con las normas internacionales. La norma versa sobre especificaciones sanitarias para productos cárnicos procesados.	Vigilancia de cumplimiento: SSA, gobiernos de los estados y organismos de tercera parte habilitados	A5	Pareciera no haber ningún objetivo subyacente a la no armonización de esta NOM. En México, la no armonización de las NOM debe indicarse de conformidad con el artículo 41, fracción VI de la Ley Federal sobre Metrología y Normalización, que establece que las NOM deben contener el grado de concordancia con normas y criterios internacionales.	El acceso de competidores extranjeros al mercado mexicano, así como el acceso de los productores mexicanos a mercados extranjeros, podrían verse afectados. En particular, los productores quizá tendrían que aplicar distintos conjuntos de normas en México y en el extranjero, lo que	Actualizar esta NOM para que esté, en la medida de lo posible, en concordancia con normas internacionales. Algunas prácticas actuales podrían estar ya en concordancia con normas internacionales, lo cual facilitaría la transición. También debería indicarse en la NOM si no existen

Sector: Carne

Núm.	Título de la norma	Art.	Categoría temática / palabra clave	Breve descripción del obstáculo potencial	Autoridad relevante	Pregunta del manual	Objetivo del legislador	Daño a la competencia	Recomendación
								implicaría costos adicionales. Incluso si se diera el caso de que las normas mexicanas ya se hubieran adaptado recientemente (en forma parcial) a las normas internacionales, si el texto legal de la NOM no se actualiza, podría haber confusión entre los participantes del mercado.	normas internacionales o mejores prácticas.
40.	**NOM-130-SSA1-1995, Bienes y servicios. Alimentos envasados en recipientes de cierre hermético y sometidos a tratamiento térmico. Disposiciones y especificaciones sanitarias**	12	Procesamiento de la carne / Procesamiento	Esta norma especifica que solo se encuentra en concordancia parcial con las normas internacionales. La norma versa sobre especificaciones sanitarias para alimentos envasados en recipientes de cierre hermético que son sometidos a tratamiento térmico.	Vigilancia de cumplimiento: SSA	A5	Pareciera no haber ningún objetivo subyacente a la no armonización de esta NOM. En México, la no armonización de las NOM debe indicarse de conformidad con el artículo 41, fracción VI de la Ley Federal sobre Metrología y Normalización, que establece que las NOM deben contener el grado de concordancia con normas y criterios internacionales.	El acceso de competidores extranjeros al mercado mexicano, así como el acceso de los productores mexicanos a mercados extranjeros, podrían verse afectados. En particular, los productores quizá tendrían que aplicar distintos conjuntos de normas en México y en el extranjero, lo que implicaría costos adicionales. Incluso si se diera el caso de que las normas mexicanas ya se hubieran adaptado recientemente (en forma parcial) a las	Actualizar esta NOM para que esté, en la medida de lo posible, en concordancia con normas internacionales. Algunas prácticas actuales podrían estar ya en concordancia con normas internacionales, lo cual facilitaría la transición. También debería indicarse en la NOM si no existen normas internacionales o mejores prácticas.

Sector: Carne

Núm.	Título de la norma	Art.	Categoría temática / palabra clave	Breve descripción del obstáculo potencial	Autoridad relevante	Pregunta del manual	Objetivo del legislador	Daño a la competencia	Recomendación
								normas internacionales, si el texto legal de la NOM no se actualiza, podría haber confusión entre los participantes del mercado.	
41.	**NOM-086-SSA1-1994, Bienes y servicios. Alimentos y bebidas no alcohólicas con modificaciones en su composición. Especificaciones nutrimentales**	13	Etiquetado de carnes / Etiquetado, empaquetado	Esta norma especifica que no se encuentra en concordancia con las normas internacionales. La norma versa sobre especificaciones nutrimentales para alimentos y bebidas no alcohólicas con modificaciones en su composición, y sobre los alimentos envasados y a base de cereales para lactantes y niños con adición de nutrimentos.	Vigilancia de cumplimiento: SSA	A5	Pareciera no haber ningún objetivo subyacente a la no armonización de esta NOM. En México, la no armonización de las NOM debe indicarse de conformidad con el artículo 41, fracción VI de la Ley Federal sobre Metrología y Normalización, que establece que las NOM deben contener el grado de concordancia con normas y criterios internacionales.	El acceso de competidores extranjeros al mercado mexicano, así como el acceso de los productores mexicanos a mercados extranjeros, podrían verse afectados. En particular, los productores quizá tendrían que aplicar distintos conjuntos de normas en México y en el extranjero, lo que implicaría costos adicionales. Incluso si se diera el caso de que las normas mexicanas ya se hubieran adaptado recientemente (en forma parcial) a las normas internacionales, si el texto legal de la NOM no se actualiza, podría haber confusión entre los participantes del mercado.	Actualizar esta NOM para que esté, en la medida de lo posible, en concordancia con normas internacionales. Algunas prácticas actuales podrían estar ya en concordancia con normas internacionales, lo cual facilitaría la transición. También debería indicarse en la NOM si no existen normas internacionales o mejores prácticas.

Sector: Carne

Núm.	Título de la norma	Art.	Categoría temática / palabra clave	Breve descripción del obstáculo potencial	Autoridad relevante	Pregunta del manual	Objetivo del legislador	Daño a la competencia	Recomendación
42.	**NOM-002-SCFI-2011, Productos preenvasados-Contenido neto-Tolerancias y métodos de verificación**	11	Etiquetado de carnes / Etiquetado, cantidad	Esta norma especifica que solo se encuentra en concordancia parcial con las normas internacionales. La norma versa sobre métodos de verificación de los contenidos netos de productos preenvasados.	Vigilancia y cumplimiento: SE y PROFECO	A5	Pareciera no haber ningún objetivo subyacente a la no armonización de esta NOM. En México, la no armonización de las NOM debe indicarse de conformidad con el artículo 41, fracción VI de la Ley Federal sobre Metrología y Normalización, que establece que las NOM deben contener el grado de concordancia con normas y criterios internacionales.	El acceso de competidores extranjeros al mercado mexicano, así como el acceso de los productores mexicanos a mercados extranjeros, podrían verse afectados. En particular, los productores quizá tendrían que aplicar distintos conjuntos de normas en México y en el extranjero, lo que implicaría costos adicionales. Incluso si se diera el caso de que las normas mexicanas ya se hubieran adaptado recientemente (en forma parcial) a las normas internacionales, si el texto legal de la NOM no se actualiza, podría haber confusión entre los participantes del mercado.	Actualizar esta NOM para que esté, en la medida de lo posible, en concordancia con normas internacionales. Algunas prácticas actuales podrían estar ya en concordancia con normas internacionales, lo cual facilitaría la transición. También debería indicarse en la NOM si no existen normas internacionales o mejores prácticas.
43.	**NMX-F-315-1978, Determinación de la masa drenada o escurrida en alimentos envasados**	8	Etiquetado de carnes / Etiquetado, cantidad, masa drenada, carne empacada	Esta norma especifica que no se encuentra en concordancia con las normas internacionales. La norma versa sobre métodos para determinar la masa drenada en alimentos envasados.	Norma de carácter voluntario	A5	Pareciera no haber ningún objetivo subyacente a la no armonización de esta NMX.	El acceso de competidores extranjeros al mercado mexicano, así como el acceso de los productores mexicanos a mercados extranjeros,	Actualizar esta NMX para que esté, en la medida de lo posible, en concordancia con normas internacionales. Algunas prácticas actuales podrían

Sector: Carne

Núm.	Título de la norma	Art.	Categoría temática / palabra clave	Breve descripción del obstáculo potencial	Autoridad relevante	Pregunta del manual	Objetivo del legislador	Daño a la competencia	Recomendación
								podrían verse afectados. En particular, los productores quizá tendrían que aplicar distintos conjuntos de normas en México y en el extranjero, lo que implicaría costos adicionales. Incluso si se diera el caso de que las normas mexicanas ya se hubieran adaptado recientemente (en forma parcial) a las normas internacionales, si el texto legal de la NMX no se actualiza, podría haber confusión entre los participantes del mercado.	estar ya en concordancia con normas internacionales, lo cual facilitaría la transición. También debería indicarse en la NMX si no existen normas internacionales o mejores prácticas. Además, como la norma solo es voluntaria, debe considerarse convertirla en NOM.
44.	**NOM-008-ZOO-1994, Especificaciones zoosanitarias para la construcción y equipamiento de establecimientos para el sacrificio de animales y los dedicados a la industrialización de**	22	Matanza y procesamiento de la carne / Regla sanitaria	Esta norma especifica que no se encuentra en concordancia con las normas internacionales. La norma versa sobre especificaciones sanitarias para construir y equipar los establecimientos para el sacrificio de animales y los dedicados a la industrialización de productos cárnicos.	Vigilancia: SAGARPA y gobiernos de los estados Aplicación: SAGARPA	A5	Pareciera no haber ningún objetivo subyacente a la no armonización de esta NOM. En México, la no armonización de las NOM debe indicarse de conformidad con el artículo 41, fracción VI de la Ley Federal sobre Metrología y Normalización, que establece que las NOM deben contener el grado de concordancia con normas y criterios internacionales.	El acceso de competidores extranjeros al mercado mexicano, así como el acceso de los productores mexicanos a mercados extranjeros, podrían verse afectados. En particular, los productores quizá tendrían que aplicar distintos conjuntos de normas en México y en el extranjero, lo que	Actualizar esta NOM para que esté, en la medida de lo posible, en concordancia con normas internacionales. Algunas prácticas actuales podrían estar ya en concordancia con normas internacionales, lo cual facilitaría la transición. También debería indicarse en la NOM si no existen

Sector: Carne

Núm.	Título de la norma	Art.	Categoría temática / palabra clave	Breve descripción del obstáculo potencial	Autoridad relevante	Pregunta del manual	Objetivo del legislador	Daño a la competencia	Recomendación
	productos cárnicos (Modificada)							implicaría costos adicionales. Incluso si se diera el caso de que las normas mexicanas ya se hubieran adaptado recientemente (en forma parcial) a las normas internacionales, si el texto legal de la NOM no se actualiza, podría haber confusión entre los participantes del mercado.	normas internacionales o mejores prácticas. En el Programa Nacional de Normalización 2017, publicado en el Diario Oficial de la Federación el 3 de febrero de 2017, se menciona que esta NOM será modificada en 2017.
45.	**NOM-023-ZOO-1995, Identificación de especie animal en músculo de bovinos, ovinos, equinos, porcinos y aves, por la prueba de inmunodifusión en gel**	11	Matanza y procesamiento de la carne / Prueba química	Esta norma especifica que no se encuentra en concordancia con las normas internacionales. La norma versa sobre una prueba para identificar la especie animal de la carne.	Vigilancia: SAGARPA y gobiernos de los estados Aplicación: SAGARPA	A5	Pareciera no haber ningún objetivo subyacente a la no armonización de esta NOM. En México, la no armonización de las NOM debe indicarse de conformidad con el artículo 41, fracción VI de la Ley Federal sobre Metrología y Normalización, que establece que las NOM deben contener el grado de concordancia con normas y criterios internacionales.	El acceso de competidores extranjeros al mercado mexicano, así como el acceso de los productores mexicanos a mercados extranjeros, podrían verse afectados. En particular, los productores quizá tendrían que aplicar distintos conjuntos de normas en México y en el extranjero, lo que implicaría costos adicionales. Incluso si se diera el caso de que las normas mexicanas ya se hubieran adaptado recientemente (en forma parcial) a las	Actualizar esta NOM para que esté, en la medida de lo posible, en concordancia con normas internacionales. Algunas prácticas actuales podrían estar ya en concordancia con normas internacionales, lo cual facilitaría la transición. También debería indicarse en la NOM si no existen normas internacionales o mejores prácticas.

Sector: Carne

Núm.	Título de la norma	Art.	Categoría temática / palabra clave	Breve descripción del obstáculo potencial	Autoridad relevante	Pregunta del manual	Objetivo del legislador	Daño a la competencia	Recomendación
								normas internacionales, si el texto legal de la NOM no se actualiza, podría haber confusión entre los participantes del mercado.	
46.	**NOM-025-ZOO-1995, Características y especificaciones zoosanitarias para las instalaciones, equipo y operación de establecimientos que fabriquen productos alimenticios para uso en animales o consumo por éstos**	9	Alimentos para animales / Regla sanitaria, instalaciones	Esta norma especifica que no se encuentra en concordancia con las normas internacionales. La norma versa sobre especificaciones sanitarias para construir y equipar los establecimientos que elaboran alimentos para animales.	Vigilancia: SAGARPA y gobiernos de los estados Aplicación: SAGARPA	A5	Pareciera no haber ningún objetivo subyacente a la no armonización de esta NOM. En México, la no armonización de las NOM debe indicarse de conformidad con el artículo 41, fracción VI de la Ley Federal sobre Metrología y Normalización, que establece que las NOM deben contener el grado de concordancia con normas y criterios internacionales.	El acceso de competidores extranjeros al mercado mexicano, así como el acceso de los productores mexicanos a mercados extranjeros, podrían verse afectados. En particular, los productores quizá tendrían que aplicar distintos conjuntos de normas en México y en el extranjero, lo que implicaría costos adicionales. Incluso si se diera el caso de que las normas mexicanas ya se hubieran adaptado recientemente (en forma parcial) a las normas internacionales, si el texto legal de la NOM no se actualiza, podría haber confusión entre los participantes del mercado.	Actualizar esta NOM para que esté, en la medida de lo posible, en concordancia con normas internacionales. Algunas prácticas actuales podrían estar ya en concordancia con normas internacionales, lo cual facilitaría la transición. También debería indicarse en la NOM si no existen normas internacionales o mejores prácticas.

Sector: Carne

Núm.	Título de la norma	Art.	Categoría temática / palabra clave	Breve descripción del obstáculo potencial	Autoridad relevante	Pregunta del manual	Objetivo del legislador	Daño a la competencia	Recomendación
47.	**NOM-030-ZOO-1995, Especificaciones y procedimientos para la verificación de carne, canales, vísceras y despojos de importación en puntos de verificación zoosanitaria**	9	Importaciones de carne / Importaciones, inspecciones	Esta norma especifica que no se encuentra en concordancia con las normas internacionales. La norma versa sobre inspecciones de importaciones de carne, canales, vísceras y despojos.	Vigilancia y aplicación: SAGARPA	A5	Pareciera no haber ningún objetivo subyacente a la no armonización de esta NOM. En México, la no armonización de las NOM debe indicarse de conformidad con el artículo 41, fracción VI de la Ley Federal sobre Metrología y Normalización, que establece que las NOM deben contener el grado de concordancia con normas y criterios internacionales.	El acceso de competidores extranjeros al mercado mexicano, así como el acceso de los productores mexicanos a mercados extranjeros, podrían verse afectados. En particular, los productores quizá tendrían que aplicar distintos conjuntos de normas en México y en el extranjero, lo que implicaría costos adicionales. Incluso si se diera el caso de que las normas mexicanas ya se hubieran adaptado recientemente (en forma parcial) a las normas internacionales, si el texto legal de la NOM no se actualiza, podría haber confusión entre los participantes del mercado.	Favor de consultar la restricción núm. 18.
48.	**NOM-026-ZOO-1994, Características y especificaciones zoosanitarias para las**	9	Alimentos para animales / Regla sanitaria, instalaciones	Esta norma especifica que no se encuentra en concordancia con las normas internacionales. La norma versa sobre especificaciones zoosanitarias para las instalaciones, equipo y operación de establecimientos	Vigilancia: SAGARPA y gobiernos de los estados Aplicación: SAGARPA	A5	Pareciera no haber ningún objetivo subyacente a la no armonización de esta NOM. En México, la no armonización de las NOM debe indicarse de conformidad con el artículo 41, fracción VI de la Ley Federal sobre Metrología y Normalización, que establece que	El acceso de competidores extranjeros al mercado mexicano, así como el acceso de los productores mexicanos a mercados extranjeros,	Actualizar esta NOM para que esté, en la medida de lo posible, en concordancia con normas internacionales. Algunas prácticas actuales podrían

Sector: Carne

Núm.	Título de la norma	Art.	Categoría temática / palabra clave	Breve descripción del obstáculo potencial	Autoridad relevante	Pregunta del manual	Objetivo del legislador	Daño a la competencia	Recomendación
	instalaciones, equipo y operación de establecimientos que fabriquen productos químicos, farmacéuticos y biológicos para uso en animales			que fabrican productos químicos, farmacéuticos y biológicos para uso en animales.			las NOM deben contener el grado de concordancia con normas y criterios internacionales.	podrían verse afectados. En particular, los productores quizá tendrían que aplicar distintos conjuntos de normas en México y en el extranjero, lo que implicaría costos adicionales. Incluso si se diera el caso de que las normas mexicanas ya se hubieran adaptado recientemente (en forma parcial) a las normas internacionales, si el texto legal de la NOM no se actualiza, podría haber confusión entre los participantes del mercado.	estar ya en concordancia con normas internacionales, lo cual facilitaría la transición. También debería indicarse en la NOM si no existen normas internacionales o mejores prácticas.
49.	**NMX-FF- 078-SCFI-2002, Productos pecuarios - Carne de bovino en canal - clasificación (cancela a la NMX-FF-078-1991)**	8	Producción de carne / Calidad de la carne	Esta norma especifica que no se encuentra en concordancia con las normas internacionales. La norma versa sobre estándares de calidad para clasificar las canales de carne de bovino.	Norma de carácter voluntario	A5	Pareciera no haber ningún objetivo subyacente a la no armonización de esta NMX.	El acceso de competidores extranjeros al mercado mexicano, así como el acceso de los productores mexicanos a mercados extranjeros, podrían verse afectados. En particular, los productores quizá tendrían que aplicar distintos conjuntos de normas en México y en el extranjero, lo que	Favor de consultar la restricción núm. 3.

Sector: Carne

Núm.	Título de la norma	Art.	Categoría temática / palabra clave	Breve descripción del obstáculo potencial	Autoridad relevante	Pregunta del manual	Objetivo del legislador	Daño a la competencia	Recomendación
								implicaría costos adicionales. Incluso si se diera el caso de que las normas mexicanas ya se hubieran adaptado recientemente (en forma parcial) a las normas internacionales, si el texto legal de la NMX no se actualiza, podría haber confusión entre los participantes del mercado.	
50.	**NMX-FF-081-SCFI-2003, Productos pecuarios - Carne de porcino en canal - Calidad de la carne - Clasificación (cancela a la NMXFF-081-1993-SCFI)**	12	Producción de carne / Calidad de la carne	Esta norma especifica que no se encuentra en concordancia con las normas internacionales. La norma versa sobre estándares de calidad para clasificar las canales de carne de porcino.	Norma de carácter voluntario	A5	Pareciera no haber ningún objetivo subyacente a la no armonización de esta NMX.	El acceso de competidores extranjeros al mercado mexicano, así como el acceso de los productores mexicanos a mercados extranjeros, podrían verse afectados. En particular, los productores quizá tendrían que aplicar distintos conjuntos de normas en México y en el extranjero, lo que implicaría costos adicionales. Incluso si se diera el caso de que las normas mexicanas ya se hubieran adaptado recientemente (en forma parcial) a las	Favor de consultar la restricción núm. 3.

Sector: Carne

Núm.	Título de la norma	Art.	Categoría temática / palabra clave	Breve descripción del obstáculo potencial	Autoridad relevante	Pregunta del manual	Objetivo del legislador	Daño a la competencia	Recomendación
								normas internacionales, si el texto legal de la NMX no se actualiza, podría haber confusión entre los participantes del mercado.	
51.	**NOM-046-ZOO-1995, Sistema Nacional de Vigilancia Epizootiológica**	10	Cría de ganado / Regla sanitaria, aumenta costos	Esta norma especifica que no se encuentra en concordancia con las normas internacionales. La norma versa sobre estándares de calidad para campañas contra enfermedades animales. Las campañas son planes estratégicos para erradicar y/o controlar enfermedades animales que tienen una incidencia negativa en la producción animal.	Vigilancia: SAGARPA y gobiernos de los estados Aplicación: SAGARPA	A5	Pareciera no haber ningún objetivo subyacente a la no armonización de esta NOM. En México, la no armonización de las NOM debe indicarse de conformidad con el artículo 41, fracción VI de la Ley Federal sobre Metrología y Normalización, que establece que las NOM deben contener el grado de concordancia con normas y criterios internacionales.	El acceso de competidores extranjeros al mercado mexicano, así como el acceso de los productores mexicanos a mercados extranjeros, podrían verse afectados. En particular, los productores quizá tendrían que aplicar distintos conjuntos de normas en México y en el extranjero, lo que implicaría costos adicionales. Incluso si se diera el caso de que las normas mexicanas ya se hubieran adaptado recientemente (en forma parcial) a las normas internacionales, si el texto legal de la NOM no se actualiza, podría haber confusión entre los participantes del mercado.	Actualizar esta NOM para que esté, en la medida de lo posible, en concordancia con normas internacionales. Algunas prácticas actuales podrían estar ya en concordancia con normas internacionales, lo cual facilitaría la transición. También debería indicarse en la NOM si no existen normas internacionales o mejores prácticas. En el Programa Nacional de Normalización 2017, publicado en el Diario Oficial de la Federación el 3 de febrero de 2017, se menciona que esta NOM se cancelará en 2017. De acuerdo con SENASICA, la

Sector: Carne

Núm.	Título de la norma	Art.	Categoría temática / palabra clave	Breve descripción del obstáculo potencial	Autoridad relevante	Pregunta del manual	Objetivo del legislador	Daño a la competencia	Recomendación
									redacción del instrumento legal que remplazará la NOM-046-ZOO-1995 ya está en curso.
52.	**NOM-194-SSA1-2004, Productos y servicios. Especificaciones sanitarias en los establecimientos dedicados al sacrificio y faenado de animales para abasto, almacenamiento, transporte y expendio. Especificaciones sanitarias de productos**	11	Producción de carne / Regla sanitaria, aumenta costos	Esta norma especifica que no se encuentra en concordancia con las normas internacionales.La norma versa sobre especificaciones sanitarias para establecimientos que se dedican al sacrificio y faenado de animales para abasto, almacenamiento, transporte y expendio.	Vigilancia: SSA por intermedio de la COFEPRIS, los gobiernos de los estados y organismos de tercera parte habilitados	A5	Pareciera no haber ningún objetivo subyacente a la no armonización de esta NOM. En México, la no armonización de las NOM debe indicarse de conformidad con el artículo 41, fracción VI de la Ley Federal sobre Metrología y Normalización, que establece que las NOM deben contener el grado de concordancia con normas y criterios internacionales.	El acceso de competidores extranjeros al mercado mexicano, así como el acceso de los productores mexicanos a mercados extranjeros, podrían verse afectados. En particular, los productores quizá tendrían que aplicar distintos conjuntos de normas en México y en el extranjero, lo que implicaría costos adicionales. Incluso si se diera el caso de que las normas mexicanas ya se hubieran adaptado recientemente (en forma parcial) a las normas internacionales, si el texto legal de la NOM no se actualiza, podría haber confusión entre los participantes del mercado.	Actualizar esta NOM para que esté, en la medida de lo posible, en concordancia con normas internacionales. Algunas prácticas actuales podrían estar ya en concordancia con normas internacionales, lo cual facilitaría la transición. También debería indicarse en la NOM si no existen normas internacionales o mejores prácticas.
53.	**NOM-061-ZOO-1999, Especificacio-**	8	Alimentos para animales / Regla sanitaria	Esta norma especifica que no se encuentra en concordancia con las normas	Vigilancia: SAGARPA y gobiernos de	A5	Pareciera no haber ningún objetivo subyacente a la no armonización de esta NOM. En México, la no	El acceso de competidores extranjeros al mercado	Actualizar esta NOM para que esté, en la medida de lo posible,

Sector: Carne

Núm.	Título de la norma	Art.	Categoría temática / palabra clave	Breve descripción del obstáculo potencial	Autoridad relevante	Pregunta del manual	Objetivo del legislador	Daño a la competencia	Recomendación
	nes zoosanitarias de los productos alimenticios para consumo animal			internacionales. La norma versa sobre especificaciones zoosanitarias de alimentos para animales.	los estados Aplicación: SAGARPA		armonización de las NOM debe indicarse de conformidad con el artículo 41, fracción VI de la Ley Federal sobre Metrología y Normalización, que establece que las NOM deben contener el grado de concordancia con normas y criterios internacionales.	mexicano, así como el acceso de los productores mexicanos a mercados extranjeros, podrían verse afectados. En particular, los productores quizá tendrían que aplicar distintos conjuntos de normas en México y en el extranjero, lo que implicaría costos adicionales. Incluso si se diera el caso de que las normas mexicanas ya se hubieran adaptado recientemente (en forma parcial) a las normas internacionales, si el texto legal de la NOM no se actualiza, podría haber confusión entre los participantes del mercado.	en concordancia con normas internacionales. Algunas prácticas actuales podrían estar ya en concordancia con normas internacionales, lo cual facilitaría la transición. También debería indicarse en la NOM si no existen normas internacionales o mejores prácticas. En el Programa Nacional de Normalización 2017, publicado en el Diario Oficial de la Federación el 3 de febrero de 2017, se menciona que esta NOM se cancelará en 2017. De acuerdo con SENASICA, la redacción del instrumento legal que remplazará la NOM-061-ZOO-1999 ya está en curso.
54.	**NOM-027-ZOO-1995, Proceso zoosanitario del semen de animales domésticos**	10	Reproducción animal / Regla sanitaria	Esta norma especifica que no se encuentra en concordancia con las normas internacionales. La norma versa sobre el procesamiento del semen de bovinos y	Vigilancia: SAGARPA y gobiernos de los estados Aplicación: SAGARPA	A5	Pareciera no haber ningún objetivo subyacente a la no armonización de esta NOM. En México, la no armonización de las NOM debe indicarse de conformidad con el artículo 41, fracción VI de la Ley	El acceso de competidores extranjeros al mercado mexicano, así como el acceso de los productores	Actualizar esta NOM para que esté, en la medida de lo posible, en concordancia con normas internacionales.

Sector: Carne

Núm.	Título de la norma	Art.	Categoría temática / palabra clave	Breve descripción del obstáculo potencial	Autoridad relevante	Pregunta del manual	Objetivo del legislador	Daño a la competencia	Recomendación
				porcinos, y la operación de las instalaciones para dicha actividad.			Federal sobre Metrología y Normalización, que establece que las NOM deben contener el grado de concordancia con normas y criterios internacionales.	mexicanos a mercados extranjeros, podrían verse afectados. En particular, los productores quizá tendrían que aplicar distintos conjuntos de normas en México y en el extranjero, lo que implicaría costos adicionales. Incluso si se diera el caso de que las normas mexicanas ya se hubieran adaptado recientemente (en forma parcial) a las normas internacionales, si el texto legal de la NOM no se actualiza, podría haber confusión entre los participantes del mercado.	Algunas prácticas actuales podrían estar ya en concordancia con normas internacionales, lo cual facilitaría la transición. También debería indicarse en la NOM si no existen normas internacionales o mejores prácticas.
55.	**NOM-054-ZOO-1996, Estableci-miento de cuarentenas para animales y sus productos**	18	Producción de carne / Regla sanitaria	Esta norma especifica que no se encuentra en concordancia con las normas internacionales. La norma versa sobre cuarentenas para prevenir, controlar y erradicar enfermedades animales.	Vigilancia: SAGARPA y gobiernos de los estados Aplicación: SAGARPA	A5	Pareciera no haber ningún objetivo subyacente a la no armonización de esta NOM. En México, la no armonización de las NOM debe indicarse de conformidad con el artículo 41, fracción VI de la Ley Federal sobre Metrología y Normalización, que establece que las NOM deben contener el grado de concordancia con normas y criterios internacionales.	El acceso de competidores extranjeros al mercado mexicano, así como el acceso de los productores mexicanos a mercados extranjeros, podrían verse afectados. En particular, los productores quizá tendrían que aplicar distintos conjuntos de	Actualizar esta NOM para que esté, en la medida de lo posible, en concordancia con normas internacionales. Algunas prácticas actuales podrían estar ya en concordancia con normas internacionales, lo cual facilitaría la transición. También

Sector: Carne

Núm.	Título de la norma	Art.	Categoría temática / palabra clave	Breve descripción del obstáculo potencial	Autoridad relevante	Pregunta del manual	Objetivo del legislador	Daño a la competencia	Recomendación
								normas en México y en el extranjero, lo que implicaría costos adicionales. Incluso si se diera el caso de que las normas mexicanas ya se hubieran adaptado recientemente (en forma parcial) a las normas internacionales, si el texto legal de la NOM no se actualiza, podría haber confusión entre los participantes del mercado.	debería indicarse en la NOM si no existen normas internacionales o mejores prácticas.
56.	**NOM-022-ZOO-1995, Características y especificaciones zoosanitarias para las instalaciones, equipo y operación de establecimientos que comercializan productos químicos, farmacéuticos, biológicos y alimenticios para uso en animales o consumo por**	8	Alimentos para animales / Regla sanitaria	Esta norma especifica que no se encuentra en concordancia con las normas internacionales. La norma versa sobre especificaciones zoosanitarias para las instalaciones, equipo y operación de establecimientos que comercializan productos químicos, farmacéuticos, biológicos y alimenticios para uso en animales o consumo por estos.	Vigilancia: SAGARPA y gobiernos de los estados Aplicación: SAGARPA	A5	Pareciera no haber ningún objetivo subyacente a la no armonización de esta NOM. En México, la no armonización de las NOM debe indicarse de conformidad con el artículo 41, fracción VI de la Ley Federal sobre Metrología y Normalización, que establece que las NOM deben contener el grado de concordancia con normas y criterios internacionales.	El acceso de competidores extranjeros al mercado mexicano, así como el acceso de los productores mexicanos a mercados extranjeros, podrían verse afectados. En particular, los productores quizá tendrían que aplicar distintos conjuntos de normas en México y en el extranjero, lo que implicaría costos adicionales. Incluso si se diera el caso de que las normas mexicanas ya se hubieran adaptado	Actualizar esta NOM para que esté, en la medida de lo posible, en concordancia con normas internacionales. Algunas prácticas actuales podrían estar ya en concordancia con normas internacionales, lo cual facilitaría la transición. También debería indicarse en la NOM si no existen normas internacionales o mejores prácticas.

Sector: Carne

Núm.	Título de la norma	Art.	Categoría temática / palabra clave	Breve descripción del obstáculo potencial	Autoridad relevante	Pregunta del manual	Objetivo del legislador	Daño a la competencia	Recomendación
	éstos							recientemente (en forma parcial) a las normas internacionales, si el texto legal de la NOM no se actualiza, podría haber confusión entre los participantes del mercado.	
57.	**NOM-024-ZOO-1995, Especificaciones y características zoosanitarias para el transporte de animales, sus productos y subproductos, productos químicos, farmacéuticos, biológicos y alimenticios para uso en animales o consumo por éstos**	10	Alimentos para animales / Regla sanitaria	Esta norma especifica que no se encuentra en concordancia con las normas internacionales. La norma versa sobre especificaciones para el transporte de animales, sus productos y subproductos, productos químicos, farmacéuticos, biológicos y alimenticios para uso en animales o consumo por estos.	Vigilancia: SAGARPA y gobiernos de los estados Aplicación: SAGARPA y Policía Federal de Caminos	A5	Pareciera no haber ningún objetivo subyacente a la no armonización de esta NOM. En México, la no armonización de las NOM debe indicarse de conformidad con el artículo 41, fracción VI de la Ley Federal sobre Metrología y Normalización, que establece que las NOM deben contener el grado de concordancia con normas y criterios internacionales.	El acceso de competidores extranjeros al mercado mexicano, así como el acceso de los productores mexicanos a mercados extranjeros, podrían verse afectados. En particular, los productores quizá tendrían que aplicar distintos conjuntos de normas en México y en el extranjero, lo que implicaría costos adicionales. Incluso si se diera el caso de que las normas mexicanas ya se hubieran adaptado recientemente (en forma parcial) a las normas internacionales, si el texto legal de la NOM no se actualiza, podría haber confusión entre los participantes del mercado.	Actualizar esta NOM para que esté, en la medida de lo posible, en concordancia con normas internacionales. Algunas prácticas actuales podrían estar ya en concordancia con normas internacionales, lo cual facilitaría la transición. También debería indicarse en la NOM si no existen normas internacionales o mejores prácticas.

Sector: Carne

Núm.	Título de la norma	Art.	Categoría temática / palabra clave	Breve descripción del obstáculo potencial	Autoridad relevante	Pregunta del manual	Objetivo del legislador	Daño a la competencia	Recomendación
58.	**NOM-059-ZOO-1997, Salud animal. Especificaciones de productos químicos, farmacéuticos, biológicos y alimenticios para uso en animales o consumo por estos. Manejo técnico del material publicitario**	9	Alimentos para animales / Regla sanitaria	Esta norma especifica que no se encuentra en concordancia con las normas internacionales. La norma versa sobre especificaciones para el material publicitario sobre productos químicos, farmacéuticos, biológicos y alimenticios para uso en animales o consumo por estos.	Vigilancia: SAGARPA y gobiernos de los estados Aplicación: SAGARPA	A5	Pareciera no haber ningún objetivo subyacente a la no armonización de esta NOM. En México, la no armonización de las NOM debe indicarse de conformidad con el artículo 41, fracción VI de la Ley Federal sobre Metrología y Normalización, que establece que las NOM deben contener el grado de concordancia con normas y criterios internacionales.	El acceso de competidores extranjeros al mercado mexicano, así como el acceso de los productores mexicanos a mercados extranjeros, podrían verse afectados. En particular, los productores quizá tendrían que aplicar distintos conjuntos de normas en México y en el extranjero, lo que implicaría costos adicionales. Incluso si se diera el caso de que las normas mexicanas ya se hubieran adaptado recientemente (en forma parcial) a las normas internacionales, si el texto legal de la NOM no se actualiza, podría haber confusión entre los participantes del mercado.	Actualizar esta NOM para que esté, en la medida de lo posible, en concordancia con normas internacionales. Algunas prácticas actuales podrían estar ya en concordancia con normas internacionales, lo cual facilitaría la transición. También debería indicarse en la NOM si no existen normas internacionales o mejores prácticas.
59.	**NOM-112-SSA1-1994, Bienes y servicios. Determinación de bacterias coliformes. Técnica del**	12	Producción de carne / Regla sanitaria	Esta norma especifica que no se encuentra en concordancia con las normas internacionales. La norma versa sobre un procedimiento para detectar una bacteria (*Escherichia coli*) en productos alimenticios.	Vigilancia de cumplimiento: SSA	A5	Pareciera no haber ningún objetivo subyacente a la no armonización de esta NOM. En México, la no armonización de las NOM debe indicarse de conformidad con el artículo 41, fracción VI de la Ley Federal sobre Metrología y Normalización, que establece que	El acceso de competidores extranjeros al mercado mexicano, así como el acceso de los productores mexicanos a mercados extranjeros,	Actualizar esta NOM para que esté, en la medida de lo posible, en concordancia con normas internacionales. Algunas prácticas actuales podrían

Sector: Carne

Núm.	Título de la norma	Art.	Categoría temática / palabra clave	Breve descripción del obstáculo potencial	Autoridad relevante	Pregunta del manual	Objetivo del legislador	Daño a la competencia	Recomendación
	número más probable						las NOM deben contener el grado de concordancia con normas y criterios internacionales.	podrían verse afectados. En particular, los productores quizá tendrían que aplicar distintos conjuntos de normas en México y en el extranjero, lo que implicaría costos adicionales. Incluso si se diera el caso de que las normas mexicanas ya se hubieran adaptado recientemente (en forma parcial) a las normas internacionales, si el texto legal de la NOM no se actualiza, podría haber confusión entre los participantes del mercado.	estar ya en concordancia con normas internacionales, lo cual facilitaría la transición. También debería indicarse en la NOM si no existen normas internacionales o mejores prácticas.
60.	**NOM-041-ZOO-1995, Campaña Nacional contra la Brucelosis en los Animales**	21	Cría de ganado / Regla sanitaria	Esta norma especifica que no se encuentra en concordancia con las normas internacionales. La norma versa sobre especificaciones para llevar a cabo campañas destinadas a erradicar la brucelosis bovina.	Vigilancia y aplicación: SAGARPA y gobiernos de los estados	A5	Pareciera no haber ningún objetivo subyacente a la no armonización de esta NOM. En México, la no armonización de las NOM debe indicarse de conformidad con el artículo 41, fracción VI de la Ley Federal sobre Metrología y Normalización, que establece que las NOM deben contener el grado de concordancia con normas y criterios internacionales.	El acceso de competidores extranjeros al mercado mexicano, así como el acceso de los productores mexicanos a mercados extranjeros, podrían verse afectados. En particular, los productores quizá tendrían que aplicar distintos conjuntos de normas en México y en el extranjero, lo que	Actualizar esta NOM para que esté, en la medida de lo posible, en concordancia con normas internacionales. Algunas prácticas actuales podrían estar ya en concordancia con normas internacionales, lo cual facilitaría la transición. También debería indicarse en la NOM si no existen

Sector: Carne

Núm.	Título de la norma	Art.	Categoría temática / palabra clave	Breve descripción del obstáculo potencial	Autoridad relevante	Pregunta del manual	Objetivo del legislador	Daño a la competencia	Recomendación
								implicaría costos adicionales. Incluso si se diera el caso de que las normas mexicanas ya se hubieran adaptado recientemente (en forma parcial) a las normas internacionales, si el texto legal de la NOM no se actualiza, podría haber confusión entre los participantes del mercado.	normas internacionales o mejores prácticas. En el Programa Nacional de Normalización 2017, publicado en el Diario Oficial de la Federación el 3 de febrero de 2017, se menciona que esta NOM se cancelará en 2017. De acuerdo con SENASICA, la redacción del instrumento legal que remplazará la NOM-041-ZOO-1995 ya está en curso.
61.	**NOM-114-SSA1-1994, Bienes y servicios. Método para la determinación de salmonella en alimentos**	10	Producción de carne / Regla sanitaria	Esta norma especifica que no se encuentra en concordancia con las normas internacionales. La norma versa sobre un método para detectar la presencia de salmonella en alimentos.	Vigilancia de cumplimiento: SSA	A5	Pareciera no haber ningún objetivo subyacente a la no armonización de esta NOM. En México, la no armonización de las NOM debe indicarse de conformidad con el artículo 41, fracción VI de la Ley Federal sobre Metrología y Normalización, que establece que las NOM deben contener el grado de concordancia con normas y criterios internacionales.	El acceso de competidores extranjeros al mercado mexicano, así como el acceso de los productores mexicanos a mercados extranjeros, podrían verse afectados. En particular, los productores quizá tendrían que aplicar distintos conjuntos de normas en México y en el extranjero, lo que implicaría costos adicionales. Incluso si se diera el caso de	Actualizar esta NOM para que esté, en la medida de lo posible, en concordancia con normas internacionales. Algunas prácticas actuales podrían estar ya en concordancia con normas internacionales, lo cual facilitaría la transición. También debería indicarse en la NOM si no existen normas internacionales o mejores prácticas.

Sector: Carne

Núm.	Título de la norma	Art.	Categoría temática / palabra clave	Breve descripción del obstáculo potencial	Autoridad relevante	Pregunta del manual	Objetivo del legislador	Daño a la competencia	Recomendación
								que las normas mexicanas ya se hubieran adaptado recientemente (en forma parcial) a las normas internacionales, si el texto legal de la NOM no se actualiza, podría haber confusión entre los participantes del mercado.	
62.	**NOM-092-SSA1-1994, Bienes y servicios. Método para la cuenta de bacterias aerobias en placa**	12	Producción de carne / Regla sanitaria	Esta norma especifica que no se encuentra en concordancia con las normas internacionales. La norma versa sobre especificaciones para detectar bacterias aerobias.	Vigilancia de cumplimiento: SSA	A5	Pareciera no haber ningún objetivo subyacente a la no armonización de esta NOM. En México, la no armonización de las NOM debe indicarse de conformidad con el artículo 41, fracción VI de la Ley Federal sobre Metrología y Normalización, que establece que las NOM deben contener el grado de concordancia con normas y criterios internacionales.	El acceso de competidores extranjeros al mercado mexicano, así como el acceso de los productores mexicanos a mercados extranjeros, podrían verse afectados. En particular, los productores quizá tendrían que aplicar distintos conjuntos de normas en México y en el extranjero, lo que implicaría costos adicionales. Incluso si se diera el caso de que las normas mexicanas ya se hubieran adaptado recientemente (en forma parcial) a las normas internacionales, si el texto legal de la NOM	Actualizar esta NOM para que esté, en la medida de lo posible, en concordancia con normas internacionales. Algunas prácticas actuales podrían estar ya en concordancia con normas internacionales, lo cual facilitaría la transición. También debería indicarse en la NOM si no existen normas internacionales o mejores prácticas.

Sector: Carne

Núm.	Título de la norma	Art.	Categoría temática / palabra clave	Breve descripción del obstáculo potencial	Autoridad relevante	Pregunta del manual	Objetivo del legislador	Daño a la competencia	Recomendación
								no se actualiza, podría haber confusión entre los participantes del mercado.	
63.	**NOM-012-ZOO-1993, Especificaciones para la regulación de productos químicos, farmacéuticos, biológicos y alimenticios para uso en animales o consumo por éstos**	13	Alimentos para animales / Regla sanitaria	Esta norma especifica que no se encuentra en concordancia con las normas internacionales. La norma versa sobre especificaciones para productos químicos, farmacéuticos, biológicos y alimenticios para uso en animales o consumo por estos.	Vigilancia: SAGARPA y gobiernos de estados y municipios Aplicación: SAGARPA	A5	Pareciera no haber ningún objetivo subyacente a la no armonización de esta NOM. En México, la no armonización de las NOM debe indicarse de conformidad con el artículo 41, fracción VI de la Ley Federal sobre Metrología y Normalización, que establece que las NOM deben contener el grado de concordancia con normas y criterios internacionales.	El acceso de competidores extranjeros al mercado mexicano, así como el acceso de los productores mexicanos a mercados extranjeros, podrían verse afectados. En particular, los productores quizá tendrían que aplicar distintos conjuntos de normas en México y en el extranjero, lo que implicaría costos adicionales. Incluso si se diera el caso de que las normas mexicanas ya se hubieran adaptado recientemente (en forma parcial) a las normas internacionales, si el texto legal de la NOM no se actualiza, podría haber confusión entre los participantes del mercado.	Actualizar esta NOM para que esté, en la medida de lo posible, en concordancia con normas internacionales. Algunas prácticas actuales podrían estar ya en concordancia con normas internacionales, lo cual facilitaría la transición. También debería indicarse en la NOM si no existen normas internacionales o mejores prácticas. En el Programa Nacional de Normalización 2017, publicado en el Diario Oficial de la Federación el 3 de febrero de 2017, se menciona que esta NOM se modificará en 2017.
64.	**NOM-067-ZOO-2007, Campaña nacional para**	17	Cría de ganado / Regla sanitaria	Esta norma especifica que no se encuentra en concordancia con las normas internacionales. La norma	Vigilancia: SAGARPA, gobiernos de los estados,	A5	Pareciera no haber ningún objetivo subyacente a la no armonización de esta NOM. En México, la no armonización de las NOM debe	El acceso de competidores extranjeros al mercado mexicano, así como el	Actualizar esta NOM para que esté, en la medida de lo posible, en concordancia con

Sector: Carne

Núm.	Título de la norma	Art.	Categoría temática / palabra clave	Breve descripción del obstáculo potencial	Autoridad relevante	Pregunta del manual	Objetivo del legislador	Daño a la competencia	Recomendación
	la prevención y control de la rabia en bovinos y especies ganaderas			versa sobre especificaciones para conducir campañas destinadas a erradicar la rabia en bovinos.	OASA, CEFPP y SEMARNAT Aplicación: SAGARPA		indicarse de conformidad con el artículo 41, fracción VI de la Ley Federal sobre Metrología y Normalización, que establece que las NOM deben contener el grado de concordancia con normas y criterios internacionales.	acceso de los productores mexicanos a mercados extranjeros, podrían verse afectados. En particular, los productores quizá tendrían que aplicar distintos conjuntos de normas en México y en el extranjero, lo que implicaría costos adicionales. Incluso si se diera el caso de que las normas mexicanas ya se hubieran adaptado recientemente (en forma parcial) a las normas internacionales, si el texto legal de la NOM no se actualiza, podría haber confusión entre los participantes del mercado.	normas internacionales. Algunas prácticas actuales podrían estar ya en concordancia con normas internacionales, lo cual facilitaría la transición. También debería indicarse en la NOM si no existen normas internacionales o mejores prácticas.
65.	**NOM-031-ZOO-1995, Campaña Nacional Contra la Tuberculosis Bovina (Mycobac-terium bovis)**	19	Cría de ganado / Regla sanitaria	Esta norma especifica que no se encuentra en concordancia con las normas internacionales. La norma versa sobre estándares de calidad para la conducción de campañas contra la tuberculosis bovina.	Vigilancia: SAGARPA y gobiernos de los estados Aplicación: SAGARPA	A5	Pareciera no haber ningún objetivo subyacente a la no armonización de esta NOM. En México, la no armonización de las NOM debe indicarse de conformidad con el artículo 41, fracción VI de la Ley Federal sobre Metrología y Normalización, que establece que las NOM deben contener el grado de concordancia con normas y criterios internacionales.	El acceso de competidores extranjeros al mercado mexicano, así como el acceso de los productores mexicanos a mercados extranjeros, podrían verse afectados. En particular, los productores quizá	Actualizar esta NOM para que esté, en la medida de lo posible, en concordancia con normas internacionales. Algunas prácticas actuales podrían estar ya en concordancia con normas internacionales, lo

Sector: Carne

Núm.	Título de la norma	Art.	Categoría temática / palabra clave	Breve descripción del obstáculo potencial	Autoridad relevante	Pregunta del manual	Objetivo del legislador	Daño a la competencia	Recomendación
								tendrían que aplicar distintos conjuntos de normas en México y en el extranjero, lo que implicaría costos adicionales. Incluso si se diera el caso de que las normas mexicanas ya se hubieran adaptado recientemente (en forma parcial) a las normas internacionales, si el texto legal de la NOM no se actualiza, podría haber confusión entre los participantes del mercado.	cual facilitaría la transición. También debería indicarse en la NOM si no existen normas internacionales o mejores prácticas. En el Programa Nacional de Normalización 2017, publicado en el Diario Oficial de la Federación el 3 de febrero de 2017, se menciona que esta NOM se cancelará en 2017. De acuerdo con SENASICA, la elaboración del instrumento legal que remplazará la NOM-031-ZOO-1995 ya está en curso.
66.	**NOM-001-ECOL-1996, Que establece los límites máximos permisibles de contaminantes en las descargas de aguas residuales en aguas y bienes nacionales**	7	Medio ambiente / Medio ambiente, contaminación del agua	Esta norma especifica que no se encuentra en concordancia con las normas internacionales. La norma establece límites máximos de contaminantes en aguas nacionales.	Comisión Nacional del Agua (CONAGUA)	A5	Pareciera no haber ningún objetivo subyacente a la no armonización de esta NOM. En México, la no armonización de las NOM debe indicarse de conformidad con el artículo 41, fracción VI de la Ley Federal sobre Metrología y Normalización, que establece que las NOM deben contener el grado de concordancia con normas y criterios internacionales.	El acceso de competidores extranjeros al mercado mexicano, así como el acceso de los productores mexicanos a mercados extranjeros, podrían verse afectados. En particular, los productores quizá tendrían que aplicar distintos conjuntos de normas en México y	Actualizar esta NOM para que esté, en la medida de lo posible, en concordancia con normas internacionales. Algunas prácticas actuales podrían estar ya en concordancia con normas internacionales, lo cual facilitaría la transición. También debería indicarse en

Sector: Carne

Núm.	Título de la norma	Art.	Categoría temática / palabra clave	Breve descripción del obstáculo potencial	Autoridad relevante	Pregunta del manual	Objetivo del legislador	Daño a la competencia	Recomendación
								en el extranjero, lo que implicaría costos adicionales. Incluso si se diera el caso de que las normas mexicanas ya se hubieran adaptado recientemente (en forma parcial) a las normas internacionales, si el texto legal de la NOM no se actualiza, podría haber confusión entre los participantes del mercado.	la NOM si no existen normas internacionales o mejores prácticas.
67.	**NOM-033-ZOO-1995, Sacrificio humanitario de los animales domésticos y silvestres**	10	Matanza / Humanitario	Esta norma especifica que no se encuentra en concordancia con las normas internacionales. La norma establece especificaciones para el sacrificio humanitario de los animales.	Vigilancia: SAGARPA y gobiernos de los estados Aplicación: SAGARPA	A5	Pareciera no haber ningún objetivo subyacente a la no armonización de esta NOM. En México, la no armonización de las NOM debe indicarse de conformidad con el artículo 41, fracción VI de la Ley Federal sobre Metrología y Normalización, que establece que las NOM deben contener el grado de concordancia con normas y criterios internacionales.	El acceso de competidores extranjeros al mercado mexicano, así como el acceso de los productores mexicanos a mercados extranjeros, podrían verse afectados. En particular, los productores quizá tendrían que aplicar distintos conjuntos de normas en México y en el extranjero, lo que implicaría costos adicionales. Incluso si se diera el caso de que las normas mexicanas ya se hubieran adaptado recientemente (en	Actualizar esta NOM para que esté, en la medida de lo posible, en concordancia con normas internacionales. Algunas prácticas actuales podrían estar ya en concordancia con normas internacionales, lo cual facilitaría la transición. También debería indicarse en la NOM si no existen normas internacionales o mejores prácticas.

Sector: Carne

Núm.	Título de la norma	Art.	Categoría temática / palabra clave	Breve descripción del obstáculo potencial	Autoridad relevante	Pregunta del manual	Objetivo del legislador	Daño a la competencia	Recomendación
								forma parcial) a las normas internacionales, si el texto legal de la NOM no se actualiza, podría haber confusión entre los participantes del mercado.	
68.	**NOM-025-ZOO-1995, Características y especificaciones zoosanitarias para las instalaciones, equipo y operación de establecimientos que fabriquen productos alimenticios para uso en animales o consumo por éstos**	7	Matanza y procesamiento de la carne / Aumenta costos	Los establecimientos que fabriquen productos alimenticios para uso en animales o consumo por estos deben contar con un médico veterinario aprobado, un profesionista en el área de producción y otro en el área de control de calidad. Esta NOM no menciona explícitamente qué tareas habrán de ser desempeñadas por estos dos últimos.	Vigilancia: SAGARPA y gobiernos de los estados Aplicación: SAGARPA	A4	Garantizar que los establecimientos que manufacturan productos alimenticios para uso en animales o consumo por estos dispongan del personal necesario para implementar las especificaciones de calidad e inocuidad contenidas en esta norma.	El cumplimiento de este requisito significa un alto costo para las empresas, pues debe contratarse a tres empleados. Esta disposición tendría un impacto principalmente en las pequeñas empresas.	Modificar la NOM para permitir que las actividades de producción y control de calidad sean llevadas a cabo por el mismo profesionista. Esta opción está condicionada a que ambas actividades requieran conocimientos y credenciales equivalentes.
69.	**NOM-026-ZOO-1994, Características y especificaciones zoosanitarias para las instalaciones, equipo y operación de**	7	Alimentos para animales / Aumenta costos	Los establecimientos sujetos a esta norma (es decir, aquellos que fabriquen productos químicos, farmacéuticos y biológicos para uso en animales) deben contar con un médico veterinario aprobado, un profesionista en el área de las ciencias biológicas para el área de producción y otro para el área	Vigilancia: SAGARPA y gobiernos de los estados Aplicación: SAGARPA	A4	Garantizar que los establecimientos que manufacturan productos químicos, farmacéuticos y biológicos para uso en animales dispongan del personal necesario para implementar las especificaciones zoosanitarias contenidas en esta norma.	El cumplimiento de este requisito significa un alto costo para las empresas, pues debe contratarse a tres empleados. Esta disposición tendría un impacto principalmente en las pequeñas empresas.	Modificar la NOM para permitir que las actividades de producción y control de calidad sean llevadas a cabo por el mismo profesionista. Esta opción está condicionada a que ambas actividades requieran

Sector: Carne

Núm.	Título de la norma	Art.	Categoría temática / palabra clave	Breve descripción del obstáculo potencial	Autoridad relevante	Pregunta del manual	Objetivo del legislador	Daño a la competencia	Recomendación
	establecimientos que fabriquen productos químicos, farmacéuticos y biológicos para uso en animales			de control de calidad. Esta NOM no menciona explícitamente qué tareas habrán de ser desempeñadas por estos dos últimos.					conocimientos y credenciales equivalentes.
70.	**Ley Federal de Sanidad Animal DOF-07-06-2012**	108	Matanza y procesamiento de la carne / Regla sanitaria	Los establecimientos con certificación TIF (Tipo Inspección Federal) deben contar, durante todas las horas laborales, con al menos un Médico Veterinario Responsable Autorizado (MVRA). Dicho profesional es un veterinario empleado por el establecimiento TIF que es aprobado por la SAGARPA y que está a cargo de asegurar el cumplimiento de la Ley Federal de Sanidad Animal y disposiciones relacionadas. Además, hay un Médico Veterinario Oficial (MVO) que es empleado de SENASICA y funge como inspector en los establecimientos con certificación TIF. Se exige la presencia de un MVRA incluso cuando ya esté presente un MVO en el rastro o planta procesadora.	SAGARPA	A4	Asegurar que en los establecimientos TIF haya un médico veterinario a cargo del bienestar animal, la vigilancia epidemiológica, las medidas zoosanitarias y las buenas prácticas pecuarias. El 8 de abril de 2015 el Pleno de la Cámara de Diputados aprobó en forma casi unánime una modificación al artículo 108 de la Ley Federal de Sanidad Animal, en el sentido de que en los establecimientos TIF se exija, durante las horas laborales, la presencia ya sea de un MVRA o de un MVO. Posteriormente, el Pleno de la Cámara de Diputados sometió esta modificación a la consideración de la Cámara de Senadores, que aún se encuentra analizando esta iniciativa. De acuerdo con SENASICA, como un ejemplo, en Estados Unidos todos los médicos veterinarios a cargo de verificar el cumplimiento de la regulación de sanidad animal en rastros y plantas procesadoras	Requerir la presencia de un MVRA cuando un MVO ya esté presente en un establecimiento TIF pudiera ser innecesario y generar una duplicidad de funciones entre veterinarios. Este requisito impondría una mayor carga sobre los pequeños establecimientos TIF. Cuando los establecimientos TIF hacen un uso intensivo de los servicios de los MVRA, existe un conflicto de interés potencial pues los MVRA están a cargo de asegurar el cumplimiento de las disposiciones de SENASICA, pero son asalariados de los establecimientos TIF.	Promover que los establecimientos TIF ocupen, en forma gradual, cada vez menos servicios de los MVRA. Para lograr este cometido podrían emprenderse dos acciones: 1) Modificar el artículo 108 de manera que, durante todas las horas laborales se exija la presencia de un MVRA o bien de un MVO (en lugar de necesariamente un MVRA), lo que permitiría una mayor sustitución entre ambos tipos de médicos veterinarios. 2) Alentar la subcontratación de servicios veterinarios por parte de los establecimientos TIF.

Sector: Carne

Núm.	Título de la norma	Art.	Categoría temática / palabra clave	Breve descripción del obstáculo potencial	Autoridad relevante	Pregunta del manual	Objetivo del legislador	Daño a la competencia	Recomendación
							son personal del gobierno. Varios países importadores solicitan documentos que estén firmados únicamente por los MVO.		El objetivo a largo plazo es que los establecimientos TIF subcontraten sus servicios veterinarios con SENASICA (por una cuota, que a su vez se pagaría a los veterinarios), y dichos médicos veterinarios verificarían el cumplimiento de las disposiciones de SENASICA sin ningún conflicto de interés. Para alcanzar este objetivo, sin embargo, es necesario otorgar más recursos a SENASICA.
71.	**Ley de Desarrollo Rural Sustentable DOF 12-01-2012**	149. I, II	Cría de ganado / Política industrial	La Comisión Intersecretarial para el Desarrollo Rural Sustentable (CIDRS) promoverá la creación de Sistemas Producto, que son comités del Consejo Mexicano para el Desarrollo Rural Sustentable (CMDRS). Estos comités tendrán entre sus objetivos "establecer los planes de expansión y repliegue estratégicos de los volúmenes y calidad de cada producto".	CIDRS, SAGARPA	B1, B4, C1	El objetivo es fomentar el desarrollo de la industria cárnica mexicana.	Se desconoce cuál es, en la práctica, el alcance de las acciones emprendidas por la CIDRS. No obstante, este artículo sugiere que la CIDRS influye en la determinación de los volúmenes de producción de bienes agropecuarios.	Abolir la fracción II del artículo 149 de la Ley de Desarrollo Rural Sustentable. En lo que respecta a la fracción I del artículo 149, agregar la aclaración de que los "programas de producción agropecuaria" no deben incluir especificaciones sobre volúmenes o precios.

Sector: Carne

Núm.	Título de la norma	Art.	Categoría temática / palabra clave	Breve descripción del obstáculo potencial	Autoridad relevante	Pregunta del manual	Objetivo del legislador	Daño a la competencia	Recomendación
72.	**Ley de Desarrollo Rural Sustentable DOF 12-01-2012**	166	Cría de ganado / Carga de ganado	La CIDRS determina el número de animales permitidos por unidad de área (por ejemplo una hectárea), una medida de concentración de animales. Conocidos como cargas de ganado, estos límites se establecen a nivel nacional, según la calidad del suelo y del tipo de animales que se críen.	CIDRS, SAGARPA	A4	Lo más probable es que los límites a la carga de ganado estén establecidos para evitar el sobrepastoreo así como la propagación de enfermedades del ganado.	Los límites de carga de ganado se determinan a nivel nacional, por lo que no existe riesgo de discriminación de ganaderos.	Ninguna recomendación.
73.	**Ley Federal de Responsabilidad Ambiental DOF 07-06-2013**	7, 2, 6	Legislación horizontal / Daño ambiental, discrecionalidad excesiva	La Secretaría de Medio Ambiente y Recursos Naturales (SEMARNAT) publicará NOM que establecerán, caso por caso, umbrales de daño ambiental. Sin embargo, incluso si no se emiten dichas NOM, esto no impedirá a la SEMARNAT sancionar a empresas por daño ambiental.	SEMARNAT	B4	Desalentar a las empresas de dañar el medio ambiente.	Puede ser que se le haya otorgado una discrecionalidad excesiva a SEMARNAT. En teoría, los funcionarios públicos podrían utilizar estándares de daño diferentes para distintos productores al establecer sanciones. Asimismo, es posible que los artículos 2, 6 y 7 de la Ley Federal de Responsabilidad Ambiental violen el principio *nulla poena sine lege*.	Modificar el artículo 7 de la Ley Federal de Responsabilidad Ambiental para que se mencione que todas las sanciones relativas a daño ambiental solo puedan basarse en NOM previamente publicadas. De manera alternativa, las infracciones y sanciones podrían describirse en la misma ley. Estas modificaciones reducirían la discrecionalidad de SEMARNAT y probablemente acelerarían la publicación de las NOM requeridas. La expedición de NOM caso por caso parece ser factible.

Sector: Carne

Núm.	Título de la norma	Art.	Categoría temática / palabra clave	Breve descripción del obstáculo potencial	Autoridad relevante	Pregunta del manual	Objetivo del legislador	Daño a la competencia	Recomendación
									Por ejemplo, el artículo 48 de la Ley Federal sobre Metrología y Normalización, cuya última reforma fue el 18 de diciembre de 2015, establece un procedimiento expedito para que las dependencias públicas expidan NOM en "casos de emergencia". Estos casos se definen como acontecimientos inesperados que afecten de manera inminente las finalidades establecidas en el artículo 40 de la Ley Federal sobre Metrología y Normalización. Las NOM emitidas bajo este procedimiento expedito deben seguir principios científicos y buscar prevenir un daño irreparable o irreversible.
74.	**Ley de Desarrollo Rural Sustentable DOF 12-01-**	Ley: 109, 134 Regla-mento:	Producción de carne / Transparencia del mercado	El Sistema Nacional de Información para el Desarrollo Rural Sustentable (SNIDRUS) es un sistema de información administrado por el Servicio	SAGARPA	C2	Lo más probable es que el objetivo sea ofrecer a los responsables de la toma de decisiones en el sector agropecuario mexicano información confiable, oportuna y	La disponibilidad de series estadísticas ganaderas recientes y a nivel municipal podría facilitar la	Si bien parece no existir ninguna preocupación de competencia relacionada con la

Sector: Carne									
Núm.	**Título de la norma**	**Art.**	**Categoría temática / palabra clave**	**Breve descripción del obstáculo potencial**	**Autoridad relevante**	**Pregunta del manual**	**Objetivo del legislador**	**Daño a la competencia**	**Recomendación**
	2012 **Reglamento interior del Servicio de Información Agroalimentaria y Pesquera 29-08-2013** **Norma Técnica para la Generación de Estadística Básica Agropecuaria y Pesquera (Sin fecha)**	2 Norma: Capítulo 3		de Información Agroalimentaria y Pesquera (SIAP), una dependencia de SAGARPA. El objetivo de SNIDRUS es difundir información sobre mercados agropecuarios (por ejemplo, oferta, demanda, inventarios, predicciones, precios, etc.) en los niveles regional, nacional e internacional. El SNIDRUS se creó a partir de la Ley de Desarrollo Rural Sustentable y del Reglamento interior del Servicio de Información Agropecuaria y Pesquera, y su operación se rige por el documento Norma Técnica para la Generación de Estadística Básica Agropecuaria y Pesquera. En el capítulo 3 de dicho documento se establecen los procedimientos para el acopio y presentación de la información de SNIDRUS, y se indica que se generarán diversas series estadísticas ganaderas (por ejemplo, volumen de canales, animales vivos, sacrificios) a nivel municipal. El sitio web del SNIDRUS contiene enlaces a sus Oficinas Estatales de Información para el Desarrollo Rural Sustentable			relevante. Esto, a su vez, facilita el comercio de productos agropecuarios.	coordinación de precios entre ganaderos.	operación del SNIDRUS, no puede excluirse la posibilidad de que tal sea el caso en el futuro. Por tanto, se recomienda que en todos los lineamientos presentes y futuros que emita el SIAP con relación a la colecta y presentación de datos agropecuarios se restrinja la publicación de información que permita deducir los datos de empresas individuales.

Sector: Carne

Núm.	Título de la norma	Art.	Categoría temática / palabra clave	Breve descripción del obstáculo potencial	Autoridad relevante	Pregunta del manual	Objetivo del legislador	Daño a la competencia	Recomendación
				(OEIDRUS). Una consulta de diversos sitios OEIDRUS confirmó que, en efecto, se publican varias series ganaderas en forma mensual y a nivel municipal.					
75.	**Ley Federal de Protección al Consumidor DOF 13-05-2016**	44	Producción de carne / Publicidad	La Procuraduría Federal del Consumidor (PROFECO) elabora y publica informes sobre las características y la calidad de bienes y servicios para orientar y proteger a los consumidores. En dichos informes la PROFECO hace mención de marcas específicas. Sin embargo, las empresas no pueden citar las menciones que la PROFECO haga de dichas marcas.	PROFECO	B2	Lo más probable es que el objetivo sea prevenir un uso indebido de los informes de la PROFECO. Por ejemplo, si un productor citase uno de estos informes, este hecho podría interpretarse como un respaldo de la PROFECO a dicho productor. De acuerdo con evidencia anecdótica, esta disposición también busca garantizar que la PROFECO guarde independencia respecto a empresas que podrían estar interesadas en influir indebidamente en esta dependencia. Sin embargo, estos objetivos podrían alcanzarse sin restringir la competencia.	El artículo restringe la capacidad de las compañías de citar informes sobre consumo que son de utilidad para la población.	Abolir el artículo 44 de la Ley Federal de Protección al Consumidor. La preocupación por el uso indebido de los informes de la PROFECO no está justificada, toda vez que la ley contiene un artículo que prohíbe la publicidad engañosa o abusiva. En efecto, el artículo 32 de la Ley Federal de Protección al Consumidor prohíbe la publicidad engañosa o abusiva, definida como publicidad que "refiere características o información relacionadas con algún bien, producto o servicio que pudiendo o no ser verdaderas, inducen a error o confusión al consumidor por la forma inexacta, falsa, exagerada, parcial,

Sector: Carne

Núm.	Título de la norma	Art.	Categoría temática / palabra clave	Breve descripción del obstáculo potencial	Autoridad relevante	Pregunta del manual	Objetivo del legislador	Daño a la competencia	Recomendación
									artificiosa o tendenciosa en que se presente". Además, deberían adoptarse medidas para garantizar la independencia de funcionarios de la PROFECO respecto al cabildeo. La misma recomendación tocante a la PROFECO se realizó para el sector de medicamentos.
76.	**NOM-009-ZOO-1994, Proceso sanitario de la carne**	General	Matanza y procesamiento de la carne / Inspecciones	La NOM-009-ZOO-1994 trata sobre el proceso sanitario de la carne en establecimientos TIF y contiene especificaciones relevantes para las inspecciones que llevan a cabo los Médicos Veterinarios Oficiales (MVO) en estos establecimientos. De acuerdo con miembros de la industria, existe una alta heterogeneidad en la aplicación de estas especificaciones por parte de los MVO en los establecimientos TIF. Este problema probablemente derive de que la NOM-009-ZOO-1994 no describe con suficiente detalle todas las tareas que han de desempeñar los MVO.	SAGARPA	B4	No existe un objetivo claro de política pública para la falta de descripciones suficientemente detalladas de las tareas desempeñadas por los MVO. El Programa Nacional de Normalización de 2017, publicado en el Diario Oficial de la Federación el 3 de febrero de 2017, prevé que esta NOM se cancelará durante el 2017 y, de acuerdo con SENASICA, se remplazará con un nuevo instrumento.	No todos los establecimientos TIF están sujetos a los mismos estándares. La alta heterogeneidad en la aplicación de criterios por parte de los MVO distorsiona la competencia entre establecimientos TIF.	Expedir una NOM actualizada o bien guías en las que se examine con detalle cómo las tareas específicas descritas en la NOM-009-ZOO-1994 serán llevadas a cabo por parte de los MVO, para garantizar prácticas armonizadas.

LA ORGANIZACIÓN PARA LA COOPERACIÓN Y EL DESARROLLO ECONÓMICOS (OCDE)

La OCDE constituye un foro único en su género, donde los gobiernos trabajan conjuntamente para afrontar los retos económicos, sociales y medioambientales que plantea la globalización. La OCDE está a la vanguardia de los esfuerzos emprendidos para ayudar a los gobiernos a entender y responder a los cambios y preocupaciones del mundo actual, como el gobierno corporativo, la economía de la información y los retos que genera el envejecimiento de la población. La Organización ofrece a los gobiernos un marco en el que pueden comparar sus experiencias políticas, buscar respuestas a problemas comunes, identificar buenas prácticas y trabajar en la coordinación de políticas nacionales e internacionales.

Los países miembros de la OCDE son: Alemania, Australia, Austria, Bélgica, Canadá, Chile, Corea, Dinamarca, Eslovenia, España, Estados Unidos de América, Estonia, Finlandia, Francia, Grecia, Hungría, Irlanda, Islandia, Israel, Italia, Japón, Letonia, Luxemburgo, México, Noruega, Nueva Zelanda, Países Bajos, Polonia, Portugal, Reino Unido, República Checa, República Eslovaca, Suecia, Suiza y Turquía. La Comisión Europea participa en el trabajo de la OCDE.

Las publicaciones de la OCDE aseguran una amplia difusión de los trabajos de la Organización. Éstos incluyen los resultados de la compilación de estadísticas, los trabajos de investigación sobre temas económicos, sociales y medioambientales, así como las convenciones, directrices y los modelos desarrollados por los países miembros.

ÉDITIONS OCDE, 2, rue André-Pascal, 75775 PARÍS CEDEX 16
(24 2017 01 4 P) ISBN 978-92-64-28791-4 – 2018

www.ingramcontent.com/pod-product-compliance
Lightning Source LLC
LaVergne TN
LVHW080638011026
849160LV00014B/1259